Torsten Stein
PPS-Systeme und organisatorische Veränderungen

Springer

*Berlin
Heidelberg
New York
Barcelona
Budapest
Hongkong
London
Mailand
Paris
Santa Clara
Singapur
Tokio*

Torsten Stein

PPS-Systeme und organisatorische Veränderungen

Ein Vorgehensmodell
zum wirtschaftlichen Systemeinsatz

Mit 53 Abbildungen und 25 Tabellen

 Springer

Dr. Torsten Stein
Industrieplanung und Organisation (i+o) GmbH
Römerstraße 245
69126 Heidelberg

Die Deutsche Bibliothek – CIP-Einheitsaufnahme

Stein, Torsten: PPS-Systeme und organisatorische Veränderungen: ein Vorgehensmodell zum wirtschaftlichen Systemeinsatz / Torsten Stein. – Berlin; Heidelberg; New York; Barcelona; Budapest; Hongkong; London; Mailand; Paris; Santa Clara; Singapur; Tokio: Springer, 1996

ISBN-13: 978-3-642-80113-6   e-ISBN-13: 978-3-642-80112-9
DOI: 10.1007/978-3-642-80112-9

Dieses Werk ist urheberrechtlich geschützt. Die dadurch begründeten Rechte, insbesondere die der Übersetzung, des Nachdrucks, des Vortrags, der Entnahme von Abbildungen und Tabellen, der Funksendung, der Mikroverfilmung oder der Vervielfältigung auf anderen Wegen und der Speicherung in Datenverarbeitungsanlagen, bleiben, auch bei nur auszugsweiser Verwertung, vorbehalten. Eine Vervielfältigung dieses Werkes oder von Teilen dieses Werkes ist auch im Einzelfall nur in den Grenzen der gesetzlichen Bestimmungen des Urheberrechtsgesetzes der Bundesrepublik Deutschland vom 9. September 1965 in der jeweils geltenden Fassung zulässig. Sie ist grundsätzlich vergütungspflichtig. Zuwiderhandlungen unterliegen den Strafbestimmungen des Urheberrechtsgesetzes.

© Springer-Verlag Berlin Heidelberg 1996
Softcover reprint of the hardcover 1st edition 1996

Die Wiedergabe von Gebrauchsnamen, Handelsnamen, Warenbezeichnungen usw. in diesem Werk berechtigt auch ohne besondere Kennzeichnung nicht zu der Annahme, daß solche Namen im Sinne der Warenzeichen- und Markenschutz-Gesetzgebung als frei zu betrachten wären und daher von jedermann benutzt werden dürften.

Sollte in diesem Werk direkt oder indirekt auf Gesetze, Vorschriften oder Richtlinien (z.B. DIN, VDI, VDE) Bezug genommen oder aus ihnen zitiert worden sein, so kann der Verlag keine Gewähr für Richtigkeit, Vollständigkeit oder Aktualität übernehmen. Es empfiehlt sich, gegebenenfalls für die eigenen Arbeiten die vollständigen Vorschriften oder Richtlinien in der jeweils gültigen Fassung hinzuzuziehen

Herstellung: PRODUserv Springer Produktions-Gesellschaft, Berlin
Satz: Datenkonvertierung durch Satztechnik Neuruppin GmbH, Neuruppin

SPIN 10529810   68/3020- 5 4 3 2 1 0   Gedruckt auf säurefreiem Papier

Geleitwort

EDV-gestützte Systeme zur Produktionsplanung und -steuerung (PPS-Systeme) sind im Grundsatz darauf angelegt, zieladäquate Produktionsabläufe sicherzustellen. Alle mit der Fertigung von Erzeugnissen direkt oder indirekt verbundenen Aktivitäten sollen so geplant, gesteuert und kontrolliert werden, daß (z.B. an Deckungsbeiträgen orientierte) betriebswirtschaftliche Ziele erreicht werden. Mit dem Einsatz umfassender Systeme der computerintegrierten Produktion (Computer Integrated Manufacturing/*CIM*) haben PPS-Systeme eine ‚Umgebung' erhalten, die – zumindest in theoretischer Sicht – sicherstellt, daß alle für die Produktionsplanung und -steuerung notwendigen Informationen verfügbar sind. PPS-Systeme wurden im Zeitablauf ständig weiterentwickelt, und das Systemangebot ist breit gefächert. Insoweit stellt sich das Problem der Einführung eines Systems nicht einmalig, sondern ständig neu im Hinblick auf Ersetzungen bisher genutzter Vorgehensweisen.

Vorgehensmodelle für die Neueinführung bzw. Ersetzung von PPS-Systemen liegen vor. Allerdings werden mit der Einführung verbundene Gesichtspunkte hinsichtlich der unternehmensbezogenen Gestaltung bzw. Umgestaltung der Aufbau- und Ablauforganisation meist außer acht gelassen bzw. stiefmütterlich behandelt. Diese Situation veranlaßt Stein, die Auswahl und die Implementierung von PPS-Systemen von vornherein mit notwendigen organisatorischen Veränderungen im Verbund zu sehen, um auf diese Weise die Wirtschaftlichkeit der PPS-Nutzungen zu steigern. Zur Entwicklung eines spezifischen Vorgehensmodells wählt er eine Problemstruktur mit drei grundlegenden Phasen:

- Initialphase,
- Phase zur Organisationskonzeption und PPS-Systemauswahl,
- Konzeptionsrealisierung, PPS-Systemimplementierung und Systemanwendung.

Am Ende jeder Phase wird auf der Basis des erreichten Informationsstandes das Wirtschaftlichkeitspotential abgeschätzt, um so die Entscheidung über Abbruch bzw. Einleitung der Folgephase betriebswirtschaftlich zu fundieren. Die unternehmensspezifische Risikobereitschaft determiniert schließlich die weiteren Schritte. In allen Phasen dominiert die ganzheitliche Betrachtungsweise von PPS-Systemen und Organisationskonzeptionen. Wesentlich sind dabei die Ausrichtung von Ablaufgestaltungen an Produktsegmenten, was deutlich zur Entflechtung der Problemkomplexität beiträgt, und die organisatorische Neuordnung über Abteilungsgrenzen hinweg (Prozeßorientierung). Stein zeigt, daß die organisatorischen Veränderungen den Nutzen der Systemanwendung wesentlich steigern können.

Die Wirtschaftlichkeitsbetrachtung eines derart komplexen Systems kann naturgemäß nicht mit klassischen Investitionsmethoden bewältigt werden. Stein schlägt eine Nutzenanalyse vor, in der eine monetäre Bewertung jeweils soweit wie möglich erfolgt. Als sehr sinnvoll ist die gewählte iterative Vorgehensweise anzusehen. Dabei wird die im Zeitablauf verbesserte Informationsbasis jeweils aktuell in der Beurteilung berücksichtigt.

Die Untersuchung ist in enger Verzahnung mit Industrieunternehmungen entstanden. Analysen realer Problemsituationen und Prüfungen der Nutzbarkeit vorhandener Vorgehensmodelle bilden den Hintergrund der vorgeschlagenen Methode zur Bewältigung der anstehenden Aufgabenstellungen. Insoweit ist die Untersuchung gleichermaßen für die industrielle Praxis und die betriebswirtschaftliche Theorie eine beachtliche Bereicherung.

Prof. Dr. Reiner Steffen

Vorwort

Der Einsatz von Informationssystemen ist ein wesentlicher Bestandteil der Ablauforganisation in der Unternehmung. Die Neugestaltung der Abläufe muß daher stets mit Überlegungen zum betriebswirtschaftlich sinnvollen Einsatz der EDV verknüpft werden. Im Rahmen des Auftragsabwicklungsprozesses geht es darum, die Ablaufkette für die Kundenauftragserfüllung – von der Auftragsannahme im Vertrieb über die Produktionsplanung und die Materialwirtschaft bis hin zur Fertigungssteuerung, der Produktion und dem Versand – in geeigneter Weise durch ein integriertes PPS-System zu unterstützen. Unternehmungsspezifische ‚schlanke' Auftragsabwicklungskonzeptionen bieten einen Wettbewerbsvorteil gegenüber den Konkurrenten.

Entgegen dieser aktiven Sichtweise des Zusammenhangs ist in der Praxis eine überwiegend passive Haltung bei der Auswahl und Implementierung von PPS-Systemen zu erkennen. Häufig wird davon ausgegangen, daß mit der Einführung einer durchdachten Standard-Software zugleich effiziente Abläufe realisiert werden. Erfordern die Programme eine Auswahlentscheidung unter verschiedenen Anwendungsoptionen, werden die Parameter oft entsprechend der bisherigen Arbeitsweise eingestellt. Verfügbare Konzepte zum Austausch von PPS-Systemen decken diese systembestimmte Vorgehensweise.

Die vorliegende Untersuchung entwickelt ein Vorgehensmodell, daß die Auswahl und Einführung von PPS-Systemen als Chance zur Neugestaltung der Unternehmungsorganisation betrachtet. Die Wirtschaftlichkeit des Vorhabens wird durch bedeutende Ablaufverbesserungen im Rahmen einer prozeß- und objektorientierten Organisationsstruktur erreicht. Dabei umfaßt das Modell die gesamte Lebensdauer eines PPS-Systems, in deren Verlauf es immer wieder zu kontinuierlichen organisatorischen Verbesserungen der Auftragsabwicklung kommt. Daraus resultiert eine dynamische Entwicklung der Anforderungen an die Software, die auf vergleichsweise starre Programmstrukturen trifft. Darüber hinaus wird die Dissonanz zwischen einfachen, prozeßorientierten Abläufen und komplizierten, funktional gegliederten PPS-Systemen deutlich. Eine Analyse der Gestaltungsmöglichkeiten für Standard-Software zeigt, wie dieser Konflikt gelöst werden kann.

Die Untersuchung entstand während meiner Tätigkeit als Projektleiter bei der Industrieplanung und Organisation GmbH (i+o) in Heidelberg. Das großzügige Entgegenkommen und die zeitlichen Freiräume im Rahmen meiner Anstellung waren die Voraussetzung für diese Arbeit. Dafür bedanke ich mich bei Herrn Dipl.-Ing. Hermann F. Vischer, Herrn Dipl.-Wirtsch.-Ing. Harald Geitz und ganz speziell bei Herrn Ing. grad. Albertus L. Bujard sehr herzlich.

Mein besonderer Dank gilt Herrn Prof. Dr. Reiner Steffen und Herrn Akad. Oberrat Dr. Michael Pohl, die mich in den Kreis der externen Doktoranden am Institut für Unternehmensplanung – Produktionswirtschaft – am Fachbereich Wirtschaftswissenschaften der Universität Hannover (IUP) aufgenommen haben. Ihre fachliche und menschliche Unterstützung war für mich von großem Wert. Konstruktive Kritik verdanke ich auch den Mitarbeitern des IUP, insbesondere Frau Dipl.-Ökonomin Martina Bunt und Herrn Dr. Johannes Walther.

Herrn Prof. Dr. Jochen Schwarze, Institut für Wirtschaftsinformatik an der Universität Hannover, danke ich für die freundliche Übernahme des Korreferates und die wertvollen Anregungen.

Stellvertretend für alle Gesprächspartner in den befragten Unternehmungen bedanke ich mich bei Herrn Dipl.-Ing. Dieter Klocke und Herrn Dipl.-Math. Jürgen Meynert für die mir zur Verfügung gestellte Zeit und die offenen Antworten.

Ein spezieller Gruß geht an die Führungskräfte und Mitarbeiter der Sächsisch-Bayerischen Starkstrom-Gerätebau GmbH (SBG) in Neumark/Sachsen, namentlich Herrn Dr.-Ing. Horst Metzner und Herrn Dipl.-Ing. Peter Mühlberg. Unser gemeinsames Projekt hat mich in den Ausführungen bestärkt.

Frau M.A. (Dalhousie University) Stephanie Dressler bin ich herzlich dankbar für die kritische Durchsicht des Manuskripts und die nützlichen grammatikalisch-stilistischen Hinweise.

Das Fundament zum Gelingen dieser Untersuchung war die liebevolle und geduldige Fürsorge meiner Frau Sabine. Ebenso wie Felix und Mariella mußte Sie allzu oft auf den Familienvater verzichten. Ihnen ist das Buch gewidmet.

Wiesloch, im Mai 1996   Torsten Stein

Inhaltsverzeichnis

Abbildungsverzeichnis XI
Tabellenverzeichnis XV
Abkürzungsverzeichnis XVII

1	Einleitung.	1
1.1	Problemstellung	1
1.2	Aufbau der Untersuchung	6
2	Auswahl und Einführung von PPS-Systemen in der Praxis.	8
2.1	Hintergrund der empirischen Studie.	8
2.1.1	Begriffsbestimmungen.	8
2.1.2	Vorhandene empirische Untersuchungen	13
2.1.3	Betrachtungsrahmen und Vorgehensweise der eigenen Befragung.	16
2.2	Praxis der PPS-Systemauswahl	23
2.2.1	Motive und Erwartungshaltungen.	23
2.2.2	Vorgehensweisen bei der Auswahl von PPS-Systemen.	29
2.3	Vorgehensweise zur PPS-Systemeinführung.	37
2.3.1	Implementierungsaufgaben und -probleme.	37
2.3.2	Implementierungsdauer.	46
2.3.3	Inbetriebnahmeverlauf und Systemintegration	48
2.4	Betrachtung der erzielten Resultate.	55
2.4.1	Tatsächliche Kosten und realisierte Nutzeffekte	55
2.4.2	Organisatorische Veränderungen	58
2.5	Verdichten der Erkenntnisse zu einem Anforderungsrahmen für die Auswahl und Einführung von PPS-Systemen	63
3	Darstellung und Überprüfung der Vorgehensmodelle aus der Literatur.	68
3.1	Begriffsdefinition, Prüfkriterien und hierarchische Ordnung der Vorgehensmodelle.	68
3.2	Darstellung der verfügbaren Vorgehensmodelle.	70
3.2.1	Allgemeines Phasenmodell für das Projektmanagement. ..	70
3.2.2	Vorgehensmodelle zur Auswahl und Einführung von Standard-Software.	72
3.2.3	Vorgehensmodelle aus anderen Anwendungsbereichen	75
3.3	Überprüfung der Vorgehensmodelle.	81

4	**Beurteilung der Wirtschaftlichkeit von PPS-Systemen**	89
4.1	Aktionsraum der Wirtschaftlichkeitsanalyse	89
4.2	Problematik der Wirtschaftlichkeitsanalyse und Lösungsansätze in der Literatur	95
4.3	Konsequenzen für das weitere Vorgehen	102

5	**Organisatorische Gestaltung im Zusammenhang mit der PPS-Systemeinführung**	115
5.1	Komponenten der Beschreibung ablauforganisatorischer Überlegungen	115
5.2	Methoden zur Darstellung der Ablauforganisation	119
5.3	Structured Analysis and Design Technique (*SADT*) zur Modellierung von Prozessen	123
5.4	Leitlinien für die organisatorische Entwicklung	128
5.4.1	Prozeßorientierte Ablauforganisation	128
5.4.2	Objektorientierte Aufbauorganisation	132
5.4.3	Zusammenstellung der gemeinsamen Merkmale	139

6	**Vorgehensmodell für den Prozeß der Auswahl, Einführung und Anwendung von PPS-Systemen unter dem Leitmotiv geplanter organisatorischer Veränderungen**	142
6.1	Anforderungen, Darstellungsweise und Phasenabgrenzung	142
6.2	Initialphase	148
6.3	Phase zur Organisationskonzeption und PPS-Systemauswahl	157
6.3.1	Errichten der Konzeption für eine prozeß- und objektorientierte Organisationsstruktur	157
6.3.2	Vorauswahl des PPS-Systems	157
6.3.3	Wirtschaftlichkeitsbetrachtung und Entscheidungsfindung	185
6.4	Konzeptionsrealisierung, PPS-Systemimplementierung und Systemanwendung	196

7	**Folgerungen aus der Vorgehenskonzeption für die Gestalt der Standard-Software zur PPS**	216
7.1	Struktur- und Profildifferenzen	216
7.2	Lösungsansätze im Rahmen der bestehenden Gestaltungsmöglichkeiten	219
7.3	Objektorientierter Ansatz zur PPS-Systemgestaltung	221

8	**Zusammenfassung**	226

Anhang

Teil 1: Fragebogen zur Auswahl und Einführung des PPS-Systems 232
Teil 2: Modellierung der Auftragsannahme als Vorgangskettendiagramm und als *SADT*-Diagramm 240
Teil 3: Übersicht zu Referenzmodellen mit Bezug auf den Prozeß der Auftragsabwicklung 242

Literaturverzeichnis 247
Sachverzeichnis 261

Abbildungsverzeichnis

Abb. 1.	Ordnungsrahmen der *CIM*-Elemente...................	2
Abb. 2.	Funktionsbereiche und -gruppen integrierter PPS-Systeme....	12
Abb. 3.	Gruppierung der befragten Unternehmungen nach Jahresumsatz und Beschäftigtenanzahl.............................	17
Abb. 4.	Umfeld der Unternehmung als mehrstufiger Bedingungsrahmen	23
Abb. 5.	Positionen einer Kostenbetrachtung für PPS-Projekte und ihre primären Entstehungszeiträume	27
Abb. 6.	Verkettung gravierender Unzulänglichkeiten im Zuge der PPS-Systemauswahl................................	36
Abb. 7.	Einfluß der ablauforganisatorischen Gestaltungsgrundlagen auf die Art der Software-Einstellungen und -Anpassungen	43
Abb. 8.	Alternative Verfahrensweisen zur Inbetriebnahme des neuen PPS-Systems...................................	49
Abb. 9.	Kritische Faktoren der PPS-Systemauswahl und -einführung in Verbindung mit typischen Projektergebnissen.............	64
Abb. 10.	Grundsätze für einen Wandel in der Vorgehensweise für die Auswahl und Einführung von PPS-Systemen..............	66
Abb. 11.	Kriterien zur Überprüfung der Vorgehensmodelle aus der Literatur......................................	70
Abb. 12.	Allgemeiner phasenweiser Projektablauf mit wiederholt. vollzogenem Problemlösungsprozeß	71
Abb. 13.	Projektphasen, Arbeitsblöcke und Arbeitsschritte des 3-Phasen-Konzeptes.....................................	72
Abb. 14.	Allgemeines Vorgehensmodell für die Auswahl und Einführung von Standard-Software	73
Abb. 15.	Abschnitte der organisations- und mitarbeiterbezogenen PPS-Systemeinführung................................	74
Abb. 16.	Phasenzyklus der evolutionären partizipativen Software-Entwicklung...................................	77
Abb. 17.	Vorgehensmodell der *KSA*...........................	80
Abb. 18.	Einstufung von Nutzeffekten im hierarchischen Zielsystem	91
Abb. 19.	Aktionsraum für die Kosten- und Nutzenbetrachtungen im Rahmen der Wirtschaftlichkeitsanalyse	94
Abb. 20.	Quantifizierung des Personaleinsatzes zur Auftragsabwicklung auf verschiedenen Betrachtungsebenen	109
Abb. 21.	Schematische Darstellung einer komprimierten Auftragsabwicklung mit veränderter Bevorratung	110

Abb. 22.	Eingangswerte und Ergebnis der Wirtschaftlichkeitsrechnung zum Zeitpunkt der Realisierungsentscheidung	114
Abb. 23.	Vergleich der traditionellen Merkmale zur Aufgabenanalyse und -synthese mit den heute praxisrelevanten Beschreibungselementen sowie den Komponenten eines computergestützten Unternehmungsprozesses	118
Abb. 24.	Strukturierte Darstellung der Ablaufspezifikation im Rahmen der *SADT*-Methode	124
Abb. 25.	Verrichtungsorientierte Querschnittsbereiche im Vergleich zu aufgabenbezogenen Koordinationsteams	138
Abb. 26.	Signifikante Merkmale und Effekte einer prozeß- und objektorientierten Organisation	140
Abb. 27.	Modifizierungen und Ergänzungen der *SADT*-Notation sowie des verwendeten Formblattes	143
Abb. 28.	*SADT*-Diagramm mit den drei Phasen der zu entwickelnden Vorgehenskonzeption	147
Abb. 29.	*SADT*-Diagramm der Initialphase	150
Abb. 30.	*SADT*-Diagramm der Situationsanalyse	151
Abb. 31.	*SADT*-Diagramm zum Definieren der Maßnahmen	154
Abb. 32.	*SADT*-Diagramm der Phase zur Organisationskonzeption und PPS-Systemauswahl	158
Abb. 33.	*SADT*-Diagramm zur Organisationskonzeption	159
Abb. 34.	*SADT*-Diagramm zur Vorbereitung des Projektes	160
Abb. 35.	*SADT*-Diagramm zur Analyse des Istzustands	161
Abb. 36.	*SADT*-Diagramm zum Entwickeln der objekt- und prozeßorientierten Organisationsstruktur	162
Abb. 37.	*SADT*-Diagramm zum Entwickeln segmentspezifischer Auftragsabwicklungsmodelle	163
Abb. 38.	*SADT*-Diagramm zur Vorauswahl des PPS-Systems	178
Abb. 39.	*SADT*-Diagramm zum Einholen und Auswerten von Angeboten	182
Abb. 40.	*SADT*-Diagramm zur Wirtschaftlichkeitsbetrachtung und Entscheidungsfindung	186
Abb. 41.	*SADT*-Diagramm zum Aufstellen des Nutzenmodells	187
Abb. 42.	*SADT*-Diagramm der Zäsur zur Entscheidungsfindung	192
Abb. 43.	Entscheidung über das weitere Vorgehen in Abhängigkeit von der spezifischen Konstellation aus Risikobereitschaft und Wirtschaftlichkeitspotential	193
Abb. 44.	*SADT*-Diagramm zur Realisierung, Implementierung und Anwendung (Segment 1 bis n)	197
Abb. 45.	*SADT*-Diagramm zur organisatorischen und technischen Implementierung	198
Abb. 46.	*SADT*-Diagramm der Schulungsmaßnahmen	199
Abb. 47.	*SADT*-Diagramm der Anwendungszäsur	208
Abb. 48.	*SADT*-Diagramm zur Kontrolle der Zielerreichung	209
Abb. 49.	Ursache-Wirkungs-Struktur für Ergebnisabweichungen bei der PPS-Systemeinführung	210

Abb. 50. *SADT*-Diagramm zur Wirtschaftlichkeitsbeurteilung von
Initiativen 212
Abb. 51. Vergleich der Software-Struktur von PPS-Systemen mit den
software-relevanten Strukturgrundsätzen aus der Vorgehens-
konzeption....................................... 217
Abb. 52. Strukturierungsprinzip der objektorientierten Systemgestaltung
und Klassenbeispiel aus dem Bereich der PPS............. 223
Abb. 53. Verwendung des Prozeßmodells der Ablaufkonzeption im
Verlauf der Auswahl, Einführung und Anwendung von PPS-
Systemen.. 229

Tabellenverzeichnis

Tab. 1.	Aufgabenbereiche der taktisch-operativen Produktionsplanung .	10
Tab. 2.	Übersicht zu empirischen Studien mit Aussagen zur Auswahl und Einführung von PPS-Systemen, Teil 1 und 3	14/15
Tab. 3.	Gruppierung der befragten Unternehmungen nach Branchen . .	19
Tab. 4.	Übersicht zur Ausgangsmotivation der PPS-Systemeinführung. .	25
Tab. 5.	Anfangszustand der computergestützten PPS zu Projektbeginn differenziert nach Motivationskategorien	26
Tab. 6.	Klassifizierung wiederholt genannter qualitativer Nutzenerwartungen.	28
Tab. 7.	Gesamtübersicht zur Schrittfolge der PPS-Systemauswahl bei den 20 befragten Unternehmungen	30
Tab. 8.	Verrichtungsneutrale und verrichtungsspezifische Schwierigkeiten im Aufgabenbereich der technischen Implementierung . .	39
Tab. 9.	Verrichtungsneutrale und verrichtungsspezifische Implementierungshemmnisse im Zuge der Grunddatenbereitstellung	39
Tab. 10.	Verrichtungsneutrale und verrichtungsspezifische Probleme der Anwenderschulung	41
Tab. 11.	Verrichtungsneutrale und verrichtungsspezifische Schwierigkeiten im Rahmen der Systemausgestaltung	42
Tab. 12.	Verrichtungsneutrale und verrichtungsspezifische Probleme bei der Software-Anpassung	45
Tab. 13.	Verknüpfung der PPS-Systeme mit weiteren betriebswirtschaftlichen Bausteinen der Unternehmensgesamtkonfiguration.	53
Tab. 14.	Verbreitungs- und Integrationsgrad weiterer *CIM*-Elemente (bei Implementierungsabschluß/in naher Zukunft erwartet) . . .	54
Tab. 15.	Kosten und Aufwand der PPS-Systemeinführung im Vergleich zu den Annahmen bei Implementierungsbeginn	56
Tab. 16.	Vergleich der Anzahl quantifizierter Verbesserungen mit den Erwartungen bei Implementierungsbeginn	56
Tab. 17.	Ausprägungen der aufbauorganisatorischen Veränderungen . . .	61
Tab. 18.	Übersicht zum Vergleich der betrachteten Vorgehensmodelle anhand der Überprüfungskriterien, Teil 1 und 2	82/83
Tab. 19.	Wirkungsebenen integrierter Informationssysteme und exemplarische Nutzeffekte.	92
Tab. 20.	Phasenbezogene Differenzierung der Wirtschaftlichkeitsanalyse.	93
Tab. 21.	Übersicht zur Problematik der Wirtschaftlichkeitsbetrachtung und vorhandenen Lösungsansätzen	96

Tab. 22. Maßnahmen zum Umgang mit den Problemen der Wirtschaftlichkeitsanalyse 113

Tab. 23. Vergleich von Vorgangsketten- und *SADT*-Diagrammen anhand anwendungsorientierter Kriterien 121

Tab. 24. Gliederungskriterien und Klassifizierungsmerkmale für eine objektorientierte Aufbauorganisation.................... 133

Tab. 25. Möglichkeiten für die anforderungsgerechte Gestaltung der PPS-Software 202

Abkürzungsverzeichnis

AG	Aktiengesellschaft
ALIVE	Implementations Adressing Levels of Integration in Various Environments
AMICE	European CIM Architecture (umgekehrtes Akronym)
ARIS	Architektur integrierter Informationssysteme
AWF	Ausschuß für wirtschaftliche Fertigung e.V.
BAPSY	Verfahren zur ‚Bewertung und Auswahl von PPS-Systemen'
BDE	Betriebsdatenerfassung
BIBA	Bremer Institut für Arbeitstechnik und angewandte Arbeitswissenschaft an der Universität Bremen
BMFT	Bundesminister für Forschung und Technologie
BMI	Bundesminister des Innern
BWI	Betriebswissenschaftliches Institut der Eidgenössischen Technischen Hochschule Zürich
CAD	Computer Aided Design
CAM	Computer Aided Manufacturing
CAP	Computer Aided Planning
CAQ	Computer Aided Quality Assurance
CASE	Computer Aided Software Engineering
CCK	CIM-Centrum der Universität Kaiserslautern
CD	Compact Disc
CIM	Computer Integrated Manufacturing
CIMOSA	CIM – Open System Architecture
DIN	Deutsches Institut für Normung e.V.
DM	Deutsche Mark
DV	Datenverarbeitung
ed./eds.	editor/editors
EDV	Elektronische Datenverarbeitung
EPK	Ereignisgesteuerte Prozeßkette
ERM	Entity-Relationship-Modell
ESPRIT	European Strategic Programm for Research and Development in Information Technology
et al.	und andere
FAZ	Frankfurter Allgemeine Zeitung
FB/IE	Zeitschrift Fortschrittliche Betriebsführung/Industrial Engineering
FIR	Forschungsinstitut für Rationalisierung an der Rheinisch-Westfälischen Technischen Hochschule Aachen

FZI	Forschungszentrum Informatik an der Universität Karlsruhe
HOST	Higher Operating System
HW	Hardware
IAO	Fraunhofer-Institut für Arbeitswirtschaft und Organisation, Stuttgart
IAW	Lehrstuhl und Institut für Arbeitswissenschaft, Aachen
ICAM	Integrated Computer Aided Manufacturing
IDEF	ICAM Definition Method
IEC	International Electrotechnical Commission
IEEE	Institute of Electrical and Electronics Engineers
IFIP	International Federation of Information Processing
inc.	incorporated
INCOME	Interactive Netbased Conceptual Modelling Environment
io	Zeitschrift Industrielle Organisation
IPK	Fraunhofer-Institut für Produktionsanlagen und Konstruktionstechnik, Berlin
Jg.	Jahrgang
KCIM	Komission Computer Integrated Manufacturing
KIM	Kölner Integrationsmodell
KRP	Zeitschrift Kostenrechnungspraxis
KSA	Kommunikationsstrukturanalyse
MRP	Materials Requirements Planning
MRP II	Management Resource Planning
n	Anzahl
NC	Numerical Control
NSI	Projekt ‚Nutzen und Schaden der Informationsverarbeitung' an der Universität Erlangen-Nürnberg
o.Jg.	ohne Jahrgang
OOA	Object Oriented Analysis
o.S.	ohne Seitenangabe
PC	Personal Computer
PRISMA	Planung Rechnerintegrierter Informationssysteme im Maschinen- und Anlagenbau
PPS	Produktionsplanung und -steuerung
REFA	Verband für Arbeitsstudien und Betriebsorganisation e.V. (ehemals Reichsausschuß für Arbeitszeitermittlung)
RKW	Rationalisierungskuratorium der Deutschen Wirtschaft e.V. (ehemals Reichskuratorium für Wirtschaftlichkeit)
SADT	Structured Analysis and Design Technique
Sp.	Spalte
STEPS	Softwaretechnik für Evolutionäre Partizipative Systementwicklung
SW	Software
t	Zeiteinheit
TTZ	Technologie-Transfer-Zentrum
UBIS	Unternehmensberatung für integrierte Systeme GmbH
VDI	Verein deutscher Ingenieure
VDI-Z	Zeitschrift des Vereins deutscher Ingenieure

VERA	Verfahren zur Ermittlung von Regulationserfordernissen in der Arbeitstätigkeit
VKD	Vorgangskettendiagramm
Vol.	volume
WiSt	Zeitschrift Wirtschaftswissenschaftliches Studium
ZfB	Zeitschrift für Betriebswirtschaft
ZfbF	Zeitschrift für betriebswirtschaftliche Forschung
ZFO	Zeitschrift Führung und Organisation, bis 1981 Zeitschrift für Organisation (ZfO)
ZVEI	Zentralverband der Elektrotechnischen Industrie
ZwF	Zeitschrift für wirtschaftliche Fertigung und Automatisierung

1 Einleitung

1.1
Problemstellung

Eine Auseinandersetzung mit computergestützten Systemen zur Planung, Steuerung und Kontrolle der Bereiche, die mit der Erzeugnisproduktion verbunden sind, findet sowohl in der Betriebswirtschaftslehre als auch in den Ingenieurwissenschaften und der Informatik statt. Vorliegende Veröffentlichungen sind bisher überwiegend ingenieurwissenschaftlichen Ursprungs. Die ökonomische Komponente der Problematik wird nach wie vor zu stark außer acht gelassen[1]. Dabei zeigt schon ein Vergleich der Begriffsinhalte, daß die Produktionsplanung und -steuerung (PPS) eine grundlegende Aufgabe der Produktionswirtschaft als betriebswirtschaftlicher Funktionslehre[2] darstellt. Die Produktionswirtschaft befaßt sich mit der zielgerichteten Analyse, Planung, Steuerung und Kontrolle sämtlicher Aktivitäten, die mit der Erstellung materieller Güter unmittelbar zusammenhängen[3]. Als System wird allgemein eine Gesamtheit von Elementen verstanden, welche Eigenschaften haben und durch Relationen verknüpft sind, so daß sie eine Struktur aufweisen[4]. Analog bezeichnet der Begriff ‚PPS-System' die Kombination von Hardware- und Software-Komponenten zu einer betrieblichen Informationsverarbeitungseinheit, die Funktionen zur Planung, Steuerung und Überwachung der Produktionsabläufe bereithält[5]. Somit ist das PPS-System ein Medium, das die Aktivitäten der Gütererstellung unterstützt. Es sollte dazu dienen, die ökonomischen Ziele der Produktionswirtschaft wie ‚Minimierung der Kosten' oder ‚Maximierung von Deckungsbeiträgen'[6] zu erreichen.

Die Unternehmung als offenes, soziotechnisches System ist in den Prozeß des Strukturwandels auf den Märkten, in Technik und Gesellschaft eingebun-

---

[1] Vgl. Steffen (1987), S. 12.
[2] Vgl. Busse v. Colbe/Laßmann (1988), S. 622ff.
[3] Vgl. sinngemäß auch Hoitsch (1993), S. 22 und Schneeweiß (1992), S. 8f. sowie die von Kern (1992), S. 2 beschriebenen Aufgaben der Produktionswirtschaftslehre.
[4] Vgl. Kosiol/Szyperski/Chmielewicz (1965), S. 339.
[5] Zur abstrakteren Definition des Begriffs ‚PPS-System' als Menge von Aufgaben, Methoden und Hilfsmitteln vgl. Kern (1992), S. 320 und die dort angegebene Literatur.
[6] Vgl. Zäpfel (1982), S. 29ff. Für eine erfolgsorientierte Gestaltung der Produktion müssen die Kosten stets im Zusammenhang mit den Erlösen betrachtet werden. Zur Einordnung der produktionswirtschaftlichen Ziele in das Zielsystem der Unternehmung vgl. Szyperski/Tilemann (1979), Sp. 2301ff.

1 Einleitung

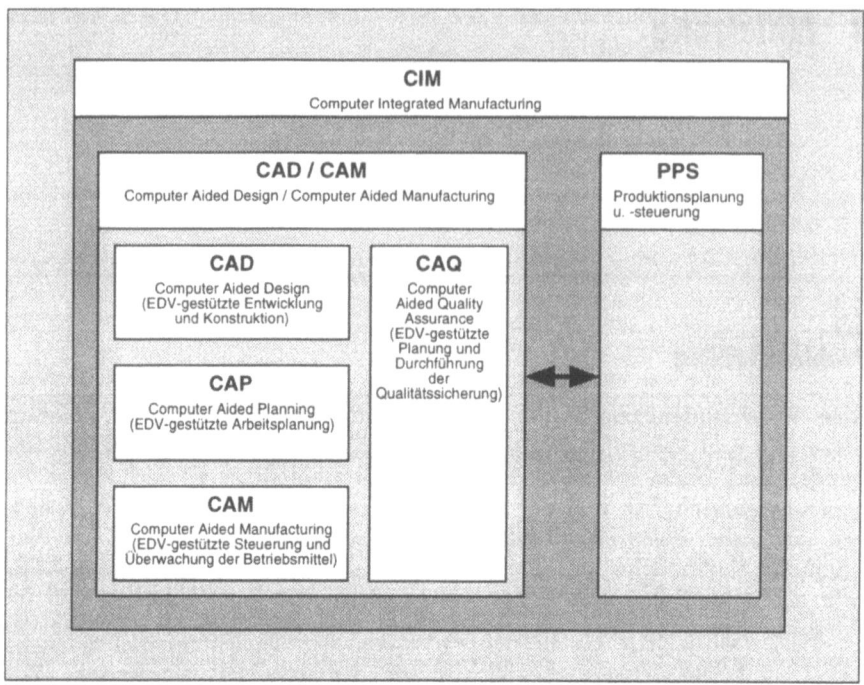

Abb. 1. Ordnungsrahmen der *CIM*-Elemente[a]

den. Kurzfristige Reaktionen auf Marktveränderungen erlangen eine existentielle Bedeutung, während der sich stetig verschärfende Wettbewerb einen ständigen Zwang zur Rationalisierung bewirkt. Das Erfüllen der Kundenanforderungen hinsichtlich Termintreue der Lieferungen und Diversifikation der Produkte bei gleichmäßig hohem Qualitätsstandard ist eine gewichtige Voraussetzung, um dem zunehmenden Druck nationaler und internationaler Konkurrenten standhalten zu können.

Die Wettbewerbsfähigkeit nach außen erfordert eine bestmögliche interne Effizienz. Die neuen Informations- und Fertigungstechnologien unter dem Sammelbegriff ‚*Computer Integrated Manufacturing*' (CIM)[7] sind hier zum Hoffnungsträger für eine verbesserte Arbeitsweise in den direkten und insbesondere den indirekten Bereichen der Unternehmung geworden[8]. CIM beschreibt den EDV-Einsatz in allen mit der Produktion zusammenhängenden Bereichen der Unternehmung und will die Integration der technischen und or-

---

[a] Modifizierte Fassung der graphischen Darstellung des Ausschuß für wirtschaftliche Fertigung (*AWF*) e.V. (1985), S. 10.

[7] Vgl. Harrington (1973), S. 5, der diesen Begriff erstmals verwendet.

[8] Als Bereiche der direkten Wertschöpfung am Produkt werden hier die Teilefertigung und die Montage verstanden, wobei die Produktion als Oberbegriff für diesen Rahmen dient, vgl. auch Warnecke (1993), S. 1. Die Aufgaben der indirekten Bereiche sind dem eigentlichen Produktionsprozeß vor- und nachgeordnet.

ganisatorischen Funktionen zur Produkterstellung erreichen[9]. In Abb. 1 wird eine weitgehend anerkannte Differenzierung der *CIM*-Komponenten gezeigt. PPS-Systeme werden als Basis betriebsspezifischer *CIM*-Konzepte angesehen. Somit ist die Auswahl und Einführung eines geeigneten PPS-Systems ein entscheidender Schritt auf dem Weg zur rechnergestützten Integration und damit im Sinne des oben genannten Zusammenhangs bedeutsam für den zukünftigen Erfolg der Unternehmung.

Die ersten PPS-Systeme wurden lange vor der Verfügbarkeit von *CIM*-Technologien bereits in den 60er Jahren entwickelt[10]. Seitdem werden sie in zunehmendem Maße eingesetzt, so daß inzwischen ein hoher Durchdringungsgrad der Industrieunternehmungen gegeben ist[11]. Daher sind in Zukunft nur noch wenige PPS-Erstanwendungen zu erwarten. Das Thema PPS-Systemauswahl und -einführung behält jedoch seine Relevanz, da inzwischen immer mehr PPS-Austauschprojekte anzutreffen sind, d.h. veraltete Lösungen werden durch neue PPS-Systeme ersetzt.

Den Rechenkapazitäten entsprechend beschränkten sich die ersten Anwendungen zunächst auf die Terminsteuerung der Fertigungsaufträge[12]. In den 70er und 80er Jahren wurden die EDV-gestützten PPS-Systeme leistungsfähiger und umfassender. Dennoch ist immer wieder Kritik an den PPS-Systemen zum Ausdruck gekommen. Beanstandet wurde primär die zu geringe Übereinstimmung zwischen den vom PPS-System berechneten Produktionsplänen und dem tatsächlichen Verlauf in der Fertigung[13]. Durch die Software verursachte Abstraktionen und Planungsmängel hatten z.B. nicht zu realisierende Anfangstermine und Kapazitätsbelegungen zur Folge[14]. Im Zuge der nachfolgend vorgenommenen Erweiterungen wurden Methoden wie das ‚Materials Requirements Planning' (*MRP*) bzw. ‚Management Resource Planning' (*MRP II*) und die ‚belastungsorientierte Auftragsfreigabe', in die Software integriert[15]. Durch steigende Computerleistungen, höhere Anforderungen an die

---

[9] Vgl. *AWF* (1985), S. 10.
[10] Vgl. Kurbel (1993), S. 15 sowie beispielsweise Weide (1967), S. 735ff.
[11] Stadler/Wilhelm ermitteln in ihrer Fragebogenauswertung, daß 85% der 226 antwortenden Industrieunternehmungen Ende 1991 ein PPS-System einsetzen. Weitere 18 Unternehmungen wollten bis 1994 eines einführen, vgl. Stadler/Wilhelm (1993), S. 40. Zu einem ähnlichen Ergebnis kommen Glaser/Geiger/Rohde (1992), S. 300ff.
[12] Vgl. Roos (1992), S. 6.
[13] Vgl. Kurbel (1993), S. 27 ebenso wie Hackstein (1989), S. 339 und die ausführliche Analyse von Adam (1992), S. 13ff..
[14] Vgl. Kern (1992), S. 323f. und Zäpfel (1989b), S. 216ff.
[15] *MRP* bezeichnet ein Konzept, das die zeitliche Differenzierung errechneter Materialbedarfe im Rahmen der Nettobedarfsermittlung berücksichtigt. *MRP II* bezieht die Personal- und Maschinenkapazität als Ressourcen in die Planungsfunktionen ein und erweitert den Betrachtungsrahmen um eine mittel- bis langfristig orientierte Absatzplanung. Zur ausführlichen Darstellung vgl. Harhen (1988), S. 25ff. und die dort angegebene Literatur. Wesentliches Merkmal der belastungsorientierten Auftragsfreigabe ist die Simulation der Wirkungsweise von Parametern, welche die Freigabe der Produktionsaufträge steuern. Damit werden unnötige Auftragswartezeiten in der Werkstatt verhindert, vgl. Wiendahl (1987), S. 206ff. Die belastungsorientierte Auftragsfreigabe findet inzwischen bei ca. 37% der PPS-Systeme Anwendung, vgl. Fandel/François/Gubitz (1994), S. 273.

Programme und den ausgeprägten Konkurrenzdruck am Markt für PPS-Systeme entstand eine kontinuierliche Fortentwicklung des Funktionsangebots der Standard-Software. Neben dem Wachstum des Umfangs an klassischen PPS-Funktionen (Tiefenexpansion) ist seit einigen Jahren auch eine Ausdehnung des Leistungsspektrums auf die der eigentlichen PPS angegliederten Aufgabenbereiche wie beispielsweise die Versandsteuerung zu beobachten (Breitenexpansion)[16].

Heute hat die Vielzahl der PPS-Standardprogramme einen meist hohen funktionalen Reifegrad erreicht[17]. Hinzu kommen komfortable Bedienungsweisen, verbesserte Benutzeroberflächen und kürzere Antwortzeiten durch dezentralisierte Hardware-Konfigurationen[18]. Dennoch sind die Wünsche und Anforderungen der Anwender scheinbar immer noch nicht erfüllt. PPS-Systeme werden derzeit wieder zunehmend kritisch diskutiert, da die erhofften Nutzeffekte oft ausbleiben oder nicht nachvollziehbar sind. Auch Systemanbieter geben inzwischen zu, daß „... es offenbar in doch leider nicht wenigen Fällen nicht gelungen ist, das PPS-System effizient einzuführen"[19]. Darüber hinaus sind erste Beiträge zu finden, die den Sinn und Zweck der PPS-Systeme grundsätzlich in Frage stellen[20].

Wesentliche Ursache für die Unsicherheit über den tatsächlichen Nutzen der PPS-Systeme ist die vielfältige Problematik bei der Wirtschaftlichkeitsbeurteilung neuer Informationstechnologien. *CIM*-Vorhaben entziehen sich häufig der herkömmlichen Bewertung, da die Nutzeffekte nur schwer oder gar nicht quantifizierbar sind. Darüber hinaus beeinträchtigen die komplizierten Wirkungszusammenhänge den Wirtschaftlichkeitsnachweis realisierter Projekte. In Anbetracht der vielfältigen Unwägbarkeiten von *CIM*-Vorhaben kann genau genommen nur von einem Wirtschaftlichkeitspotential gesprochen werden.

Als Konsequenz dieser Schwierigkeiten sind in Literatur und Praxis zwei gegensätzliche Haltungen erkennbar. Auf der einen Seite werden verstärkte Anstrengungen bei der Wirtschaftlichkeitsanalyse gefordert, um einen mög-

---

[16] Vgl. Grünewald/Schotten (1993), S. 2.
[17] Die Zahl der angebotenen Software-Produkte ist stetig angestiegen. Waren es 1984 noch ca. 50 PPS-Systeme, so werden heute ca. 170 angegeben, vgl. Schotten/Vogeler (1994), S. 53 ebenso wie Fandel/François/Gubitz (1994), S. 12. Übersichts-Raster zum Funktionsangebot eines großen Teils der am Markt angebotenen PPS-Systeme bieten die Veröffentlichungen von Fandel/François/Gubitz (1994), S. 17ff. ebenso wie Grünewald/Schotten (1994), S. 70ff. und Chen/Geitner (1993), S. 60ff. Renner (1991), S. 34ff. wertet die Antworten von 50 PPS-Systemanbietern zu Fragen nach bestimmten, betriebswirtschaftlich relevanten Leistungsmerkmalen aus.
[18] Vgl. auch Heinrich (1993), S. 31. Dezentrale Lösungen basieren meist auf einem PC-gestützten Client-Server-Konzept. Einige Varianten dieses Konzeptes ermöglichen das parallele Abarbeiten mehrerer Funktionen im Rechnernetz zum gleichen Zeitpunkt, vgl. Messer (1990), S. 92. Einen Überblick zum Stand der PPS-Systemtechnologie in bezug auf Hardware, Betriebssysteme, Datenbanken und Programmiersprachen bieten Nedeß/Friedewald/Maack (1993), S. 5ff.
[19] Vgl. Sengen (1993), o.S.
[20] Vgl. Sauerbrey (1992), S. 8 sowie Krupezki (1992), S. 10f. Den Ausführungen von Davenport (1993), S. 234 zufolge ist auch in Nordamerika die *MRP*- und *MRP II*-Software in Verruf geraten.

lichst hohen Anteil quantifizierter Nutzenaussagen zu erhalten. Die Entscheidungsträger wollen und können demnach nicht auf in Zahlen beschriebene Nutzeffekte verzichten[21]. Anderenfalls besteht die Gefahr, daß Konzepte für CIM-Elemente gegenüber der Unternehmungsleitung und den Kapitaleignern nicht durchgesetzt werden können[22]. Vorrang bekommen dann die Projekte mit leicht definierbarem Nutzen, aber nicht unbedingt mit der größten kommerziellen oder technischen Bedeutung[23]. Zusätzlichen Auftrieb hat diese Auffassung zur Bewertung von CIM-Investitionen durch die Veröffentlichungen zum ‚Lean Management'[24] erhalten. Danach muß sich die Unternehmung auf ihre wesentlichen Tätigkeiten konzentrieren. Auch DV-Investitionen sollen künftig nachweislich der Wertschöpfung dienen[25].

Auf der anderen Seite wird die Ansicht vertreten, daß es sich bei CIM-Bausteinen um ‚strategische Investitionen' handelt[26]. Der Wettbewerb, dem die Unternehmungen ausgesetzt sind, ist über einen längeren Zeitraum, also strategisch gesehen, immer ein Innovationswettbewerb. Neuerungen gelten als Mittel, um verbesserte Leistungs-, Qualitäts- und Kostenniveaus zu erreichen[27]. Investitionen in neue Technologien sind Teil der Wettbewerbsstrategie und werden als Weg betrachtet, um Innovationen zu bewirken. Darüber hinaus wird behauptet, daß Investitionen nur dann Wettbewerbsvorteile bieten, wenn sie zeitlich vor der Konkurrenz durchgeführt werden[28]. Folglich zwingt der Konkurrenzdruck die Unternehmungen, sich mit den neuen Technologien zu arrangieren. Dabei fordert der Entscheidungsprozeß für eine CIM-Investition von den Verantwortlichen subjektive Werturteile. Im Grundsatz handelt es sich um eine typische Management-Entscheidung ‚unter Unsicherheit'[29].

---

[21] Vgl. Kaplan (1986), S. 79 ebenso wie Zangemeister (1993), S. 37.
[22] Vgl. Scheer (1986), S. 6 und sinngemäß auch Lambert (1988), S. 477 sowie Upmann (1989), S. 59, der fehlende Bewertungsinstrumentarien als ein wesentliches Innovationshemmnis bezeichnet.
[23] Vgl. Eisfelder (1988), S. 59.
[24] Anstelle dieses Begriffs wird in der Literatur überwiegend die Bezeichnung ‚Lean Production' verwendet, obwohl deren Gestaltungsansätze über den Bereich Produktion hinaus auch andere Arbeitsgebiete der Unternehmung sowie das Verhältnis zu Kunden und Lieferanten umfassen.
[25] Vgl. Schneider (1992), S. 7 und sinngemäß auch Gattermeyer (1992), S. 5, der den Abbau von nicht-wertschöpfenden Investitionen explizit in seine Definition der ‚Lean Production' einbezieht.
[26] Vgl. Eberle/Schäffner (1988), S. 118 und sinngemäß auch Niemeier (1988), S. 31f. 1987 vertraten bei einer Expertenumfrage 24% der 33 Befragten die Ansicht, daß eine Entscheidung für CIM strategischer Natur sei und entsprechende Projekte deshalb auch ohne Wirtschaftlichkeitsnachweis gestartet werden müssen, vgl. Köhl/Esser/Kemmner/Wendering (1988), S. 22.
[27] Vgl. Eisfelder (1988), S. 56.
[28] Vgl. Berkau/Kraemer/Scheer (1989), S. 18.
[29] Vgl. Kemmner (1988), S. 28. Die Entscheidungstheorie differenziert Entscheidungen bei Unsicherheit und Risiko. Risikoentscheidungen sind gekennzeichnet durch bekannte Eintrittswahrscheinlichkeiten für die Konstellationen von Ausprägungen der entscheidungsrelevanten Daten. Bei Unsicherheit fehlen Wahrscheinlichkeitsinformationen zu diesen Umweltzuständen, vgl. Laux (1991), S. 24f. und Rehkugler/Schindel (1990), S. 92.

Bei der Diskussion um die Wirtschaftlichkeit von *CIM*-Elementen und insbesondere PPS-Systemen wird häufig übersehen, daß der Schwerpunkt der Anstrengungen nicht beim Nachweis der Einsparungen liegen darf. Vorrangig sind Vorgehensweisen zu entwickeln, mit deren Hilfe die Wirtschaftlichkeit erreicht bzw. verbessert wird. PPS-Systeme sind – im Gegensatz zu den traditionellen betriebswirtschaftlichen Systemen für die Finanzbuchhaltung und die Personalabrechnung – stark von den produktions- und produktspezifischen Merkmalen und Abläufen der Unternehmung geprägt[30]. Der kritische Erfolgsfaktor, um ein PPS-System betriebswirtschaftlich sinnvoll einführen und nutzen zu können, ist der organisatorische Fortschritt. In der Literatur wird häufig darauf hingewiesen, daß der EDV-Einsatz keine organisatorischen Probleme löst, sondern diese lediglich transparent macht[31]. Ebenso sind neue Technologien und hohe Automatisierungsgrade nicht ohne weiteres mit einer verbesserten Wettbewerbsposition gleichzusetzen. Der Einsatz von Hardware und Software muß explizit mit Überlegungen für aufbau- und insbesondere ablauforganisatorische Veränderungen verknüpft werden. Art und Umfang der Verbesserungen werden dann bewußt antizipiert.

Diese Leitgedanken bestimmen die Zielsetzung der vorliegenden Untersuchung. Es gilt, ein Vorgehensmodell zur PPS-Systemauswahl und -einführung zu entwickeln, das geeignet ist, die Wirtschaftlichkeit entsprechender Projekte zu fördern. Dazu muß die praxisgerechte Konzeption auf gezielt vorgenommene organisatorische Veränderungen ausgerichtet werden. Die PPS-Systemeinführung ist nutzbringend, wenn die Abläufe in der Unternehmung deutlich und meßbar verbessert werden. Ein untergeordnetes Ziel der Untersuchung besteht darin, eine praktikable Vorgehensweise für die Wirtschaftlichkeitsbetrachtung in die Gesamtkonzeption zu integrieren. Es reicht nicht aus, PPS-Systeminvestitionen mit den oben genannten strategischen Nutzeffekten zu motivieren. Die Entscheidungsfindung muß durch zielgerichtete, quantifizierte und nachvollziehbare Nutzenaussagen erleichtert werden.

1.2
Aufbau der Untersuchung

Um den Schwierigkeiten im Zusammenhang mit der PPS-Systemauswahl und -einführung entgegenzuwirken, müssen diese zunächst ermittelt und analysiert werden. Da vorhandene Untersuchungen kein geeignetes Abbild der Praxis bieten, ist eine Primäranalyse anstelle einer Literaturauswertung (Sekundäranalyse) erforderlich[32]. Ausgangspunkt ist somit eine empirische Studie über die Einführung bzw. den Austausch von PPS-Systemen. Untersucht wird, wie die PPS-Systemfindung in der Praxis vorgenommen wird, in welchen

---

[30] Vgl. Martin (1993), S. 3 und S. 251f.
[31] Vgl. Hackstein (1989), S. 273 ebenso wie Bullinger (1990), o.S. Ross (1977a), S. 5 formuliert den Merksatz, daß nichts durch ein System hervorgebracht wird, was wir nicht selbst eingebracht haben.
[32] Zu den Begriffen der Primär- und Sekundäranalyse vgl. Mertens/Anselstetter/Eckardt/Nickel (1982), S. 138.

Schritten die Implementierung erfolgt und welcher Nutzen mit dem Systembetrieb verbunden ist. Anschließend werden in Kapitel 3 die Empfehlungen und Vorgehenskonzepte zur PPS-Systemauswahl und -einführung in der Literatur kritisch mit den empirischen Ergebnissen verglichen.

Der Wirtschaftlichkeitsbetrachtung kommt aus den genannten Gründen eine besondere Bedeutung zu, so daß deren Problemfelder sowie die zugehörigen Lösungsansätze in Kapitel 4 vertieft werden. Auf dieser Basis wird es möglich sein, geeignete Konsequenzen für den zu entwickelnden Handlungsrahmen festzulegen.

Grundanliegen des fünften Kapitels ist es, der organisatorischen Gestaltung im Zusammenhang mit der PPS-Systemeinführung eine formale und inhaltliche Orientierung zu geben. Dabei muß zunächst erörtert werden, welche Anforderungen aus dem Kontext der Untersuchung an die Beschreibung ablauforganisatorischer Überlegungen zu stellen sind. Anhand der entsprechenden Kriterien werden ausgesuchte Verfahren zur Modellierung der Ablauforganisation überprüft, um eine geeignete Methode auszuwählen und näher zu erläutern. Anschließend wird ein richtungweisendes Grundgerüst für aufbau- und insbesondere ablauforganisatorische Entwicklungspfade herausgearbeitet, das als strukturbezogenes Orientierungsmuster für die Organisationsgestaltung dient. Damit erhalten die organisatorischen Verbesserungen, welche die Wirtschaftlichkeit von PPS-Projekten wesentlich bestimmen, einen übergeordneten Rahmen, an den sich Individualkonzepte und konkrete Maßnahmen anlehnen können.

In Kapitel 6 fließen die Resultate der vorangegangenen Ausführungen in eine geschlossene Konzeption zur Auswahl, Einführung und Anwendung von PPS-Systemen ein. Das Gesamtvorhaben wird dabei als Prozeß aufgefaßt, der durch bewußte ablauforganisatorische Veränderungen geprägt wird. Anfangs werden die Ansprüche zusammengefaßt, die von der Vorgehenskonzeption erfüllt werden müssen. Danach wird eine Phasengliederung entwickelt, welche zugleich die weitere Einteilung des Kapitels bestimmt. In jede Phase sind Kosten-Nutzen-Betrachtungen zu integrieren, deren Ergebnisse den weiteren Prozeßverlauf bestimmen. Das Vorgehensmodell muß sowohl für den PPS-Erstanwender als auch für Austauschprojekte geeignet sein. Aufgrund des hohen Verbreitungsgrades von PPS-Systemen ist allerdings zu beachten, daß der Austausch von PPS-Systemen künftig überwiegen wird.

Kapitel 7 greift die vorher sichtbar werdenden Unstimmigkeiten zwischen bestimmten Merkmalen der PPS-Software und den erforderlichen Eigenschaften auf, die für die Wirtschaftlichkeit des Vorhabens bedeutsam sind. Dabei geht es nicht um die funktionalen Fähigkeiten der Programme, sondern um strukturelle Differenzen grundsätzlicher Natur. Der Ausblick vermittelt Lösungsmöglichkeiten, aus denen sich auch weiterführende Forschungsaufgaben ableiten.

Eine Zusammenfassung der Ergebnisse bildet im achten Kapitel den Abschluß der vorliegenden Untersuchung.

2 Auswahl und Einführung von PPS-Systemen in der Praxis

2.1
Hintergrund der empirischen Studie

2.1.1
Begriffsbestimmungen

In der Praxis immer wieder zum Ausdruck gebrachte Unzufriedenheit mit den im Einsatz befindlichen PPS-Systemen legt es nahe, die genaueren Umstände des Unbehagens gezielt zu untersuchen. Zielsetzung des Kapitels ist es, die praktischen Erfahrungen bei der PPS-Systemauswahl und -einführung aufzunehmen und zu analysieren, um aus den Ergebnissen der Befragung einen Anforderungsrahmen für das Hauptziel dieser Untersuchung zu bilden. Aus den Problemen der Praxis resultieren notwendige Bestandteile für die Konzeption, welche zu einem betriebswirtschaftlich sinnvollen PPS-Systemeinsatz führen soll.

Um Fehlinterpretationen im Verlauf der Untersuchung zu vermeiden, sind zunächst einige Begriffsabgrenzungen notwendig. Gleichzeitig wird der funktionale Betrachtungsrahmen der empirischen Studie beschrieben. Dabei genügt es, eine jeweils zweckmäßige und für die vorliegende Untersuchung gültige Umschreibung festzulegen. Ein umfassender Vergleich der existierenden Begriffsbestimmungen ist nicht erforderlich.

Im Zentrum des Erhebungsgegenstandes der rechnergestützten PPS steht der Aufgabenbereich ‚Produktionsplanung'. Ausgehend vom Begriff der Planung als zielgerichteter Festlegung zukünftigen Handelns[1] unterscheidet die Produktionswirtschaft zwischen strategischer, taktischer und operativer Planung der Produktion. Entsprechend dieser Abfolge der Planungsebenen wird der Betrachtungszeitraum in lang-, mittel- und kurzfristige Planungen differenziert[2]. Dabei ist die Aufgabenstellung mit verringertem Planungshorizont tendenziell besser strukturiert und erfordert einen zunehmenden Feinheitsgrad der Überlegungen[3].

---

[1] Vgl. Schneeweiß (1992), S. 18 und sinngemäß auch Gutenberg (1983), S. 148. Eine Diskussion der verschiedenen Planungsbegriffe in der Literatur findet sich bei Kirsch (1975), S. 19ff.
[2] Vgl. Kern (1992), S. 73ff.
[3] Vgl. Kern (1992), S. 124 und sinngemäß auch Domschke/Scholl/Voß (1993), S. 2f. und S. 8 sowie Kurpicz (1987), S. 24 und die dort angegebene Literatur.

Während diese Ordnung der Planungsphasen in der Literatur weitgehend akzeptiert ist[4], finden sich unterschiedliche Auffassungen über die Zuordnung der einzelnen Planungsaufgaben. So sieht die Kommission Computer Integrated Manufacturing (*KCIM*) die Produktionsplanung und -steuerung als Unternehmungsfunktion zunächst ganzheitlich im Rahmen der taktischen, mittelfristigen Planung[5]. Im weiteren Verlauf der Ausführungen werden jedoch langfristig-strategische Funktionen der Produktionsprogrammplanung, mittelfristig-taktische Funktionen der Fertigungsprogrammplanung sowie kurzfristig-operative Funktionen der Werkstattsteuerung unterschieden[6]. Zäpfel dagegen ordnet Entscheidungen über das grobe Produktionsprogramm dem Bereich der taktischen Produktionsplanung zu[7]. Sie wird definiert als „... Konkretisierung der Strategien, wobei vor allem Entscheidungen über die Leistungsfelder (Output), die anzuschaffenden Produktionspotentiale (Input) sowie über die Produktionsorganisation (Throughput) zu fällen sind"[8]. Andere Autoren verstehen die Produktionsprogrammplanung als ersten und häufig auch wichtigsten Schritt der operativen Planung[9]. Dabei ist es die Aufgabe der Produktionsprogrammplanung, „... unter Zugrundelegung der Entscheidungen des strategischen und taktischen Produktions-Managements den möglichst optimalen Einsatz des vorhandenen Produktionsapparates und den wirtschaftlichen Vollzug der Aufgabenerfüllung"[10] sicherzustellen.

Mit Bezug auf diese Definitionen zur strategischen, taktischen und operativen Produktionsplanung wird der Betrachtungsrahmen der vorliegenden Untersuchung an dieser Stelle um die erstgenannte Planungsebene reduziert. In Tab. 1 werden die verbleibenden Aufgaben zusammengestellt.

Über die Länge der jeweiligen Planungszeiträume werden unterschiedliche Aussagen gemacht. Wesentlich ist, daß die zeitliche Dimension der Aufgaben je nach Branche und Themenstellung unterschiedliche Betrachtungshorizonte erfordert[11].

Es ist festzuhalten, daß die Aufgaben der Produktionsplanung sowohl taktischer als auch operativer Art sein können. Im Einzelfall ist eine Problemstellung eher taktischer Natur, wenn der Aufgabeninhalt vorwiegend aus den Überlegungen zur strategischen Planung resultiert und tendenziell auf einen längeren Zeitraum bezogen ist. Dagegen haben die Funktionen der operativen

---

[4] Vereinzelte Abweichungen beziehen sich meist auf die taktische Planungsebene. So differenziert Hoitsch (1993), S. 33 lediglich zwischen strategisch-taktischer und operativer Planung. Kilger (1986), S. 101 klammert die taktische Ebene aus und ordnet die strategische Planung einer langfristigen Rahmenplanung nach.
[5] Vgl. *KCIM* (1987), S. 44f.
[6] Vgl. *KCIM* (1987), S. 102ff.
[7] Vgl. Zäpfel (1989a), S. 90ff.
[8] Vgl. Zäpfel (1989a), S. 2 und sinngemäß auch Kern (1992), S. 74 sowie Domschke/Scholl/Voß (1993), S. 3. Dementsprechend wird die strategische Produktionsplanung als Ziel- und Strategiefindung für das Leistungserstellungssystem definiert, vgl. Zäpfel (1989b), S. 2.
[9] Vgl. Hoitsch (1993), S. 269 ebenso wie Schneeweiß (1992), S. 113.
[10] Vgl. Zäpfel (1989a), S. 2f. und sinngemäß auch Gutenberg (1983), S. 151.
[11] Vgl. Kurbel (1993), S. 18.

Tab. 1. Aufgabenbereiche der taktisch-operativen Produktionsplanung[a]

Aufgabenbezeichnung	Planungsgegenstand
Produktionsprogrammplanung bzw. Primärbedarfsermittlung	Herzustellende Menge je Produktart im Planungszeitraum
Sekundärbedarfsermittlung	Mengen an Vor- und Zwischenprodukten für das Produktionsprogramm
Losgrößenplanung	Umfang der Zusammenfassung von Vor-, Zwischen- oder Endproduktmengen zu einem Fertigungsauftrag
Terminplanung	Zeitpunkte zur Herstellung eigener Erzeugnisse bzw. zur Beschaffung fremdbezogener Produkte
Kapazitätsplanung	Abstimmung der terminierten Produktionsmengen mit der möglichen Auslastung

[a] Eine ähnliche Zusammenstellung findet sich bei Kurbel (1993), S. 17, der lediglich zwischen strategischer und operativer Produktionsplanung differenziert und daher die skizzierten Aufgaben der letztgenannten Kategorie zuordnet. Im Rahmen der strategischen Planung wird auch die Produktpalette selbst fixiert, die der Produktionsprogrammplanung zugrunde liegt, vgl. Kurbel (1993), S. 119 und sinngemäß auch Reichwald/Dietel (1991), S. 400.

Produktionsplanung einen eher reagierenden Charakter und weisen einen zeitlich verkürzten Handlungsfreiraum bis zur Realisierung auf. Diese Abgrenzung läßt sich am Beispiel der Produktionsprogrammplanung erläutern. Hier stellen Maßnahmen zum Ausgleich einer saisonal stark schwankenden Kundennachfrage eine taktische Aufgabenstellung dar, wenn sie aus der strategischen Entscheidung resultieren, die betreffenden Produkte trotz der Unregelmäßigkeiten zu jedem Zeitpunkt in ausreichender Menge anbieten zu können. Demgegenüber handelt es sich um operative Maßnahmen der Programmplanung, wenn infolge gehäufter Abwesenheiten in der Urlaubszeit Aktionen zum Ausgleich eines verringerten Kapazitätsangebotes festzulegen sind.

Ergebnis der Produktionsplanung ist eine verbindliche Vorgabe für die tatsächlich herzustellenden Produkte nach Art, Menge und zeitlichem Rahmen[12]. Aus ihr resultieren Produktionsaufträge, welche dann zur Fertigung und/oder Montage freigegeben werden. Damit stellt die Auftragsfreigabe das Bindeglied zur Produktionssteuerung dar und markiert den Übergang von der Planungsphase zur Realisierungsphase[13]. Die Produktionssteuerung wird im Rahmen dieser Untersuchung als Phase der Umsetzung kurzfristiger Planungen in konkrete Produktionsaktivitäten im Anschluß an die Betriebsauftragsfreigabe betrachtet[14]. Wichtigste Aufgabe der Produktionssteuerung ist

---

[12] Vgl. Domschke/Scholl/Voß (1993), S. 10.
[13] Vgl. Scheer (1994), S. 92f.
[14] Vgl. Schneeweiß (1992), S. 205. Damit wird der Auffassung von Dorninger/Janschek/Olearzick/Röhrenbacher (1990), S. 305 widersprochen, wonach die Produktionssteuerung neben der Fertigungssteuerung auch die Steuerung von Bestellaufträgen umfaßt. Letztere ist im allgemeinen Bestandteil der Einkaufstätigkeit, auch wenn es sinnvoll sein kann, beide Steuerungsaufgaben in eine Hand zu legen.

es, den genauen Starttermin der freigegebenen Fertigungsaufträge und damit auch die Auftragsbearbeitungsreihenfolge an den einzelnen Arbeitsplätzen bzw. Arbeitssystemen zu bestimmen[15]. Dabei kann die Produktionssteuerung der letzte Dispositionsschritt sein, der im Rahmen eines PPS-Systems vollzogen wird[16]. Ebenso können diese Aufgaben mit einem separaten Subsystem (Fertigungssteuerungs-System) oder systemunabhängig, d.h. manuell, durchgeführt werden.

Mit den hier vorgenommenen Erläuterungen zum Begriff der Produktionsplanung und -steuerung ist noch keine Aussage darüber getroffen, inwieweit die genannten Aufgaben computergestützt, d.h. mit Hilfe eines PPS-Systems erfüllt werden. Im Gegensatz dazu steht die Definition des *AWF*, wonach PPS auf „... den Einsatz rechnergestützter Systeme ..." zur Planung, Steuerung und Überwachung der Produktionsabläufe reduziert wird[17]. Zugunsten einer entsprechenden Differenzierung wird der Funktionsbegriff im weiteren Verlauf dieser Untersuchung auf EDV-Operationen eingeschränkt. Dabei können Funktionen sowohl rechnerintern ablaufen als auch im Dialog mit dem Benutzer vollzogen werden. Tätigkeiten, Aufgaben, Verrichtungen und Aktivitäten bezeichnen dagegen eine personenbezogene Handlung, die manuell oder wiederum im Dialog mit dem Rechner erfolgen kann. Im Überschneidungsfeld wird aus dem jeweiligen Kontext heraus von Funktionen oder Tätigkeiten gesprochen[18].

Die Funktionen eines PPS-Systems sind im Kern dazu bestimmt, den (Produktions-)Plan für einen mengen- und termingerechten Produktionsprozeß zu erstellen. Außerdem muß das PPS-System Informationen bereitstellen, mit deren Hilfe Maßnahmen ergriffen werden, die der Realisierung des Produktionsplanes dienen[19]. Als Resultat der in Abschn. 1.1 „Problemstellung" dargestellten Breitenexpansion beschränkt sich die Funktionalität der Systeme heute im allgemeinen nicht mehr auf die Aufgaben der PPS im oben genannten, taktisch-operativen Sinne. Das Standardangebot der weitaus meisten PPS-Systeme umfaßt auch Dienste für die Materialwirtschaft und die Vertriebsabwicklung, so daß von integrierten PPS-Systemen gesprochen wird[20]. Eine Übersicht zum Funktionsumfang integrierter PPS-Systeme wird in Abb. 2 gezeigt.

---

[15] Vgl. Glaser (1991), S. 22.
[16] Vgl. Glaser (1991), S. 21.
[17] Vgl. AWF (1985), S. 8.
[18] Eine kurze Übersicht zur Verwendung der Begriffe Aufgabe und Funktion in der Literatur geben Keller (1993), S. 121f. und Jost (1993), S. 9f.
[19] Leicht erweiterte Fassung der Formulierung von Geiger (1991), S. 1.
[20] Die Aufgaben des Bereiches ‚Materialwirtschaft' umfassen insbesondere die Lieferantenauswahl, den Einkauf fremdbezogener Erzeugniskomponenten und die Lagerhaltung. Die Vertriebsabwicklung als Funktionsgruppe von PPS-Systemen unterstützt im wesentlichen die Annahme, Verwaltung und Ausführung der Kundenaufträge sowie Maßnahmen zur Auslieferung der Erzeugnisse an den Abnehmer. Die Marktstudie von Schotten/Vogeler (1994), S. 53f. ergibt, daß jeweils 90% der betrachteten 113 PPS-Systeme Einkaufs- und Vertriebsfunktionen integriert haben.

2 Auswahl und Einführung von PPS-Systemen in der Praxis

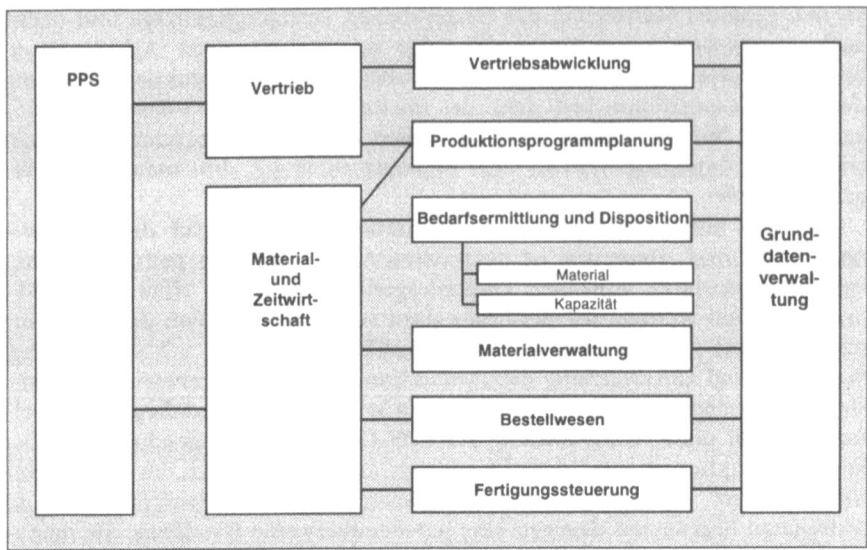

Abb. 2. Funktionsbereiche und -gruppen integrierter PPS-Systeme[a]

Eng mit den PPS-Funktionen verknüpft ist die Betriebsdatenerfassung (*BDE*), welche die im Laufe des Produktionsprozesses anfallenden Daten wie produzierte Mengen und benötigte Zeiten in maschinell verarbeitbarer Form bereitstellt[21]. Werden diese Informationen mit den Vorgaben aus der Planung und Steuerung verglichen, so können mögliche Abweichungen zur Regelung des Produktionsprozesses verwendet werden. Es entsteht ein Regelkreis als geschlossener Wirkungsablauf, welcher über das Steuern hinaus auch das Verarbeiten von Rückmeldungen vorsieht[22]. *BDE*-Systeme stellen häufig eigenständige Hardware- und Software-Komponenten dar, welche jedoch erst durch die Verknüpfung mit dem PPS-System ihren Zweck erfüllen können. Trotz des Zusammenhangs wird die *BDE* im Rahmen dieser Untersuchung als nachgeordneter Funktionsbereich außerhalb der PPS betrachtet.

Die Ziele der computergestützen PPS werden in der Abhandlung von Geiger ausführlich und strukturiert dargestellt. Dabei wird die hierarchisch aufgebaute Ordnung von Formalzielen der PPS ergänzt um die als systembezogen bezeichneten Formalzielsetzungen eines computergestützten Planungs-

---

[a] Auf den PPS-Anwendungsbereich reduzierte und geringfügig modifizierte Fassung der Abb. von Härtner (1991), S. 193. PPS-Systeme verfügen heute über eine gemeinsame Datenbasis, die von allen Funktionen genutzt wird. Dazu werden Datenverwaltungs- und Datenbanksysteme eingesetzt. Somit handelt es sich auch im Hinblick auf die Datenhaltung um integrierte Systeme, vgl. Scheer (1992b), S. 296.

[21] Vgl. Roschmann (1991), S. 95.

[22] Vgl. Kern (1992), S. 79ff., der auf die Komponenten eines Regelkreises näher eingeht und weiterführende Literatur angibt.

systems[23]. An der Spitze des Zielsystems der PPS-bezogenen Formalziele steht das Oberziel ‚Hoher Deckungsbeitrag', welches im Gegensatz zum nachgeordneten Zwischenziel ‚Niedrige Kosten' auch die Erlöse berücksichtigt. Die Unterziele sind durch eine Mittel-Zweck-Beziehung mit dem Zwischenziel verknüpft, d. h. die Erreichung eines untergeordneten Zieles trägt direkt zur Realisierung des jeweils übergeordneten Zieles bei[24]. Innerhalb der hierarchischen Zielfolge bestehen also komplementäre Beziehungen. Dagegen können zwischen den nicht miteinander verknüpften Zielsetzungen eines Zielsystems auch indifferente oder konkurrierende Beziehungen bestehen[25]. Bei konkurrierenden Zielen muß ein Kompromiß gefunden werden, der in einer entsprechenden Zielgewichtung zum Ausdruck gebracht wird[26].

Eine Literaturauswertung von Beier hat gezeigt, daß die Subziele ‚hohe Kapazitätsauslastung', ‚niedrige Bestände', ‚kurze Durchlaufzeiten' und ‚hohe Termintreue' am häufigsten verwendet werden[27]. Wird die Mittel-Zweck-Beziehung im Rahmen der Zielhierarchie weiter nach unten ausgedehnt, entstehen ganze Nutzeffektketten oder -netze. Als Beispiel dient eine erhöhte Planungssicherheit, die auf verkürzte Aktualisierungszyklen zurückzuführen ist und sich auf das Subziel ‚niedrige Bestände' auswirkt[28].

2.1.2
Vorhandene empirische Untersuchungen

Eine eigene empirische Untersuchung (Primäranalyse) ist nur dann erforderlich, wenn bisher keine Studien vorliegen, die der Zielsetzung des Kapitels gerecht werden. Daher ist zu prüfen, ob bereits vorhandene Veröffentlichungen die praktischen Vorgehensweisen und Schwierigkeiten bei der Auswahl und Einführung von PPS-Systemen ausreichend darlegen, so daß eine Sekundäranalyse genügt. In Tab. 2 werden sechs verhältnismäßig aktuelle Studien aus dem deutschsprachigen Raum verglichen, die zumindest partiell Angaben zur PPS-Systemauswahl und -einführung enthalten.

Die Zweckbestimmungen der genannten Studien machen deutlich, daß jeweils bestimmte Aspekte des Gesamtvorhabens im Vordergrund stehen, etwa

---

[23] Vgl. Geiger (1991), S. 22ff., insbesondere S. 31. Zur Unterscheidung der erfolgsorientierten Formalziele gegenüber den Sachzielen, die sich primär auf Arten und Mengen beziehen, vgl. Kern (1992), S. 61 und die ausführliche Diskussion von Hamel (1992), Sp. 2638ff.

[24] Vgl. Geiger (1991), S. 25 und die dort angegebene Literatur.

[25] Vgl. Heinen (1971), S. 94ff. ebenso wie Szyperski/Tilemann (1979), Sp. 2314.

[26] Vgl. Heinen (1971), S. 142.

[27] Vgl. Beier (1991), S. 31. Die genannten Unterziele werden von Geiger (1991), S. 30f. eingehend charakterisiert. Zum Zielkonflikt zwischen dem erstgenannten Subziel und den drei nachfolgend zitierten, weitgehend komplementären Zielsetzungen sowie zur Verschiebung der Zielgrößengewichtung im Zuge der Marktentwicklung vgl. Wiendahl (1987), S. 17ff. sowie Adam (1992), S. 10.

[28] Planungssicherheit, Auskunftsbereitschaft und hohe Flexibilität werden von Geiger (1991), S. 31f. als Beispiele für systembezogene Formalziele genannt. Dabei versäumt er es, diese Ziele in die zuvor beschriebene Zielhierarchie zu integrieren. Stattdessen werden die systembezogenen Formalziele neben die Zielpyramide der PPS gestellt.

Tab. 2a. Übersicht zu empirischen Studien mit Aussagen zur Auswahl und Einführung von PPS-Systemen, Teil 1

Merkmale	Quellen		
	Agiplan (1993), S. 1ff.	Martin (1993), S. 51ff.	Glaser/Geiger/Rohde (1992), S. 275ff.
Befragungszeitraum	August bis Oktober 1992	Januar bis August 1991	Keine Angabe (etwa 1989/90)
Zweck der Untersuchung	Erfolgskriterien für die PPS-Systemeinführung	Faktoren der Akzeptanz und des Einführungserfolges von PPS-Systemen	Operative Gestaltungsempfehlungen für die computergestützte PPS
Anzahl befragter Unternehmungen	54, davon 20 mit erhöhtem Detaillierungsgrad	100	70
Art und Größe der befragten Unternehmungen	Industrieunternehmungen, Schwerpunkt < 1000 Mitarbeiter	Mittelständische Stückgutproduzenten, ca. 200 bis ca. 1000 Mitarbeiter	Mittelständische Industrieunternehmungen, 51 bis 2000 Mitarbeiter
Auswahl der befragten Unternehmungen	Keine Angaben	Unternehmungsverzeichnisse	Keine Angaben
Befragungsmethode	Fragebogen, zusätzlich in 20 Fällen Interviews	Fragebogen	Interview auf der Basis eines Fragebogens
zentrale PPS-bezogene Studieninhalte	– Ziele und Zielerreichung – Programmanpassungen – Nutzungsumfang – Beratereinsatz	– Systemschulung und Einführungsunterstützung – Einführungsablauf – Funktionen – Akzeptanz und Arbeitszufriedenheit	– EDV-Einsatz im Produktionsbereich – Qualitätseinschätzung der PPS-Systeme – Ziele und Problembereiche der PPS
Besonderheiten	– –	Tendenz zur Auslese erfolgreicher Projekte aus der Grundgesamtheit, vgl. Martin (1993), S. 58	– –

die akzeptanzbestimmenden Faktoren der Systemeinführung. Keine Befragung hat die Vorgehensweisen und Problemstellungen durchgängig über das ganze Projekt ermittelt. Anhand der jeweiligen Untersuchungsschwerpunkte zeigt sich, daß besonders zu den Aktivitäten der PPS-Systemauswahl keine hinreichenden Ergebnisse vorliegen. Damit können mögliche Zusammenhänge zwischen den Eigenarten der Systemauswahl und den Ergebnissen der Implementierung nicht aufgedeckt werden. Außerdem wird auf ablauforganisatorische

Tab. 2b. Übersicht zu empirischen Studien mit Aussagen zur Auswahl und Einführung von PPS-Systemen, Teil 2

Merkmale	Quellen		
	Zanner (1990), S. 116ff. und (1992), S. 27ff.	Rieder (1988), S. 74ff.	Kurpicz (1987), S. 149ff.
Befragungszeitraum	Mai bis Juni 1989	September bis Dezember 1987	März bis Mai 1985
Zweck der Untersuchung	Erfahrungen und organisatorische Konsequenzen beim Einsatz von *CIM*-Komponenten	Erfolgsfaktoren der Einführung integrierter Standard-Software	Wirkungsanalyse des Einsatzes von PPS-Standard-Software
Anzahl befragter Unternehmungen	39, davon 27 mit PPS-Systemen	177, davon 7 mit PPS-Systemen	32
Art und Größe der befragten Unternehmungen	Metallverarbeitende Industrieunternehmungen, 20 bis 2600 Mitarbeiter	Industrie- und Dienstleistungsunternehmungen, Schwerpunkt zwischen 250 und 5000 Mitarbeitern	Mittelständische Industrieunternehmungen, 30 bis 700 Mitarbeiter
Auswahl der befragten Unternehmungen	Unternehmungsverzeichnisse	Adressen vom Systemlieferanten zur Verfügung gestellt	Adressen vom Systemlieferanten zur Verfügung gestellt
Befragungsmethode	Fragebogen	Fragebogen	Interview und ergänzender Fragebogen
zentrale PPS-bezogene Studieninhalte	– Verbreitung der Systeme – Vernetzung mit anderen *CIM*-Komponenten – Wahrnehmung organisatorischer Probleme bei der Systemeinführung	– Einordnung in die Implementierungsfolge von Software-Bausteinen – Projektorganisation – Programmanpassungen	– Einsatzbedingungen – Anpassungen der Programme und der Organisation – Nutzungsumfang – Zielerreichung
Besonderheiten	– –	Alle befragten Unternehmungen sind Anwender eines bestimmten integrierten Systems, vgl. Rieder (1988), S. 74	Alle befragten Unternehmungen sind Anwender eines bestimmten PPS-Systems, vgl. Kurpicz (1987), S. 155

Veränderungen nicht oder wie im Fall der Studie von Kurpicz nur in komprimierter Form eingegangen[29].

---

[29] Kurpicz reduziert organisatorische Veränderungen mit der PPS-Systemeinführung auf zwei Formen. Neben der Verlagerung bereits wahrgenommener Aufgabeninhalte auf andere Stellen/Abteilungen fragt er an 13 aufgabenbezogenen Meßstellen nach einer Intensivierung im Sinne vorher nicht oder nur partiell durchgeführter Aufgaben, vgl. Kurpicz

Neben diesen inhaltlichen Divergenzen sind die methodischen Aspekte zu beachten. So handelt es sich vorwiegend um anonyme Erhebungen auf der Basis eines versandten Fragebogens[30]. Mündliche Befragungen haben sich jedoch für vielschichtige Untersuchungsgegenstände als zweckmäßig erwiesen, da bei den Befragten auftretende Unklarheiten schnell beseitigt werden können[31]. Ebenso lassen sich unverständliche und zweifelhaft erscheinende Antworten sofort hinterfragen. Zu beachten ist ferner, daß ein Fragebogen mit vorgegebenen Antwortmöglichkeiten dazu verleitet, alle mehr oder weniger zutreffenden Aussagen zu bestätigen. Dagegen lassen offene und gesprächsorientierte Fragen den Interviewpartnern einen angemessenen Freiraum. Der Sachverhalt muß reflektiert werden, um eine passende Formulierung zu finden. Tendenziell denken die Befragten dabei zunächst an die wesentlichen Eindrücke und Ergebnisse. Im Laufe der Interviews ist allerdings darauf hinzuwirken, daß bei allen befragten Unternehmungen ein gleichmäßiger Detaillierungsgrad der Antworten erreicht wird. Entscheidend für die Wahl der Erhebungsmethode sollte jedoch sein, daß nur ein persönliches Gespräch die Möglichkeit bietet, die Anwender dahingehend zu motivieren, ihre Erfahrungen offen und ohne Rückhalte darzulegen. Versandte Fragebogen ohne eine individuelle Verständigung mit den Untersuchungsteilnehmern lassen weder hohe Rücklaufquoten noch tiefergehende Antworten erwarten.

Mit Blick auf die zu ermittelnden Schwierigkeiten bei der PPS-Systemeinführung erscheint die von Rieder und Kurpicz gewählte Vorgehensweise zur Auswahl der Befragungsteilnehmer ungeeignet. Wenn die Systemlieferanten entsprechende Unternehmungsanschriften bereitstellten, steht zu befürchten, daß nur erfolgreiche Beispiele (sog. ‚Referenzkunden') genannt werden.

Insgesamt ist festzustellen, daß eine Sekundäranalyse nicht ausreicht, um aus den praktischen Erfahrungen bei der PPS-Systemauswahl und -einführung einen Anforderungsrahmen für das zu entwickelnde Vorgehensmodell aufzubauen. Stattdessen ist eine eigenständige Befragung in Form von Interviews erforderlich, die im Hinblick auf die Auswahl der Unternehmungen frei von Einflußmöglichkeiten der Systemanbieter ist.

2.1.3
Betrachtungsrahmen und Vorgehensweise der eigenen Befragung

Der Betrachtungsrahmen für die eigene empirische Untersuchung wird zuerst in bezug auf die Unternehmungsgröße und die Art der produzierten Sachgüter eingeschränkt. Die Befragung richtete sich an mittelständische Unternehmungen mit einem Produktionsbetrieb. Dabei ist das Objekt ‚Mittelstand' an-

---

(1987), S. 236ff. Gestaltungsmöglichkeiten für vereinfachte oder gänzlich entfallende Aufgaben bleiben demnach unberücksichtigt.
[30] Eine kurze Übersicht zu den Methoden der Informationsbeschaffung findet sich bei Grupp (1987), S. 44. Zur ausführlichen Darstellung möglicher Datenerhebungstechniken vgl. Hoyer (1988), S. 266ff. ebenso wie Schmidt (1991), S. 120ff.
[31] Vgl. Glaser/Geiger/Rohde (1992), S. 276.

2.1 Hintergrund der empirischen Studie 17

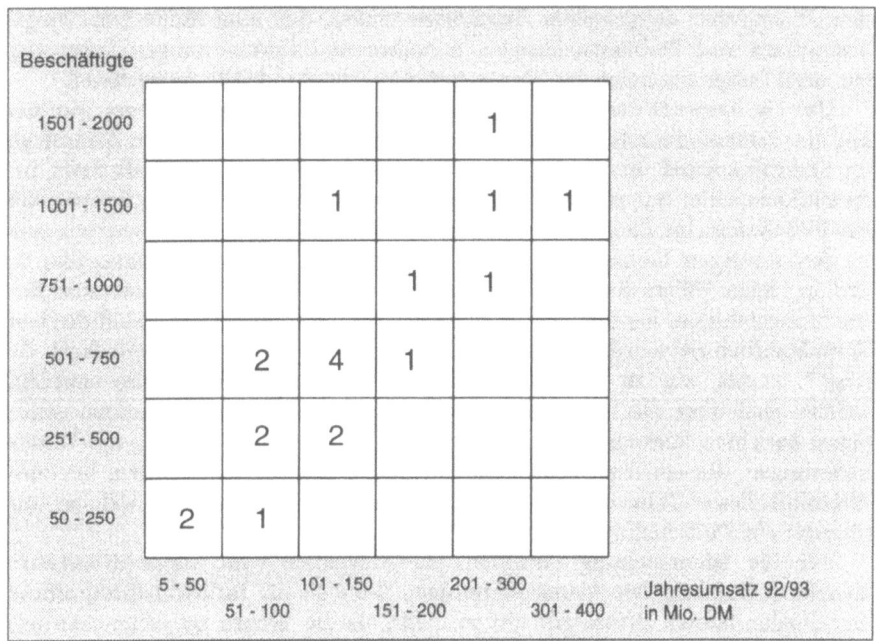

Abb. 3. Gruppierung der befragten Unternehmungen nach Jahresumsatz und Beschäftigtenanzahl[a]

hand der quantitativen Kriterien des Jahresumsatzes und der Mitarbeiteranzahl abzugrenzen[32]. Als mittelständisch werden im Rahmen dieser Untersuchung solche Unternehmungen bezeichnet, die einen Jahresumsatz zwischen 5 und 400 Mio. DM aufweisen und deren Beschäftigtenanzahl zwischen 50 und 2000 liegt. In Abb. 3 werden innerhalb dieser Einfassung mehrere Größenklassen gebildet, wobei die Felder die Anzahl der befragten Unternehmungen enthalten. Alle in die Untersuchung einbezogenen Unternehmungen haben ihren Sitz in den alten Bundesländern der Bundesrepublik Deutschland[33].

Aufgrund des auf 20 Unternehmungen begrenzten Teilnehmerfeldes sind die Ergebnisse unter statistischen Aspekten angreifbar. Dennoch erlaubt diese Anzahl befragter Unternehmungen ein Bild der Situation, das über exemplarische Darstellungen deutlich hinausgeht. Außerdem werden die in den folgen-

---

[a] Die Extremwerte im Betrachtungsfeld liegen bei 40 Mio. DM Jahresumsatz mit 190 Beschäftigten als Untergrenze und 1800 Beschäftigten bzw. 400 Mio. DM Jahresumsatz als Obergrenze.

[32] In der Literatur finden sich eine Reihe von Abgrenzungsversuchen mittels quantifizierter und auch qualitativer Indikatoren. Art und Ausprägung der Merkmale werden jedoch je nach Blickwinkel und Zielsetzung der Veröffentlichungen unterschiedlich definiert. Eine Übersicht bietet Geiger (1991), S. 18ff.

[33] Dabei liegt ein regionaler Schwerpunkt im südwestdeutschen Raum.

den Abschnitten dargestellten Ergebnisse zeigen, daß eine Reihe von Vorgehensweisen und Problemstellungen in mehreren Unternehmungen festzustellen sind. Daher erscheint das eingeschränkte Teilnehmerfeld ausreichend.

Um die Auswahl der befragten Unternehmungen unabhängig von Einflüssen der Systemlieferanten zu realisieren, dienten in fast allen Fällen Annoncen im Stellenmarktteil der Frankfurter Allgemeinen Zeitung (FAZ) als erste Informationsquelle. Interessant waren Stellenangebote, die erkennen ließen, daß ein PPS-System im Einsatz ist oder in absehbarer Zeit eingesetzt werden soll. In den Anzeigen fanden sich häufig Angaben zur Unternehmungsgröße, so daß in vielen Fällen die Übereinstimmung mit dem oben beschriebenen Betrachtungsrahmen bereits hier erkennbar war. Bei der ersten telefonischen Kontaktaufnahme wurde zunächst die prinzipielle Auskunftsbereitschaft erfragt[34]. Ferner war zu prüfen, ob Ansprechpartner zur Verfügung standen, welche auch über die möglicherweise länger zurückliegende Systemauswahlphase berichten konnten. Darüber hinaus mußte beachtet werden, daß Unternehmungen, die am Beginn des Implementierungsprozesses standen, bis zum Abschluß dieser Untersuchung einen Projektfortschritt erreichen, welcher zumindest ein Zwischenfazit zuläßt.

Für die Untersuchung kommen die Anwender von Standard-Software ebenso in Betracht wie Unternehmungen, die sich für Individualprogramme entschieden haben. Dieses gilt um so mehr, als die Grenze zwischen den beiden Kategorien in mehrfacher Hinsicht fließend ist. Grundsätzlich werden Standardprogramme für einen möglichst großen (potentiellen) Anwenderkreis konzipiert und vermarktet, wohingegen die Entwicklung von Individual-Software zur Lösung betriebsspezifischer Problemstellungen erfolgt[35]. Dabei werden Individuallösungen oft nachträglich auf eine größere Anwendungsneutralität hin umgeschrieben und sind damit die Basis für eine weitere, am Markt angebotene Standard-Software[36]. Darüber hinaus finden sich in der Praxis Mischformen, d.h. Standardprogramme werden durch den Software-Lieferanten und/oder den Anwender selbst angepaßt bzw. ergänzt. Vielfach werden diese neuen Programmbestandteile anschließend in die am Markt angebotene Lösung des Software-Lieferanten aufgenommen. Umgekehrt sind Individuallösungen mit einzelnen Standard-Bausteinen zu finden[37]. Schließlich ermöglichen viele PPS-Standardprogramme im begrenzten Umfang individuelle Einstellungen und erhalten so einen anwenderspezifischen Charakter[38].

Sämtliche Befragungsteilnehmer weisen eine hinreichende Vielschichtigkeit der Produkte und des Produktionsprozesses auf. Jede betrachtete Unterneh-

---

[34] Erfreulicherweise war die Mehrzahl der angesprochenen Unternehmungen bereit, zu dem Thema Auskunft zu geben. Dies kann als weiterer Hinweis für die Relevanz und Brisanz der Problematik gewertet werden.
[35] Vgl. Geiger (1991), S. 1 und sinngemäß auch Hansen/Amsüss/Frömmer (1983), S. 9.
[36] Vgl. Rieder (1988), S. 14 ebenso wie Miessen (1989), S. 12 und die dort angebegene Literatur.
[37] Vgl. Stein (1993), S. 50.
[38] Eine Gegenüberstellung der Vor- und Nachteile von Individual- und Standard-Software findet sich bei Kaucky (1988), S. 148 und ausführlicher bei Kittel (1982), S. 23ff.

Tab. 3. Gruppierung der befragten Unternehmungen nach Branchen[a]

Branche	Anzahl Unternehmungen
Maschinenbau	6
Automobilzulieferer[b]	5
Gerätebau	3
Metallverarbeitung	3
Feinmechanik	1
Wehrtechnik	1
Möbelindustrie	1

[a] Eine detaillierte Gliederung der Branchen und Wirtschaftsgruppen findet sich in den Veröffentlichungen des Statistischen Bundesamtes.
[b] Die Automobilzulieferunternehmungen sind im eigentlichen Sinne der Branchengliederung anderen Zweigen zuzuordnen, z.B. der Metall- oder Kunststoffverarbeitung. In Anbetracht der besonders engen Beziehungen zum Kundenkreis ‚Automobilhersteller' wird eine separate Gruppe der Charakteristik dieser Unternehmungen eher gerecht.

mung produziert verschiedene, jeweils mehrteilige Erzeugnisse. Deren Herstellungsprozeß ist zumindest zweistufig, d.h. es werden sowohl Fertigungs- als auch Montagetätigkeiten vorgenommen. Darüber hinaus wurde keine Unternehmung in die Untersuchung einbezogen, deren Erzeugnisproduktion weitgehend von verfahrenstechnischen Erfordernissen in ihrer Abfolge und Geschwindigkeit bestimmt wird[39]. Damit ist gewährleistet, daß in allen Unternehmungen gehobene Anforderungen an die Material- und Termindisposition gestellt werden und zumindest in diesem groben Rahmen von einer homogenen Gruppe gesprochen werden kann.

Die Beschränkung der Grundgesamtheit auf mittelständische Produktionsbetriebe mit mehrteiliger und mehrstufiger Stückgutproduktion bringt es mit sich, daß nicht alle Bereiche der Wirtschaftsgruppe ‚Industrie' in der Stichprobe vertreten sind. In Tab. 3 wird gezeigt, welchen Branchen die betrachteten Unternehmungen angehören. Dabei lassen sich die Unternehmungen nicht immer eindeutig zuordnen. So weist die befragte Wehrtechnik-Unternehmung einen Nebenzweig auf, der nichtmilitärische Produkte herstellt. In solchen Fällen wurde die Klassifizierung entsprechend dem Schwerpunkt der Erzeugnispalette vorgenommen. Allen befragten Unternehmungen gemeinsam ist, daß sie Investitionsgüter oder langlebige Konsumgüter herstellen.

Anzumerken ist, daß alle betrachteten Unternehmungen im Zeitraum von 1888 bis 1968 gegründet wurden, so daß die Ergebnisse an keiner Stelle durch die besonderen Bedingungen einer Unternehmungsneugründung verfälscht werden.

---

[39] In der Literatur wird von einer Zwangslauf- oder Prozeßfertigung gesprochen. Zu diesem und den übrigen Organisationstypen der Produktion vgl. Kern (1992), S. 93 und die dort angegebene Literatur.

Für den erweiterten Vergleich der befragten Unternehmungen wird auf Ansätze zur allgemeinen Typisierung industrieller Produktionsweisen zurückgegriffen. Deren Basisidee ist es, anhand weniger Merkmale und Merkmalsausprägungen Anhaltspunkte für den produktions- und dispositionsbezogenen Charakter der Unternehmung zu liefern[40]. Im Rahmen der Befragung wurde die Vorlage von Sames/Büdenbender genutzt, deren Raster zwölf Merkmale umfaßt. Vorangestellt wird das Initialmerkmal der Auftragsauslösungsart. Weiterhin werden Erzeugnisspektrum und -struktur, Dispositionsmerkmale (z. B. Fremdbezugsumfang) und Fertigungsprozeßmerkmale (z. B. Organisationstyp der Fertigung) differenziert[41]. Die Merkmalsauswahl von Sames/Büdenbender macht es möglich, schnell und umfassend ein zusammenhängendes Bild über die grobe Struktur der jeweils befragten Unternehmung zu erhalten[42]. Eine Auswertung der Merkmalsausprägungen für alle 20 betrachteten Unternehmungen zeigt, daß keine exakt gleichen Kombinationen aufgetreten sind. Somit ist auf dieser Ebene keine der Unternehmungen direkt mit einer anderen vergleichbar. Eine über die oben getroffene Eingrenzung hinausgehende Homogenität der untersuchten Unternehmungen ist somit nicht gegeben.

Als Methode zur Informationsbeschaffung wurde entsprechend der Argumentation im vorangegangenen Abschnitt das persönliche Gespräch gewählt. Den Ansprechpartnern wurde zunächst ein vorbereitender Fragebogen zugeschickt, der zugleich als Leitfaden für das in den Unternehmungen geführte mehrstündige Gespräch diente[43]. Zusätzliche Sicherheit erlangten die Befragungsergebnisse dadurch, daß die Antworten des Interviews nachfolgend schriftlich ausgearbeitet und den Ansprechpartnern zur Bestätigung zugeschickt wurden. Das generelle Erhebungsproblem der subjektiven Wahrnehmung konnte dennoch nicht gänzlich ausgeschaltet werden[44]. Die Befragung

---

[40] Eine Auflistung der zahlreichen Beiträge geben Glaser/Geiger/Rohde (1992), S. 380.
[41] Vgl. Sames/Büdenbender (1990a), S. 3ff. Deren Merkmale mit den entsprechenden Merkmalsausprägungen lehnen sich an die Betriebstypologie von Schomburg (1980), S. 38ff. an, welche nach Ansicht von Glaser/Geiger/Rohde (1992), S. 381 den bisher geschlossensten Ansatz zur Entwicklung einer praxisrelevanten Typisierung darstellt.
[42] Das entsprechende Merkmalsraster ist ein Bestandteil des für die Befragung entwickelten Fragebogens und wird in Teil 1b des Anhangs dieser Untersuchung abgebildet. Für die Aussagen über die jeweils zutreffenden Merkmalsausprägungen der Unternehmung mußten im Zuge der Befragung die in der Veröffentlichung von Sames/Büdenbender (1990a), S. 3ff. enthaltenen Abgrenzungen und Erläuterungen hinzugezogen werden. Um die Einordnung der Unternehmung im das Merkmalsraster nachvollziehbar zu machen, wurden über die Markierung hinaus kurze Erläuterungen in die zutreffenden Felder eingetragen, vgl. das Beispiel in Teil 1c des Anhangs.
[43] Schmidt spricht in diesem Zusammenhang von einem ‚strukturierten Interview', da die Fragen inhaltlich feststanden und in der vorgegeben Reihenfolge gestellt wurden. Antwortmöglichkeiten waren allerdings nur im ergänzenden Teil des Fragebogens vorgegeben, so daß dieses Merkmal einer strukturierten Interviewform nicht zutrifft, vgl. Schmidt (1991), S. 122ff.
[44] Zur Objektivität und weiteren Gütekriterien für eine empirische Untersuchung vgl. Dichtl/Kaiser (1978), S. 490ff.

wurde im Zeitraum von Mai 1992 bis Oktober 1993 durchgeführt. Dabei hatten einige der befragten Unternehmungen die PPS-Systemeinführung zum Zeitpunkt des Interviews noch nicht abgeschlossen. Hier wurde – anders als bei den im vorangegangenen Abschnitt beschriebenen Untersuchungen – bis zur Vorlage dieser Untersuchung regelmäßig und mit Bezug auf die noch nicht ausreichend beantworteten Teile des Fragebogens der aktuelle Stand des Vorhabens abgefragt. Die im vorangegangenen Abschnitt dargestellten Befragungen beschränkten sich dagegen auf jeweils einen bestimmten Zeitpunkt.

Als Ansprechpartner kamen Mitarbeiter der Unternehmung in Frage, die den gesamten Verlauf der PPS-Systemauswahl und -einführung in zeitlicher, sachlicher und wirtschaftlicher Hinsicht überblicken. Diese Bedingung wird im allgemeinen nur von den Leitern der EDV-Abteilung oder den PPS-Projektleitern hinreichend erfüllt, so daß diese bei fast allen Befragungen den Gesprächspartner darstellten. Fallweise wurden weitere Mitarbeiter aus den Aufgabenbereichen EDV, Materialwirtschaft und/oder Produktionsplanung hinzugezogen. Auffällig war, daß es sich bei der EDV-Leitung und PPS-Projektleitung in vielen Fällen um ein und dieselbe Person handelte. Ferner wurde häufig die kombinierte Abteilungsbezeichnung EDV/Organisation vorgefunden[45].

Der Gesprächsleitfaden wurde in vier Teile gegliedert:

I. Unternehmungsbeschreibung,
II. PPS-Systemauswahl,
III. Systemimplementierung,
IV. Auswirkungen der PPS-Systemimplementierung[46].

Die Ergebnisse des zweiten bis vierten Teils werden in den nachfolgenden Abschnitten dargestellt. Der erste Teil des Fragebogens diente im wesentlichen dazu, zu Beginn des Interviews ein Bild von der betrachteten Unternehmung zu erhalten. Zwei Beobachtungen hieraus sind gleichzeitig bedeutsam für den weiteren Verlauf dieser Untersuchung.

Zunächst war auffallend, daß bei 19 der 20 Unternehmungen mehrere Ausprägungen der einzelnen Erzeugnis-, Dispositions- oder Produktionsmerkmale[47] festzustellen waren. So wurden durchschnittlich ungefähr zwei von vier Merkmalsausprägungen zur Fertigungsart genannt. Charakteristisch erscheint hier eine der befragten Unternehmungen des Maschinenbaus, die kleinere Erzeugnisse in Serie fertigt, während für große Maschinen nur Einzelaufträge oder Kleinserien vorliegen. Die Frage nach der Auftragsauslösungsart konnte nur von vier Unternehmungen mittels einer einzigen Merkmalsausprägung beantwortet werden[48]. Als Beispiel dient die Unternehmung der Feinmechanik, welche eine bestimmte Produktgruppe auf Lager produziert, so daß Ab-

---

[45] Vgl. auch Schmidt (1991), S. 13.
[46] Der vollständige Fragebogen wird in Teil 1 des Anhangs dieser Untersuchung wiedergegeben.
[47] Vgl. das Merkmalsraster in Teil 1b des Anhangs der Untersuchung.
[48] Im Durchschnitt wurden 2,3 von vier möglichen Merkmalsausprägungen genannt.

satzprognosen den Primärbedarf bestimmen. Für den überwiegenden Teil der Erzeugnisarten wird eine kundenanonyme Vorproduktion durchführt, d.h. die Kundenaufträge treffen zeitlich versetzt zum Produktionsbeginn ein. Darüber hinaus wird eine geringe Anzahl von Produkten aufgrund von Einzelbestellungen angefertigt. Insgesamt wird schon im Rahmen dieses groben Überblicks die heterogene Struktur der Dispositions- und Produktionsprinzipien innerhalb einer Unternehmung sichtbar. Ein erstes Indiz für heterogene Strukturen liegt bereits dann vor, wenn eine Unternehmung für verschiedene Branchen produziert. Da aus den einzelnen Merkmalsausprägungen und der Merkmalsgesamtstruktur einer Unternehmung gewisse Rückschlüsse auf die Anforderungen an ein unterstützendes PPS-System gezogen werden können[49], führen unterschiedliche Merkmalsausprägungen innerhalb einer Unternehmung tendenziell zu vielschichtigeren Anforderungen an die Funktionalität der Software. So legt eine Produktion auf Lager PPS-Systemfunktionen zum Errechnen von Absatzprognosen nahe. Die ununterbrochene Fertigung von Erzeugnissen in sehr hohen Stückzahlen (Massenfertigung) erübrigt Programmfunktionen zur Losgrößenermittlung[50].

Weiterhin sind die Antworten auf die Frage nach wesentlichen Veränderungen seit Beginn der PPS-Systemimplementierung bemerkenswert. 18 der 20 Unternehmungen gaben für den entsprechenden Zeitraum gravierende Veränderungen an. Dabei ist festzustellen, daß die Begebenheiten ihren Ausgangspunkt auf zwei unterschiedlichen Ebenen des Unternehmungsumfeldes haben oder aus unternehmungsinternen Überlegungen resultieren. In Abb. 4 werden einige der empirisch festgestellten Ereignisse in den Umgebungsrahmen der Unternehmung eingeordnet.

Eine aktuelle Entwicklung in der Paxis zeigt, daß ganze Branchen von gravierenden Veränderungen betroffen sein können. Automobilzulieferunternehmungen wurden von Sames/Büdenbender zu Beginn der 90er Jahre noch durch geringteilige Erzeugnisse mit einfacher Struktur gekennzeichnet, bei denen der Fremdbezug mengenmäßig unbedeutend war. Der Automobilhersteller montierte die Fahrzeuge aus Komponenten vieler verschiedener Lieferanten[51]. Heute verringern die Automobilhersteller die Zahl ihrer Zulieferer drastisch. Die Komplettierung der Einzelteile und Baugruppen erfolgt weitgehend im Vorfeld durch sog. ‚Systemlieferanten'. Bei den ‚Systemen' handelt es sich um vielteilige Erzeugnisse, für die der Zulieferer jetzt die Koordination der Komponentenbereitstellung übernehmen muß, woraus erhöhte Anforderungen an die Disposition resultieren. Grundsätzlich bringt die dynamische Entwicklung der Unternehmung in ihrer Umwelt auch geänderte, oft zunehmend heterogene Dispositions- und Produktionsprinzipien mit sich. Über den oben

---

[49] Vgl. Sames/Büdenbender (1990a), S. 18 ebenso wie Schomburg (1980), S. 22 und die dort angegebene Literatur.
[50] Eine graphische Übersicht zur unterschiedlichen Bedeutung wesentlicher Aufgaben und Methoden der PPS bei verschiedenen Anordnungs- und Repetitionstypen der Produktion geben Domschke/Scholl/Voß (1993), S. 17.
[51] Vgl. Sames/Büdenbender (1990b), S. 11ff.

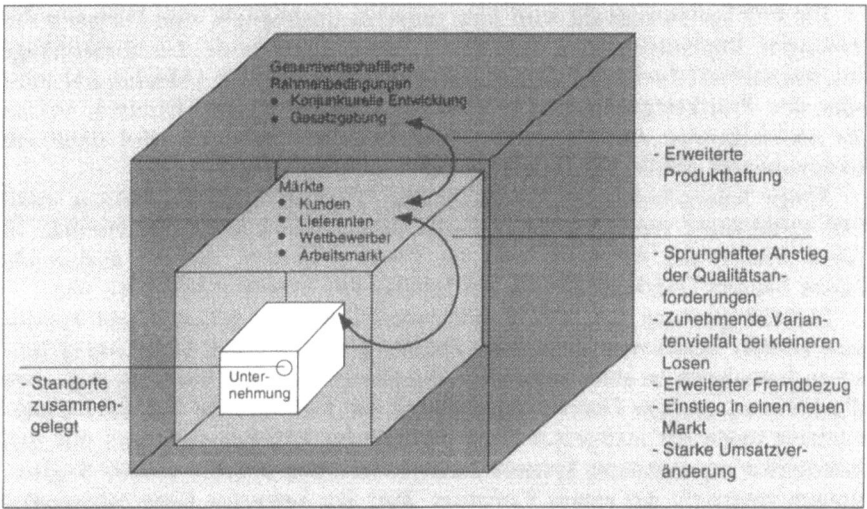

Abb. 4. Umfeld der Unternehmung als mehrstufiger Bedingungsrahmen

genannten Zusammenhang zwischen Merkmalsstruktur und Funktionsbedarf betrifft dieser Wandel grundlegender Bedingungen auch die (noch in der Einführungsphase befindlichen) PPS-Systeme.

In den folgenden Abschnitten werden die Ergebnisse zu den wichtigsten Befragungsinhalten anonym zusammengefaßt. Allen befragten Unternehmungen wurde Vertraulichkeit zugesichert, so daß die einzelnen Gespräche nicht im Anhang dieser Untersuchung wiedergegeben werden. An geeigneter Stelle werden jedoch besonders typische und/oder aussagekräftige Beispiele aus den Interviews aufgenommen. Zitate von einzelnen Gesprächspartnern werden mit Anführungszeichen versehen, ohne die jeweilige Person zu nennen.

2.2 Praxis der PPS-Systemauswahl

2.2.1 Motive und Erwartungshaltungen

Zielsetzung dieses Abschnittes ist es, aus den in der Praxis gängigen Vorgehensweisen zur Auswahl eines PPS-Systems Erkenntnisse für die zu entwickelnde Konzeption abzuleiten. Für diesen Zweck sind die Antworten zur Schrittfolge der Entscheidungsfindung aus dem zweiten Teil des Fragebogens zu ordnen, um dann eine Klassifizierung der Verfahrensweisen anhand von prinzipiellen Gemeinsamkeiten vorzunehmen. Die Beschreibung der Verfahrensarten wird wichtige Vor- und Nachteile herausstellen. Darüber hinaus werden einige Auffälligkeiten des Auswahlprozesses und der Entscheidungsfindung erörtert, die bei der gemeinsamen Betrachtung aller befragten Unternehmungen hervortreten.

Die PPS-Systemauswahl wird hier zunächst unabhängig vom Fortgang der jeweiligen Implementierung diskutiert. Wenn signifikante Zusammenhänge des Auswahlverfahrens mit den Implementierungsschritten (Abschn. 2.3) und/ oder den Projektergebnissen (Abschn. 2.4) ermittelt werden konnten, weisen die nachfolgenden Ausführungen darauf hin. In Abschn. 2.5 wird dann ein komprimiertes Abbild der Gesamtvorhaben erstellt.

Einige Teilergebnisse der Befragung zur PPS-Systemauswahl können vorab und unabhängig vom Weg der Entscheidungsfindung betrachtet werden. In Tab. 4 werden die Antworten auf die Frage gebündelt, welcher auslösende Faktor bei den Überlegungen für ein (neues) PPS-System maßgeblich war.

Die Gruppierung der Motive faßt unterschiedliche, teilweise sehr spezifische Anlässe zusammen. So wurden Defizite gegenüber dem Stand des technischen Fortschritts in einer veralteten und überlasteten Hardware gesehen. Der allgemein zu geringe Durchdringungsgrad der Fachbereiche mit EDV-Unterstützung sowie die mangelnde Verknüpfung der PPS-Anwendungen mit den Funktionen angrenzender Systeme anderer Hersteller bildeten weitere Begründungen innerhalb der ersten Kategorie. Zwei der befragten Unternehmungen empfanden die bisherigen, z.T. durchaus umfassenden Individualprogramme als Sackgasse gegenüber der Fortentwicklung bei der Standard-Software. Die Unzufriedenheit mit den bisherigen Programmen resultierte aus starren, nicht mehr zu verbessernden Software-Strukturen, einem zu geringen Implementierungsfortschritt und konkreten funktionalen Mängeln, z.B. bei der Materialbedarfsermittlung.

Für die weitere Zusammenfassung der Motivgruppen wird die Klassifizierung herangezogen, die Schwarze für auslösende Gründe einer Systementwicklung vornimmt. Dabei ist festzustellen, daß im Rahmen der hier ausgewerteten Befragung lediglich interne Gründe zum Ausdruck kamen. Externe Anlässe in Form von Erwartungen der Geschäftspartner oder rechtlichen Gründen[52] wurden nicht festgestellt. Die internen Anlässe lassen sich nach Schwarze in wirtschaftliche und nichtwirtschaftliche Gründe differenzieren. Wirtschaftliche Gründe sind deutliche Schwachstellen wie unvollständige Informationen und eine hohe Belastung der Mitarbeiter mit Routinetätigkeiten. Beispiele für nichtwirtschaftliche Anlässe sind ‚unmoderne' Abläufe in der Unternehmung und der fehlende Einsatz moderner Technologien[53]. Damit handelt es sich bei den in Tab. 4 dargestellten Motivgruppen ‚Anschluß an den Stand der Technik' und ‚Unzufriedenheit mit den organisatorischen Strukturen' um eben jene nichtwirtschaftlichen Gründe. Diese sind Ausdruck eines generell empfundenen Handlungsbedarfs, der durch den zunehmenden Verbreitungsgrad und Funktionsumfang der PPS-Systeme gefördert wird. Aus dem Vergleich der angebotenen Systeme mit dem Stand der Technik in der jeweiligen Unternehmung resultiert häufig eine positive Grundeinstellung gegenüber Investitionen im EDV-Bereich. Insgesamt überrascht, daß fast die Hälfte der befragten Unternehmungen nichtwirtschaftliche Hauptmotive anga-

---

[52] Vgl. Schwarze (1994a), S. 239f.
[53] Vgl. Schwarze (1994a), S. 239.

Tab. 4. Übersicht zur Ausgangsmotivation der PPS-Systemeinführung[a]

Auslösendes Motiv	Anzahl Unternehmungen
Anschluß an den Stand der EDV-Technik	7
Unzufriedenheit mit der bisherigen Software	6
Reduzierung der manuellen Tätigkeit	3
Unzufriedenheit mit den organisatorischen Strukturen	2
Unzufriedenheit mit den Ergebniszahlen (insbesonder Bestandshöhe)	1
Vielfalts- und Mengenzuwachs der Produkte	1

[a] Mehrfachnennungen wurden noch im Laufe des Interviews auf das jeweilige Hauptmotiv reduziert.

ben. Dabei ist jedoch zu beachten, daß die Zeitpunkte für erste Überlegungen zur PPS-Systemauswahl bei den hier betrachteten Projekten in der Spanne von Ende 1982 bis Januar 1991 liegen. Dagegen ist in Zeiten einer stagnierenden oder rückläufigen Entwicklung der wirtschaftlichen Gesamtlage davon auszugehen, daß die Wirtschaftlichkeit von *CIM*-Elementen zunehmend hinterfragt wird. Unter solchen Bedingungen ist ein geringerer Anteil von PPS-Systemimplementierungen ohne konkrete und zwingende Problemstellungen im Sinne wirtschaftlicher Gründe zu erwarten.

Es liegt nahe, daß nichtwirtschaftliche Motive wie der ‚Anschluß an den Stand der Technik' primär bei Unternehmungen zu finden sind, die noch nicht über ein integriertes PPS-System verfügen. Aus Tab. 5 geht jedoch hervor, daß die wirtschaftlichen und nichtwirtschaftlichen Motive keinen signifikanten Zusammenhang mit einer bestimmten Ausgangslage im Hinblick auf die EDV-gestützte PPS zeigen. Des weiteren macht die Übersicht deutlich, daß nur zwei der 20 befragten Unternehmungen eine weitgehend auf Handkarteien gestützte Ausgangssituation aufweisen. In allen anderen Fällen wurden vorhandene PPS-Systeme ausgetauscht oder verschiedene Einzelprogramme für Teilaufgaben der PPS durch ein integriertes System ersetzt. Acht der 20 Unternehmungen haben bereits Erfahrungen mit dem Einsatz eines umfassenden PPS-Systems.

Damit findet sich die in Abschn. 1.1 „Problemstellung" formulierte Annahme bestätigt, wonach Erstinstallationen von PPS-Systemen im Sinne des Austauschs manueller Arbeitsweisen in Zukunft eher eine Ausnahme sein werden[54]. Darüber hinaus muß das zu entwickelnde Vorgehensmodell dem in Tab. 5 zum Ausdruck kommenden Umstand entsprechen, daß in fast allen Fällen mehr oder weniger umfassende und integrierte Ausgangslösungen existie-

---

[54] Vgl. auch Laakmann (1993), S. 1, der von einer stark anwachsenden Zahl von Zweitanwendern spricht, die sich nach einem besser geeigneten System umsehen. Dieser Begriff wird hier nicht weiter verwendet, da die empirischen Untersuchungen gezeigt haben, daß durchaus der Einsatz auch mehrerer PPS-Systeme vorangegangen sein kann.

Tab. 5. Anfangszustand der computergestützten PPS zu Projektbeginn differenziert nach Motivationskategorien[a]

	Auslöser	
Ausgangslage	Wirtschaftliche Gründe	Nichtwirtschaftliche Gründe
Keine EDV-Unterstützung	2	–
Einzelprogramme für Teilbereiche	6	4
Geschlossene PPS-Systeme[a]	3	5

[a] Die detailliertere Betrachtung der in der Praxis vorgefundenen Systemkonfigurationen aus Abschnitt III, Frage 6 des Fragebogens zeigt, daß ein integriertes PPS-System nicht unbedingt den Erwerb und Einsatz der umfassenden Standard-Software eines einzelnen Herstellers voraussetzt. Auch miteinander verknüpfte Programme verschiedener Lieferanten mit oder ohne Einbeziehung selbsterstellter Elemente können ein geschlossenes PPS-System darstellen und sind hier entsprechend eingeordnet.

ren. Somit kann davon ausgegangen werden, daß zum Projektstart bereits gespeicherte Daten vorliegen, die in das neue System zu übernehmen sind.

Die Untersuchung der Vorgehensweisen bei der PPS-Systemauswahl wurde vertieft durch die Fragen nach einer Kostenabschätzung sowie nach den quantifizierten und qualitativen Nutzenerwartungen zum Zeitpunkt der Auswahlentscheidung. In Abb. 5 werden die wesentlichen Positionen der Kostenbetrachtung einer groben Zeitachse zugeordnet, die sich von der Auswahl bis zur Endabschaltung des Systems erstreckt. Aus betriebswirtschaftlicher Sicht müssen die Kosten für Systemkomponenten, Dienstleistungen und Aktivitäten durch kalkulatorische Kosten in Form von Zinsen für das eingesetzte Kapital ergänzt werden, so daß die Darstellung in diesem Punkt über die Befragungsergebnisse hinausgeht.

Mit Ausnahme der kalkulatorischen Kosten lassen sich die in Abb. 5 genannten Positionen auf Auszahlungen für Anschaffungen, Dienstleistungen oder Gehälter zurückführen, die jeweils zu einem bestimmten Zeitpunkt stattfinden. Allerdings werden die Auszahlungen durch eine Investition verursacht, deren Nutzungsdauer einen Zeitraum von mehreren Perioden umfaßt, so daß es sich um Kosten im betriebswirtschaftlichen Sinne handelt. Alle Positionen sind dem Kostenträger ‚PPS-System' zugeordnet und werden als periodenübergreifende Projektkosten aufgefaßt. Somit kann eine Verrechnung der Kosten über die Perioden der Betriebsabrechnung hier außer acht gelassen werden.

Im Hinblick auf den Umfang der Projektkostenabschätzung ist bemerkenswert, daß 16 der 20 befragten Unternehmungen die Aktivitätskosten im Rahmen der PPS-Systemauswahl nicht betrachtet haben[55]. Dagegen wurde nur in

---

[55] Eine Befragung ausgewählter Unternehmungen hat ergeben, daß der in Geldeinheiten bewertete Eigenanteil an den Gesamtkosten einer PPS-Systemeinführung (ohne Netzwerkanteil), bezeichnet als Organisationskosten, etwa 2/3 beträgt und damit höher ist als bei allen anderen *CIM*-Komponeneten, vgl. Bölzing/Liu (1987), S. 679 ebenso wie Bölzing/Schulz (1990), S. 8.

2.2 Praxis der PPS-Systemauswahl 27

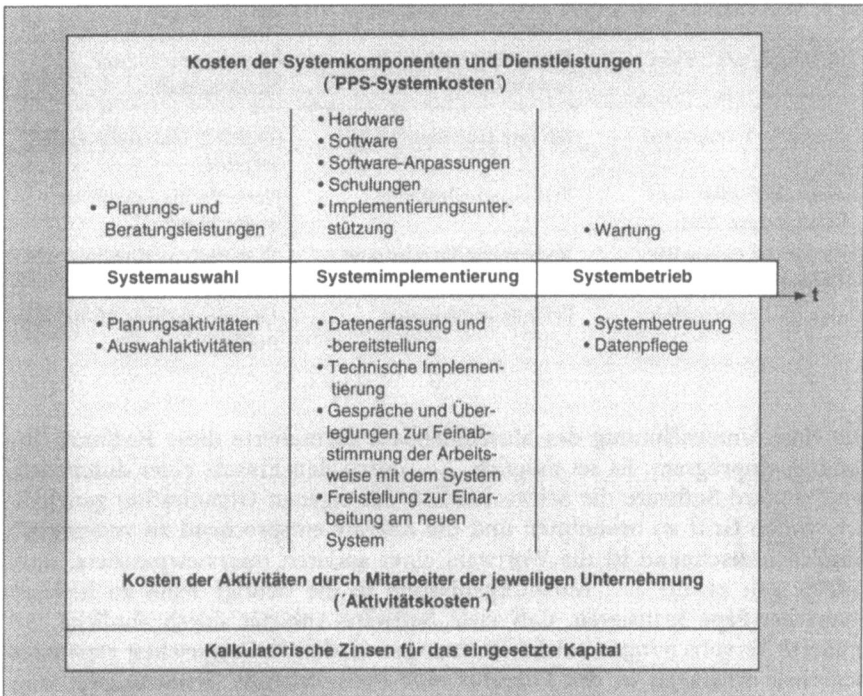

Abb. 5. Positionen einer Kostenbetrachtung für PPS-Projekte und ihre primären Entstehungszeiträume[a]

zwei Fällen darauf verzichtet, die zu erwartenden Systemkosten festzustellen. Der Frage, in welchem Umfang die Erwartungen erfüllt wurden, wird in Abschn. 2.4 „Betrachtung der erzielten Resultate" nachgegangen.

Im Gegensatz zu den eher grob unterschiedenen Kostenpositionen waren eine Vielzahl unterschiedlicher qualitativer Nutzenannahmen festzustellen. In Tab. 6 werden drei Erwartungskategorien gebildet und häufig ermittelte Beispiele zugeordnet[56].

Zwei der befragten Unternehmungen gaben an, daß zum Zeitpunkt der Auswahlentscheidung keine bzw. lediglich versteckte Nutzenvermutungen einzelner Bereichsleiter existierten. Herauszuheben ist die von 4 Unternehmungen explizit zum Ausdruck gebrachte Erwartunghaltung hinsichtlich einer gestrafften Organisation infolge des PPS-Systemeinsatzes. Der Interviewpartner

---

[a] Die Kosten des Systembetriebs werden in der Literatur häufig als laufende Kosten bezeichnet, vgl. Droste (1986), S. 108ff. ebenso wie Schwarze (1994a), S. 260.

[56] Auf eine vollständige und mit Häufigkeiten ausgefertigte Aufzählung der qualitativen und quantifizierten Nutzenerwartungen wird hier verzichtet. Eine empirisch ermittelte Rangreihe erwarteter Rationalisierungseffekte infolge der PPS-Systemeinführung findet sich bei Glaser/Geiger/Rohde (1992), S. 317f.

Tab. 6. Klassifizierung wiederholt genannter qualitativer Nutzenerwartungen

Pauschale Erwartungen	Kenngrößenbezogene Erwartungen	Funktionsbezogene Erwartungen
Verbesserte Transparenz	Kürzere Durchlaufzeiten	Exaktere Materialbedarfstermine
Höhere Flexibilität dem Kunden gegenüber	Verringerte Bestände	Vereinfachte Stücklistenänderungen
Reduzierung manueller Tätigkeiten	Verbesserte Termintreue	Erweiterte und verbesserte Statistiken
Gestraffte Organisation	Personalreduzierung	Übersichtlichere Bildschirmmasken

aus einer Unternehmung des Maschinenbaus formulierte diese Hoffnung besonders einprägsam. Es sei möglich, „... durch den Einsatz einer durchdachten Standard-Software die Schwachstellen der eigenen Organisation ganzheitlich in den Griff zu bekommen und die Abläufe entsprechend zu verändern". Ähnlich bezeichnend ist die Wortwahl eines anderen Interviewpartners. Ihmzufolge galt es, die „... Ablauforganisation in die richtige Bahn zu lenken". Hamacher/Pape kritisieren, daß viele Software-Anbieter durch ähnliche formulierte Versprechungen solche Hoffnungen fördern[57]. Desgleichen verstärken pauschale Aussagen in der Literatur eine entsprechende Erwartungshaltung. Beispielsweise spricht Kemmner vom hohen ‚produktionsorganisatorischen Potential' eines PPS-Systems[58]. Kurpicz kommt zu dem Schluß, daß die Orientierung am bewährten Ablaufkonzept der PPS-Programme große organisatorische Fortschritte ermöglicht[59]. Auch in veröffentlichten Realisierungsberichten findet sich die Aussage, daß die Möglichkeit, durch die Orientierung am PPS-System eine zeitgemäße Organisationsform zu finden, einen wichtigen Vorteil darstellt[60].

Quantifizierte Nutzenannahmen kamen bei 13 der 20 befragten Unternehmungen zum Ausdruck. Besonders häufig genannt wurden die kennzahlorientierten Erwartungen hinsichtlich einer Verringerung der Bestände in % oder der Kapitalbindungskosten in DM (10mal), einer Personal- oder Personalkostenreduzierung in den vom PPS-System unterstützten Unternehmungsbereichen (10mal)[61] und einer reduzierten Durchlaufzeit in der Produktion (3mal). Die Basis dieser Annahmen waren unternehmungsinterne Schätzungen oder Aussagen der Systemanbieter bzw. externer Berater. In zwei Fällen lieferte eine

---

[57] Vgl. Hamacher/Pape (1991), S. 10.
[58] Vgl. Kemmner (1991b), S. 19.
[59] Vgl. Kurpicz (1987), S. 426.
[60] Vgl. Calmes (1992), S. 4 ebenso wie Billotet (1991), S. 159.
[61] Vereinzelt wurde hier differenziert in eine Personalreduzierung bei konstantem Umsatz oder eine stagnierende Mitarbeiterzahl trotz gesteigerten Umsatzes. Gemeint war jeweils ein verbesserter Quotient aus Mitarbeiteranzahl und Durchsatzmenge, da Umsatzsteigerungen auch durch erhöhte Absatzpreise erreicht werden.

grobe Schwachstellenbetrachtung die Grundlage der quantifizierten Erwartungen. Lediglich eine Unternehmung bezog die Vermutungen aus dem Vergleich des Istzustandes mit einem Sollkonzept der Beleg- und Materialflüsse. In sechs Fällen entsprachen die genannten Erwartungen den quantifizierten Zielsetzungen der Geschäftsführung für das PPS-Projekt. Dabei war eine vorausgegangene Analyse möglicher Zielerreichungsgrade jeweils nicht erkennbar[62].

Die Vielfalt der genannten Nutzenerwartungen bestätigt die Aussage, wonach kein allgemeingültiges Zielsystem der Produktionsplanung und -steuerung existiert. Jede Unternehmung muß ihr eigenes, situationsgerechtes Zielsystem entwickeln[63]. PPS-Systeme sind ein wichtiges Hilfsmittel, um diese Ziele zu erreichen. Daraus leitet sich die weitgehende Übereinstimmung zwischen den in der Praxis vorgefundenen Erwartungen an PPS-Systeme und den in Abschn. 2.1.1 „Begriffsbestimmungen" dargestellten Zielsetzungen der computergestützten Produktionsplanung und -steuerung ab. Wenig strukturierte, pauschale oder gänzlich fehlende Erwartungen an das PPS-System, wie sie in der Befragung festzustellen waren, weisen auf ein unzureichend ausformuliertes, unternehmungsindividuelles Zielsystem für die PPS hin[64]. Es ist festzuhalten, daß die Aufgabe, ein solches Zielsystem aufzustellen und zu pflegen, Bestandteil des Vorgehensmodells zur PPS-Systemauswahl und -einführung sein muß. Anderenfalls fehlt ein für alle Beteiligten gültiger Handlungs- und Erfolgsmaßstab.

Die geringe Anzahl meßbarer Nutzenannahmen ist ebenso wie der verbreitete Verzicht auf tiefergehende Kostenbetrachtungen zunächst als erneuter Hinweis auf das ‚strategische Ausmaß' der Investition in ein PPS-System zu werten. Detaillierte Investitionspläne und Wirtschaftlichkeitsbetrachtungen werden offenbar als weitgehend überflüssig betrachtet. Darüber hinaus zeigen insbesondere die Quellen der quantifizierten Aussagen, daß es in der Praxis versäumt wird, eine fundierte Ausgangsbasis mit geeigneten Bezugsgrößen für die Nutzeneinschätzung zu schaffen. Entsprechendes gilt für die häufig fehlende Betrachtung der Aktivitätskosten. Ohne eine vorangestellte Analyse des Ausgangszustandes kann keine gesicherte Abschätzung der notwendigen Eigenleistungen erfolgen. Diesen Lücken ist im Rahmen der zu entwickelnden Konzeption entgegenzuwirken.

2.2.2
Vorgehensweisen bei der Auswahl von PPS-Systemen

Die bisher beschriebenen Mängel werden auch im Rahmen der in Tab. 7 zusammengefaßten Ergebnisse zur Vorgehensweise bei der PPS-Systemauswahl deutlich. Die befragten Unternehmungen sind vier Gruppen mit jeweils ähn-

---

[62] In einer Unternehmung wurden Fallbeispiele aus der Literatur explizit als Basis für diese Zielvorgaben genannt.
[63] Vgl. sinngemäß auch Szyperski/Tilemann (1979), Sp. 2302.
[64] Nach Ansicht von Mertens/Anselstetter/Eckardt/Nickel (1982), S. 145 haben allgemein gehaltene Formulierungen eine Art Alibifunktion, wenn sich keine konkreten Nutzeffekte angeben lassen.

Tab. 7. Gesamtübersicht zur Schrittfolge der PPS-Systemauswahl bei den 20 befragten Unternehmungen

Aktivitäten	A									B						C	D			
Verfahrenstyp und Kennziffer	4	5	7	9	10	11	12	17	20	1	2	3	6	13	16	14	8	15	18	19
Problemfeldanalyse: Durch eigenes Personal							x	x	x											
Problemfeldanalyse: Externer Berater	x	x	x	x	xx	x													x	
Sollkonzept: Informations- und Materialfluß				x			/		x											
Sollkonzept: Grobes CIM-Gesamtkonzept																x	x			
Anforderungsprofil: Funktional und technisch	x		x	x	xx	xx	x	x	x					x	/		x			/
Marktübersicht schaffen: HW-Anbieter befragt							x		x											
Marktübersicht schaffen: Literatur/SW-Kataloge		x	x			x					x			x	x					
Marktübersicht schaffen: Prospektmaterial		x	x			x								x						
Marktübersicht schaffen: Externer Berater	x				xx				x					x	x					
Vorauswahl: Hardwarebezogen	x	x			xx		x	xx		x			x x				x	x	x	x
Vorauswahl: Preisgrenze										x			x							
Vorauswahl: Funktionsbezogen	x			x	xx	xx		x	x				x x		x					
Systembetrachtung beim Anbieter	x		x	x	x	x	x			x	x	x	xx	xx	x	x		xx		x
Systembetrachtung bei Referenzkunden		x	x	x					x		x	x	x	x		/				
Systemvergleich: Kriterienliste		x										x	x xx	xx						
Systemvergleich: Nutzwertanalyse			x					x	x x											
Systemvergleich: Pflichtenheft							xx		x x x	x										
Intensive Systembetrachtung des/der Favoriten	x					x	x	x	x				x xx	xx						
Auswahlentscheidung: Ergebnis Kriterienliste		x																		
Auswahlentscheidung: Ergebnis Nutzwertanalyse			x					x	x x											
Auswahlentscheidung: Ergebnis Systembetrachtung					x x		x x		x x					x						
Auswahlentscheidung: Einzelkriterium	x	x			x x									xx x		x			x	x
Auswahlentscheidung: Neben dem Auswahlprozeß												x					x			
Dauer des Auswahlprozesses in Monaten	12	12	6	10	20	23	27	9	27	6	8	10	7	56	21	1	2	12	6	3

lichem Vorgehen (A bis D) zugeordnet. Kein Befragungsteilnehmer nannte die Schritte ‚Zieldefinition' und ‚Wirtschaftlichkeitsbetrachtung' explizit als Bestandteil des Auswahlprozesses, so daß diese Aktivitäten in der Darstellung fehlen.

In Tab. 7 werden sämtliche im Zuge der Befragung genannten Vorgehensschritte wiedergegeben. Dabei sind mit Hilfe der Schattierungen innerhalb der linken Spalte verschiedene Aufgaben des Auswahlprozesses abgegrenzt. Deren Ausprägungen unterscheiden sich durch die angewandten Methoden oder Hilfsmittel. Beispielsweise können die Instrumentarien zum Systemvergleich nach Art und Umfang differenziert werden. Eine Kriterienliste umfaßt einzelne software-, hardware- und/oder anbieterbezogene Merkmalsausprägungen, welche im Gegensatz zur Vorgehensweise im Rahmen der Nutzwertanalyse nicht gewichtet und mit Punktwerten versehen werden. Das Pflichtenheft formuliert die Anforderungen an das neue System umfassender als eine Kriterienliste. Neben den stichwortartigen Funktionsabfragen können auch konkrete Problemstellungen aus der Unternehmung beschrieben werden, deren Lösung von den Programmen des Lieferanten erwartet wird. Pflichtenhefte werden häufig an die Systemanbieter versandt und sind von diesen anhand der Leistungen und Lösungen ihrer offerierten Software zu kommentieren.

Werden einzelne Spalten der Tabelle betrachtet, so geben die Markierungen in den Feldern die in der jeweiligen Unternehmung vorgefundene Schrittfolge zur Systemauswahl wieder[65]. Die Aufreihung von oben nach unten entspricht in fast allen Fällen dem Verfahrensablauf. Schrägstriche deuten an, daß die jeweilige Aufgabe in einer reduzierten Form gegenüber den sonst üblichen Vorgehensweisen durchgeführt wurde. Beispielgebend ist Unternehmung 12, wo ein nur stichwortartiges Sollkonzept erstellt wurde, also ohne eine durchgängige Informations- und Materialflußdarstellung.

Mehrere Kreuze innerhalb eines Feldes kennzeichnen Schleifen im Auswahlprozeß. Hierbei handelt es sich durchweg um Redundanzen aufgrund von Lücken oder Fehlern. Wiederholungen infolge veränderter Rahmenbedingungen oder neuer Erkenntnislagen wurden nicht festgestellt. Die Anzahl der Markierungen zeigt, wie oft der jeweilige Verfahrensschritt vollzogen wurde. Beispielsweise zeigten sich die Entscheider in der Unternehmung 10 unzufrieden mit der Empfehlung des externen Beraters. Die bisher getätigten Auswahlschritte wurden von einer anderen Beratungsunternehmung erneut vorgenommen.

Die komprimierte und lediglich zweidimensionale Darstellung ohne zeitpunktbezogene Aussagen zu den verschiedenen Schritten bringt es mit sich, daß einzelne erwähnenswerte Besonderheiten nicht ohne Erläuterungen erkennbar werden. So wurde in der Unternehmung 15 der Auswahlprozeß mit Eintritt des neuen Geschäftsführers gestoppt. Es folgten eine Betrachtung des von ihm favorisierten Systems beim Anbieter und die Entscheidung zugunsten

---

[65] Die Kennziffer in der Kopfzeile der Tabelle dient lediglich zur Identifizierung der Unternehmung bzw. des zugehörigen Fragebogens.

dieser Lösung. Ausschlaggebend waren die Erfahrungen des neuen Entscheidungsträgers mit dem System, resultierend aus der von ihm geleiteten Einführung in einer anderen Unternehmung.

Ein weiteres herauszustellendes Beispiel liefert die Unternehmung 11, welche die funktionsorientierte Vorauswahl in zwei Stufen vollzog. Zunächst wurde eine knapp gehaltene Anfrage an eine Vielzahl von Systemanbietern versandt. Anhand der Antworten konnten Lieferanten ausgewählt werden, die im zweiten Anlauf einen aus dem inzwischen erweiterten Anforderungsprofil entstandenen, detaillierten Fragenkatalog erhielten. Eine ähnliche überlappende Vorgehensweise verwirklichte die Unternehmung 17. Dort wurde das Pflichtenheft parallel zur Vorauswahl zusammengestellt. Zum Zeitpunkt seiner Fertigstellung war der Anbieterkreis bereits auf zwei Systemlieferanten reduziert, welche dann ausführlich zu den Anforderungen Stellung nehmen sollten.

Die in Tab. 7 vermerkte Dauer des Auswahlprozesses erstreckt sich vom Zeitpunkt der ersten Überlegungen, ein PPS-System zu implementieren, bis zur Auswahlentscheidung. Berücksichtigt wurde, daß vereinzelt ein nicht unerheblicher Zeitraum zwischen den ersten Überlegungen und dem eigentlichen Beginn der Systemauswahl im Sinne der oben dargestellten Verfahrensschritte vorlag. Ebenso ausgeklammert wurden längere Unterbrechungen des Auswahlverfahrens[66]. Daher beziffert die durchschnittliche Dauer von knapp 14 Monaten den tatsächlichen zeitlichen Umfang der Systemsuche. Zwischen Implementierungsidee und Auswahlentscheidung lagen im Durchschnitt 17,4 Monate[67].

Die Vorgehensweisen der 20 Unternehmungen zur PPS-Systemauswahl lassen sich anhand der ermittelten Verfahrensschritte und/oder der Zeitdauer des Auswahlprozesses in vielfältiger Art und Weise klassifizieren. Für Tab. 7 wurde eine Einteilung gewählt, die sich im wesentlichen an den Aktivitäten vor der eigentlichen Systembetrachtung orientiert[68]. Sämtliche Unternehmungen der Gruppe A führten eine Problemfeldanalyse durch. Es wurden die

---

[66] Beispielsweise betrieb die Unternehmung 9 zunächst über 2,5 Jahre hinweg eine nur sporadische Informationssuche. Erst im Rahmen einer gemeinsam mit einer Fachhochschule betreuten Diplomarbeit wurde die Systemauswahl in der oben dargestellten Weise kontinuierlich vollzogen. In der Unternehmung 13 wurde die PPS-Systemsuche für ca. ein Jahr ausgesetzt. In diesem Zeitraum war die Stelle des Leiters EDV/ Organisation einzurichten und zu besetzen. Der dennoch außerordentlich lange Auswahlzeitraum ist vor allem mit der insgesamt viermal durchlaufenen Phase des Systemvergleichs zur Endauswahl begründet. Dabei wurde zwischenzeitlich bereits ein Systemvertrag abgeschlossen. Aufgrund von Lieferverzögerungen, fehlerhaften Programmen und nicht vorhandenen, vertraglich jedoch zugesicherten Funktionen wurde diese Vereinbarung kurz nach dem Implementierungsbeginn gekündigt. Unternehmung 20 vermerkte sowohl einen schleppenden Beginn der Systemsuche als auch eine nennenswerte Unterbrechung am Ende des Auswahlprozesses aufgrund der verzögerten Investitionsbereitschaft der Geschäftsführung.

[67] Bei lediglich groben Aussagen zur Zeitspanne wurden plausible Mittelwerte angenommen, z.B. 24 Monate bei einer Zeitraumangabe von 1987 bis Mitte 1989.

[68] Um Unterschiede bei der Verteilung der Kreuze in Tab. 7 leichter erkennbar zu machen, wurden die Spalten der Kategorien B und D mit einem Muster hinterlegt.

Schwachstellen des Auftragsdurchlaufs von der Kundenauftragsannahme über die Produktionsplanung und Materialwirtschaft bis hin zum Versand ermittelt. Dazu nahmen die Unternehmungen häufig externe Unterstützung in Anspruch. Vereinzelt war auch ein Sollkonzept zum verbesserten Informations- und Materialfluß vorhanden. Damit hatte das beim Verfahrenstyp A in acht von neun Fällen aufgestellte Anforderungsprofil an die Hard- und Software eine nachvollziehbare Basis. Solche konkrete Anforderungen machen einen funktional fundierten Systemvergleich möglich, welcher zur Objektivierung der Auswahlentscheidung beiträgt. Nachteilig erscheinen die tendenziell höheren Aktivitätskosten zur Systemfindung. Die Unternehmungen der Kategorie A benötigen durchschnittlich 16,2 Monate für diese Aufgabe. Dabei zeigt das Beispiel der Unternehmung 9, daß selbst unter Einbeziehung eines Sollkonzeptes kürzere Zeiträume realisierbar sind.

Die genannten Schritte im Vorfeld der Systembetrachtung fehlen in der Kategorie B. Die Unternehmungen begannen ohne weitere Vorleistungen mit der Informationszusammenstellung über die am Markt angebotenen Lösungen sowie der Vorauswahl anhand von Einzelkriterien[69]. Allerdings zeigen die markierten Felder der entsprechenden Zeile in Tab. 7, daß in mehreren Fällen nachträglich Kriterien zum Systemvergleich zusammengestellt wurden. Ferner ist ein prozentual höherer Anteil von Unternehmungen mit mehreren Kreuzen in einem Feld der Systembetrachtung und des Systemvergleichs festzustellen, d.h. die Aktivitäten wurden mehrfach vollzogen. Dieser Umstand deutet auf Unsicherheiten über die Eignung der Systeme hin. Zugleich nähert sich der zunächst geringere Zeitbedarf durch die Redundanzen im Auswahlprozeß dem der Verfahrensgruppe A. Die Unternehmung 13 ausgeklammert, ergibt sich eine durchschnittliche Zeitdauer von 10,4 Monaten. Die Vermutung, daß es sich bei der Gruppe B tendenziell um kleinere Unternehmungen handelt, konnte nicht bestätigt werden. Deren durchschnittliche Beschäftigtenanzahl ist wesentlich größer als die der Unternehmungen aus Kategorie A.

Eine eigene Kategorie C bildet das durchgängig von einem externen Berater gesteuerte Schnellverfahren zur Systemauswahl der Unternehmung 14. Ausgegangen wurde von einem groben *CIM*-Gesamtkonzept, das neben der Zuordnung wichtiger Funktionen zu den geplanten *CIM*-Elementen im wesentlichen aus Hardware-bezogenen Ausführungen und technischen Schnittstellenbeschreibungen bestand. Für das integrierte PPS-System als Kern des Konzeptes wurde ein verkürztes und insbesondere auf den systemtechnischen Aufbau ausgerichtetes Anforderungsprofil erstellt. Anhand dieser Zusammenstellung traf der Berater eine Vorauswahl in Frage kommender Systeme. Anschließend wurde eine Arbeitssitzung zu den erwarteten Entwicklungen in der Unternehmung sowie möglichen Veränderungen im Unternehmungsum-

---

[69] Nur eine der sechs Unternehmungen dieser Gruppe stellte explizit ein Anforderungsprofil zur Systemauswahl auf. Basis für die zusammengestellten Kriterien waren dabei die Kenntnisse der mit dieser Aufgabe betrauten externen Beratungsunternehmung. Auf eine unternehmungsbezogene Studie über Verbesserungspotentiale wurde hier verzichtet.

feld abgehalten. Im Zusammenhang mit den in diesem Rahmen zusammengestellten zukünftigen Vorhaben verkleinerte sich der Kreis geeignet erscheinender PPS-Systeme weiter. Anschließend wurden die Referenzlisten der verbliebenen Anbieter stichprobenartig und telefonisch im Hinblick auf die Erfahrungen anderer Unternehmungen hinterfragt[70]. Die darauf folgende Besuchsfahrt zu den drei bis dahin favorisierten Anbietern bereitete die Endauswahl im Team maßgeblich vor. Hier gewonnene Eindrücke bestimmten die Entscheidung. Dem Vorteil des einfachen und kurzen Auswahlverfahrens steht bei dieser Vorgehensweise eine erhöhte Unsicherheit im Hinblick auf die operative Eignung der Software entgegen, da die Auswahlentscheidung eher durch grundsätzliche Überlegungen und einmaligen Augenschein geprägt ist.

Die bisher betrachteten Fälle weisen zumindest bei der Vorauswahl, der Systembetrachtung und im Zusammenhang mit der Auswahlentscheidung vergleichbare Grundmuster des Vorgehens auf. Dagegen hat bei den Unternehmungen der Gruppe D kein Auswahlprozeß im eigentlichen Sinne stattgefunden. Für diese Kategorie ist die frühzeitig eingeschränkte Anzahl betrachteter Systeme kennzeichnend, d.h. es erfolgten keine nennenswerten Anstrengungen zugunsten der Marktübersicht. Da nur Lösungen eines oder sehr weniger Anbieter einbezogen wurden, entfällt auch der Schritt des Systemvergleichs. Ebenso war eine intensive Prüfung der Funktionsweisen – etwa durch umfangreiche Bedienungsgänge beim Anbieter mit selbst beigebrachten Daten aus der Unternehmung oder in Form einer zeitlich befristeten Testinstallation der Programme im eigenen Haus – nicht festzustellen. Da solche rudimentären Vorgehensweisen die Optionen des Marktes für rechnergestützte PPS-Systeme außer acht lassen, können sie für den weiteren Verlauf der Untersuchung ausgeschlossen werden.

Bei einer ganzheitlichen Betrachtung der Tab. 7 fällt zunächst auf, daß 13 der 20 befragten Unternehmungen eine Hardware-orientierte Vorauswahl unter den angebotenen Systemen vornahmen. In Frage kamen nur Programme, die auf den Rechnern bestimmter Hersteller und/oder einem vorbestimmten Betriebssystem basierten[71]. Acht der 13 Unternehmungen gingen von dieser Einschränkung aus, um die jeweils vorhandene Systembasis beizubehalten. Fünf weitere Befragungsteilnehmer stellten in einer meist frühen Phase des Auswahlprozesses Richtlinien über die Art und/oder den Anbieter der zu beschaffenden Hardware auf[72]. Die Einschränkung zum Erhalt der bisherigen Systembasis wurde allerdings von fünf der acht Unternehmungen noch wäh-

---

[70] Zu telefonischen Anfragen bei Referenzkunden des Anbieters ist anzumerken, daß andere Anwender nicht ohne weiteres Fehlentscheidungen zugeben werden, die zur Übernahme eines qualitativ unzureichenden Software-Produktes führten, vgl. Frank (1980), S. 149. Darüber hinaus reicht ein vergleichsweise kurzes Telefonat im allgemeinen nicht aus, um die Hintergründe der Erfahrungen anderer Unternehmungen zu erkennen.

[71] Zum Marketingvorteil für Software-Anbieter, deren Hardware bereits in der jeweiligen Unternehmung eingesetzt wird, vgl. Hansen/Amsüss/Frömmer (1983), S. 83 und S. 91.

[72] Dabei definierte Unternehmung 4 diese Restriktion erst in der Entscheidungsphase des Auswahlprozesses aus einem neu erstellten Hardware-Gesamtkonzept heraus. Auf diese Weise wurde der für das System benötigte Rechner zum letztendlich bestimmenden Einzelkriterium der Auswahlentscheidung.

rend des Auswahlverfahrens oder im Verlauf der PPS-Systemeinführung wieder aufgegeben[73]. In zwei Fällen machte die Geschäftsführung den Vorbehalt gegenüber andersartigen Systemplattformen vor der Kaufentscheidung rückgängig. Eine Unternehmung erkannte im Laufe des Auswahlverfahrens, daß keine geeignete Software für die existierende Hardware verfügbar war. Zwei Unternehmungen entschieden sich erst im Zuge der Systemeinführung für eine neue Konfiguration, begründet mit dem nachträglichen Wandel der Hardware-Strategie bzw. einer zwischenzeitlich überalterten Rechnerart.

Weiterhin zeigt die Gesamtbetrachtung der Tab. 7, daß knapp die Hälfte der untersuchten Unternehmungen sog. ‚Referenzbesuche' durchführte, um bei anderen Anwendern in Frage kommender Systeme einen Eindruck von den Stärken und Schwächen der Software zu bekommen. Dabei ist allerdings zu beachten, daß die Systemanbieter stets bemüht sind, Kontakte mit Kunden zu vermitteln, deren Systemeinführung weitgehend reibungslos und erfolgreich verlaufen ist. Interessanter wären die Problemfälle, um aus den dort aufgetretenen Schwierigkeiten zu lernen.

Ebenso bemerkenswert ist die Tatsache, daß elf der 20 untersuchten Auswahlprozesse mit Entscheidungen endeten, die primär auf einem einzelnen Kriterium beruhten oder sogar unabhängig von den vorangegangenen Systembetrachtungen vorgenommen wurden. Zudem war diese Verfahrensweise auch bei vier Unternehmungen der Gruppe A festzustellen, obwohl hier im Vorfeld der Auswahlentscheidung, z.B. in Form der oben genannten Problemfeldanalysen und der Entwicklung eines Pflichtenheftes durchaus größere Anstrengungen unternommen wurden. Die getätigten Vorleistungen ließen einen umfassender begründeten Kaufabschluß erwarten. Gewonnene Informationen wurden offenbar nicht adäquat ausgewertet und weiterverwendet. Bei den Unternehmungen der übrigen Kategorien ist diese Erkenntnis als logische Konsequenz der unzureichenden Vorleistungen für umfassende unternehmungsspezifische Kriterienkataloge zu werten.

Die genauere Betrachtung der Antworten aus den vier Unternehmungen der Gruppe A zeigt, daß für die Systemauswahl jeweils Kriterien außerhalb der funktionalen Leistung entscheidend waren. Als bestimmende Argumente wurden der Rechnertyp des Systems, die Anzahl von Referenzen in der gleichen Branche, die räumliche Entfernung zum Systemlieferanten und die hervorgehobene Marktstellung des Anbieters angegeben. Die entsprechenden Auswahlkriterien wurden so stark gewichtet, daß eventuell festgestellte Eignungsunterschiede in bezug auf vorher definierte, funktionsbezogene Anforderungen nicht mehr zur Geltung kamen[74]. Somit gilt noch immer die Er-

---

[73] Dieser Umstand wurde erkennbar durch die Antworten zu Frage 6 und 7 im Abschnitt III des Fragebogens.

[74] Insgesamt gaben von den 20 befragten Unternehmungen acht solche anbieter- und technikorientierten Kriterien als ausschlaggebende Größen an. Weitere elf bezeichneten sie als mitentscheidend. In etwa korrespondierend mit den derzeitigen Marktanteilen der Systemlieferanten, wie sie aus den Installationszahlen der Marktstudie von Schotten/ Vogeler (1994), S. 60f. hervorgehen, kamen die Lösungen des Marktführers siebenmal zum Einsatz. Für die übrigen elf Unternehmungen, die eine Standard-Software auswählten, waren neun verschiedene Systemanbieter festzustellen.

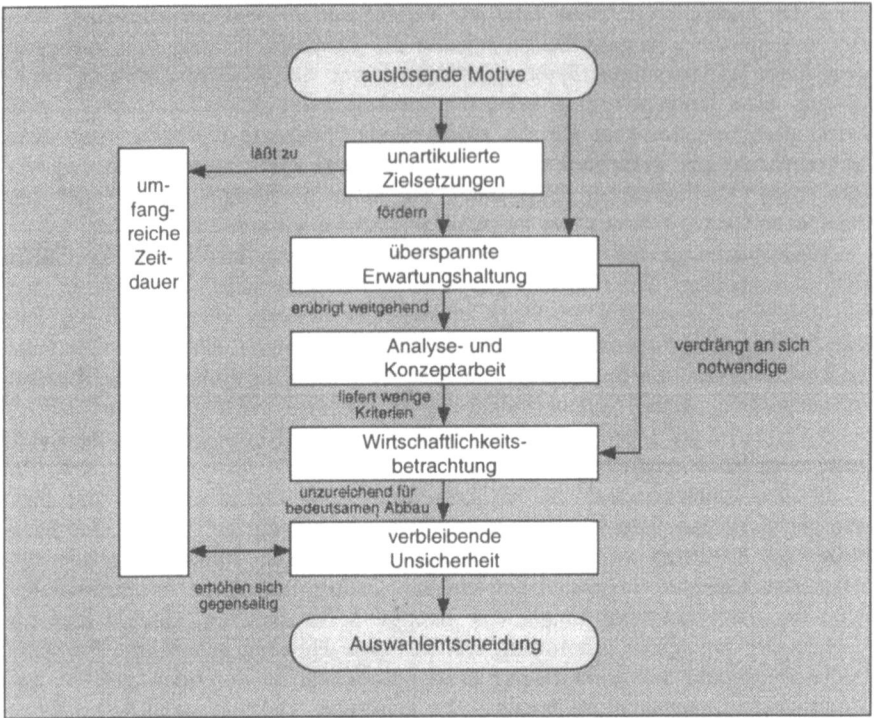

Abb. 6. Verkettung gravierender Unzulänglichkeiten im Zuge der PPS-Systemauswahl

kenntnis von Hansen/Amsüss/Frömmer, daß die Dimension ‚Vertrauen zum Anbieter' bei der Auswahl von Standard-Software eine hohe Bedeutung erhält[75].

Zusammenfassend läßt sich die Problematik der PPS-Systemauswahl gemäß den Ergebnissen der Studie folgendermaßen charakterisieren:

Zielsetzungen für die Produktionsplanung und -steuerung werden unzureichend oder gar nicht definiert. Vorleistungen in Form von funktionalen Anforderungen an die Software sowie vorgedachten Verbesserungsmaßnahmen für bestehende Schwachstellen im Rahmen der PPS fehlen oder werden nicht konsequent umgesetzt. Gleichzeitig bestehen hohe Erwartungen an die Wirksamkeit des Systems in bezug auf die immanente Beseitigung organisatorischer Schwachstellen. Wirtschaftlichkeitsbetrachtungen im Sinne der Gegenüberstellung von Kosten- und Nutzenerwartungen werden nicht oder nur rudimentär durchgeführt. Von den ersten Überlegungen bis zur Auswahlentscheidung vergehen ausgedehnte Zeiträume. Am Ende des Auswahlprozesses verbleibt oft eine Unsicherheit über die tatsächliche Eignung des Systems.

---

[75] Vgl. Hansen/Amsüss/Frömmer (1983), S. 115.

In Abb. 6 werden die grundsätzlichen Zusammenhänge dieser Merkmale dargestellt. Es wird erkennbar, daß eine mangelnde Zielausrichtung zu Beginn des Vorhabens den Weg bereitet für die weiteren Mißstände des Auswahlverfahrens.

Neben den oben zusammengefaßten Problemfeldern haben einzelne Beispiele dieses Abschnitts auch einen positiven Ansatz zur Beschleunigung und Systematisierung des Auswahlverfahrens gezeigt. Gemeint ist die iterative und stufenweise Verfeinerung der Anforderungen an das System, welche parallel zur Vorauswahl der prinzipiell geeigneten Systeme vorgenommen wird. Das zu entwickelnde Vorgehensmodell für die PPS-Systemauswahl und -einführung wird diesen Gedanken als Element einer geschlossenen Konzeption aufgreifen. Dabei soll die Konzeption den oben beschriebenen Mißständen ganzheitlich und konstruktiv entgegenzuwirken. Zunächst gilt es jedoch, die aufgrund der empirischen Vorgehensweisen bei der Systemauswahl bereits absehbaren Probleme der PPS-Systemeinführung darzulegen.

2.3 Vorgehensweise zur PPS-Systemeinführung

2.3.1 Implementierungsaufgaben und -probleme

Ebenso wie die vorangegangenen Ausführungen dieses Kapitels dient der Abschn. 2.3 dem Ziel, die zu entwickelnde Konzeption zur PPS-Systemauswahl und -einführung vorzubereiten. Aus den Ergebnissen der empirischen Studie resultieren sowohl Anforderungen als auch Bestandteile und Lösungshinweise für das Vorgehensmodell. Zur systematischen Betrachtung der PPS-Systemeinführung sind die verschiedenen Aufgaben des Implementierungsprozesses zusammenzustellen. Dabei stehen die Art und Weise der Ausführung und insbesondere die mit den Aufgaben verbundenen Schwierigkeiten im Mittelpunkt des Interesses. Die Schrittfolgen innerhalb des Gesamtvorhabens sind nur vereinzelt zu beachten, da der Implementierungsprozeß im größeren Umfang parallele Aktivitäten zuläßt.

Vorab ist es erforderlich, den Begriff der Implementierung zu erläutern. In der Literatur wird zwischen technischer und organisatorischer Implementierung differenziert. Als technische Implementierung wird der Vorgang zur Einbettung neuer Systemkomponenten in die vorhandene DV-Umgebung bezeichnet[76]. Die organisatorische Implementierung umschreibt nach Marr/Kötting den Prozeß der Verwirklichung eines gestaltenden organisatorischen Konzepts. Die Einführung computergestützter Informationssysteme wird als ein solcher Implementierungsprozeß verstanden, dem die technische Verwirklichung als ein spezieller Änderungsanlaß zugrunde liegt[77]. Die folgenden Ausführungen werden zeigen, daß die technischen und organisatorischen

---

[76] Vgl. Kaucky (1988), S. 45 und die dort angegebene Literatur.
[77] Vgl. Marr/Kötting (1992), Sp. 827f.

Aspekte der Implementierung auf vielfältige Weise eng miteinander verknüpft sind, so daß eine durchgängige begriffliche Differenzierung oft überspannt wäre. Der Begriff Implementierung bezeichnet im Rahmen dieser Untersuchung die Umsetzung des Vorhabens zur Einführung eines (neuen) PPS-Systems, wobei dieser Prozeß stets mit bewußt vorgenommenen oder latent auftretenden organisatorischen Veränderungen verbunden ist, die das Zusammenwirken von Mensch und Technik neu gestalten.

Die Antworten zur Frage nach den Schritten der PPS-Systemeinführung liefern, bezogen auf die einzelne Unternehmung, eine Übersicht der wesentlichen Aufgaben, die im Rahmen der Implementierung zu erfüllen waren. Werden alle 20 befragten Unternehmungen betrachtet, so zeigt sich, daß die genannten Aktivitäten zu den fünf Aufgabenbereichen technische Implementierung, Grunddatenbereitstellung, Anwenderschulung, Systemausgestaltung und Software-Anpassung zusammengefaßt werden können. Dabei unterscheiden sich die beiden zuletzt genannten Aufgabenbereiche dadurch, daß die Systemausgestaltung im Rahmen der gegebenen Anwendungsmöglichkeiten für die Standard-Software erfolgt. Dagegen sind Software-Anpassungen Eingriff in den Quellcode der Programme, mit denen die bisher verfügbaren Anwendungsoptionen der Software erweitert oder verändert werden. In der Literatur werden die beiden Aufgabenbereiche häufig undifferenziert mit dem Begriff des ‚Customizing' belegt, um „... die Anpassung von Software an die Belange eines Benutzers"[78] zu bezeichnen. Dieser Begriff wird hier nicht verwendet, um Programmeinstellungen (durch den Anwender) von Programmänderungen (durch den Anbieter) klar zu unterscheiden.

Sofern keine entsprechende Einschränkung erfolgt, gelten die nachfolgenden Aussagen zu den Aufgabenbereichen auch für die Implementierung von Individuallösungen. Aufgrund der geringen Anzahl von individuell erstellten PPS-Programmen wird jedoch darauf verzichtet, neben den Software-Anpassungen einen Aufgabenbereich ‚Software-Entwicklung' explizit zu betrachten[79].

Die in der Praxis vorgefundenen und für die Zielsetzung dieses Abschnitts wesentlichen, inhärenten Schwierigkeiten im Verlauf der Systemeinführung werden in den folgenden Tabellen 8 bis 12 den fünf Aufgabenbereichen oder einzelnen Aktivitäten eines Aufgabenbereiches zugeordnet. Während sich verrichtungsspezifische Komplikationen auf eine bestimmte Art des Aufgabenvollzugs beziehen, treten verrichtungsneutrale Hindernisse unabhängig von der jeweils gewählten Form des Implementierungsschrittes auf und erscheinen daher im oberen Teil der einzelnen Tabellen. Auf diese Weise gelingt es, die heterogenen Antworten auf die offen gestaltete Fragestellung gleichzeitig zusammenzufassen und zu ordnen. Ferner dient die Lokalisierung der beobachteten Probleme dazu, bereits an dieser Stelle Ursachen und Hintergründe der vielfältigen Hürden einer PPS-Systemeinführung anzudeuten.

---

[78] Vgl. Zimmermann (1983), S. 114.
[79] Lediglich zwei der 20 befragten Unternehmungen entschieden sich für ein in den wesentlichen Komponenten neu zu entwickelndes PPS-System.

Tab. 8. Verrichtungsneutrale und verrichtungsspezifische Schwierigkeiten im Aufgabenbereich der technischen Implementierung

Verrichtungsneutrale Probleme der technischen Implementierung:	
– Schneller als erwartet angewachsene Benutzeranzahl erfordert Anpassung der Hardware-Konfiguration und/oder der Anzahl Software-Lizenzen	
Verrichtungsspezifische Probleme der technischen Implementierung:	
Art der Verrichtung:	Empirisch genannte Schwierigkeiten:
Neue Hardware aufstellen	– Lieferverzug bei wichtigen Komponenten – Rechnerleistung zu gering dimensioniert
Vorhandene Hardware erweitern	– Benötigtes Speichervolumen unterschätzt
Software installieren	– Verzögerte Verkaufsfreigabe einzelner Bausteine
Datenaustauschprogramme zur Schnittstellenrealisierung	– Datenverlust infolge technischer Anlaufschwierigkeiten

Tab. 9. Verrichtungsneutrale und verrichtungsspezifische Implementierungshemmnisse im Zuge der Grunddatenbereitstellung

Verrichtungsneutrale Probleme der Grunddatenbereitstellung	
– Sehr zeitbedarfs- und damit kostenintensiv	
Verrichtungsspezifische Probleme der Grunddatenbereitstellung:	
Art der Verrichtung:	Empirisch genannte Schwierigkeiten:
Daten zusammenstellen und systemseitig erfassen	– Vollständigkeits- und Qualitätslücken, z.T. noch zum Zeitpunkt der Programmaktivierung
Daten bereinigen	– –
Daten normieren	– Widerstand der Betroffenen aufgrund langjähriger Gewohnheiten
Programme zur automatischen Datenübernahme aus dem alten System erstellen	– Auch veraltete Daten werden weitgehend ungeprüft übernommen – Strukturdaten entsprechen nicht den systemseitigen Erfordernissen

Die in Tab. 8 genannte Installation der Hardware und Software sowie die Grunddatenbereitstellung (Tab. 9) markieren gewöhnlich den Beginn der PPS-Systemeinführung. Grunddaten für die EDV-gestützte Produktionsplanung und -steuerung sind gespeicherte Informationen, die zur Wahrnehmung der Systemfunktionen vorausgesetzt werden. In der Literatur werden Grunddaten nach Stamm- und Strukturdaten differenziert. Stammdaten sind meist unabhängig von konkreten Aufträgen existent und geben relevante Merkmale und Eigenschaften von Objekten wieder. Die wesentlichen Objektgruppen sind Kunden, Lieferanten, Teile und Arbeitsplätze. Strukturdaten verknüpfen diese

Objekte miteinander, z. B. mehrere Teile in Form einer Stückliste sowie Teile und Arbeitsplätze anhand eines Arbeitsplanes[80].

Der große Zeitbedarf für die Grunddatenbereitstellung kam in einer Automobilzulieferunternehmung mit etwa 1800 Mitarbeitern besonders anschaulich zum Ausdruck. Dort wurde eigens eine mit vier Personen besetzte Abteilung eingerichtet, welche über einen Zeitraum von vier Jahren hinweg die Datenermittlung und -pflege durch die jeweils zuständigen Fachbereiche koordinierte, überwachte und unterstützte. Dabei lag der Tätigkeitsschwerpunkt weniger bei der eigentlichen Datenermittlung und -eingabe. Bedeutende Zeitanteile wurden dazu verwendet, konzeptionelle Überlegungen und Abstimmungsgespräche zu den Informationsinhalten durchzuführen. Beispielsweise waren die bei der Losgrößenplanung zu berücksichtigenden Inputgrößen zu benennen sowie Rüstzeiten gegenüber nichtterminierungsrelevanten Nebenzeiten abzugrenzen. Damit wird der enge Zusammenhang der Aufgaben zur Datenbereitstellung und Systemausgestaltung deutlich.

Im Zusammenhang mit den Qualitätsmängeln bei Grunddaten ist zu beachten, daß sich einzelne Fehler hier weit verzweigt fortpflanzen können. Beispielsweise wird eine falsche Materialeinsatzmenge innerhalb einer Baukasten-Stückliste beim Kopieren dieser betroffenen Stücklistenposition in die neu definierte Stückliste übernommen. Im Zuge der nachfolgenden Stücklistenauflösung resultieren daraus unzutreffende Bedarfsmengen, die möglicherweise erst während des Fertigungsprozesses bemerkt werden. Folge solcher Kettenreaktionen sind entsprechend hohe Kosten zur Fehlerbehebung.

Aus den in Tab. 10 genannten Schwierigkeiten ist das fehlende Hintergrundwissen für die angemessene Bedienung der Programme besonders hervorzuheben. Richtige Entscheidungen bei systemseitig vorgesehenen Auswahlmöglichkeiten können nur getroffen werden, wenn dem Benutzer die Konsequenzen seiner Eingabe, resultierend aus dem funktionalen Gesamtzusammenhang des Systems, bekannt sind. Wird dieses Wissen nicht vermittelt, kann die Auswahl oft nur suboptimal erfolgen, d.h. aus dem begrenzten Blickwinkel des jeweils eigenen Tätigkeitsbereiches heraus. So werden beispielsweise durch die Mitarbeiter des Bereiches ‚Arbeitsvorbereitung' Pufferzeiten in die Terminplanung der Produktionsaufträge eingebracht. Dabei wird mißachtet, das diese zusätzliche Bewegungsfreiheit für die Fertigung und Montage zu Lasten der Einkäufer geht, deren zeitlicher Spielraum bis zum Bedarfstermin für das zu beschaffende Material verkürzt wird. Außerdem fehlt das Verständnis für eventuell notwendige zusätzliche Informationseingaben, welche ausschließlich für die Aufgabenerfüllung eines anderen Unternehmungsbereiches verwendet werden. Ein Beispiel hierfür sind technische

---

[80] Vgl. Glaser/Geiger/Rohde (1992), S. 3ff. ebenso wie Kurbel (1993), S. 61ff. Eine zweite Kategorie neben den Grunddaten bilden die Bewegungsdaten. Diese werden im Gegensatz zu den erstgenannten nahezu permanent durch Zu- und Abgänge geändert bzw. fortgeschrieben, vgl. Glaser/Geiger/Rohde (1992), S. 3f. und sinngemäß auch Hackstein (1989), S. 233. Wichtigste Beispiele sind die Auftrags- und Bestandsdaten. Scheer bezeichnet Bewegungsdaten als Ereignisdaten, während Stammdaten einen aktuell gültigen Zustand wiedergeben, vgl. Scheer (1994), S. 13.

Tab. 10. Verrichtungsneutrale und verrichtungsspezifische Probleme der Anwenderschulung

Verrichtungsneutrale Probleme der Anwenderschulung:
– Unterschiedlich ausgeprägte Grundbereitschaft, mit dem System zu arbeiten
– Geringe Akzeptanz gegenüber einzelnen Bestandteilen oder Eigenschaften des Systems (z.B. Funktionen, Datenauswertungen, Bedienungsoberflächen und Antwortzeiten)
– Fehlender Freiraum zur Schulung und Einarbeitung gegenüber der Priorität des sog. ‚Tagesgeschäftes'
– Fehlendes Hintergrundwissen

Verrichtungsspezifische Probleme der Anwenderschulung:	
Art der Verrichtung:	Empirisch genannte Schwierigkeiten:
Anwenderschulung im Vorfeld der Programmaktivierung durch den Software-Lieferanten und/oder Mitarbeiter der Unternehmung	– Zu großer Zeitraum zwischen Schulung und Programmaktivierung – Mangelnde Weitergabe/Multiplikation der gewonnenen Kenntnisse in der Unternehmung
Anwenderschulung parallel zum Aktivierungsfortschritt durch Mitarbeiter der Unternehmung	– Verständnisprobleme zwischen der EDV-Abteilung und den Fachbereichen
Anwenderunterstützung im Bedarfsfall durch Mitarbeiter der Unternehmung (‚learning by doing')	– Überforderung der Anwender – Zögernde Nutzung des Systems – Arbeit am System vorbei – Unzureichende Schulungsunterlagen und Bedienungshandbücher

Details, die seitens des Vertriebs im Rahmen der Kundenauftragsannahme für nicht-standardisierte Produkte abgefragt werden müssen, um den Konstrukteuren die Suche nach schon einmal produzierten, identischen oder ähnlichen Erzeugnissen zu erleichtern.

Gegenstand des Aufgabenbereiches ‚Systemausgestaltung' sind die Überlegungen und Gespräche zur Abstimmung der Arbeitsweise mit dem neuen System. Es gilt, die vorhandenen Freiheitsgrade zur Anwendung der Software zu erkennen, um dann entsprechend den Anforderungen der Unternehmung die richtigen Einstellungen vorzunehmen. Beispielsweise können bei einer Reihe von PPS-Programmen die Produktions- und Bestelltermine wahlweise durch eine Vorwärts-, Rückwärts- oder Mittelpunktterminierung errechnet werden[81]. Die Stellgröße, durch deren Veränderung der Anwender das Verhalten des PPS-Systems beeinflussen kann, werden als Programmparameter bezeichnet[82]. Im Zuge der Parametrisierung gilt es, die nicht benötigten Funktionen zu deaktivieren und die übrigen auf die erforderliche Anwendung

---

[81] Zur Erläuterung der genannten Terminierungsverfahren vgl. Fandel/François/Gubitz (1994), S. 217f. ebenso wie Dorninger/Janschek/Olearzick/Röhrenbacher (1990), S. 56f.
[82] Vgl. Mertens/Helmer/Rose/Wedel (1989), S. 22 und ausführlicher Miessen (1989), S. 17ff.

Tab. 11. Verrichtungsneutrale und verrichtungsspezifische Schwierigkeiten im Rahmen der Systemausgestaltung

Verrichtungsneutrale Probleme der Systemausgestaltung:	
– –	
Verrichtungsspezifische Probleme der Systemausgestaltung:	
Art der Verrichtung:	Empirisch genannte Schwierigkeiten:
Nachträgliche Analyse des Istzustands	– –
Nachträgliche konzeptionelle Überlegungen zur Systemausgestaltung	– Diskrepanz zwischen den unternehmungsspezifischen Vorstellungen und den Möglichkeiten des Systems
Feinkonzeption am System (z.B. Programmparameter einstellen)	– Aufgabe kann oft nur mit Unterstützung durch den Systemlieferanten vollzogen werden
Anpassungswünsche formulieren	– Zulässigkeit der Anpassung im Hinblick auf den Gesamtzusammenhang der Systemfunktionen

abzustimmen[83]. Ohne konzeptionelle Vorleistungen können die Einstellungsoptionen nicht zielgerichtet erfolgen, d.h. die Programme werden nicht effektiv genutzt[84]. Analog ist mit der Parametrisierung die Möglichkeit gegeben, Vorstellungen über eine veränderte Aufgabenwahrnehmung im Rahmen der gebotenen Freiheitsgrade zu realisieren.

Wie die Darstellungen in Abschn. 2.2.2 „Vorgehensweisen bei der Auswahl von PPS-Systemen", Tab. 7 gezeigt haben, entwickeln nur wenige Unternehmungen im Rahmen der Systemauswahl ein Konzeption, die an dieser Stelle genutzt werden kann. Fehlende Sollkonzepte korrespondieren mit den Antworten zur Frage nach aufbau- und ablauforganisatorischen Absichten im Kontext der PPS-Systemeinführung[85]. Es zeigte sich, daß 15 der 18 befragten Unternehmungen, die sich für eine Standard-Software entschieden haben, zunächst keine nennenswerten konzeptionellen Überlegungen in bezug auf die Ablauforganisation anstellten[86]. Diese Haltung entspricht der in Abschn. 2.2.1 „Motive und Erwartungshaltungen" genannten Nutzenerwartung, wonach eine vom Anbieter durchdachte Software die Abläufe in der Unternehmung

---

[83] Vgl. Schotten/Vogeler (1994), S. 52f. Nach Mertens/Wedel/Hartinger (1991), S. 572 enthalten die PPS-Programme integrierter Standard-Lösungen etwa 150 Parameter. In Anbetracht der in Abschnitt 1.1 „Problemstellung" erläuterten Tiefenexpansion dürfte auch die Zahl der Programmparameter inzwischen weiter gestiegen sein. Einen umfassenden Eindruck von der Vielzahl alternativer Verfahrensweisen geben die Funktionsbetrachtungen im Rahmen der Leistungsvergleiche von Fandel/François/Gubitz (1994), S. 96ff. und Grünewald/Schotten (1994), S. 70ff.
[84] Vgl. sinngemäß auch Schotten/Vogeler (1994), S. 61, die anhand der Optionen zur Produktionsprogrammplanung ein vergleichbares Resümee ziehen.
[85] Vgl. Frage 4 in Abschnitt III des Fragebogens im Anhang dieser Untersuchung.
[86] Ebenso selten waren Konzepte für aufbauorganisatorische Veränderungen im Zusammenhang mit der PPS-Systemeinführung. Nur zwei der 20 Unternehmungen gaben an, daß entsprechende Ideen verfolgt wurden.

2.3 Vorgehensweise zur PPS-Systemeinführung

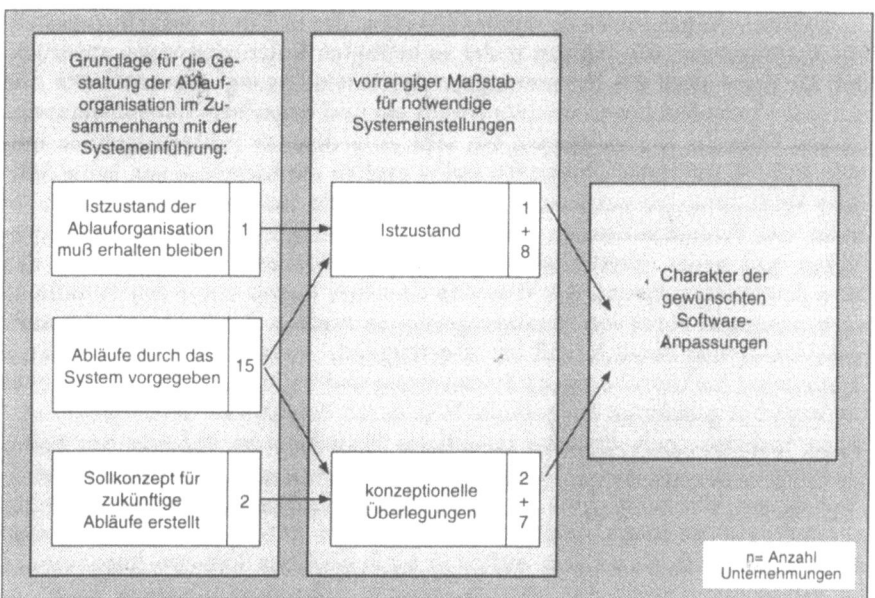

Abb. 7. Einfluß der ablauforganisatorischen Gestaltungsgrundlagen auf die Art der Software-Einstellungen und -Anpassungen[a]

vorgibt. Wurden nun im Verlauf des Implementierungsprozesses die oben beschriebenen Maßnahmen zur Systemausgestaltung erforderlich, orientierten sich acht der 15 Unternehmungen ohne konzeptionelle Vorleistungen in erster Linie am jeweils bestehenden Istzustand. Somit wird häufig eine der bisherigen Arbeitsweise entsprechende Ausführungsart gewählt. Anderenfalls mußten die notwendigen Überlegungen für verbesserte Verfahren an dieser Stelle nachgeholt werden, womit die von einigen Befragungsteilnehmern genannten nachträglichen Istzustandsbetrachtungen und Planungsaktivitäten erklärt sind. Sieben der ursprünglich auf den Istzustand fixierten Unternehmungen entwickelten in diesem Zusammenhang neue ablauforganisatorische Vorstellungen. Dabei wurden vereinzelt die im Rahmen der Auswahlphase definierten Anforderungsprofile oder Sollkonzepte als Leitfaden herangezogen. Konnte die gewünschte bzw. notwendige Unterstützung vom System nicht gewährt werden, entstanden hier Schleifen in der Konzeptentwicklung oder Anforderungen zur Anpassung der Software.

In Abb. 7 werden die Zusammenhänge graphisch dargestellt. Es wird deutlich, daß der jeweils gewählte Verfahrensweg die ablauforganisatorisch relevanten Eigenschaften der Software-Anpassungen bestimmt.

---

[a] Die beiden Unternehmungen, welche eine Individuallösung realisierten, sind aus dieser Betrachtung ausgeklammert, da hier zunächst noch kein System vorliegt, dessen immanente Ablaufstrukturen übernommen werden können.

Software-Anpassungen in mindestens einer der in Tab. 12 zusammengestellten Ausprägungen wurden von 17 der 20 befragten Unternehmungen ausdrücklich als Bestandteil der Gesamtaufgabe ‚Systemeinführung' genannt[87]. Die drei übrigen Unternehmungen wählten jeweils ein und denselben Systemlieferanten, dessen Software von vornherein ein sehr ausgedehntes Funktionsgebilde umfaßt. Eine dieser Unternehmungen stellte explizit die Richtlinie auf, keine Software-Veränderungen zuzulassen. Besonders häufig wurden die Programme im Sinne von Fehlerkorrekturen sowie infolge nachträglich erkannter Funktionslücken und neuer Funktionsanforderungen modifiziert. Gemeinsam mit den Modifikationen aufgrund der Wünsche einzelner Nutzer sowie den Funktionsergänzungen in Form von Zusatzprogrammen machen die Ergebnisse zur Software-Anpassung deutlich, daß die überwiegende Anzahl der befragten Unternehmungen funktionsbezogene Erwartungen und Bedürfnisse hat, welche über die zunächst gelieferten Programme bzw. deren Eigenheiten hinausgehen oder ihnen widersprechen. Einzelne detaillierte Einsichten im Rahmen der Befragung haben gezeigt, daß die Anpassungen sehr umfangreich und damit kostenintensiv sein können und oft ein ausführliches Pflichtenheft erfordern. Ein Zusammenhang zwischen dem Verfahrenstyp der PPS-Systemauswahl gemäß Abschn. 2.2.2, Tab. 7 und dem Auftreten umfangreicher Software-Anpassungen (aufgrund nachträglich erkannter funktionaler Erfordernisse oder in Form von Zusatzprogrammen) wurde im Rahmen dieser Studie nicht erkennbar.

Zu diskutieren ist die besondere Problematik von eigenständig vorgenommenen Veränderungen bei gekaufter Standard-Software. Sie werden notwendig, wenn die entsprechenden Anpassungen nicht oder nicht rechtzeitig durch den Systemlieferanten erfolgen bzw. zu kostenintensiv erscheinen. Grundsätzlich besteht die Möglichkeit, daß der entsprechende Handlungsbedarf auch vom Systemlieferanten erkannt und im Rahmen der nächsten Programmversion berücksichtigt wird[88]. Allerdings kann die Freigabe der neuen Version oft nicht abgewartet werden. Außerdem haben Funktionen, die aufgrund ihrer Eigenheiten nach Ansicht des Software-Anbieters nicht auf andere Unternehmungen übertragbar sind, nur geringe Aussichten, nachträglich von diesem realisiert zu werden. Jeder daraufhin von der Unternehmung selbsttätig vorgenommene Eingriff in die Standardprogramme, welcher über die vorhandenen Möglichkeiten zur individuellen Ausgestaltung der Software hinausgeht, erschwert nachfolgende Release-Wechsel. Die neue Version muß ebenfalls erweitert bzw. korrigiert werden, sofern der Systemlieferant keine ähnlichen oder

---

[87] Software-Anpassungen wurden auch in den beiden Unternehmungen vorgenommen, welche Individuallösungen realisierten. Es handelte sich um Nachbesserungen aufgrund fehlerhafter und funktional unvollständiger Programme sowie das Umsetzen der Software auf eine andere Hardware.

[88] Der Austausch der bisherigen Software-Version gegen eine vom Lieferanten angebotene, aktualisierte Fassung wird als Release-Wechsel bezeichnet. Nach Rieder erfolgt dieses Updating zwecks Installierung verbesserter oder zusätzlicher Programmfunktionen und/oder zur Angleichung an neue Rechner-, Betriebs- sowie Datenbanksysteme. Beispielhaft wird ein 18-Monats-Turnus mit zusätzlichen Chargenwechseln innerhalb des jeweilgen Release-Standes genannt, vgl. Rieder (1988), S. 16.

Tab. 12. Verrichtungsneutrale und verrichtungsspezifische Probleme bei der Software-Anpassung[a]

Verrichtungsneutrale Probleme der Software-Anpassung:	
– –	

Verrichtungsspezifische Probleme der Software-Anpassung:	
Art der Verrichtung:	Empirisch genannte Schwierigkeiten:
Korrekturen aufgrund von fehlerhaften Programmen (eigenständig oder durch den Software-Lieferanten)	– Häufiges Installieren neuer Programmversionen
Ergänzungen aufgrund von nachträglich erkannter, unzureichender Funktionalität (eigenständig oder durch den Software-Lieferanten)	– Streitigkeiten zwischen Anbieter und Anwender über die zugesicherten Funktionen
Anpassungen infolge neuer Anforderungen und/oder einzelner Nutzerwünsche (eigenständig oder durch den Software-Lieferanten)	– Fehlende Bereitschaft seitens des Software-Lieferanten – Geringe (eigene oder fremde) Kapazitäten zur Anpassungsprogrammierung – Unklare Formulierung der unternehmungsspezifischen Anforderungen – Stark bereichsbezogene und am Istzustand orientierte Anforderungen – Unkontrolliertes Anwachsen der Benutzerwünsche – Nicht alle gewünschten Funktionen mit vertretbaren Kosten realisierbar
Selbsterstellte oder gekaufte Zusatzprogramme	– Neue Software-Schnittstellen
Release-Wechsel	– Neue Programmfehler – Erneutes Einbinden von Zusatzprogrammen und unternehmungsspezifischen Software-Anpassungen – Unterbrechung des Implementierungsfortgangs
Anpassung der Programme zur Verwendung auf einem anderen Rechnertyp bzw. mit einem anderen Betriebs- und/oder Datenbanksystem	– Folgekosten der veränderten Systembasis (Hardware-Ausgaben, Schulung der Systembetreuer, Lizenzkosten, neue Wartungsverträge)

[a] Nach Miessen (1989), S. 15 erfolgen Software-Anpassungen durch Anpassungshilfsmittel wie z.B. Parameter oder durch direkte Umprogrammierung. Für die vorliegende Untersuchung wird entsprechend den Ausführungen zu Beginn dieses Abschnitts eine differenziertere Betrachtung gewählt. Umstellungen im Rahmen der vorhandenen Anpassungshilfsmittel gelten als Maßnahmen zur Systemausgestaltung, vgl. Tab. 11.

gleichartigen Funktionen in die Standard-Software aufgenommen hat. Darüber hinaus bergen eigenständige Anpassungen die Gefahr in sich, gegen die beim Kauf abgeschlossenen Wartungs- und Garantievereinbarungen zu verstoßen[89]. Im Falle des Verzichts auf den Release-Wechsel ist zu beachten, daß die Hersteller gewöhnlich nur die Pflege des aktuellen Releases gewährleisten. Die Ergebnisse der vorliegenden Studie, wonach trotz der Kosten und Unwägbarkeiten zwölf von 18 Unternehmungen, welche Standardlösungen einführen, eigenständig Veränderungen und/oder Erweiterungen an den Programmen vornehmen, zeigen die Bedeutung, die diesen Eingriffen im Hinblick auf die Nutzbarkeit des Systems beigemessen wird[90].

2.3.2
Implementierungsdauer

Die in den Tabellen 8 bis 12 des vorangegangen Abschnitts zusammengestellten Untersuchungsergebnisse sind ein Auszug aller denkbaren Problemstellungen, die im Zuge der PPS-Systemeinführung auftreten können. Aufgrund der hohen Wiederholrate bei den Interviews kann davon ausgegangen werden, daß hier die essentiellen und praxisrelevanten Schwierigkeiten erfaßt sind. Gemeinsame Folge aller aufgeführten Implementierungsprobleme ist eine verzögerte Nutzung des neuen Systems und damit eine verlängerte Amortisationszeit für die getätigten Investitionen. Als primäre Verzögerungsursache wurden im Rahmen der Befragung immer wieder die Aufgaben der Grunddatenbereitstellung genannt, verbunden mit den dafür notwendigen konzeptionellen Überlegungen. Dazu gehört insbesondere das Umstellen der Stücklisten in eine systemgeeignete Form, das Ermitteln fehlender Daten sowie das qualitative Aufbereiten vorhandener Speicherinhalte. Ergänzend hat sich gezeigt, daß die Einführungsdauer maßgeblich davon abhängt, wieviele Personen in welchem Umfang für die Implementierungsaufgaben zur Verfügung stehen. Dabei wird der Personen- und Zeitrahmen auch durch die Priorität der PPS-Systemeinführung gegenüber möglichen anderen Projekten bestimmt, die in der Unternehmung parallel verfolgt werden.

Die nachfolgenden Aussagen zur Einführungsdauer von PPS-Systemen in der Praxis setzen voraus, daß Anfangs- und Endpunkte für die betrachteten Implementierungsprozesse bestimmt werden können[91]. Der Einführungsbe-

---

[89] Vgl. Hansen/Amsüss/Frömmer (1983), S. 68f., wonach bei Veränderungen des Quellcode nur selten noch Garantien für die Software bestehen.
[90] Ein Unternehmung unterzog die getätigten Software-Anpassungen in Anbetracht eines bevorstehenden Release-Wechsels einer ausführlichen Nutzenbetrachtung. Einige Modifikationen wurden daraufhin nicht in der neuen Programmversion nachvollzogen. In einem anderen Fall wurde aufgrund der getätigten Software-Anpassungen auf Release-Wechsel verzichtet. Stattdessen war vorgesehen, das implementierte PPS-System nach etwa vier Jahren abzulösen.
[91] Nach Schmidt (1991), S. 33 sind Projekte im Gegensatz zu immer wieder gleichartig vorkommenden Aufgaben in ihrer konkreten Form einmalig und haben einen bestimmbaren Anfangs- und Endtermin.

ginn kann mit dem Datum des Vertragsabschlusses – welches zugleich das Ende der Auswahlphase markiert – exakt definiert werden. Dieser Zeitpunkt ist insofern plausibel, als beide Vertragspartner daran interessiert sind, das System unverzüglich zu installieren. Dagegen ist ein klar identifizierbarer Abschluß nicht gegeben. Einzelne Einstellungen und Anwendungsweisen des Systems werden immer wieder modifiziert. Dieser Prozeß endet erst dann, wenn das bisherige System gegen eine neue Lösung ausgetauscht wird. Für die nachfolgende Zeitraumaussage dieses Abschnitts gilt die PPS-Systemeinführung als beendet, wenn alle zum Einsatz vorgesehenen Software-Module aktiviert sind, d.h. erstmals den Nutzern geschlossen zur Verfügung stehen. Kurbel/Nietsch/Rautenstrauch definieren Module als Bausteine, die ein umfassendes Programmsystem in kleinere Einheiten zerlegen. Jedes Modul realisiert eine oder mehrere Funktionen und deckt einen Teilbereich des Anwendungsgebiets ab. Zu den angrenzenden Funktionseinheiten sind genau definierte Ein- und Ausgänge festgelegt. Während Kernmodule auf jeden Fall vorhanden sein müssen, sind andere Bausteine optional und können getrennt erworben und/oder installiert werden[92]. Wie die Ausführungen in Abschn. 2.3.3 „Inbetriebnahmeverlauf und Systemintegration" zeigen werden, können die PPS-Programme sukzessive sowohl funktionsbereichsweise (entsprechend einer horizontalen Teilung) als auch produktgruppenweise (bei vertikaler Teilung) zur täglichen Anwendung freigegeben werden. Daher ist als zweite Bedingung für den Implementierungsabschluß festzulegen, daß die Programmfunktionen für alle Erzeugnisse der Unternehmung genutzt werden, deren Erstellungsprozeß vom System zu unterstützen ist.

Entsprechend dieser Abgrenzung wurde als Ergebnis der empirischen Studie eine durchschnittliche Implementierungsdauer von 4,9 Jahren ermittelt. Dabei liegen die Extremwerte bei einem halben Jahr und 9,5 Jahren[93]. Werden diese Unternehmungen ausgeklammert, ändert sich die durchschnittliche Implementierungsdauer nur geringfügig (4,91 bei $n = 18$ gegenüber 4,94 bei $n =$

---

[92] Vgl. Kurbel/Nietsch/Rautenstrauch (1992), S. 289. Die am Markt angebotene PPS-Standard-Software ist bis auf wenige monolithisch aufgebaute Komplettprogramme modular strukturiert, vgl. Roos (1993), S. 29. Eine häufig vorzufindende funktionale Abgrenzung der PPS-Module ist der rechten Seite von Abb. 2 in Abschnitt 2.1.1 „Begriffsbestimmungen" zu entnehmen. Das Prinzip der nacheinander angeordneten Funktionsmodule steht im Zusammenhang mit dem angewandten Kombinationsverfahren. Die Produktionsplanung in heutigen PPS-Programmen wird als Sukzessivplanung durchgeführt, vgl. Scheer (1983), S. 140f. ebenso wie Adam (1992), S. 12ff. Dabei werden die Ergebnisse vorhergehender Planungsstufen jeweils als Daten für die nachfolgenden Stufen berücksichtigt. Aufgrund der vielfältigen Abhängigkeiten gelingt es bisher nicht, sämtliche Teilprobleme im Rahmen der PPS-Software simultan zu betrachten, vgl. Domschke/Scholl/Voß (1993), S. 18.

[93] Der erstgenannte Wert stammt aus einer Unternehmung, die 6 Monate nach der stichtagsbezogenen, ganzheitlichen Aktivierung des neuen PPS-Systems (verbunden mit dem Abschalten der bisherigen Programme) in Konkurs gegangen ist. Die obere Grenze bildet eine Unternehmung, die mit etwa drei Jahren einen besonders ausgedehnten Zeitraum in Anspruch nahm, um die Stücklisten und Arbeitspläne einzurichten sowie die entsprechenden Strukturdaten zur Erstellung der Produktionsaufträge zu hinterlegen.

20). Einige der befragten Unternehmungen hatten die PPS-Systemeinführung bis zum Zeitpunkt der Vorlage dieser Untersuchung noch nicht im oben genannten Sinne abgeschlossen[94]. Es verblieben sechs Unternehmungen, bei denen der erwartete Restzeitbedarf bis zum Implementierungsabschluß zur Berechnung der durchschnittlichen Einführungsdauer herangezogen werden mußte.

Im Hinblick auf mögliche Erklärungsfaktoren zeigte die Untersuchung keinen bedeutsamen Zusammenhang zwischen der Unternehmungsgröße und der Implementierungsdauer. Die Differenzierung der Ergebnisse nach dem Ausgangszustand der computergestützten PPS[95] ergibt für die beiden Unternehmungen ohne DV-Unterstützung eine durchschnittliche Implementierungsdauer von 6 Jahren. Die zehn Unternehmungen mit Einzelprogrammen für Teilbereiche als Ausgangsbasis benötigten durchschnittlich 5,1 Jahre, während der entsprechende Wert bei denen mit geschlossenen PPS-Systemen 4,5 Jahre beträgt. Darüber hinaus konnte ermittelt werden, daß Unternehmungen mit Vorleistungen im Zuge der PPS-Systemauswahl (Kategorie A, vgl. Abschn. 2.2.2) gegenüber den übrigen eine im Durchschnitt um ca. 10 Monate geringere Implementierungsdauer aufweisen.

Anhand der zum Implementierungsbeginn aufgestellten Terminpläne konnten bei 17 der 20 Unternehmungen die ursprünglichen Vorstellungen zum Einführungszeitraum nachvollzogen werden. Es zeigte sich ein durchschnittlicher Verzug von 2,6 Jahren. Auffällig war, daß lediglich fünf der 17 Unternehmungen, die einen Projektterminplan aufstellten, diesen auch regelmäßig aktualisiert haben. Sieben nahmen sporadisch eine Korrektur vor, während fünf weitere Unternehmungen ganz darauf verzichteten, diese Übersicht zu pflegen.

Werden die Terminpläne inhaltlich betrachtet, so zeigt sich, daß die in Tab. 12 zusammengestellten Aufgaben der Software-Anpassung sowie teilweise auch die Schritte zur Systemausgestaltung gemäß Tab. 11 häufig nicht explizit als Aktivitäten vermerkt sind. Damit haben diese Realisierungstätigkeiten (unabhängig von den oben genannten, verzögernd wirkenden Schwierigkeiten) in der Praxis den Charakter einer unvorhergesehenen Störung und führen an sich bereits einen Terminverzug herbei.

2.3.3
Inbetriebnahmeverlauf und Systemintegration

Die konkreten Inhalte der Implementierungsaktivitäten aus den Tabellen 8 bis 12 in Abschn. 2.3.1 hängen wesentlich davon ab, in welcher Weise das neue PPS-System zur täglichen Anwendung freigegeben wird. Als Ergebnis der Befragung können die drei in Abb. 8 genannten Verfahrensweisen zur Aktivierung der Programme unterschieden werden. Die in den Interviews deutlich

---

[94] Vgl. auch die Ausführungen zum Befragungszeitraum in Abschnitt 2.1.3 „Betrachtungsrahmen und Vorgehensweise der eigenen Befragung".
[95] Vgl. Tab. 5 in Abschnitt 2.2.1.

2.3 Vorgehensweise zur PPS-Systemeinführung 49

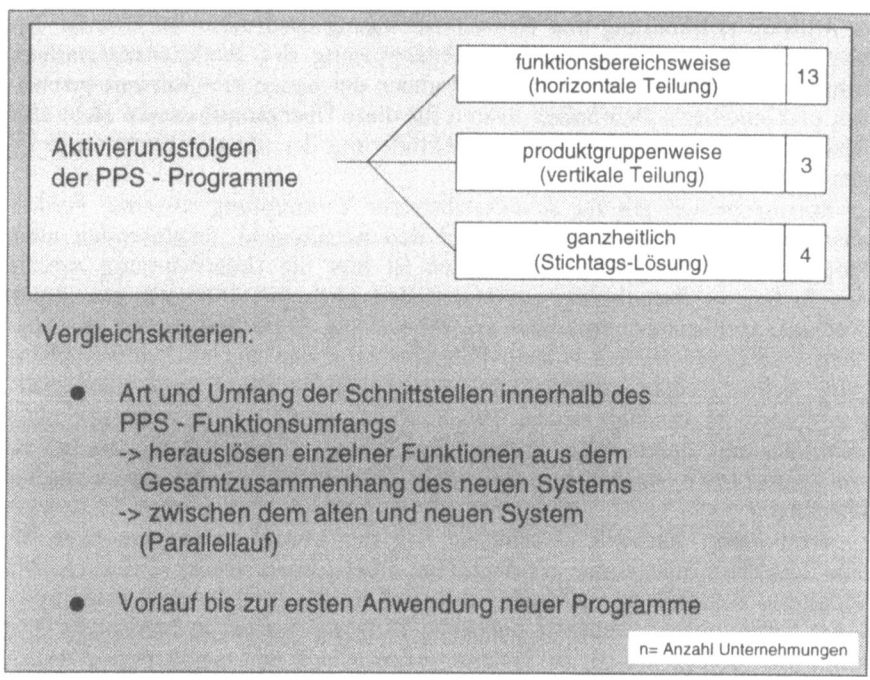

Abb. 8. Alternative Verfahrensweisen zur Inbetriebnahme des neuen PPS-Systems[a]

gewordenen Merkmale und Eigenheiten jeder Verlaufsform werden nachfolgend anhand der zusammengefaßten Vergleichskriterien erörtert, die ebenfalls in Abb. 8 dargestellt sind.

Am häufigsten wurde eine funktionsbereichsbezogene Aktivierungsfolge praktiziert. Dabei orientieren sich die Vorgehensabschnitte meist am Funktionsumfang und an den Schnittstellen der verschiedenen Software-Module. Es waren jedoch auch darüber hinausgehende Differenzierungen zu vermerken. Beispielsweise wurden aus dem Modul ‚Bedarfsermittlung und Disposition' die Funktionen zur mindestbestandsorientierten Verbrauchskontrolle herausgelöst, um sie gemeinsam mit dem Modul ‚Lagerverwaltung' vorzeitig in Betrieb nehmen zu können. In einem anderen Fall sind die Standardprogramme dahingehend modifiziert, daß einige Funktionen des Gesamtzusammenhangs umgangen werden, um die Fertigungsauftragspapiere auch ohne eine vorheri-

---

[a] Für Unternehmungen, die bisher nur rudimentäre EDV-Werkzeuge in den betreffenden Aufgabenbereichen vorweisen und sich für eine Individuallösung entscheiden, ist eine weitere Vorgehensalternative denkbar. Ausgehend von einer Differenzierung in Basis- und Zusatzfunktionen kann hier der PPS-Systemeinsatz geschlossen über alle Funktionsbereiche hinweg, aber sukzessive in Abhängigkeit vom Entwicklungsfortschritt, ausgebaut werden. Die Realisierungsreihenfolge wird dabei bestimmt durch die Bedeutung der Funktionen im Hinblick auf die Unterstützung der täglichen Arbeit.

ge Auftragsterminierung und Kapazitätsbelegung ausdrucken zu können. Die hier geschaffenen Ausschnitte zur Entkoppelung des Funktionszusammenhangs innerhalb oder zwischen den Modulen der neuen PPS-Software erscheinen problematisch. Den hohen Kosten für diese Übergangslösungen steht eine relativ kurze Nutzungsdauer bis zur Aktivierung der übrigen Funktionsgruppen gegenüber.

Entsprechendes gilt für Schnittstellen zur Verknüpfung einzelner Funktionsbausteine der neuen Software mit den nachfolgend abzulösenden alten Programmen. Exemplarisch zu nennen ist hier die Unternehmung, welche den Bedarf an fremdbezogenen Materialien noch mit Hilfe der gewohnten Stücklistenauflösungsprogramme errechnete. Die Ergebnisse waren anschließend vom neuen System aufzugreifen, um dann den eigentlichen Bestellvorgang rechnergestützt vorzunehmen. Eine manuelle Übertragung der Bewegungsdaten ist im allgemeinen aufgrund des großen Datenvolumens nicht vertretbar und zudem sehr fehleranfällig. EDV-technische Brücken zu den alten Programmen werden zum Zeitpunkt des endgültigen Systemaustausches überflüssig.

Trotz dieser Nachteile entschieden sich nur wenige Unternehmungen für eine zusammenhängende, ganzheitliche Inbetriebnahme der Software. Die wichtigste Begründung für diesen Umstand ist das Streben nach einer möglichst frühzeitigen, zumindest partiellen Nutzung des neuen Werkzeugs. Die erhofften Vorzüge des neuen Systems sollen sobald wie möglich zum Tragen kommen. Dabei rechtfertigt ein frühzeitiger Teilnutzen offensichtlich auch größere Anstrengungen, Übergangslösungen zu ermöglichen.

Weiterhin birgt eine ganzheitliche Aktivierung die vergleichsweise höhere Unsicherheit einer nicht ausreichend getesteten Funktionalität. Fehler oder Lücken, die erst nach der Inbetriebnahme erkannt werden, können die Lieferfähigkeit der Unternehmung gefährden und hohe Ausfallkosten verursachen[96]. Um dieser bei allen drei Vorgehensarten inhärenten Gefahr zu begegnen, wird das neue System gewöhnlich vor dem eigentlichen Austauschdatum zu Testzwecken aktiviert. Dabei weist der ganzheitliche Austausch zum Stichtag den tendenziell kürzesten Zeitraum auf, in dem sich beide Systeme parallel in Betrieb befinden müssen. Daraus resultiert ein Vorteil gegenüber den anderen Alternativen in bezug auf die Aktivitätskosten zur Betreuung mehrerer Systeme[97].

Zu beachten ist ein Aspekt, der die funktionsbereichsorientierte Aktivierungsfolge der ganzheitlichen Inbetriebnahme annähert. Es hat sich gezeigt,

---

[96] Dies zeigt das Beispiel einer befragten Automobilzulieferunternehmung. Hier traten nach der ganzheitlichen Freigabe der neuen Anwendungen erhebliche Schwierigkeiten beim Ausdrucken der Auslieferpapiere auf. Eine kurzfristige Reaktivierung des abgeschalteten Altsystems war auch aufgrund der nur für eine Richtung ausgelegten Datenübergabeschnittstelle nicht möglich. Manuell konnte lediglich ein Bruchteil der erforderlichen Unterlagen erstellt werden, so daß es zu bedeutenden Umsatzverlusten kam.

[97] Im einzelnen handelt es sich um Maßnahmen zur Unterstützung der Anwender bei der täglichen Arbeit mit dem System, z.B. bei technischen Störungen oder Bedienungsfragen. Hinzu kommen Fixkosten des Systembetriebs, etwa in Form des Energiebedarfs und der Datensicherungsmedien.

2.3 Vorgehensweise zur PPS-Systemeinführung

daß zuerst die vielschichtigen Basismodule zur Grunddatenverwaltung aktiviert werden müssen. Die eigentlichen Funktionsbausteine benötigen stets Informationen aus dem Systemkern, um funktionsfähig zu sein. Wird diese Datenbasis entsprechend der horizontalen Teilung komplett über alle Erzeugnisse hinweg aufbereitet, resultiert daraus eine lange Vorlaufzeit bis zur möglichen Inbetriebnahme der ersten Funktionsbereiche. Nachfolgend zu aktivierende Module profitieren von diesen Vorleistungen und können (zumindest im Hinblick auf die systemseitigen Voraussetzungen) in kürzeren Abständen zur Anwendung freigegeben werden.

Als Alternative empfiehlt Hackstein eine Bottom-Up-Strategie, welche die sonst übliche Modulreihenfolge umdreht. Anstatt mit der Grunddatenverwaltung zu beginnen, werden zunächst die Betriebsdatenerfassung sowie anschließend die Verwaltung der Produktionsaufträge und Bestellungen aktiviert. Erst in einer nachfolgenden Stufe wird die vollständige Grunddatenverwaltung in das System einbezogen. Bis dahin werden die erfaßten Betriebsdaten dazu genutzt, entsprechende Teilestammdaten- und Arbeitsplandateien aufzubauen[98]. Hackstein übersieht dabei, daß diese Vorgehensweise sehr bald an Grenzen stoßen muß. Die empirischen Untersuchungen im Rahmen dieser Arbeit haben gezeigt, daß es im Bereich der Grunddaten primär an vollständigen und korrekten Stücklisten mangelt. Ohne diese Basisinformationen können im allgemeinen keine systemgestützten Produktionsaufträge und Bestellungen ermittelt werden[99].

Den bisher betrachteten Möglichkeiten gegenüber steht der Grundgedanke des produktgruppenbezogenen Inbetriebnahmefortschritts als dritte der beobachteten Verfahrensalternativen. Dazu werden Teilmengen des Erzeugnisprogramms definiert[100]. Im Zuge der Pilotanwendung können zuerst diejenigen Erzeugnisarten in ihrem Entstehungsprozeß unterstützt werden, welche den wahrscheinlich größten Nutzen aus der Systemanwendung ziehen. Die erforderlichen Grunddaten sind zunächst für eben dieses Erzeugnisspektrum zu überarbeiten. Beginnend mit der ersten Produktgruppe wird die neue Software über alle Module hinweg zur Anwendung gebracht. Somit läßt sich das neue PPS-System schrittweise und dennoch (im Rahmen jedes Abschnittes) geschlossen aktivieren. In Abhängigkeit vom tatsächlichen Grad der separaten Arbeitsweise ohne Berührungspunkte zu den übrigen Erzeugnissen entfallen hier Schnittstellen zum parallel weiter in Betrieb befindlichen Altsystem[101]. Die Zeitdauer des Parallelbetriebs von altem und neuem System entspricht prinzipiell derjenigen bei einer funktionsbereichsweisen Aktivierungsfolge. Es

---

[98] Vgl. Hackstein (1989), S. 331ff.
[99] Vgl. auch die graphische Darstellung der Funktions- und Datenzusammenhänge von Scheer (1994), S. 275.
[100] Als Beispiel dient die grobe Unterscheidung in Serien- und Ersatzteile.
[101] Dieses ist nicht der Fall, wenn innerhalb des produktorientierten Pilotanwendungsrahmens eine wiederum zeitlich gestaffelte, modular vorgehende Verfahrensweise praktiziert wird. Diese einmalig angetroffene Mischform wurde daher in Abb. 8 als funktionsbereichsorientierte Aktivierungsfolge zugeordnet.

ergeben sich lediglich inhaltliche Nutzungsunterschiede, die von der gewählten Funktionsaufteilung zwischen den Systemen bestimmt werden.

Ungeachtet der beschriebenen Vorteile praktizieren nur wenige Unternehmungen die produktgruppenorientierte Vorgehensweise. Dieses Ergebnis weist darauf hin, daß entsprechend losgelöste Produktbereiche nicht ohne weiteres vorliegen. Einen typischen Einwand gegen diese Art der Untergliederung stellen Materialien dar, die in nahezu allen Produkten verwendet werden und daher (scheinbar zwingend) gemeinsam beschafft werden müssen[102]. In Abschn. 5.4 „Leitlinien für die organisatorische Entwicklung" wird ausführlich auf diese Problemstellung eingegangen.

Der dritte Teil der Befragung endete mit einer Betrachtung der Gesamtkonfiguration von Hardware und Software zum Zeitpunkt des realisierten bzw. geplanten Implementierungsabschlusses und den aktuellen Überlegungen zur Einführung weiterer *CIM*-Elemente. Das Interesse galt dabei insbesondere den möglichen Schnittstellen des neuen PPS-Systems zu den benachbarten Anwendungen. Ausgehend vom Funktionsumfang integrierter PPS-Systeme[103] handelt es sich dabei auf der betriebswirtschaftlichen Seite vorwiegend um Programme der Finanz- und Anlagenbuchhaltung, der Kostenrechnung sowie der Lohn- und Gehaltsabrechnung. Diese Software war bei allen befragten Unternehmungen bereits zu Beginn der PPS-Systemeinführung weitestgehend vorhanden. Vereinzelt wurden die Programme im Zuge der PPS-Systemeinführung ausgetauscht. Hier waren die Unternehmungen im allgemeinen bestrebt, die Systemkonfiguration durch den Einsatz von Software, welche auf der PPS-Hardware lauffähig ist, weiter zu vereinheitlichen.

In Tab. 13 wird ein Überblick zum ermittelten Stand der Integration gegeben.

Es wird deutlich, daß der Integrationsgrad der betriebswirtschaftlichen Anwendungen in einer heterogenen Systemlandschaft abnimmt. Während bei Komplettlösungen eines Anbieters die entsprechenden Schnittstellen von vornherein berücksichtigt sind, bedeutet der Datenaustausch zwischen dem PPS-System und unabhängigen Systemlösungen für angrenzende Programmfunktionen zusätzliche Kosten. Einzelne Veröffentlichungen führen diese Problematik weiter aus. Danach muß ein geeignetes Schnittstellenformat des Informationsaustausches vorausgesetzt werden, um die Verknüpfung zwischen den Systemen zu realisieren. Der Output von System A wird in ein Format

---

[102] Aus einem ähnlichen Grund wechselte eine der drei produktgruppenorientiert vorgehenden Unternehmungen gegen Ende des Implementierungsprozesses zur funktionsbereichsweisen Aktivierung. Den Anwendern sollte nicht länger zugemutet werden, ein und dasselbe Material im Anschluß an die Entnahme aus dem Lager je nach Verwendungszweck im alten oder im neuen System zu verbuchen.

[103] Vgl. Abb. 2 in Abschnitt 2.1.1 „Begriffsbestimmungen". Nur wenige Unternehmungen führten keine derart umfassenden PPS-Systeme ein. Beispielsweise wurde in einem Fall die Versandabwicklung weiterhin durch ein separates PC-Programm unterstützt. Die nachfolgenden Betrachtungen beschränken sich auf die wesentlichen Konfigurationsformen von Hard- und Software-Elementen, ohne auf die Vielzahl der unterschiedlichen Gestaltungseigenheiten einzugehen.

Tab. 13. Verknüpfung der PPS-Systeme mit weiteren betriebswirtschaftlichen Bausteinen der Unternehmungsgesamtkonfiguration[a]

	Häufigkeit	
Konfiguration	Anzahl Unternehmungen	Davon mit realisierten Schnittstellen
Programme des gleichen Anbieters	7	7
Unterschiedliche Software-Lieferanten bei gleicher Hardware-Basis	8	5
Unterschiedliche Software-Lieferanten und Rechnertypen	5	2

[a] Bei vier Unternehmungen lagen Mischformen vor. So waren etwa die Buchhaltungs- und Kostenrechnungsprogramme auf dem HOST-Rechner des PPS-Systems implementiert, die Lohn- und Gehaltsberechnung dagegen wurde auf einer PC-Insellösung vorgenommen. In diesen Fällen erfolgte die Kategorisierung entsprechend dem überwiegenden Konfigurationsmuster.

umgewandelt, welches als Input für das System B dienen kann und umgekehrt[104]. Die Befragung zeigt, daß einige Unternehmungen zunächst auf derartige Schnittstellen verzichten oder technisch vereinfachte Teillösungen realisieren. Beispielsweise wird anstelle einer Datenübermittlung lediglich die Möglichkeit zur Informationseinsicht vom Bildschirm des einen Rechnersystems aus in die Datenbereiche des anderen Rechners ermöglicht[105]. Als realisierte Schnittstellen im Sinne der Tab. 13 gelten hier nur solche Lösungen, bei denen eine Datenübergabe stattfindet. Dabei ist es unerheblich, ob der Austausch über Kabel, Funk oder Bänder bzw. Disketten erfolgt und in welchen zeitlichen Abständen er vorgenommen wird[106].

Die Ergebnisse zu den übrigen, vorwiegend technisch orientierten Konfigurationsbestandteilen, sind in Tab. 14 zusammengefaßt.

Die Aufstellung zeigt, daß weitere *CIM*-Bausteine bei den befragten Unternehmungen mit Ausnahme der *CAD*-Systeme noch wenig verbreitet sind. Insofern können PPS-Systeme tatsächlich als Basis für die Realisierung betriebsspezifischer *CIM*-Konzepte verstanden werden. Allerdings ist ein durchweg geringer Integrationsgrad der vorhandenen Anwendungen mit den implementierten PPS-Systemen festzustellen.

Die Angaben zu den aktuellen Überlegungen für weitere Ausbaustufen der EDV-Konfiguration machen deutlich, daß eine Reihe von Unternehmungen keine oder nur wenige Projekte in Richtung *CIM* vorsehen. Hinzu kommt, daß sich die genannten Vorhaben überwiegend noch im Stadium erster Ge-

---

[104] Vgl. Rolstadås (1992), S. 191.
[105] Zu dieser sog. Terminal-Emulation vgl. auch Scheer (1990), S. 165 und Kölle/Friedrich/Kirchhoff/Kürsten/Schmid (1990), S. 77ff.
[106] Eine verfeinerte Abstufung der EDV-technischen Integrationslösungen findet sich bei Scheer (1986), S. 8f.

Tab. 14. Verbreitungs- und Integrationsgrad weiterer *CIM*-Elemente
(bei Implementierungsabschluß / in naher Zukunft erwartet)[a]

CIM-Komponente	Häufigkeit	
	Anzahl Unternehmungen	Davon mit PPS-Schnittstellen
BDE	4 / 5	4 / 5
Fertigungssteuerungs- bzw. Leitstandssystem	3 / 2	– / 3
CAD	19 / 1	4 / 6
CAP	3 / 1	– / 2
NC-Programmierung und -steuerung	6 / –	1 / 1
Lagersteuerung	3 / 1	2 / 1
Instandhaltung	2 / –	1 / –
CAQ	5 / 4	– / 3

[a] Für eine Schnittstelle im hier verstandenen Sinne gelten die technischen Bedingungen, wie sie oben für die betriebswirtschaftlichen Bausteine definiert wurden.

danken befanden. Die Nachfragen bei den Unternehmungen, die ihre PPS-Systemimplementierung zum Zeitpunkt der Erstbefragung noch nicht abgeschlossen hatten, ließen erkennen, daß etliche der ursprünglich vorgesehenen Investitionsvorhaben mehrfach verschoben oder bereits im Vorfeld konkreter Schritte ausgesetzt wurden. Ausbaukonzepte im Sinne einer expliziten *CIM*-Gesamtplanung wurden lediglich bei drei Unternehmungen vorgefunden. Somit nehmen die eingeführten PPS-Systeme bei den befragten Unternehmungen zwar eine zentrale Stelle innerhalb der EDV-Gesamtlandschaft ein. Von einer initiierenden Rolle im Hinblick auf umfassende *CIM*-Lösungen kann jedoch nicht gesprochen werden. Es liegt nahe, daß die Bereitschaft zu Investitionen in weitere *CIM*-Elemente durch Probleme und Verzögerungen bei der PPS-Systemeinführung herabgesetzt wird.

Werden die Resultate des Abschn. 2.3 zusammenfassend betrachtet, so ist das Vorhaben der PPS-Systemeinführung in der Praxis durch eine Fülle verschiedenartiger Problemstellungen geprägt. Diese haben häufig einen ad-hoc-Charakter, der es erforderlich macht, geeignete Regelungsmechanismen in die zu entwickelnde Vorgehenskonzeption zu integrieren. Auf diese Weise können unerwartete Hindernisse im Projektverlauf zielgerichtet überwunden werden.

Mit den Verrichtungen zur Datenbereitstellung wurde ein herausragender Verzögerungsgrund erkennbar. Folglich ist diesen Aktivitäten im Rahmen der Gesamtkonzeption besondere Aufmerksamkeit zu widmen.

Hervorzuheben ist schließlich ein bedeutsamer Widerspruch in den Aussagen der befragten Unternehmungen. Auf der einen Seite herrscht die Einstellung vor, die Ablauforganisation der Unternehmung sei an die Vorgaben der Software anzupassen. Demgegenüber stehen die häufigen und oft sehr kostspieligen Programmveränderungen, wie sie oben erläutert sind. Dabei entstehen die Anpassungswünsche vorwiegend nach dem Systemkauf, etwa bei

Einstellungsarbeiten, Tests und Schulungen vor der Inbetriebnahme oder erst im Zuge des Systembetriebs. Dieser Umstand stellt Fragen an die Qualität des Auswahlverfahrens und wird in Abschn. 2.5 „Verdichten der Erkenntnisse zu einem Anforderungsrahmen für die Auswahl und Einführung von PPS-Systemen" vertieft.

Die in Abschn. 2.3.1 getroffene Verknüpfung von Implementierungsaufgaben und -schwierigkeiten versteht sich bereits als Bestandteil des Lösungsbeitrages dieser Untersuchung. Sind mögliche Problemstellungen erst einmal transparent, d.h. im voraus bekannt, so kann versucht werden, ihnen im Zuge der jeweiligen Implementierungsaufgabe entgegenzuwirken. Die konkrete Darstellung einzelner Probleme darf allerdings nicht dazu verleiten, punktuelle Verbesserungsmaßnahmen zu formulieren. Diese bergen die Gefahr in sich, lediglich an den Symptomen anzusetzen. Im Rahmen der vorliegenden Untersuchung ist ein geschlossener, ganzheitlicher Lösungsansatz zu entwickeln.

2.4
Betrachtung der erzielten Resultate

2.4.1
Tatsächliche Kosten und realisierte Nutzeffekte

In den vorangegangen Abschnitten der empirischen Untersuchung wurden die Vorgehensweisen zur PPS-Systemauswahl und -einführung analysiert. Die Ausführungen waren direkt auf das Ziel ausgerichtet, Erfordernisse und Lösungsbestandteile für die Konzeption im Hauptteil dieser Untersuchung zu erkennen. Aufgabe des nachfolgend erörterten Teils der Befragung war es, die Ergebnisse der PPS-Projekte zu dokumentieren, um damit das Abbild der Praxis zu vollenden. Es sollte gezeigt werden, in welchem Umfang die praktizierten Wege dazu geeignet waren, die gewünschten Resultate sowie Nutzeffekte der Investition zu erreichen.

In Abschn. 2.2.1 „Motive und Erwartungshaltungen" wurde untersucht, in welchem Umfang die PPS-Systemkosten sowie die Aktivitätskosten und die kalkulatorischen Zinsen im Rahmen der PPS-Systemauswahl ermittelt wurden. Nun wird geprüft, ob die kostenbezogenen Erwartungen zutreffend waren. Da die kalkulatorischen Zinsen für das eingesetzte Kapital von den befragten Unternehmungen nicht berücksichtigt wurden, beschränkt sich die Zusammenstellung in Tab. 15 auf die beiden zuerst genannten Kategorien. Entsprechend des Schärfegrades der Antworten können die Abweichungen nur qualitativ unterschieden werden[107].

Mit Blick auf die PPS-Systemkosten fiel auf, daß die vier Unternehmungen, deren systembezogene Kostenschätzungen zutreffend waren, im Rahmen der PPS-Systemauswahl die vergleichsweise größeren Vorleistungen erbracht hat-

---

[107] Prozentuale Abweichungen gegenüber den ursprünglichen Kostenschätzungen wurden in vier Fällen genannt. Deren Bandbreite lag zwischen 25 und 400% über den Annahmen im Zuge der PPS-Systemauswahl.

Tab. 15. Projektkosten im Vergleich zu den Annahmen bei Implementierungsbeginn

Einschätzung	Kosten	
	Systemkosten (n = 18)	Aktivitätskosten (n = 4)
Eingehalten	4	–
Geringfügig überschritten	1	1
Erheblich überschritten	12	3
Nicht nachvollzogen	1	–

Tab. 16. Vergleich der Anzahl quantifizierter Verbesserungen mit den Erwartungen bei Implementierungsbeginn

Nutzeffekte (n = 13)	Anzahl
Insgesamt erwartet	31
Davon erreicht	2
nicht erreicht	9
nicht nachvollzogen / nicht nachvollziehbar	20

ten (Kategorie A in Abschn. 2.2.2 „Vorgehensweisen bei der Auswahl von PPS-Systemen", Tab. 7). Im Zusammenhang mit den Aktivitätskosten gaben weitere vier Unternehmungen an, daß die erforderlichen Tätigkeiten einen wesentlich größeren Umfang hatten als erwartet. In Tab. 15 sind jedoch nur Unternehmungen genannt, welche die entsprechenden Kosten anfangs explizit betrachtet haben. Insgesamt wurden meist beträchtliche Mehrkosten festgestellt. Die vereinzelt zum Ausdruck gebrachten wesentlichen Gründe sind ein Spiegelbild der Implementierungsprobleme, die bereits erörtert wurden. Beispielsweise waren die Kosten für Dienstleistungen des Software-Lieferanten zur Systemausgestaltung höher als zunächst angenommen. Ebenso wurde die Notwendigkeit von eigenen oder fremdbezogenen Leistungen zur Programmanpassung erst im Verlauf des Einführungszeitraumes erkannt.

Bezüglich der Nutzeffekte des PPS-Vorhabens wurde zuerst nach quantifizierten Erfolgen gefragt. Die Angaben der 13 Unternehmungen, die im Rahmen der Auswahlentscheidung in Zahlen formulierte Erwartungen genannt hatten, sind in Tab. 16 zusammengefaßt.

Als ‚nicht erreicht' gelten hier auch quantifizierte Nutzenerwartungen, bei denen zwar Verbesserungen zu erkennen waren, welche jedoch hinter den Annahmen zurückblieben. Auffällig ist zunächst der hohe Anteil nicht nachvollzogener bzw. nicht nachvollziehbarer Ergebnisse. Eine wichtige Begründung für diesen Umstand liefern die Untersuchungsresultate zu den Quellen der quantifizierten Nutzenannahmen in Abschn. 2.2.1 „Motive und Erwartungshaltungen". Demnach beruhen die entsprechenden Erwartungen im allgemeinen nicht auf fundierten Analysen des Ausgangszustands, so daß von vornherein

ein geeigneter Vergleichsmaßstab in Gestalt ausreichend abgegrenzter Bezugsgrößen fehlt.

Die beiden Fälle erfüllter Annahmen bezogen sich auf quantifizierte Personal- bzw. Personalkostenreduzierungen in den vom PPS-System unterstützten Unternehmungsbereichen. Von den insgesamt zehn Unternehmungen, die im Zuge der Investitionsentscheidung entsprechende Überlegungen anstellten, sahen vier ihre personalbezogenen Annahmen später als nicht (im bezifferten Umfang) eingetroffen an. Die übrigen vier Unternehmungen brachten zum Ausdruck, daß nicht überprüft werden konnte, ob die gewünschten Ergebnisse tatsächlich erzielt wurden. In keiner der befragten Unternehmungen fanden sich andere quantifizierte Schätzungen ausreichend bestätigt, etwa hinsichtlich geringerer Bestände oder verkürzter Durchlaufzeiten.

Zur Begründung des häufig nicht realisierten Personalabbaus wird in der Literatur ausgeführt, daß zwar generell davon auszugehen ist, daß eine effiziente Rechnerunterstützung im Vergleich zur manuellen Bearbeitung Personal einspart. Die personalkostensenkenden Effekte werden allerdings durch Zuweisung anderer Aufgaben abgefangen und/oder infolge eines erhöhten Aufgabenumfangs sowie zunehmend komplizierter Arbeitsinhalte an anderer Stelle kompensiert[108]. Knof formuliert die Schlußfolgerung, wonach *CIM* hinsichtlich der personellen Ressourcenpotentiale keinen Einfluß auf die quantitativen Reserven besitzt. Dagegen kann mit positiven Auswirkungen auf die qualitativen Reserven gerechnet werden[109]. Hackstein schließlich lehnt es ab, die Wirtschaftlichkeit von PPS-Systemen über Personalreduzierungen zu errechnen, solange bestehende Schwachstellen in den Unternehmungen mit Hilfe des menschlichen Geistes zu beseitigen sind[110].

Auf Seiten der qualitativen Nutzenannahmen wurden insgesamt etwas mehr als 40% der Erwartungen erfüllt. Eine verfeinerte Betrachtung anhand der in Abschn. 2.2.1, Tab. 6 vorgenommenen Klassifizierung ergibt, daß die kenngrößenbezogenen Erwartungen mit knapp 30% den geringsten Erfüllungsgrad aufweisen[111]. Demzufolge werden auch in qualitativer Hinsicht vergleichsweise wenig Verbesserungen bei den in Kennzahlen ausgedrückten Subzielen wie z.B. ‚Niedrige Bestände' und ‚Hohe Termintreue' erzielt.

Anders als bei den quantifizierten Auswirkungen wurden im Zuge der Befragung eine Reihe von zusätzlichen, qualitativen Nutzeffekten genannt, die ursprünglich nicht explizit erwartet wurden. Dabei überwogen Verbesserungen, die sich auf vorher nicht vorhandene Programmfunktionen bezogen, beispielsweise in Form von automatischen Materialverfügbarkeitsprüfungen oder neuen Verbrauchsstatistiken. Diese müßten sich im Sinne der Mittel-Zweck-Beziehung innerhalb der Zielpyramide auf die oben genannten Subziele posi-

---

[108] Vgl. Köhl/Esser/Kemmner (1989), S. 16f. ebenso wie Schultz-Wild/Nuber/Rehberg/Schmierl (1989), S. 251.
[109] Vgl. Knof (1992), S. 216.
[110] Vgl. Hackstein (1989), S. 302.
[111] Allgemein gehaltene, zusammenfassende Nutzenerwartungen wurden zu 46% bestätigt, funktionsbezogene Annahmen sind in 44% der Fälle eingetreten.

tiv auswirken. Dennoch bleibt die Anzahl von Unternehmungen, die im Rahmen der empirischen Studie kenngrößenbezogene Nutzeffekte angibt, vergleichsweise gering. Damit zeigt sich, daß diese neuen Software-Funktionen offenbar keine maßgeblichen Beiträge für die übergeordneten Zielsetzungen erbringen.

2.4.2
Organisatorische Veränderungen

Unabhängig von den realisierten Nutzeffekten wurde erfragt, welche organisatorischen Veränderungen im Zusammenhang mit der PPS-Systemeinführung festzustellen waren. Insgesamt konnten die befragten Unternehmungen nur wenige ablauforganisatorische Veränderungen konkret beschreiben. In 14 Fällen wurde explizit zum Ausdruck gebracht, daß sich die Abläufe nur geringfügig verändert hatten[112]. Die übrigen sechs Unternehmungen nannten mehr als fünf Umstellungen oder sprachen allgemein von einer umfassend veränderten Ablauforganisation[113]. Dabei konnte kein Zusammenhang zwischen dem Umfang ablauforganisatorischer Veränderungen und dem Zeitraum zwischen Implementierungsabschluß und Befragungstermin festgestellt werden. Von den sechs Unternehmungen mit vergleichsweise umfangreichen Ablaufveränderungen hatten nur drei zum Zeitpunkt der Befragung die PPS-Systemimplementierung bereits vor mehr als einem Jahr abgeschlossen. Die übrigen drei befanden sich am Tag des Interviews noch in der Implementierungsphase. Unter den 14 Befragungsteilnehmern mit nur wenigen ablauforganisatorischen Neuerungen hatten vier das Gesamtvorhaben seit einem Jahr und länger abgeschlossen. Die wiederholten Nachfragen bei den Unternehmungen mit unvollendetem Implementierungsprozeß ließen ebenfalls keine Tendenz zu einer im Zeitverlauf steigenden Anzahl ablauforganisatorischer Veränderungen erkennen. Außerdem wurde in keiner der befragten Unternehmungen von einem Ansatz gesprochen, die Ablaufveränderungen zunächst bewußt zu unterlassen, um diese Schritte einige Zeit nach der PPS-Systemeinführung nachzuholen.

Des weiteren galt das Interesse dem Antrieb und dem Charakter der ablauforganisatorischen Wandlungen. 17 der 20 Unternehmungen gaben grundsätzlich oder anhand von Beispielen an, daß es sich um vorwiegend systembedingte Ablaufveränderungen handelte. Nur in einem Fall wurde ein Reorganisationskonzept für die Produktionsprogrammplanung und Materialbedarfs-

---

[112] Dabei formulierte eine Unternehmung den Grundsatz, daß ablauforganisatorische Veränderungen durch eine am gegebenen Istzustand orientierte Systemeinstellung bewußt vermieden werden sollten. Wo die Optionen des Systems nicht ausreichten, wurden zu diesem Zweck entsprechende Software-Anpassungen vorgenommen.

[113] Hierzu zählt lediglich eine der beiden Unternehmungen, die Individuallösungen realisierten. Im anderen Fall wurden aufgrund der eng an den Wünschen der Nutzer und am Istzustand orientierten Programmerstellungsweise nur wenige Veränderungen vorgenommen.

2.4 Betrachtung der erzielten Resultate 59

ermittlung als Ursprung der ablauforganisatorischen Neuerungen genannt[114]. Im Hinblick auf die Ausführungen in den vorangegangenen Abschnitten wird hier deutlich, daß sowohl die Soll-Vorstellungen aus der Auswahlphase als auch die konzeptionellen Überlegungen zur PPS-Systemausgestaltung und -anpassung nur selten zu bedeutsamen, eigenständig bestimmten Veränderungen der Ablauforganisation führen. Sofern Reorganisationsansätze überhaupt vorhanden sind, nähern sich etliche im Verlauf des Projektes inhaltlich dem bisherigen Zustand an oder entfallen ganz.

Im Rahmen der systembedingten Ablaufveränderungen überwogen Aussagen, wonach sich aufgrund der Programmanwendung die Art einer bereits vorher ausgeübten Tätigkeit veränderte. Dies ist etwa dann der Fall, wenn ein zuvor manuell erstellter Beleg nun nach Eingabe einzelner Informationen vom System ausgegeben wird. Im ergänzenden Teil des Fragebogens wurden die Arbeitsweisen bei wichtigen PPS-Funktionen vor und nach der Systemeinführung gegenübergestellt[115]. Die Auswertung ergab beispielsweise, daß elf Unternehmungen, welche ihre Bestellungen früher ohne Systemunterstützung schrieben, jetzt entsprechende Funktionen im Rahmen der PPS-Programme nutzen[116].

Vergleichsweise selten bezogen sich die Beispiele auf systembedingt entfallene oder neu hinzugekomme Tätigkeiten. Eine zusätzliche Aufgabe ist z. B. das vorher nicht praktizierte Anlegen von sog. Planaufträgen, die erst im kurzfristigen Planungshorizont in Produktionsaufträge umgewandelt werden. Entfallen kann dagegen eine direkte Einsichtnahme der vorhandenen Bestände vor Ort, wenn die entsprechenden Informationen im System aktuell, abrufbar und zutreffend sind.

Ein zusätzlicher Aspekt zur inhaltlichen Tragweite der ablauforganisatorischen Veränderungen resultiert aus den Antworten zur Datenverarbeitungsart im Rahmen der Bedarfsermittlung sowie der Termin- und Kapazitätsplanung. Es zeigte sich, daß diese Funktionen in kürzeren zeitlichen Abständen als bisher wiederholt werden. Drei Viertel der befragten Unternehmungen reduzierten den Zeitraum bis zur erneuten, systeminternen Bedarfsermittlung. Häufig wurde von einem wöchentlichen Rhythmus zu täglich über Nacht neu errechneten Materialbedarfsmengen übergegangen[117].

Um die Erkenntnisse zu den ablauforganisatorischen Veränderungen zu vertiefen, wurde in einer der befragten Unternehmungen eine exemplarische Studie zur organisatorischen Entwicklung im Zusammenhang mit dem PPS-

---

[114] In einem weiteren Fall waren es eher die Anforderungen der Systemanwender, die den Charakter der Veränderungen prägten. Eine der befragten Unternehmungen ließ (wie oben erläutert) bewußt keine Ablaufveränderungen zu.
[115] Vgl. Teil 1g und 1h des Anhangs der vorliegenden Untersuchung.
[116] Acht Unternehmungen wiesen bereits vor der PPS-Systemeinführung eine EDV-maschinelle Bestellschreibung auf. In einem Fall werden die Bestellungen nach wie vor manuell erstellt.
[117] Entsprechendes gilt für die automatische Termin- und Kapazitätsplanung. Hier gingen 14 der 20 Unternehmungen zu kürzeren Aktualisierungsabständen über.

Vorhaben durchgeführt[118]. Am Beispiel einer Nutzfahrzeug-Zulieferunternehmung konnte durch einen detaillierten Vergleich des Ist-Zustandes vor und nach dem PPS-Systemaustausch dokumentiert werden, welche ablauforganisatorischen Veränderungen tatsächlich eingetreten sind. Mit den entsprechenden Ausarbeitungen wurde zugleich die praktische Eignung der in Abschn. 5.3 „Structured Analysis and Design Technique (*SADT*) zur Modellierung von Prozessen" beschriebenen Darstellungsmethode überprüft. Die Implementierungsnachbetrachtung erfolgte etwa sechs Monate nach der ganzheitlichen Inbetriebnahme des neuen PPS-Systems[119]. Als Betrachtungsrahmen diente der gesamte Anwendungsbereich der Programme entsprechend dem in Abschn. 2.1.1 „Begriffsbestimmungen", Abb. 2 skizzierten Funktionsumfang integrierter PPS-Systeme.

Die Resultate der Untersuchung bestätigen die Ergebnisse der Befragung. Bei insgesamt nur wenig veränderten Abläufen handelte es sich überwiegend um systembedingte Umstellungen, mit denen bereits vorher ausgeübte Tätigkeiten leicht modifiziert wurden. Grundlegende ablauforganisatorische Regelungen, etwa zur Materialbereitstellung in der Produktion oder zur Dispositionsart für sog. Schüttgüter, wurden mit der PPS-Systemeinführung nicht in Frage gestellt. Die bedeutsamste Verbesserung bestand darin, daß es die neue Software ermöglicht, anstelle der bisher einstufigen Bedarfsermittlung nun eine Nettobedarfsrechnung über alle Stufen der Erzeugnisstruktur vorzunehmen. Damit können Termin- und Mengenänderungen wesentlich schneller in den Bedarfen der jeweils nachgeordneten Produktionsstufen nachvollzogen werden, was zu tendenziell geringeren Beständen auf allen Ebenen sowie reduzierten Fehlteileraten führt. Vorher war es programmbedingt notwendig, auf der jeweils übergeordneten Strukturstufe im Dialog mit dem System einen Produktionsauftrag anzulegen, der als Basis für die Stücklistenauflösung und Bedarfsermittlung der nächsten Stufe diente. Diese Auflösung erfolgte wöchentlich für die gesammelten Produktionsaufträge einer Stufe oder in besonders dringenden Fällen auch über Nacht. Damit war die Reaktionsfähigkeit der Produktionsplanung stark eingeschränkt.

Waren auf seiten der Ablauforganisation in fast allen Unternehmungen zumindest einzelne Veränderungen zu erkennen, so sind aufbauorganisatorische Neuerungen vergleichsweise selten. Neun Unternehmungen gaben an, im Zusammenhang mit der PPS-Systemeinführung keine derartigen Maßnahmen vorgenommen zu haben. In den anderen Fällen wurden jeweils ein bis zwei aufbauorganisatorische Veränderungen genannt. In Tab. 17 wird ein Überblick zu den unterschiedlichen Formen der ermittelten Veränderungen gegeben.

---

[118] Auf vorhandene Ausarbeitungen der befragten Unternehmungen konnte nicht zurückgegriffen werden, da die ablauforganisatorischen Veränderungen mit der PPS-Systemeinführung nur in einer Unternehmung konkret und umfassend dokumentiert waren. Die entsprechenden Unterlagen standen nicht für eine Auswertung zur Verfügung.

[119] Zum Betrachtungszeitraum vgl. auch Grupp (1989), S. 151, der für die Erfolgsbetrachtung eine Zeitverzögerung von drei bis sechs Monaten nach Abschluß der Systemeinführung befürwortet.

Tab. 17. Ausprägungen der aufbauorganisatorischen Veränderungen

Art der Veränderung	Häufigkeit und Ausprägungen	
	Anzahl Unternehmungen	Ausprägungsbeispiele
Einrichten einer zentralen übergeordneten Koordinationseinheit	8	– Auftragszentrum bzw. zentrale Logistikabteilung[a] – Zentraler Änderungsdienst[b]
Abteilungsübergreifende Verlagerung von Zuständigkeiten	5	– Bestellungen durch die Disposition anstelle des Einkaufs – Dezentrale Fertigungssteuerung vor Ort statt durch die Dispositionsabteilung
Zusätzliche Stellen gebildet	3	– Dispositionsstelle zum Anlegen von Planaufträgen – Produktionsfeinplanung
Abteilung aufgeteilt	2	– Arbeitsvorbereitung in eine Arbeitsplanungs- und eine Dispositionsabteilung dividiert
Abteilungen zusammengefaßt	1	– Vertriebsinnendienst und Versandbereich

[a] Deren Zuständigkeit umfaßt hier die Bereiche Kundenauftragsabwicklung, Produktionsplanung/Disposition und Einkauf sowie vereinzelt auch die Stellen der Fertigungssteuerung. In der Literatur wird anstelle des Begriffes Auftragszentrum auch von einer zentralen Auftragsleitstelle oder einer Gesamtauftragssteuerung gesprochen, vgl. Frese/Noetel (1992), S. 198 und die dort genannten Veröffentlichungen. Zur Logistik im ursprünglichen, auf die rationale Gestaltung der Materialflüsse ausgerichteten Sinne vgl. Günther/Tempelmeier (1994), S. 8f. ebenso wie Kern (1992), S. 219 und S. 258ff. sowie die dort angegebene Literatur.
[b] Dem zentralen Änderungsdienst gehören in diesem Fall je eine Person aus den Bereichen Disposition, Arbeitsvorbereitung und Konstruktion an. Gemeinsame Aufgabe ist es, intern oder extern bedingte technische Erzeugnisveränderungen bei laufender Produktion zeitgerecht und mit allen Konsequenzen zu verwirklichen.

Die Vielfalt der vorgefundenen Maßnahmen läßt zunächst keine gemeinsame Entwicklungsrichtung erkennen. Auffällig ist jedoch, daß alle aufbauorganisatorischen Veränderungen einen punktuellen Charakter aufweisen. Im allgemeinen sind nur jeweils zwei ablauforganisatorisch benachbarte Bereiche betroffen. Eine Ausnahme bilden die übergeordneten Koordinationseinheiten, welche meist als zusätzliche Ebene in die bisherige Organisationsstruktur eingefügt werden. Weitreichende Umstrukturierungen, wie sie in Abschn. 5.4 „Leitlinien für die organisatorische Entwicklung" diskutiert werden, waren im Rahmen der empirischen Studie nicht zu erkennen.

Der Fragenkatalog für die empirische Studie endete mit einer Abschätzung des Anteils der eingesetzten PPS-Funktionen gegenüber der insgesamt von der Software angebotenen Funktionalität. In Anbetracht der vielschichtigen, oft weit verzweigten Programme wurden im allgemeinen nur vage Auskünfte erteilt. Insgesamt errechnet sich ein durchschnittlicher Nutzungsgrad von

64,9%[120]. Dabei schwankten die einzelnen Aussagen zwischen 30 und 95%[121]. Bei Unternehmungen mit noch nicht abgeschlossener PPS-Systemeinführung wurde der erwartete Nutzungsgrad herangezogen. Ein Vergleich zwischen den bisher erreichten und den für die Zukunft prognostizierten Werten ergibt, daß keine nennenswerte Veränderung des Durchschnittswertes aller Unternehmungen zu erwarten ist. Die Befragungsteilnehmer gehen also tendenziell davon aus, daß auch die noch ungenutzten Module nur teilweise zur Anwendung kommen. Beispielgebend sind vier Befragungsteilnehmer, die auf bewußt nicht angewandte Funktionen zur Kapazitätsplanung hinwiesen. Aus der Gegenüberstellung im ergänzenden Teil des Fragebogens geht hervor, daß 17 der neuen PPS-Systeme (vorher nicht verfügbare) Simulationsmöglichkeiten zur provisorischen Auftragseinplanung mit anschließendem Kapazitätsabgleich implizierten. Sechs Unternehmungen haben diese Optionen auch genutzt.

Die Ergebnisse zum Anteil der verwendeten PPS-Funktionen festigen pauschale oder spezifische Aussagen in der Literatur, wonach Standard-PPS-Systeme nicht in vollem Umfang genutzt werden (können)[122]. Dabei wird in diesem Zusammenhang das vielschichtige Funktionsangebot moderner PPS-Standard-Software als Begründung angeführt und kritisiert[123]. Genauer betrachtet handelt es sich oft um Entweder-oder-Funktionen bzw. -Algorithmen, die durch entsprechend eingestellte Parameter ausgewählt werden. Auf diese Weise bleiben nicht aktivierte Optionen zwangsläufig ungenutzt. Ferner besteht in Anbetracht der meist sehr umfangreichen Software die Gefahr, daß einzelne Funktionen in der Unternehmung gar nicht ausreichend bekannt sind. Sofern nicht im Rahmen der Schulungen oder mit der externen Unterstützung zur Systemeinstellung entsprechende Kenntnisse vermittelt wurden, bleibt es dem Anwender überlassen, alle Optionen der Programme in Eigeninitiative zu erkunden.

Resümierend ist festzuhalten, daß keine der befragten Unternehmungen eine umfassende Investitionsnachbetrachtung mit den tatsächlichen Kosten, quantifizierten Nutzeffekten und qualitativen Veränderungen durchgeführt hat. In Anbetracht der Ergebnisse der empirischen Studie ist jedoch davon

---

[120] Die Angaben der beiden Unternehmungen, welche Individuallösungen implementierten, wurden nicht in die Berechnung einbezogen. Deren Schätzungen betrugen 90 bzw. 95%, d.h. es wurden offensichtlich Programmfunktionen realisiert, die nachher nicht oder nicht mehr benötigt wurden.

[121] Ohne diese beiden Extremwerte erhöht sich der durchschnittliche Anteil genutzter PPS-Programmfunktionen nur unwesentlich auf 65,3%. Hohe Nutzungsgrade wurden vereinzelt mit umfangreicheren Software-Anpassungen begründet. Ein Vergleich mit den Ergebnissen aus Abschnitt 2.3.1 „Implementierungsaufgaben und -probleme" ergab jedoch keine klaren Beziehungen. Ein signifikanter Zusammenhang zwischen dem Anteil genutzter Funktionen und den Vorgehenskategorien der PPS-Systemauswahl in Abschnitt 2.2.2, Tab. 7 konnte ebenfalls nicht ermittelt werden.

[122] Vgl. Schultz-Wild/Nuber/Rehberg/Schmierl (1989), S. 123 und die dort angegebene Literatur. Sengen (1993), S. 5 nennt eine Nutzungsspanne von 20 bis 40%.

[123] Vgl. Schluh (1991), S. 57 ebenso wie Roos (1992), S. 54f. und die dort genannte Literatur sowie die Ausführungen zur ‚Tiefenexpansion' der PPS-Software in Abschnitt 1.1 „Problemstellung" der vorliegenden Untersuchung.

auszugehen, daß dem kostenintensiven Vorhaben keine adäquaten Nutzeffekte gegenüberstehen. Hinzu kommt eine in den Interviews latent spürbare oder offen zum Ausdruck gebrachte Unzufriedenheit mit dem Projektverlauf und seinen Ergebnissen[124]. Die praktizierten Vorgehensweisen zur Auswahl und Einführung sind offenbar nicht dazu geeignet, das Nutzenpotential der neuen PPS-Systeme auszuschöpfen. Richtungsweisend ist dabei die Erkenntnis, daß die Implementierung der Systeme nicht dazu genutzt wird, im größeren Umfang Reorganisationsmaßnahmen durchzuführen. Die über Jahre hinweg vermutlich ohne gezielte Lenkung gewachsenen Organisationsstrukturen werden auch im Zusammenhang mit der PPS-Systemeinführung nicht verändert.

2.5 Verdichten der Erkenntnisse zu einem Anforderungsrahmen für die Auswahl und Einführung von PPS-Systemen

Nachdem mit den vorangegangen Ausführungen die Verfahrensweisen zur PPS-Systemauswahl und -einführung analysiert wurden, wird in diesem Abschnitt eine verdichtete und zusammenfassende Betrachtung vorgenommen. Dafür werden die wichtigsten Erkenntnisse auf die zu Beginn des Kapitels formulierte Zielsetzung der empirischen Untersuchung ausgerichtet. Es gilt, aus den praktischen Erfahrungen einen Anforderungsrahmen für die zu entwickelnde Konzeption aufzubauen.

Leitmotiv des hier verfolgten Ansatzes ist es, den grundlegenden Widersprüchen und Versäumnissen entgegenzuwirken, da diese als prägend für die unbefriedigenden Ergebnisse von PPS-Projekten erachtet werden. Nur ein tiefgreifender Wandel in der Vorgehensweise bei der Auswahl und Einführung von PPS-Systemen kann dem Anspruch gerecht werden, die Wirtschaftlichkeit zukünftiger Projekte entscheidend zu verbessern. An dieser Stelle sind zunächst entsprechende Vorgehensgrundsätze zu formulieren. Zu diesem Zweck werden die kritischen Faktoren der Praxisuntersuchung in Abb. 9 zusammengestellt. Damit wird zugleich den Darstellungen in der Literatur entgegengewirkt, die andere Problemschwerpunkte nennen. Grünewald/Schotten sehen die personellen Ressourcen sowie die geringe Markttransparenz als vorrangige Gründe für die Schwierigkeiten vieler mittelständischer Unternehmungen bei der Auswahl und Einführung eines geeigneten PPS-Systems. Im einzelnen werden fehlende Erfahrungen bei der Projektdurchführung, mangelndes Know-how über organisatorische Zusammenhänge, ein erschwerter Marktüberblick aufgrund der Vielzahl von PPS-Systemen, nicht vorhandene Anforderungsmerkmale zum Überprüfen der funktionalen Eignung sowie nicht ausreichend vom ‚Tagesgeschäft' freigestelltes Personal aufgeführt[125]. Auch die

---

[124] Dieses Mißfallen ging in zwei Fällen so weit, daß die neuen PPS-Systeme noch vor der Aktivierung aller ursprünglich vorgesehenen Module bzw. bereits zwei Jahre nach der Inbetriebnahme wieder abgelöst werden sollen.
[125] Vgl. Grünewald/Schotten (1994), S. 2.

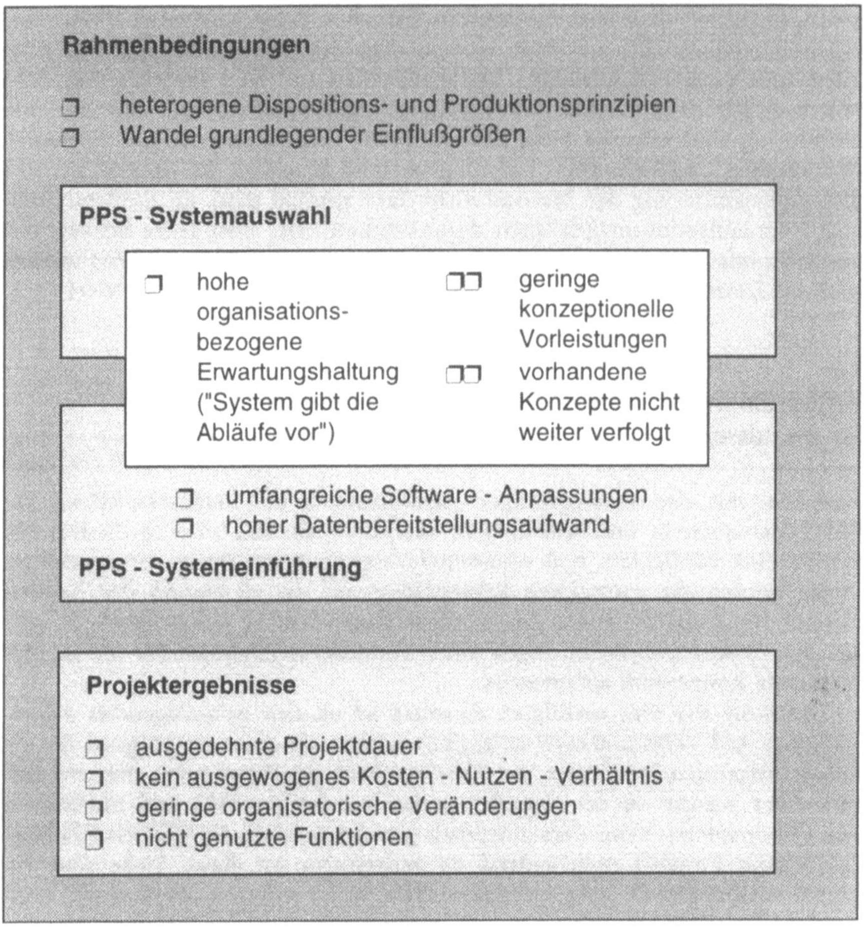

64   2 Auswahl und Einführung von PPS-Systemen in der Praxis

Rahmenbedingungen

- heterogene Dispositions- und Produktionsprinzipien
- Wandel grundlegender Einflußgrößen

PPS - Systemauswahl

| hohe organisationsbezogene Erwartungshaltung ("System gibt die Abläufe vor") | geringe konzeptionelle Vorleistungen vorhandene Konzepte nicht weiter verfolgt |

- umfangreiche Software - Anpassungen
- hoher Datenbereitstellungsaufwand

PPS - Systemeinführung

Projektergebnisse

- ausgedehnte Projektdauer
- kein ausgewogenes Kosten - Nutzen - Verhältnis
- geringe organisatorische Veränderungen
- nicht genutzte Funktionen

Abb. 9. Kritische Faktoren der PPS-Systemauswahl und -einführung in Verbindung mit typischen Projektergebnissen

Schlußfolgerung von Glaser/Geiger/Rohde greift zu kurz. Dort wird die nicht zufriedenstellende Zielerreichung bei einem beträchtlichen Teil der befragten Unternehmungen mit der nicht durchgängigen Zieladäquanz der entwickelten und eingesetzten PPS-Verfahren begründet[126].

Mit Hilfe der stark gekürzten Betrachtungsweise in Abb. 9 sind weitreichende Zusammenhänge zu erkennen. Eine zentrale Rolle spielt dabei die häufig identifizierte Auffassung, mit dem PPS-System werde zugleich eine zeitgemäße, rationale Ablauforganisation eingekauft. Der Systemanbieter habe

---

[126] Vgl. Glaser/Geiger/Rohde (1992), S. 309f.

2.5 Anforderungsrahmen für die Auswahl und Einführung von PPS-Systemen

die Funktionszusammenhänge durchdacht und mustergültig gestaltet, um sie dann in verkaufsfähigen Programmen abzubilden. Diese Annahme findet sich zuerst in den auslösenden Motiven für die PPS-Systeminvestitionen angedeutet und bestimmt danach etliche der Auswahl- und Einführungsaktivitäten[127]. Die Grenzen dieser Sichtweise werden in dem Moment deutlich, wo die Funktionsoptionen der Programme eine Auswahlentscheidung erfordern. Fehlen hier geeignete Vorstellungen und Konzepte, müssen die entsprechenden Leistungen jetzt nachgeholt werden. Anderenfalls dient die bisherige Arbeitsweise als Anleitung, was den geringen Umfang ablauforganisatorischer Veränderungen zumindest teilweise erklärt. Eine weitere Erklärung für weitgehend unveränderte Abläufe ist die Verhaltensweise bei Software-Anpassungen. Sobald die Vorgaben der Software als nicht ausreichend bzw. ungeeignet[128] erscheinen, sind erneut Gestaltungsentscheidungen nach dem eben beschriebenen, am Istzustand orientierten Muster festzustellen. Vor allem aber stehen Software-Anpassungen im prinzipiellen Widerspruch zur Doktrin der systembestimmten Abläufe. Wenn Erweiterungen und Korrekturen der PPS-Programme erforderlich sind, wird vom implizierten Ablaufmuster abgewichen.

Ein weiteres elementares Problem wird vor dem Hintergrund der ausgedehnten Implementierungsdauer deutlich. In einem Zeitraum von durchschnittlich 4,9 Jahren ist es unvermeidlich, daß sich umfeldbestimmte oder unternehmungsinterne Rahmenbedingungen für den PPS-Systemeinsatz verändern. Dabei kann dieser Umgebungswandel naturgemäß nur sehr begrenzt im Rahmen des Auswahlprozesses vorhergesehen werden. Daraus folgt, daß Ziele und Annahmen, welche zum Zeitpunkt der Systemauswahl gültig (und möglicherweise sogar ausschlaggebend für die Systementscheidung) waren, noch vor dem Implementierungs-‚Abschluß'[129] hinfällig sind. Sobald diese dynamische Entwicklung neue Anforderungen an die Software mit sich bringt, müssen entsprechende Systemeinstellungen verändert werden. Genügen die ursprünglichen oder im Rahmen eines Release-Wechsels verfügbaren Programmoptionen nicht den neuen Erfordernissen, werden abermals Software-Anpassung notwendig[130]. Gleichzeitig wird der Anteil der tatsächlich angewendeten Systemfunktionen tendenziell weiter verringert.

Nicht genutzte Funktionen im Zusammenhang mit den häufig vorgefundenen, verschiedenartigen Dispositions- und Produktionsprinzipien innerhalb einer Unternehmung deuten ein spezielles Dilemma an. Die moderne PPS-Standard-Software ist vom Hersteller so konzipiert, daß sie einen möglichst

---

[127] Vgl. auch Hackstein (1989), S. 318, der von einer mangelnden Bereitschaft vieler Unternehmungen spricht, scheinbar „unproduktive Arbeiten" wie die Entwicklung einer Soll-Vorstellung mit der nötigen Sorgfalt durchzuführen.

[128] Liebetrau/Becker (1992), S. 59 weisen darauf hin, daß sich die ‚mitgelieferte' Ablauforganisation dort als Nachteil erweisen kann, wo Arbeitsabläufe gut geregelt sind.

[129] Zur behelfsweisen Abgrenzung des Projektendes vgl. Abschn. 2.3.2 „Implementierungsdauer".

[130] Hannen/Nicolai (1993), S. 10 sehen in diesem Zusammenhang sogar einen möglichen Anlaß zum Austausch des Systems.

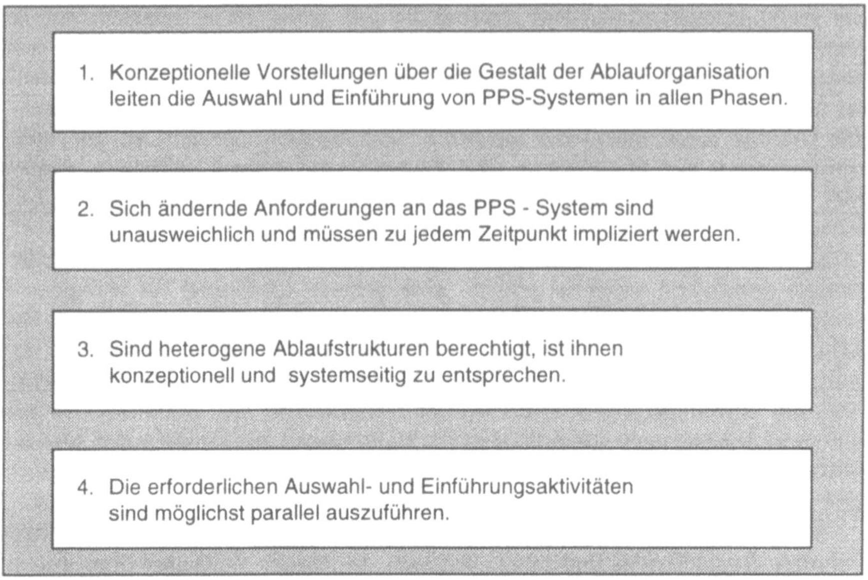

1. Konzeptionelle Vorstellungen über die Gestalt der Ablauforganisation leiten die Auswahl und Einführung von PPS-Systemen in allen Phasen.

2. Sich ändernde Anforderungen an das PPS - System sind unausweichlich und müssen zu jedem Zeitpunkt impliziert werden.

3. Sind heterogene Ablaufstrukturen berechtigt, ist ihnen konzeptionell und systemseitig zu entsprechen.

4. Die erforderlichen Auswahl- und Einführungsaktivitäten sind möglichst parallel auszuführen.

Abb. 10. Grundsätze für einen Wandel in der Vorgehensweise für die Auswahl und Einführung von PPS-Systemen

großen Kundenkreis anspricht. Gleichzeitig setzen die Unternehmungen ein und dasselbe System für alle Anwendungsfälle ein. Damit bestimmt der schwierigste Sonderfall die Vielfalt des angebotenen wie auch des nachgefragten Funktionsumfangs[131]. Dieses Gefüge wiederum beeinflußt die Aktivitätskosten der Datenbereitstellung. Grundsätzlich ist von einem gleichgerichteten Zusammenhang zwischen Funktionsangebot und Datenbedarf auszugehen. Bei mangelnder Differenzierung der Anwendungen besteht die Gefahr, daß in bezug auf die Menge und Qualität des Datengerüstes überzogene Anforderungen gestellt werden. Wird der Sonderfall zum Maßstab, so ist damit zumindest ein Teil der oft unerwartet langwierigen und kostenintensiven Datenbereitstellung und -pflege erklärt.

Der beschriebene Wirkungskreis schließt sich durch den Einfluß der systembestimmten Ablauforganisation auf den Beginn der Datenbereitstellungsaktivitäten. Da zunächst die Vorgaben und Erfordernisse der Programme abzuwarten sind, werden die notwendigen Maßnahmen erst nach der Auswahlentscheidung eingeleitet. Hinzu kommt, daß die erforderlichen Daten oft nur schrittweise im Zuge einer intensiveren Auseinandersetzung mit den Programmen erkannt werden. Dabei bestimmt die Reihenfolge der zu aktivierenden Module den Erkenntnisfortschritt. Frühzeitige eigenständige Überlegungen würden hier dazu beitragen, den Handlungsbedarf bereits im Vorfeld der

---

[131] Es wird hier davon ausgegangen, daß die gewünschten heterogenen Dispositions- und Produktionsprinzipien (und damit differenzierte Abläufe) tatsächlich zweckmäßig sind.

2.5 Anforderungsrahmen für die Auswahl und Einführung von PPS-Systemen

PPS-Systemeinführung zu erkennen. Vorgezogene Datenbereitstellungs- und Datenpflegemaßnahmen, die beispielsweise parallel zur PPS-Systemsuche initiiert werden, können den Implementierungsgesamtzeitraum bedeutend verkürzen. Dies ist jedoch nur dann sinnvoll, wenn die erforderlichen Dateninhalts- und insbesondere -strukturierungsentscheidungen nicht nachträglich durch die Vorgaben des ausgewählten Systems revidiert werden müssen. Damit erhält der Konflikt zwischen den unternehmungsspezifischen Anforderungen und den Optionen der Standard-Software einen zusätzlichen Aspekt mit denkbar weitreichenden Folgen für die Datenbereitstellungskosten und die Implementierungsdauer.

Die passenden Grundsätze, welche diesen verbundenen Problemfeldern ganzheitlich begegnen, lassen sich unmittelbar aus der oben getätigten Analyse ableiten und sind in Abb. 10 dargestellt.

Im nachfolgenden Kapitel werden die in der Literatur vorhandenen Ansätze zur PPS-Systemauswahl und -einführung anhand dieser Grundsätze überprüft.

3 Darstellung und Überprüfung der Vorgehensmodelle aus der Literatur

3.1
Begriffsdefinition, Prüfkriterien und hierarchische Ordnung der Vorgehensmodelle

Nachdem im Kap. 2 die praktischen Verfahrensweisen zur Realisierung von PPS-Systemvorhaben analysiert wurden, ist zu untersuchen, welche Anleitungen die Literatur dafür zur Verfügung stellt. Anhand des entwickelten Anforderungsrahmens soll erkennbar werden, in welchem Umfang die existierenden Vorgehensmodelle dazu geeignet sind, den in Abb. 9 des vorangehenden Abschnitts skizzierten Wirkungszusammenhang abzuschwächen bzw. aufzuheben. Somit sind die Ergebnisse der empirischen Untersuchung in Kriterien zur Durchsicht der vorhandenen Konzepte umzusetzen. Anschließend werden die zu betrachtenden Vorgehensmodelle ganzheitlich dargestellt. In Frage kommen dabei nur solche Veröffentlichungen, die über eine kurze Aufzählung der erforderlichen Schritte hinausgehen und die Zusammenhänge des Auswahl- und/oder Implementierungsprozesses näher betrachten. In Abschn. 3.3 werden die Vorgehensmodelle anhand der Überprüfungskriterien verglichen, wobei die einzelnen Aspekte fallweise zu vertiefen sind. Abschließend werden solche Modellelemente gezielt hervorgehoben, die einen besonderen Beitrag zur Problemlösung bieten und daher in die zu entwickelnde Konzeption einfließen.

Vorab sind einige grundlegende Eigenschaften von Vorgehens- sowie Phasenmodellen zu erläutern. Dabei wird von der generellen Aufgabe eines Modells ausgegangen, wonach die Wirklichkeit mit ihren für den Sachverhalt wesentlichen Größen, Interdependenzen und Vorgängen vereinfacht abzubilden ist[1]. Diese Abstraktion zugunsten der essentiellen Beschreibungselemente liegt auch einem Vorgehensmodell zugrunde. Nach Schwarze beschreibt ein Vorgehensmodell die Untergliederung einer Problemlösung in Teilaufgaben sowie die Art der Durchführung dieser Teilaufgaben[2]. Vorgehensmodelle umfassen Informationen über die zeitliche und logische Reihenfolge der Auf-

---

[1] Vgl. Steffen (1993), S. 14.
[2] Vgl. Schwarze (1995), S. 3.

3.1 Begriffsdefinition, Prüfkriterien und Ordnung der Vorgehensmodelle 69

gaben sowie Angaben zu den Zielen einzelner Aktivitäten und den anzuwendenden Ausführungsmethoden[3].

Ein Phasenmodell bzw. -konzept wird im Rahmen dieser Untersuchung dadurch von einem Vorgehensmodell abgegrenzt, daß innerhalb der Aktivitätenfolge Abschnittsgrenzen definiert sind, an denen ein bedeutsamer Wandel im Charakter der Aufgaben stattfindet[4]. Beispielsweise markiert die Auswahlentscheidung den Übergang zur Implementierungsphase. Außerdem wird für die vorliegende Untersuchung auf die Umschreibung von Reschke/Svoboda zurückgegriffen. Danach werden die Phasen eines Projektes im wesentlichen durch Zäsuren voneinander abgegrenzt. An solchen Phasenübergängen sind die bisherigen Zwischenergebnisse zu genehmigen. Eine Zäsur umfaßt die zusammenfassende Bewertung der Konsequenzen aus der vorgesehenen Technik, dem erwarteten Kosten-Nutzen-Verhältnis, der Effektivität des Vorgehens, den Unsicherheiten des Vorhabens und dem weiteren zeitlichen Rahmen. Aufgrund des Ergebnisses kann eine Wiederholung der durchlaufenen Phase(-n) bzw. ein Abbruch des Projektes erforderlich werden[5].

Zur Überprüfung der Vorgehenskonzepte aus der Literatur werden die in Abb. 10 des vorangegangenen Abschnitts formulierten ‚Grundsätze für den Wandel in der Vorgehensweise für die Auswahl und Einführung von PPS-Systemen' unmittelbar in entsprechende Kriterien umgesetzt. Hinzu kommen ergänzende Überprüfungsmerkmale, die aus weiteren kritischen Aspekten der empirischen Untersuchungsergebnisse resultieren. In Abb. 11 sind die Analysekriterien zu einer Übersicht zusammengestellt.

Schwarze stellt fest, daß nahezu jede wissenschaftliche Teildisziplin, die Vorgehens- bzw. Phasenmodelle verwendet, dafür eigene Ansätze entwickelt hat. Dabei zeigt der Autor anhand eines Vergleichs von in der Literatur behandelten Vorgehensmodellen, daß diese Ansätze große Ähnlichkeiten aufweisen[6]. Mit Blick auf den Bezugsraum und den Detaillierungsgrad läßt sich für die vorliegende Untersuchung eine dreistufige hierarchische Ordnung der Vorgehensanleitungen zugrunde legen. Ausgegangen wird von einem allgemeingültigen Phasenmodell für die Projektarbeit. Darauf stützen sich Phasenkonzeptionen für bestimmte Anwendungsbereiche, beispielsweise für die hier betrachtete Auswahl und Einführung von Standard-Software. Erst auf dieser Basis kann der situations- und aufgabengerechte Projektplan für den konkreten Einzelfall aufgestellt werden. Für das unternehmungsspezifische Vorhaben ist

---

[3] Vgl. Jost (1993), S. 12f. Wie dort werden auch im Rahmen der vorliegenden Untersuchung die Begriffe Vorgehensmodell, -konzept und -methodik als gleichbedeutend angesehen. Die Ausführungen in Kapitel 6 „Vorgehensmodell für den Prozeß der Auswahl, Einführung und Anwendung von PPS-Systemen unter dem Leitmotiv geplanter organisatorischer Veränderungen" werden als Konzeption im Sinne einer klar umrissenen Grundvorstellung bezeichnet, welche die genanten Modelleigenschaften einbezieht.

[4] Zu anderen Auffassungen über den Begriffszusammenhang vgl. Daum (1992), S. 61 und die dort angegebene Literatur.

[5] Vgl. Reschke/Svoboda (1984), S. 46 und sinngemäß auch Saynisch (1989), S. 710 und S. 722.

[6] Vgl. Schwarze (1995), S. 2 und S. 4ff.

> Abgeleitet aus den Vorgehensprinzipien:
>
> 1. Positionierung und Stellenwert eines ablauforganisatorischen Konzeptes
>
> 2. Einbeziehung von Iterationen und Regelkreisen
>
> 3. Handhabung von differenzierten Anforderungen an die Systemgestaltung
>
> 4. Beschreibung von zeitlichen Abschnitten, in denen ein paralleles Vorgehen möglich ist
>
> Zusätzliche Überprüfungsmerkmale:
>
> 5. Ausrichtung der Inhalte auf übergeordnete Ziele
>
> 6. Implikation einer Wirtschaftlichkeitsbetrachtung
>
> 7. Aussagen zur Aktivierungsfolge der Software-Module
>
> 8. Haltung gegenüber Software - Anpassungen
>
> 9. Einordnung und Betonung der Aktivitäten zur Datenbereitstellung

Abb. 11. Kriterien zur Überprüfung der Vorgehensmodelle aus der Literatur

stets eine individuelle Vorgehenslösung zu entwickeln, indem ein allgemeingültiges oder anwendungsbezogenes Phasenmodell bedarfsgerecht modifiziert wird. Somit darf ein Phasenmodell als Vorgehensanleitung weder bürokratisch einengen noch universell und abstrakt bleiben[7]. Zudem wird vor der unreflektierten Übernahme eines standardisierten Phasenkonzeptes gewarnt[8].

3.2
Darstellung der verfügbaren Vorgehensmodelle

3.2.1
Allgemeines Phasenmodell für das Projektmanagement

Der hierarchischen Ordnung folgend wird zunächst ein allgemeines, idealtypisches Phasenmodell des Projektmanagements beschrieben. Für die vorliegende Untersuchung wurde aus den Ansätzen in der Literatur der übergeordnete Vorgehensrahmen von Saynisch ausgewählt.

Aus Abb. 12 wird ersichtlich, daß Saynisch vor jeder neuen Phase die im vorangegangenen Abschnitt beschriebene Zäsur in Form einer Freigabe-Ent-

---

[7] Zur entsprechenden Kritik an existierenden Vorgehensmodellen vgl. Saynisch (1989), S. 706f.
[8] Vgl. Reschke/Svoboda (1984), S. 46 ebenso wie Plapp (1993), S. 17.

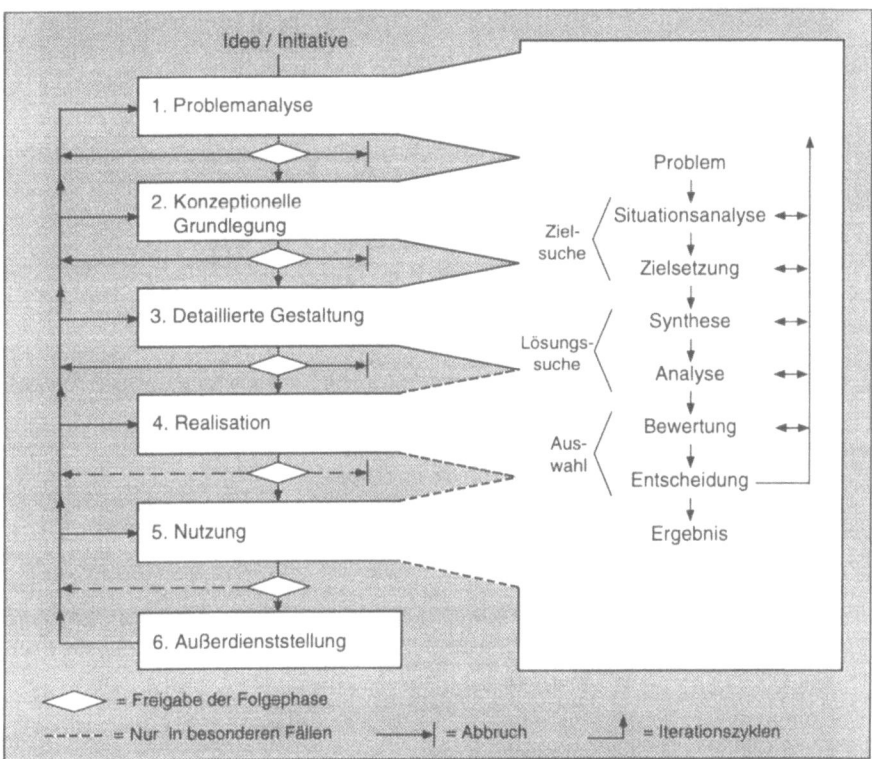

Abb. 12. Allgemeiner phasenweiser Projektablauf mit wiederholt vollzogenem Problemlösungsprozeß[a]

scheidung explizit berücksichtigt. Darüber hinaus zeichnet sich der Ansatz von Saynisch im Vergleich zu anderen Vorgehensmodellen des Projektmanagements dadurch aus, daß insbesondere die ersten drei Phasen („Makro-Strategien') wiederum einen allgemeinen Problemlösungsprozeß („Mikro-Strategie') zur Anwendung bringen. Dabei können in einer Phase mehrere Problemlösungszyklen zeitlich parallel, überlappend und/oder hintereinander ablaufen[9]. Der allgemeine Problemlösungsprozeß entspricht weitgehend dem phasenorientierten Vorgehen für die Organisationsplanung[10], so daß die Darstellung in Abb. 12 im Rahmen der vorliegenden Untersuchung als genereller Ansatz für das Vorgehen bei organisationsbezogenen Projekten verstanden wird.

---

[a] Verdichtete Fassung der Abbildungen von Saynisch (1989), S. 712 und Saynisch (1979), S. 44.
[9] Vgl. Saynisch (1989), S. 709ff.
[10] Vgl. die Übersicht von Schwarze (1995), S. 7 sowie die tabellarische Gegenüberstellung einer Reihe von Vorgehensschemata für Reorganisationsprozesse von Kirsch/Börsig/Englert (1979), S. 172.

Phasen	Arbeitsblöcke	Arbeitsschritte
1. Konzeption	1.1 Projekteinrichtung	- Formulierung von Aufgabenstellung und Zielsetzung - Abgrenzung des Untersuchungsbereiches - Aufstellung eines Ablauf- und Zeitplanes - Bildung eines Projektteams aus allen beteiligten Bereichen
	1.2 Ist - Analyse	- Untersuchung von Ablauforganisation und Informationsfluß - Ermittlung des Datengerüstes und der Datenqualität - Dokumentation der Schwachstellen - Bewertung der Schwachstellen
	1.3 Soll - Konzept	- Entwicklung eines Organisationskonzeptes - Definition der Schnittstellen zu benachbarten Bereichen - Abschätzung des Personalbedarfs - Abschätzung des Qualifizierungsbedarfs
2. Systemauswahl	2.1 Vorauswahl	- Erkundung des Marktangebots - Erstellung des Anforderungskataloges - Bewertung der PPS - Systeme - Festlegung der Favoritengruppe
	2.2 Endauswahl	- Erstellung von Testfahrplänen und Erhebung von Testdaten - Durchführung von Anbietertests - Durchführung von Anwendertests (sog. Referenzbereiche) - Erstellung des Verpflichtungsheftes für Anpassungen
	2.3 Vertragsabschluß	- Verhandlung der Vertragsmodalitäten - Erstellung des Software - Vertrages - Erstellung des Hardware - Vertrages - Dokumentation der eigenen Leistungen
3. Realisierung	3.1 Realisierungsvorbereitung	- Detaillierung des Soll - Konzeptes - Erstellung des Realisierungsplanes - Durchführung systemspezifischer Schulungen - Schaffung der technischen Voraussetzungen
	3.2 Systeminstallation	- Anpassung der Software - Installation von Hard- und Software - Konfiguration der Software - Realisierung der Schnittstellen
	3.3 Inbetriebnahme	- Einpflegen der Stammdaten - Durchführung des Testbetriebes - Abnahme des Systems - Übergang in den Echtbetrieb

Abb. 13. Projektphasen, Arbeitsblöcke und Arbeitsschritte des 3-Phasen-Konzeptes[a]

3.2.2
Vorgehensmodelle zur Auswahl und Einführung von Standard-Software

Nachfolgend werden die auf einen Anwendungsbereich bezogenen, also direkt anleitenden Vorgehensmodelle betrachtet. Zunächst sind innerhalb dieses Abschnitts Verfahrenskonzepte aufzugreifen, die sich explizit auf die Auswahl

---
[a] Komprimierte Fassung der graphischen Darstellungen von Laakmann (1993), S. 3ff.

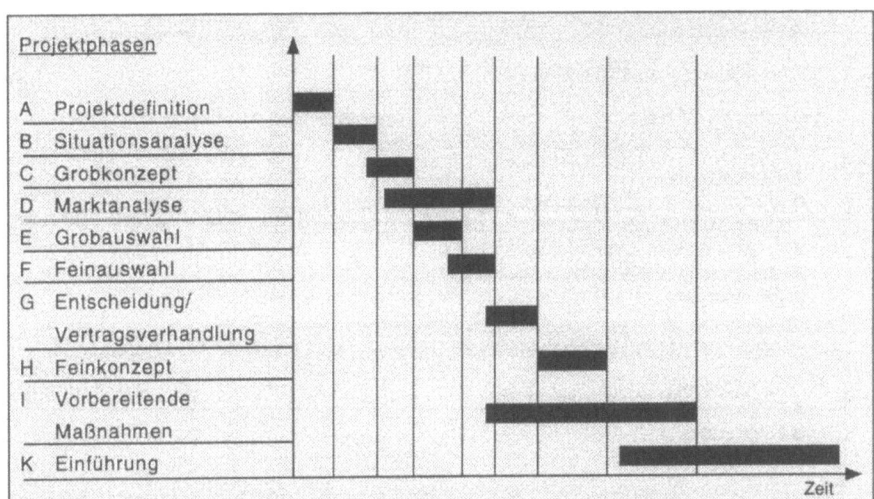

Abb. 14. Allgemeines Vorgehensmodell für die Auswahl und Einführung von Standard-Software[a]

und Implementierung von Standard-Software beziehen. Dabei werden auch solche Ansätze berücksichtigt, die nur einen Teil der erforderlichen Aktivitäten umfassen, also beispielsweise auf den Auswahlprozeß beschränkt sind.

Lediglich eines der Vorgehensmodelle aus der Literatur bezieht sich direkt auf den Anwendungsbereich ‚PPS-Systeme' und erstreckt sich gleichzeitig über den gesamten Auswahl- und Einführungsprozeß. Es handelt sich um das sog. ‚3-Phasen-Konzept' des Forschungsinstituts für Rationalisierung an der Rheinisch-Westfälischen Technischen Hochschule Aachen (FIR). Das Konzept ist aus der Untersuchung von Kittel hervorgegangen und wurde seitdem mehrfach von verschiedenen Autoren aufgegriffen und modifiziert[11]. Die aktuelle, von Laakmann vorgelegte Fassung wird in Abb. 13 zusammengefaßt.

Ein dem ‚3-Phasen-Konzept' nahestehendes Modell liegt den Ausführungen von Lang zugrunde und wird in Abb. 14 dargestellt.

Der Anwendungsbereich des Vorgehensmodells von Lang ist nicht auf PPS-Systeme beschränkt, sondern umfaßt die Auswahl und Einführung von Standard-Software für unterschiedliche kommerzielle Anwendungen[12]. Näher beschrieben sind allerdings nur die Aktivitäten zur Systemauswahl (A bis G in Abb. 14)[13]. Dabei gehen die dort genannten Aufgaben nicht über die Diffe-

---

[a] Leicht abgewandelte Form der graphischen Darstellung von Lang (1989), S. 5.
[11] Vgl. Kittel (1982), S. 93ff. sowie Förster/Miessen/Roos (1987), S. 3ff. und Hirt (1990), S. 6ff.
[12] Vgl. Lang (1989), S. 43 und derselbe (1988), S. 56f. Unter kommerziellen Anwendungen werden dort u.a. Programme zur Produktionsplanung und -steuerung, zur Instandhaltung und solche für das Rechnungswesen verstanden.
[13] Vgl. Lang (1989), S. 1ff.

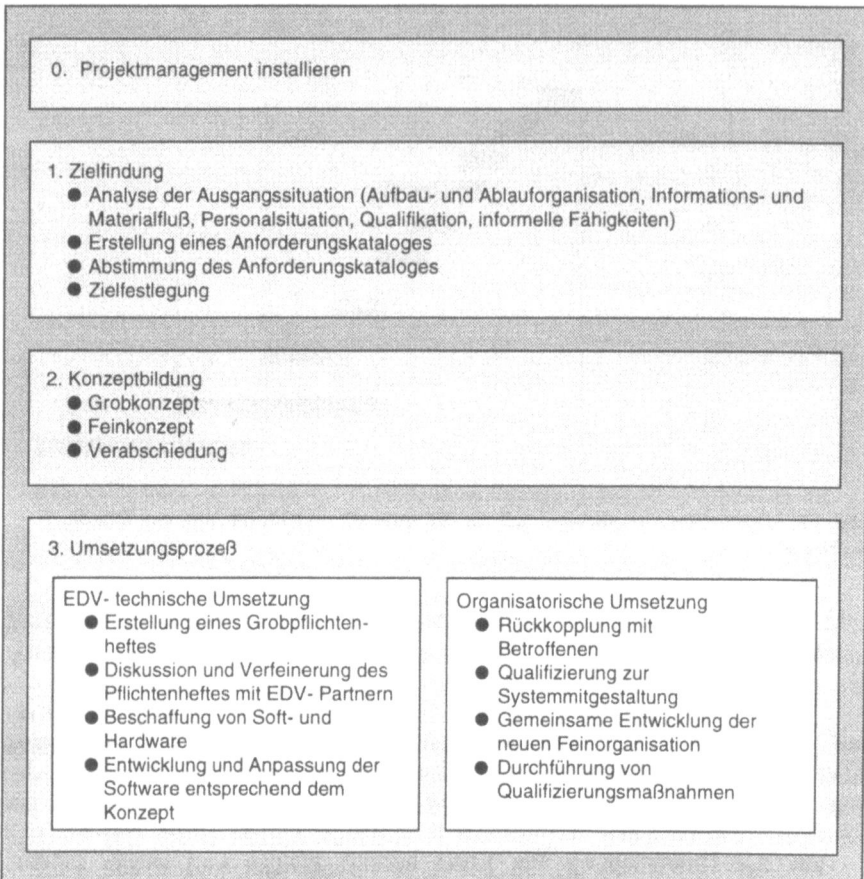

Abb. 15. Abschnitte der organisations- und mitarbeiterbezogenen PPS-Systemeinführung[a]

renzierung des ‚3-Phasen-Konzeptes' hinaus, so daß auf eine entsprechende Aufstellung verzichtet werden kann.

Im Mittelpunkt der bisher beschriebenen Konzepte stehen die Aktivitäten zum Vergleich der am Markt angebotenen Systeme. Der nachfolgend betrachtete Ansatz zur organisations- und mitarbeiterbezogenen PPS-Systemeinführung von Hamacher/Pape vernachlässigt diese Aufgabenbestandteile weitestgehend. Stattdessen werden die konzeptionellen Vorbereitungen der Implementierung sowie die erforderlichen Qualifizierungsmaßnahmen betont. In Abb. 15 wird das entsprechende Vorgehenskonzept gezeigt.

Hamacher/Pape betrachten die PPS-Systemeinführung als Veränderung eines soziotechnischen Systems. Daher wird einem organisations- und mitarbei-

---

[a] Geringfügig modifizierte Fassung der graphischen Darstellung von Hamacher/Pape (1991), S. 117.

terbezogenen Ansatz der Vorzug gegeben gegenüber einer technikzentrierten oder einer einseitig akzeptanzorientierten Implementierung[14]. Die empfohlene Vorgehensweise ist geprägt durch das Bewußtsein, wonach Erfahrungswissen des Menschen für das Gelingen des Vorhabens eine wesentliche Rolle spielt. Daher wird der mitdenkende und nicht nur der ausführende Mensch gesucht[15]. Infolge dieses Leitmotivs werden Repräsentanten aus jeder betrieblichen Gruppe, die von der PPS-Systemeinführung betroffen ist, bereits für die Aufgaben der Zielfindungsphase in das Projekt eingebunden. Die Einflußmöglichkeiten der Betroffenen bleiben auch bei den Aktivitäten zur Konzeptfindung und nachfolgend im Zuge der organisatorischen Umsetzung gewahrt. Dabei werden Qualifizierungsmaßnahmen in Kauf genommen, um die Mitarbeiter in die Lage zu versetzen, bei der Systemgestaltung mitzuwirken[16].

3.2.3
Vorgehensmodelle aus anderen Anwendungsbereichen

Korrespondierend zur Vielzahl möglicher Aufgabenstellungen bietet die Literatur eine Reihe von Vorgehenskonzepten, die jeweils auf bestimmte Anwendungsfelder ausgerichtet sind[17]. Mit den folgenden Ausführungen wird das Untersuchungsfeld um Konzepte aus zwei Verwendungsbereichen erweitert, die bedeutsame Analogien und Interferenzen mit PPS-Projekten erkennen lassen.

Die in Abschn. 2.1.3 „Betrachtungsrahmen und Vorgehensweise der eigenen Befragung" beschriebene unscharfe Differenzierung von Standard- und Individual-Software legt es nahe, die Vorgehens- oder Phasenmodelle des Software Engineering in die Untersuchung einzubeziehen[18]. Unter der Vielzahl ähnlicher Verfahrensmodelle zur methodischen Erstellung von Software hat das Vorgehenskonzept von Balzert eine große Verbreitung gefunden[19]. Eine an Balzert orientierte Phasengliederung ist auch in die derzeit (in Europa) führenden Ansätze zur CIM-Planung und -Realisierung eingegangen. Die ‚Architektur integrierter Informationssysteme' (ARIS) und die ‚CIM – Open System Architecture'

---

[14] Vgl. Hamacher/Pape (1991), S. 94ff. Roos (1993), S. 24f. greift die Differenzierung von Hamacher/Pape auf und kommt ebenfals zu dem Ergebnis, daß der organisations- und mitarbeiterbezogene Ansatz vorzuziehen ist.
[15] Vgl. Hamacher/Pape (1991), S. 23 und die dort angegebene Literatur.
[16] Vgl. Hamacher/Pape (1991), S. 102ff.
[17] Reschke/Svoboda (1984), S. 51f. geben eine tabellarische Übersicht zu verschiedenen Phasengliederungen, u.a. für die Anwendungsbereiche Produktentwicklung, Bauprojekte, Anlagenbau und Wehrtechnik.
[18] Als ‚Software Engineering' wird die Anwendung ingenieurmäßiger Grundsätze auf die Entwicklung, Einführung und Wartung von DV-Systemen bezeichnet, vgl. Schwarze (1994a), S. 210.
[19] Vgl. Roos (1992), S. 13, demzufolge die Beiträge von Balzert in nachfolgenden Jahren von etlichen Autoren aufgegriffen, bestätigt und vereinzelt auch ergänzt wurden. Einen Überblick zu verschiedenen Vorgehenskonzepten für die Entwicklung von EDV-Anwendungssystemen geben Balzert (1982), S. 469 und Peschke (1986), S. 15ff.

(*CIMOSA*) systematisieren sowohl die Entwicklung als auch die Beschreibung integrierter Informationssysteme und geben eine konzeptionelle Unterstützung. In beiden Ansätzen dient das Phasenkonzept primär zur Definition unterschiedlicher Betrachtungsebenen, die sich nach der Nähe zur Informationstechnik richten[20]. Gleichzeitig bildet das Phasenkonzept den Kern der dort beschriebenen Vorgehensweisen zum Erstellen von Informationssystemen (Anwendungsentwicklung)[21]. Die erforderlichen Aktivitäten werden in sechs aufeinander aufbauende Phasen eingeteilt. Der Entwicklungsprozeß beginnt mit einer Planungsphase, in der die Durchführbarkeit des Projektes geprüft wird. Die anschließende Definitionsphase legt die Anforderungen an die Software fest. Die eigentliche Programmierung findet in den Phasen des Entwurfs und der Implementierung statt. Dabei bezeichnet die Implementierung hier das Realisieren der geforderten Leistungen. Das Entwicklungsvorhaben wird mit der Abnahme der Programme und ihrer Einführung beim Anwender abgeschlossen. Als nachgeordnete sechste Phase sieht Balzert die Pflege und Wartung der Software vor[22]. Unter Wartung wird die Fehlerbehebung, unter Pflege die Anpassung und Änderung der Programme verstanden. Sobald die Programmpflege sehr umfangreich wird, ist zu prüfen, ob sie zu einer neuen Software-Entwicklung führt[23]. Vor diesem Hintergrund werden die Entwicklungsphasen sowie die Wartung und Pflege auch als Software-Lebenszyklus bezeichnet[24].

Die gewählte Phaseneinteilung zeigt eine starke Affinität zum oben skizzierten allgemeinen Phasenmodell für das Projektmanagement. Eine gesteigerte Bedeutung im Hinblick auf die Zielsetzung dieses Abschnittes resultiert erst aus den Reaktionen auf die Probleme bei der praktischen Anwendung des Vorgehensmodells zur Entwicklung umfangreicher Software. Floyd/Keil führen aus, daß der oft langwierige Entstehungsprozeß von DV-Programmen eine ausgeprägte zeitliche Trennung von Konzeption und Erprobung bewirkt. Wird die Kommunikation zwischen Entwicklern und Benutzern, wie im Modell vorgesehen, auf die Anfangsphasen beschränkt, führt diese starre Haltung immer wieder zu Systemen, die den inzwischen weiterentwickelten Anforderungen der Anwender kaum oder gar nicht mehr entsprechen[25]. Daher wird gefordert, die Software-Entwicklung als dynamisch ablaufenden Prozeß mit vielfältigen Interdependenzen zu verstehen, an dem die Benutzer stetig partizipieren[26]. Dieser Sichtweise wird mit einem zyklischen Projektmodell ent-

---

[20] Vgl. Scheer (1994), S. 14 ebenso wie European Strategic Programm for Research and Development in Information Technology (*ESPRIT*) (1993), S. 41.
[21] Vgl. Scheer (1992a), S. 16f. und in erweiterter Form derselbe (1994), S. 705f. sowie für den *CIMOSA*-Ansatz *ESPRIT* (1993), S. 76ff. Eine Gegenüberstellung der beiden Rahmenkonzeptionen findet sich bei Scheer (1992a), S. 29ff. Mattheis greift den *ARIS*-Ansatz auf und entwickelt daraus ein Vorgehensmodell zum Entwurf und zur Implementierung einer Informations- und Organisationsstrategie, vgl. Mattheis (1993), S. 5 und S. 62ff.
[22] Vgl. Balzert (1982), S. 15ff.
[23] Vgl. Balzert (1982), S. 16.
[24] Vgl. Kimm/Koch/Simonsmeier/Tontsch (1979), S. 18f. ebenso wie Balzert (1982), S. 17.
[25] Vgl. Floyd/Keil (1983), S. 144ff.
[26] Vgl. Floyd/Keil (1983), S. 146ff. und sinngemäß auch Kurbel/Pietsch (1889), S. 263f.

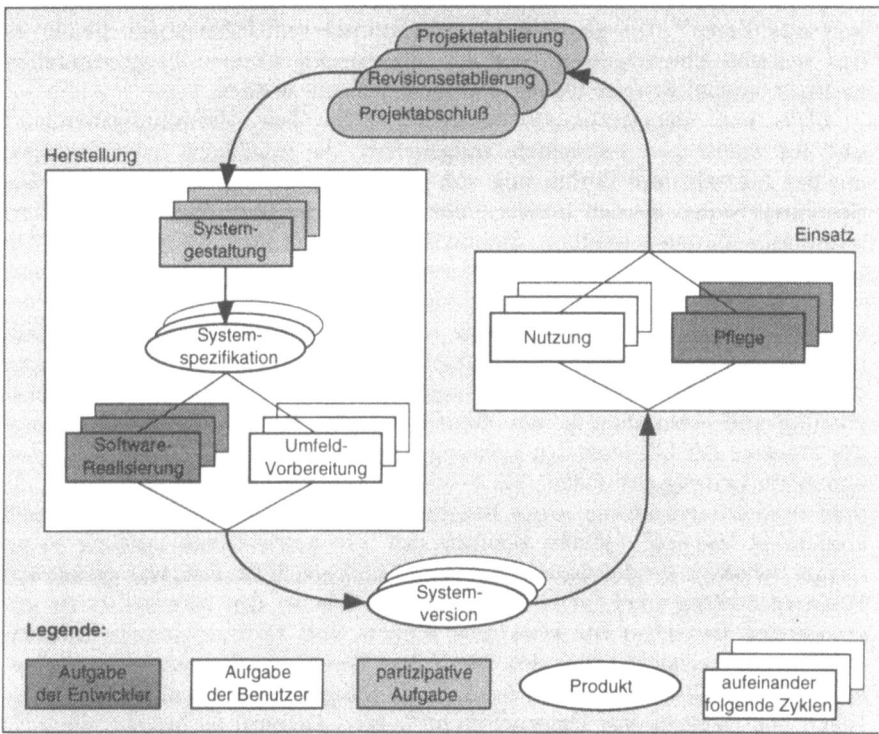

Abb. 16. Phasenzyklus der evolutionären partizipativen Software-Entwicklung[a]

sprochen, wie es in Abb. 16 dargestellt ist. Jeder neue Zyklus hat die Erstellung und den Einsatz einer verbesserten Systemversion zum Gegenstand[27].

Das (technische) Verfahren zur Unterstützung von kooperativen Erkenntnisprozessen bei der Software-Entwicklung wird als ‚Prototyping' bezeichnet[28]. Kern des Ansatzes ist die frühzeitige praktische Erprobung des in einem ersten Schritt rasch entwickelten Prototyps in seiner zukünftigen Anwendungsumgebung. Dieser befristete Einsatz dient dazu, durch Rückkoppelungen zwischen Entwicklern und Benutzern die erwünschte Funktionalität der Soft-

---

[a] Aus dem Englischen übersetzte und geringfügig modifizierte Form der graphischen Darstellung von Floyd/Reisin/Schmidt (1989), S. 57. Produkte bezeichnen hier jegliche Art von Programmkomponenten, also die Dokumentation ebenso wie den Quellcode.
[27] Vgl. Floyd/Reisin/Schmidt (1989), S. 56f.
[28] Vgl. Floyd (1984), S. 2. Dabei gliedert die Autorin den Begriff weiter auf und bezeichnet den zuletzt genannten Vorgang als exploratives Prototyping. Demgegenüber dient das experimentelle Prototyping primär dem Tauglichkeitsnachweis der vorgeschlagenen und bereits spezifizierten Systemfunktionen. Evolutionäres Prototyping schließlich ersetzt die Wartungsphase durch einen dynamischen Entwicklungszyklus, der zu einer Folge von Systemversionen führt, ebd. S. 6ff. und sinngemäß auch Budde/Kautz/Kuhlenkamp/Züllighoven (1992), S. 166f.

ware auszuloten[29]. Die gewonnenen Erkenntnisse und Erfahrungen fließen in den weiteren Entwicklungsprozeß ein. Gleichzeitig können Programmfehler zu einem vergleichsweise frühen Zeitpunkt erkannt werden.

EDV- und Organisationsvorhaben im Büro- bzw. Verwaltungsbereich[30] sind die zweite hier betrachtete Aufgabenart, die inhaltliche Schnittmengen mit der Auswahl und Einführung von (PPS-)Standard-Software aufweist. Die Gemeinsamkeiten werden bereits anhand des Begriffsverständnisses für Verwaltungshandlungen deutlich. Steinle/Thewes bezeichnen Büroarbeit als Tätigkeiten, die der Realisation marktbezogener Leistungsprozesse vorangehen, sie steuernd begleiten und im nachhinein sichernd verfolgen. Damit sind sowohl ‚traditionelle' Büroaufgaben wie Archivierungsarbeiten und Textbearbeitung als auch planende und kontrollierende Managementaufgaben angesprochen[31]. Auf dieser Grundlage fallen auch die Verrichtungen der Produktionsplanung und -steuerung in den Bereich der Büroarbeit. Gleichsam können alle Prozesse der betrieblichen Leistungserstellung, also auch Dienstleistungen und Bereitstellungsaktivitäten, als Produktionsprozesse angesehen werden, da stets Produktionsfaktoren unter Beachtung der Unternehmungsziele planvoll kombiniert werden[32]. Hinzu kommt, daß die betrieblichen Abläufe keine Grenze zwischen Produktionsbereich und Bürobereich kennen, was gerade am Funktionsumfang integrierter PPS-Systeme sowie an den Nahtstellen zu angrenzenden Bereichen wie etwa dem Finanz- und Rechnungswesen deutlich wird[33]. Nippa versteht daher den Büro- und Verwaltungsbereich nicht als isolierten Unternehmungsbereich, sondern als integrativen Bestandteil aller Aufgaben und Bereiche der Unternehmung[34]. Eine Abgrenzung besteht allenfalls darin, daß im Produktionsbereich die Materialverarbeitung im Mittelpunkt steht, so daß Informationen nicht das zentrale Bearbeitungsobjekt darstellen[35].

Bedeutsame Unterschiede zwischen PPS-Vorhaben und Organisationsprojekten aus dem Bürobereich ergeben sich daraus, daß Bürotätigkeiten nach herrschender Meinung geringer determiniert sind[36]. Nicht voraussehbare Abweichungen vom allgemein vorgegebenen Bearbeitungsweg sind die Regel[37]. Mit dem geringen Maß an Gleichartigkeit und Periodizität der Vorgänge liegt nach dem ‚Substitutionsprinzip der Organisation' eine nur schwache Tendenz vor, überhaupt entsprechende Vorgaben zu formulieren, d. h. fallweise Regelungen durch generelle Regelung zu ersetzen[38]. Bestimmungen zur Aufgaben-

---

[29] Vgl. Floyd (1984), S. 4f.
[30] Bürobereich und Verwaltungsbereich werden als synonyme Begriffe verwendet, vgl. auch Daum (1993), S. 89 und die dort angegebene Literatur.
[31] Vgl. Steinle/Thewes (1989), S. 34.
[32] Vgl. Steffen (1993), S. 11.
[33] Vgl. Bullinger/Niemeier/Huber (1987), S. 13f.
[34] Vgl. Nippa (1988), S. 31.
[35] Vgl. Hoyer (1988), S. 39.
[36] Vgl. Krallmann (1988), S. 165 ebenso wie Scholz/Hoyer (1988), S. 178.
[37] Vgl. Hoyer (1988), S. 21 und die dort angegebene Literatur.
[38] Vgl. Gutenberg (1983), S. 239f.

erfüllung müssen einen ausreichend großen Freiraum lassen, um individuell geeignete Arbeitsweisen nicht zu unterbinden. Korrespondierend zum geringen Strukturierungsgrad haben kommunikative Tätigkeiten eine hohe Bedeutung. Picot/Reichwald ermitteln, daß etwa 60% der Büroarbeit mit Kommunikation verbunden sind. Nur 31% der Tätigkeiten werden als sach- und problembezogene Alleinarbeit durchgeführt[39].

Aufgrund des hohen Bekanntheitsgrades der Methode und ihres fortwährenden praktischen Einsatzes[40] wurde für die Überprüfung im Sinne der Zielsetzung dieses Abschnittes das Vorgehensmodell der ‚Kommunikationsstrukturanalyse' (KSA) gewählt. Unter einer Kommunikations(struktur)analyse wird allgemein eine Methode zur aufgaben- und/oder ablauforientierten Analyse einer Organisation verstanden, die Kommunikationsinhalte, -formen, -funktionen, -beziehungen und -kanäle besonders berücksichtigt und die Entwicklung von Sollkonzeptionen unterstützt[41]. Entsprechend rückt die am Lehrstuhl für Systemanalyse und EDV an der Technischen Universität Berlin entwickelte, spezielle KSA-Methode die aufgabenbezogene Struktur der Kommunikationsprozesse im Bürobereich in den Mittelpunkt der rechnergestützten Darstellung und Analyse[42]. In Abb. 17 werden die Ausführungen über das zugrunde gelegte Verfahrenskonzept zusammengefaßt.

Es fällt auf, daß die Resultate der KSA nicht in einen Zusammenhang mit der Auswahl von Standard-Software und/oder der Entwicklung individueller EDV-Lösungen gebracht werden. Insofern umfaßt das Vorgehensmodell der Methode nur einen Ausschnitt des Gesamtvorhabens zur Gestaltung der Bürokommunikation. Hoyer sieht die Technikauswahl als eigenständigen Prozeß, der erst nach der strukturellen Umorganisation der Abläufe erfolgen sollte. Dazu sind aus den entwickelten Informationsflüssen Anforderungen an die (EDV-)technischen Komponenten zu extrahieren, welche den Möglichkeiten gegenübergestellt werden, die einzelne Techniken bieten. Da die Rechnerunterstützung der KSA-Methode hier an ihre Grenzen stößt, werden diese Schritte nicht weiter verfolgt[43]. Allerdings wird bei der Realisierung der Lösungsvorschläge grundsätzlich von einer stufenweisen Überführung des Istzustands in den Sollzustand ausgegangen, um den Erfolg der Umsetzung bei gewachsenen Strukturen einer Unternehmung zu ermöglichen[44].

Hervorzuheben ist die starke Betonung der Istzustandserfassung innerhalb des KSA-Vorgehensmodells. Im Gegensatz zu den bisher betrachteten Konzepten wird die Ausgangsbetrachtung in drei Stufen unterteilt. Damit wird dem

---

[39] Vgl. Picot/Reichwald (1987), S. 30.
[40] Vgl. Unternehmensberatung für integrierte Systeme (UBIS) GmbH (1992), S. 6.
[41] Vgl. Steinle/Thewes (1989), S. 70, deren gleichermaßen auf computergestützte Kommunikations- und Kommunikationsstrukturanalysen bezogene Begriffsdefinition hier verdichtet wurde. Umschreibungen zur begrifflichen Abgrenzung mehrerer Einzelverfahren zur Informations- und Kommunikationsanalyse finden sich bei Reichwald/Nippa (1992), Sp. 856ff.
[42] Vgl. Feiten/Hoyer/Kölzer (1987), S. 143f. und ausführlich Hoyer (1988), S. 206ff.
[43] Vgl. Hoyer (1988), S. 259ff. und die dort angegebene Literatur.
[44] Vgl. UBIS (1992), S. 8.

Phasen	Inhalte
1. Definition des Untersuchungsbereiches	- Formulierung der Projektziele - Abgrenzung des Erhebungsbereiches - Aufstellung eines Zeit- und Interviewplanes
2. Interviews mit den Führungskräften	- Ziele und Aufgaben der Bereiche im Überblick - Benennen der wesentlichen Aufgaben
3. Interview mit den Mitarbeitern	- Ablauflogik der Arbeitsschritte - Verwendete Technik - Benötigte und erzeugte Informationen - Beteiligte Stellen - Wünsche und Kritik der Mitarbeiter
4. Selbstaufschreibung oder Laufzettelanalyse	- Häufigkeitsdaten - Zeitdaten - Konsistenzprüfung, eventuell Rücksprache
5. Auswertung und Schwachstellenanalyse	- Statische Betrachtungen - Dynamische Betrachtungen
6. Reorganisation	- Lösungsvorschläge entwickeln - Unternehmungsstrukturalternativen modellieren - Auswirkungen simulieren - Stufenplan zur Realisierung aufstellen

Abb. 17. Vorgehensmodell der *KSA*[a]

hohen Anteil kommunikativer Elemente bei der Büroarbeit und den vielfältigen Beziehungen und Kanälen entsprochen. Als erster Abschnitt der Aufnahme des Istzustands werden vorbereitende Interviews mit den Führungskräften veranstaltet. Mit ihrer Hilfe wird vorab eine Gesamtübersicht der Zusammenhänge im meist vielschichtigen Untersuchungsfeld hergestellt. Auf dieser Basis können problemorientierte Schwerpunkte für die nachfolgenden Untersuchungen der Abläufe definiert werden. Interviews mit den Beschäftigten der betroffenen Bereiche bilden den zweiten Vorgehensschritt. Die Gesprächsergebnisse werden anschließend durch das Aufzeichnen von Häufigkeits- und Zeitdaten vertieft, so daß ein detailliertes Abbild der Arbeitsweise im Untersuchungsbereich entsteht. Im Hinblick auf die in Abb. 17 genannte

---

[a] Graphische Aufbereitung der verbalen Beschreibungen von Hoyer (1988), S. 275ff. sowie Krallmann/Feiten/Hoyer/Kölzer (1989), S. 292ff. und *UBIS* (1992), S. 10f.

3.3
Überprüfung der Vorgehensmodelle

Im folgenden Teil der Untersuchung werden die Vorgehens- und Phasenkonzepte aus der Literatur anhand der in Abschn. 3.1 definierten Kriterien überprüft. In Tab. 18 wird zunächst eine komprimierte Darstellung vorgenommen, um die unterschiedlichen Akzente sowie gemeinsame Unterlassungsschwerpunkte gegenüber dem zugrunde gelegten Anforderungsrahmen sichtbar zu machen. Anschließend werden bedeutsame Vorzüge und Defizite der einzelnen Konzepte vertieft.

Die Überprüfung des allgemeinen Phasenmodells für das Projektmanagement zeigt, daß die formulierten Kriterien in der Modellbeschreibung berücksichtigt werden, soweit dies in einem derart idealtypischen Rahmenkonzept bereits möglich ist. Die übrigen Aspekte sind erst durch anwendungsbezogene Modelle der nachfolgenden Detaillierungsstufe zu beachten.

Die Beurteilung des ‚3-Phasen-Konzeptes' im Hinblick auf die Positionierung und den Stellenwert einer ablauforganisatorischen Konzeption beruht auf den Ausführungen von Laakmann. Daraus geht hervor, daß die Entwicklung eines Organisationskonzeptes zwar frühzeitig, nämlich im Vorfeld der Systemauswahl erfolgen muß. Der Anforderungskatalog zur Vorauswahl des PPS-Systems nimmt jedoch keinen erkennbaren Bezug auf das grobe Organisationskonzept. Außerdem wird betont, daß lediglich grundlegende organisatorische Zusammenhänge und Abläufe zu definieren sind. Anderenfalls würden unnötige Mehrkosten vorliegen, da während der Systemeinführung ohnehin eine Organisationsanpassung an das ausgewählte System durchgeführt wird[46]. Die nachfolgende Detaillierung des Soll-Konzeptes erfolgt „unter Berücksichtigung der softwaretechnischen Realisierbarkeit durch das ausgewählte PPS-System"[47]. Damit ist die leitende Rolle der unternehmungsspezifischen Ablaufkonzeption nicht gegeben.

Die geringe Bedeutung einer ablauforganisatorischen Konzeption im Rahmen des ‚3-Phasen-Konzeptes' kommt auch durch das rechnergestützte Verfahren zur ‚Bewertung und Auswahl von PPS-Systemen' (BAPSY) zum Ausdruck, welches für die Vorauswahl empfohlen wird[48]. In der aktuellen Fassung

---

[45] Vgl. Schmidt (1991), S. 151.
[46] Vgl. Laakmann (1993), S. 7ff. ebenso wie Baum/Thomassen (1993), S. 55f.
[47] Vgl. Laakmann (1993), S. 16, Arbeitsblock 3.1 ‚Realisierungsvorbereitung'. Entsprechendes gilt für das in seinen Grundzügen ähnliche Vorgehen nach Kirchmer, demzufolge zunächst nur ein grobes Anforderungskonzept erstellt wird. Die weitere Detaillierung erfolgt dann auf Basis des Fachkonzeptes der Standard-Software, vgl. Kirchmer (1993), S. 137ff.
[48] Vgl. Laakmann (1993), S. 10 ebenso wie Schotten (1993), S. 6.

Dem Text zur Selbstaufschreibung als Erhebungstechnik ist anzumerken, daß eine sorgfältige Information der Betroffenen über das Ziel der Erhebung und über die Vorgehensweise unerläßlich ist[45].

Tab. 18a. Übersicht zum Vergleich der betrachteten Vorgehensmodelle anhand der Überprüfungskriterien, Teil 1

Kriterien	Modell		
	3-Phasen-Konzept des FIR	Auswahlmethodik von Lang	Einführungsstrategie von Hamacher/Pape
1. Konzept zur Ablauforganisation	Frühzeitig, aber nur grob und nicht durchgängig maßgebend	Erst nach der Auswahlentscheidung; nicht explizit betrachtet	Frühzeitig und schrittweise detailliert als Maßgabe für die Systemgestaltung
2. Iterationen und Regelkreise	Allgemein angedeutet	Nicht behandelt	Ständig im Zuge des Detaillierungsfortschritts
3. Heterogene Anforderungen	Nicht behandelt	Nicht behandelt	Nicht behandelt
4. Paralleles Vorgehen	Allgemein im Rahmen der Block- und Phasenfolge	Überlappungsbereiche graphisch dargestellt	Bei der EDV-technischen und organisatorischen Umsetzung
5. Zielausrichtung	Einbezogen	Angedeutet	Vorangestellt
6. Wirtschaftlichkeitsbetrachtung	Nicht einbezogen	Angedeutet	Nicht einbezogen
7. Aktivierungsfolgen	Behandelt	Nicht behandelt	Nicht behandelt
8. Software-Anpassungen	So wenig wie möglich	Nicht behandelt	Ohne Einschränkung
9. Datenbereitstellung	Frühzeitig, mit der Gefahr nachträglicher Korrekturen	Nicht behandelt	Erst in der Umsetzungsphase

basiert dieser Ansatz auf einem unternehmungsneutralen, hierarchisch gegliederten Funktions- und Anforderungsgerüst, dessen unterste Ebene aus ca. 260 Bewertungsmerkmalen für PPS-Systeme besteht. Die überwiegende Anzahl der Merkmale bezieht sich auf Programmfunktionen. Beispielsweise wird gefragt, inwieweit die Software es zuläßt, Übergangszeiten für den Wechsel von einem Arbeitsgang zum nächsten zu definieren. Darüber hinaus sind systembezogene Kriterien hinterlegt, etwa zur Bewertung der Benutzerfreundlichkeit. Neben den neutralen Auswahlkriterien sind die entsprechenden

Tab. 18b. Übersicht zum Vergleich der betrachteten Vorgehensmodelle anhand der Überprüfungskriterien, Teil 2

Kriterien	Allgemeines Phasenmodell des Projektmanagement	Phasenzyklus zur Software-Entwicklung nach Floyd	Kommunikationsstrukturanalyse nach Hoyer et al.
1. Konzept zur Ablauforganisation	Frühzeitig und schrittweise detailliert als Maßgabe für die Realisierung	In Form von Anforderungen maßgeblich für die Systemunterstützung	Aufgrund der Aktionsfolge maßgeblich für die Systemunterstützung
2. Iterationen und Regelkreise	Durchgängig innerhalb der Phasen und bei Phasenübergängen	Explizit als Verfahrensprinzip	Im Zuge der Simulation von Auswirkungen unterschiedlicher Lösungsvorschläge
3. Heterogene Anforderungen	Im Zuge der Allgemeingültigkeit nicht behandelt	Nicht behandelt	Nicht behandelt
4. Paralleles Vorgehen	Innerhalb der einzelnen Phasen	Allgemein bei Aufgabenteilung zwischen Nutzer und Entwickler	Nicht behandelt
5. Zielausrichtung	Einbezogen	Angedeutet	Vorangestellt
6. Wirtschaftlichkeitsbetrachtung	Im Rahmen der Zäsur zur Freigabe der nächsten Phase	Angedeutet	Nicht einbezogen
7. Aktivierungsfolgen	Im Zuge der Allgemeingültigkeit nicht behandelt	Nicht behandelt	Nicht behandelt
8. Software-Anpassungen	"	Explizit als Verfahrensprinzip	"
9. Datenbereitstellung	"	Nicht behandelt	"

Merkmalsausprägungen von ca. 100 PPS-Systemen gespeichert[49]. Unternehmungsindividuell werden dann die jeweils zutreffenden Merkmale bzw. Anforderungen in einer Arbeitssitzung vor Ort ermittelt und gewichtet. Das Bestimmen der Hardware-Kategorie sowie einzelne, als unverzichtbar eingestufte

---

[49] Diese Merkmalsübersicht findet sich auch in der Veröffentlichung von Grünewald/Schotten (1994), S. 64ff.

Kriterien grenzen die Anzahl der in Frage kommenden Systeme frühzeitig ein. Rechnergestützt werden dann die definierten Anforderungen den Merkmalsausprägungen der PPS-Systeme gegenübergestellt, um entsprechende Nutzwerte zu berechnen. Als Ergebnis wird eine Rangreihe der Favoritengruppe dargestellt[50]. Diese ist im nachfolgenden Arbeitsblock ‚Endauswahl' weiter zu betrachten[51].

Die Vorgehensweise des BAPSY-Verfahrens ist aus den Erkenntnissen der vorliegenden Untersuchung heraus zu kritisieren. Zunächst fällt auf, daß nicht alle am Markt angebotenen PPS-Systeme in die unternehmungsneutrale Voruntersuchung einbezogen wurden. Damit wird der Betrachtungsrahmen ohne hinreichende Begründung eingeschränkt. Besonders bedenklich ist der Umstand, daß die unternehmungsindividuellen Anforderungen und Gewichtungen innerhalb nur weniger Tage ermittelt werden. Da zum Zeitpunkt der Bedarfsermittlung allenfalls ein grobes Organisationskonzept aus der vorangegangenen Phase vorliegt, welches nach den oben zitierten Ausführungen nicht als Quelle für die Anforderungen vorgesehen ist, dürften etliche Erfordernisse nur unzureichend reflektiert sein[52]. Außerdem ist zu erwarten, daß die vergleichsweise spontan hervorgebrachten, bereichsbezogenen Wunschvorstellungen teilweise im Widerspruch zu denen anderer Bereiche stehen. Schließlich läßt eine Systemauswahl anhand einzelner Funktionsmerkmale weitgehend außer acht, daß es wichtig sein kann, wie eine Funktion in den Ablauf eingebunden ist. Die von der Software zugrunde gelegte Funktionsabfolge bestimmt die zu erfüllenden Voraussetzungen für eine systemseitige Aktion. Beispielsweise kann die Fertigmeldung des Produktionsauftrags programmseitig als zwingende Bedingung zum Ausdruck von Auslieferpapieren vorgesehen sein. Sind letztere im unternehmungsspezifischen Ablauf gleichzeitig als Verladeauftrag vorgesehen, ist keine überlappende Arbeitsweise möglich.

Innerhalb der Auswahlmethodik von Lang wird auf das Entwickeln eines ablauforganisatorischen Konzeptes im Vorfeld der Auswahlentscheidung ganz verzichtet. Stattdessen werden in der Phase ‚Grobkonzept' einzelne Aufgaben mit verschiedenen Merkmalsausprägungen nach Bereichen geordnet und tabellarisch dargestellt. Beispielsweise kann im Funktionsbereich ‚Auftragsveranlassung' die Funktion der Produktionsauftragsfreigabe auftrags- oder

---

[50] Vgl. Schotten (1993), S. 6ff. ebenso wie Emonts'bots (1990), S. 28ff.
[51] Ein ähnliches rechnergestütztes Auswahlverfahren beschreibt Geitner (1991), S. 147ff. Allerdings erfolgt dort auch die Endauswahl (genannt Feinauswahl) anhand der Merkmale und Gewichtungen. Die nachfolgende Bewertung gilt sinngemäß auch für den Ansatz von Geitner.
[52] Dabei bilden unternehmungsindividuelle Anforderungen eine Weiterentwicklung des ursprünglichen BAPSY-Ansatzes. Im Rahmen des letztgenannten sollten die Anforderungen zur Vorauswahl direkt aus der jeweils zutreffenden, unternehmungsneutral hinterlegten Betriebstypologie abgeleitet werden, vgl. Speith (1982), S. 107 ebenso wie Hackstein/Speith (1983), S. 137. Problematisch erscheint hier, daß bei der Typisierung einer Unternehmung häufig mehrere Betriebstypen oder Mischformen vorliegen. Roos (1992), S. 52 kritisiert, daß typologische Merkmale keine hinreichend genauen Aussagen zur Gestaltung des einzusetzenden PPS-Systems liefern.

bereichsweise erfolgen. Der entsprechende, im EDV-System hinterlegte Katalog aller möglichen bzw. bekannten Ausprägungen von Funktionen ist sowohl inhaltlich als auch im Hinblick auf seinen Umfang mit den unternehmungsneutralen Merkmalsausprägungen des oben beschriebenen BAPSY-Verfahrens vergleichbar. Die Anforderungen an das System sind untergliedert in sinnvolle und notwendige Funktionen. Über das Zustandekommen der funktionalen Erfordernisse wird lediglich vermerkt, daß sie aus einer Bedarfsanalyse beim Anwender hervorgehen. Detaillierte Ablaufstudien sind erst für die Feinkonzept-Phase im Rahmen der Implementierungsaktivitäten vorgesehen. Als Begründung wird angegeben, daß die Wartung und Pflege der Dokumentation über die Projektlaufzeit in Anbetracht der Weiterentwicklung der Unternehmung mit erheblichen Kosten verbunden sei[53]. Da einem solchen Konzept für die Systemauswahl keine Rolle zugedacht ist, würde hier tatsächlich eine unnötige Anstrengung vorliegen. Aufgrund der Erkenntnisse aus den empirischen Untersuchungen ist diese Vorgehensweise jedoch als problematische Einschränkung zu werten.

Im Gegensatz zu den bisher erörterten Vorgehensmodellen dienen die Überlegungen für ein ablauforganisatorisches Konzept bei Hamacher/Pape als Filter für die Suche nach einem geeigneten System[54]. Demnach ist zunächst die Aufbauorganisation als Aufgabenverteilung zwischen den Menschen zu entwickeln. Daran schließt sich die Gestaltung der Arbeitsabläufe an, um auf dieser Basis die Aufgabenverteilung zwischen Mensch und EDV zu bestimmen. Die der EDV zugeordneten Funktionen sind zugleich Anforderungen an die Gestalt des PPS-Systems[55]. Allerdings versäumen es die Autoren, diesen Generierungsprozeß explizit in das Vorgehenskonzept aufzunehmen[56].

Im Rahmen des Phasenzyklus zur Software-Entwicklung nach Floyd sind ablauforganisatorische Überlegungen nicht explizit erwähnt. Allerdings ist das Versionenkonzept auf die evolutionäre Veränderung der Anforderungen der Benutzer ausgerichtet. Unter der Maßgabe, daß die neuen Anforderungen aus Konzepten für verbesserte Abläufe stammen, lassen sich organisatorische Überlegungen auf diesem Weg mit dem Vorgehensmodell verknüpfen. Dennoch gilt die Kritik von Remme/Scheer, wonach sich die Vorgehensweise beim Software Engineering stark an bestehenden Systemen orientiert. Grundsätzliche Umgestaltungen werden tendenziell nicht in Betracht gezogen[57].

Iterationsschleifen und Abstimmungsprozesse sind als unvermeidlich erkannt und werden in fast allen Vorgehenskonzepten zumindest angedeutet. Erklärungsbedarf besteht im Hinblick auf wichtige Auslöser für eine Ergebnisrevisionen, um über die Aussagen eines allgemeingültigen Phasenmodells hinauszukommen. Im Sinne des Regelkreis-Gedankens sind die ‚Störgrößen' zu

---

[53] Vgl. Lang (1989), S. 19 und S. 49ff.
[54] Vgl. Hamacher/Pape (1991), S. 119f.
[56] Vgl. Hamacher/Pape (1991), S. 29f.
[56] Vgl. Abb. 15 in Abschn. 3.2.2 „Vorgehensmodelle zur Auswahl und Einführung von Standard-Software".
[57] Vgl. Remme/Scheer (1994), S. 5.

definieren, an denen der Handlungsbedarf zur Korrektur vorangegangener Aktivitäten identifiziert werden kann. Ähnliches gilt für die Beschreibung von zeitlichen Abschnitten, in denen ein paralleles Vorgehen möglich ist. Obwohl weitgehend berücksichtigt, fehlen konkrete Ansatzpunkte für überlappende Arbeitsschritte. Die wiederholte Ausrichtung des Vorhabens auf übergeordnete Zielsetzungen wird von allen Vorgehensmodellen genannt. Allerdings gibt es keine klaren Hinweise darauf, welche Arbeitsschritte auf die formulierten Ziele Bezug nehmen müssen.

Auf die drei möglichen Strategien zur Aktivierungsfolge der neuen Programme geht allein das ‚3-Phasen-Konzept' ein. Dabei werden einzelne Vor- und Nachteile jeder Vorgehensvariante genannt[58]. Zu ergänzen wären hier Aussagen zur Problematik der Verzahnung verschiedener Produktgruppen bei einer ‚auftragsweisen' Implementierung, etwa im Hinblick auf Materialien und/oder Produktionskapazitäten, die in mehreren Produktgruppen bzw. Aufträgen verwendet werden.

Soweit auf Software-Anpassungen eingegangen wird, werden sie von vornherein als Bestandteil der Realisierungsphase angesehen. Graduelle Unterschiede werden deutlich, wenn die Ausführungen zum ‚3-Phasen-Konzept' mit denen der Einführungsstrategie von Hamacher/Pape verglichen werden. Im Rahmen des zuerst genannten Vorgehensmodells wird geraten, auf Abweichungen vom Standard so weit wie möglich zu verzichten[59]. Damit erscheint der Konflikt mit dem vorher vertretenen Standpunkt der Organisationsanpassung an das System geringfügig. Die tatsächliche Tragweite dieses Widerspruchs wurde im Rahmen der empirischen Studien in Abschn. 2.5 „Verdichten der Erkenntnisse zu einem Anforderungsrahmen für die Auswahl und Einführung von PPS-Systemen" herausgearbeitet. Hamacher/Pape gehen davon aus, daß die Software-Häuser in Anbetracht des entwickelten Feinkonzeptes nicht mehr ihre Standardprodukte anbieten können, sondern eine angepaßte Lösung im Pflichtenheft zu definieren ist. Da die konzeptionellen Vorgaben parallel zur Entwicklung der Organisation und der Qualifikation in EDV-Programme umgesetzt werden, sind hier immer wieder Rückkopplungen erforderlich[60]. Auf mögliche Restriktionen seitens der Programme wird nicht eingegangen.

Auf die Bedeutung der Aktivitäten zur Datenbereitstellung wird im Rahmen des ‚3-Phasen-Konzeptes' schon im Zuge der Ausführungen zur Ist-Analyse hingewiesen. Anhand der Erkenntnisse zur Datenqualität müssen bereits zu diesem frühen Zeitpunkt, also noch vor der Auswahlentscheidung, die notwendigen Vorleistungen veranlaßt werden. Im weiteren Verlauf der Ausführungen räumt der Autor jedoch ein, daß der Aufbau vorhandener

---

[58] Vgl. Laakmann (1993), S. 16ff. Anstelle der in Abschn. 2.3.3 „Inbetriebnahmeverlauf und Systemintegration" verwendeten Bezeichnungen spricht Laakmann von einer stichtagsbezogenen, modulweisen oder auftragsweisen Austauschstrategie.
[59] Vgl. Laakmann (1993), S. 19f.
[60] Vgl. Hamacher/Pape (1991), S. 109f.

Teilestammdaten und Stücklisten an die Erfordernisse des Systems anzupassen ist[61]. Das daraus resultierende Dilemma wurde bereits in Abschn. 2.5 beschrieben.

Da die definierten Überprüfungskriterien aus den empirisch ermittelten Schwierigkeiten resultieren, ist zu resümieren, daß die betrachteten Vorgehensmodelle aus der Literatur den praktischen Erfordernissen nicht ausreichend gerecht werden. Kein Konzept bietet Aussagen zu allen Problembereichen, die den Prüfkriterien zugrunde liegen. Dabei werden einige Aspekte durchweg nicht behandelt. Dies gilt insbesondere für heterogene funktionsbezogene Anforderungen an das System, wie sie z. B. vorliegen, wenn die Materialbedarfsermittlung fallweise anhand von Stücklisten oder auf der Basis von vergangenheitsbezogenen Verbrauchsmengen durchzuführen ist. Vereinzelt werden sogar Akzente gesetzt, die den entwickelten Anforderungen entgegenstehen, wie das Beispiel der ablauforganisatorischen Überlegungen im Rahmen der Auswahlmethodik von Lang gezeigt hat. Hiermit wird zugleich die pauschale Aussage konkretisiert, wonach vorhandene Implementierungsansätze primär hardware- und software-technisch ausgerichtet sind und in nur geringem Maße auf die organisatorischen Aspekte eingehen[62].

Die Unvollständigkeit der auf einen bestimmten Anwendungsbereich bezogenen Vorgehenskonzepte wird nicht nur anhand der Prüfkriterien erkennbar, sondern auch durch die Gegenüberstellung mit dem allgemeinen Phasenmodell für das Projektmanagement. Letzteres bildet gemäß der hierarchischen Gliederung für Phasenmodelle aus Abschn. 3.1 „Begriffsdefinition, Prüfkriterien und hierarchische Ordnung der Vorgehensmodelle" die Grundlage für anwendungsbezogene Konzepte, welche schließlich als Handlungsanleitung den Einzelfall unterstützen. Der Modellvergleich hat jedoch Brüche im vorgesehenen Detaillierungsweg gezeigt. So wurden die im allgemeinen Phasenmodell (innerhalb der Zäsuren zur Freigabe des jeweils nächsten Projektabschnittes) integrierten Wirtschaftlichkeitsbetrachtungen nicht in die betrachteten Vorgehenskonzepte zur Auswahl und Einführung von Standard-Software übernommen. Bei einer strikten Anwendung der für diese Untersuchung zugrunde gelegten Definition handelt es sich damit bei den untersuchten Konzepten für bestimmte Anwendungsbereiche nicht um Phasenmodelle. Mit dem Verzicht auf eben jene Zäsuren fehlt ein wesentliches Merkmal, welches Phasen voneinander abgegrenzt.

Ein dienliches Beispiel für projektbestimmende Wirtschaftlichkeitsbetrachtungen im Rahmen einer Zäsur gibt der Beitrag von Baum/Thomassen. Hier wird am Ende der Vorbereitungsphase nicht unreflektiert zur Auswahl und Einführung einer Standard-Software übergegangen. Verbesserungsvorschläge für die aufgedeckten Schwachstellen sind zunächst anhand einer Kosten-Nutzen-Abschätzung in eine Reihenfolge zu bringen. Auf diese Weise werden kurzfristige, organisatorische Maßnahmen im Vorfeld des PPS-Vorhabens her-

---

[61] Vgl. Laakmann (1993), S. 6 und S. 16.
[62] Vgl. Kaucky (1988), S. 186 ebenso wie Seibt (1990), S. 328.

ausgestellt[63]. Damit wird von den Autoren angedeutet, daß EDV-unabhängige Verbesserungen ausreichen können, um die ermittelten Problemfelder zu beseitigen. Investitionen in Form von neuer Hardware- und Software-Technik müssen (zunächst) nicht getätigt werden. Weiterhin ist zu beachten, daß sich mit den realisierten Maßnahmen die Ausgangslage für die PPS-Systemeinführung ändern würde. Somit wären die Anforderungen an die Systemunterstützung zu überprüfen. Möglicherweise ergibt sich erst nach den vorgezogenen Aktionen ein ausgewogenes oder erfolgversprechendes Kosten-Nutzen-Verhältnis.

Über die Prüfkriterien hinaus ist bedeutsam, daß die Vorgehenskonzepte zur Einführung von (PPS-)Standard-Software stillschweigend oder ausdrücklich mit der Inbetriebnahme des Systems bzw. mit der Umsetzung des zugrunde gelegten Konzeptes enden, obwohl durch den ständigen Programmausbau mit den daraus folgenden Release-Wechseln oft kein klarer Projektabschluß gegeben ist. Im Gegensatz dazu sieht das allgemeine Phasenmodell für das Projektmanagement eine Nutzungsphase vor, in deren Verlauf eine Anpassung und Verbesserung des Systems unter dynamischen Umweltbedingungen erfolgt[64]. Analog geht der Phasenzyklus zur Software-Entwicklung nach Floyd von einer langen Einsatzdauer und einer kontinuierlichen, anforderungsbezogenen Weiterentwicklung der Programme aus. Dem in Abschn. 2.5 herausgearbeitete Konflikt zwischen sich ändernden Anforderungen und vergleichsweise starren Vorgaben der Programmstrukturen können die Vorgehensmodelle zur Auswahl und Einführung von Standard-Software nur begegnen, wenn sie über die übliche Definition hinaus im Sinne eines Lebenszyklus-Modells ebenfalls die Nutzung des Systems bis hin zur Außerdienststellung umfassen.

Trotz aller Kritik an den betrachteten Vorgehenskonzepten hat die Untersuchung auch einzelne Modellelemente herausgestellt, die in die zu entwikkelnde Konzeption einfließen werden. Dabei handelt es sich insbesondere um folgende Ansätze:

- Das Prinzip des Prototyping aus dem evolutionären partizipativen Phasenmodell der Software-Entwicklung, um nicht vorhersehbare Veränderungen zu integrieren;
- die Zäsur, wie sie das allgemeine Phasenmodell für das Projektmanagement beim Übergang in die jeweils nächste Phase vorsieht, wobei sich die Zäsur nicht auf die Entscheidung zum weiteren Vorgehen am Ende einer Phase beschränkt, sondern auch die dafür notwendigen entscheidungsvorbereitenden Aktivitäten umfaßt, in deren Verlauf Erkenntnisse evaluiert und Ergebnisse aufbereitet werden;
- Iterationen im Zuge der Entwicklung einer ablauforganisatorischen Konzeption unter Einbeziehung der Benutzer entsprechend dem Ansatz von Hamacher/Pape.

---

[63] Vgl. Baum/Thomassen (1993), S. 56f. Dabei beziehen sich deren Ausführungen auf Standardprogramme zur PPS und zur Instandhaltungsplanung und -steuerung.
[64] Vgl. Reschke/Svoboda (1984), S. 51.

4 Beurteilung der Wirtschaftlichkeit von PPS-Systemen

4.1
Aktionsraum der Wirtschaftlichkeitsanalyse

Bereits die einleitenden Ausführungen dieser Untersuchung betonten die weitreichende Bedeutung der Wirtschaftlichkeitsbetrachtung für laufende und zukünftige informationstechnologische Investitionsvorhaben[1]. Soweit CIM-Komponenten nicht als strategische Maßnahme im Rahmen des Innovationswettbewerbs betrachtet werden, drohen auch PPS-Projekte bei nicht nachgewiesenem Wertschöpfungsbeitrag schon im Ansatz oder in einem frühen Stadium zu scheitern[2]. Die empirischen Studien im zweiten Kapitel haben ergeben, daß nur wenige konkrete Realisierungserfolge genannt werden konnten, woraus sich neben der Frage nach einem tauglichen Vorgehen für die Auswahl und Einführung von PPS-Systemen auch die nach einer geeigneten Methode zur Wirtschaftlichkeitsbetrachtung ergab. Kapitel 3 hat dann gezeigt, daß es die in der Literatur beschriebenen anwendungsbezogenen Vorgehensmodelle im allgemeinen versäumen, nach jeder Phase eine Zäsur vorzusehen, die mit einer Wirtschaftlichkeitsbetrachtung verbunden ist.

Die Zielsetzung des vierten Kapitels besteht darin, die Integration der Wirtschaftlichkeitsbetrachtung in die zu entwickelnde Vorgehenskonzeption vorzubereiten. Dabei ist insbesondere die Frage nach Art und Umfang der Wirtschaftlichkeitsanalyse in Anbetracht der bestehenden Problematik zu beantworten. Zunächst gilt es, den Aktionsraum für die Wirtschaftlichkeitsbetrachtung zu definieren. Die entsprechende Darstellung soll einen zeitlichen und sachlichen Rahmen für die Aktivitäten zur Wirtschaftlichkeitsanalyse liefern. In Abschn. 4.2 werden die Probleme der Wirtschaftlichkeitsanalyse in Verbindung mit den grundlegenden Vorgehensschritten dargestellt, wie sie jeder Wirtschaftlichkeitsuntersuchung von DV-Vorhaben zugrunde liegen. Dabei

---

[1] Die Begriffe ‚Wirtschaftlichkeitsbetrachtung' und ‚Wirtschaftlichkeitsanalyse' werden in dieser Untersuchung synonym verwendet. Zur Abgrenzung gegenüber einer Wirtschaftlichkeitsrechnung wird der Differenzierung von Horváth gefolgt. Danach umfaßt die Wirtschaftlichkeitsanalyse alle Methoden und Methodenkombinationen, die sowohl monetäre als auch qualitative Aspekte berücksichtigen. Die Wirtschaftlichkeitsrechnung dagegen beschränkt sich auf die Feststellung der wertmäßigen Wirtschaftlichkeit, vgl. Horváth (1988), S. 3.

[2] Vgl. die Gegenüberstellung der beiden gegensätzlichen Haltungen zur Wirtschaftlichkeitsbeurteilung in Abschn. 1.1 „Problemstellung".

wird auch betrachtet, welche Ansätze in der Literatur verfolgt werden, um den Schwierigkeiten zu begegnen. In Abschn. 4.3 erfolgt dann eine zusammenfassende Wertung der Ergebnisse. Die Schlußfolgerungen für den Einbezug in die zu entwickelnde Phasenkonzeption müssen sich am eingangs der Untersuchung formulierten Subziel orientieren. Danach muß das Vorgehen praktikabel sein und zu zielgerichteten, quantifizierten und nachvollziehbaren Nutzenaussagen führen, welche die Entscheidungsfindung unterstützen.

Grundsätzlich ist davon auszugehen, daß die entstehenden Kosten leichter zu bestimmen sind als die Nutzeffekte[3]. Mit Bezug auf die in Abschn. 2.2.1 „Motive und Erwartungshaltungen", Abb. 5 vorgenommene Klassifizierung gilt dies insbesondere für die Kosten der Systemkomponenten und Dienstleistungen (‚PPS-Systemkosten')[4]. Somit ist an dieser Stelle keine eingehende Betrachtung der Projektkosten erforderlich. Im Hinblick auf den Nutzen des Vorhabens muß jedoch eine vertiefende Darstellung des sachlichen Handlungsraumes vorgenommen werden. Der sachliche Rahmen wird durch die Wirkungsebenen der Nutzeffekte sowie ihre Positionierung innerhalb des Mittel-Zweck-Zusammenhangs der Zielhierarchie beschrieben.

Der zielbezogen-hierarchischen Unterscheidung liegt zugrunde, daß alle Nutzeffekte letztlich auf die übergeordneten Ziele ‚verringerte Kosten' und ‚höhere Umsätze' einwirken[5]. Unterhalb dieser Ziele gelten die in Abschn. 2.1.1 „Begriffsbestimmungen" beschriebenen Mittel-Zweck-Beziehungen im unternehmungsspezifischen Zielsystem der computergestützten PPS. Danach sind die indirekt wirksamen, oft qualitativ umschriebenen Nutzengrößen ein Mittel, um direkte und im allgemeinen durch Kennzahlen zum Ausdruck gebrachten Nutzeffekte zu erreichen. Diese wiederum stellen einen unmittelbaren Beitrag zur Zielsetzung ‚geringere Kosten' dar. Darüber hinaus können von den direkten und indirekten Nutzengrößen Erlöswirkungen ausgehen[6]. Mehrerlöse ergeben sich primär aus der früheren Markteinführung von Produkten, größeren Absatzmengen und/oder höheren Preisen[7]. Die Beiträge zu diesen erlösbestimmenden Faktoren sind meist zusätzlich zu den Kostenwirkungen der Nutzengrößen zu registrieren. Abb. 18 veranschaulicht diese Zusammenhänge mit Hilfe einzelner Nutzeffektbeispiele.

Im Zusammenhang mit den Wirkungsebenen als zweite sachliche Ordnung des Handlungsraums hat die Einteilung von Behrbohm/Picot/Reichwald in der Literatur breite Anerkennung gefunden. Die Autoren nennen vier Analyseebenen der Wirtschaftlichkeitsbeurteilung, die jeweils qualitative und quantitative

---

[3] Vgl. Anselstetter (1986), S. 247 ebenso wie Schreuder/Upmann (1988), S. 182 und Schumann (1992), S. 162.
[4] Vgl. sinngemäß auch Droste (1986), S. 102.
[5] Vgl. Horváth (1994), S. 472.
[6] Schreuder/Upmann (1988), S. 210 sprechen in diesem Zusammenhang von Nutzengrößen mit Innen- und/oder Außenwirkung. Nutzengrößen mit Außenwirkung tragen zu einer Verbesserung der Wettbewerbsposition der Unternehmung bei und wirken somit erlössteigernd, vgl. Upmann (1991), S. 239f.
[7] Vgl. Eisfelder (1988), S. 59.

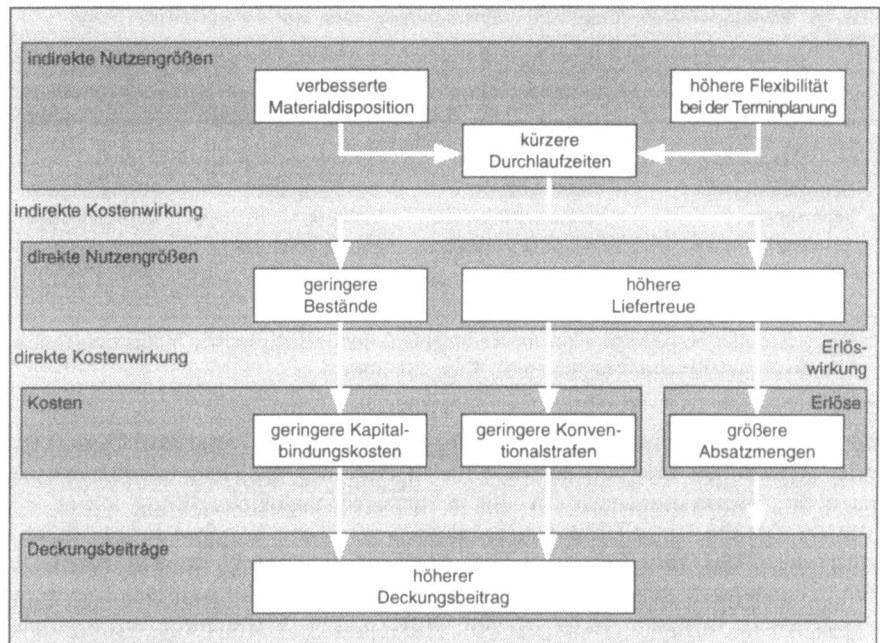

Abb. 18. Einstufung von Nutzeffekten im hierarchischen Zielsystem[a]

Effekte des Investitionsvorhabens umfassen[8]. Die Bezeichnungen der Ebenen in Tab. 19 orientieren sich weitgehend an den Formulierungen des *BMI*[9].

Kennzeichnend für das Vier-Ebenen-Modell ist der stufenweise ausgedehnte Betrachtungsrahmen. Nach Behrbohm/Picot/ Reichwald bezieht sich die erste Ebene auf isolierte Arbeitsplätze mit den jeweiligen Aufgaben, Einrichtungen und Sachmitteln. Auf der zweiten Stufe werden die Beziehungen mit vor- und nachgelagerten Arbeitsplätzen analysiert, d.h es wird ein Aufgabenverbund betrachtet. Im Vordergrund der dritten Ebene stehen Auswirkungen auf die Leistungsfähigkeit der Unternehmung insgesamt, während mit der vierten Ebene Konsequenzen außerhalb der Unternehmung erfaßt werden[10].

Die Ordnung der Nutzeffekte nach sachlichen Gesichtspunkten ist durch die zeitliche Dimension des Handlungsrahmens zu ergänzen. Im Hinblick auf den Zeitpunkt einer Wirtschaftlichkeitsbetrachtung ist wesentlich, daß sich

---

[a] Kombinierte und modifizierte Fassung der Nutzenhierarchie von Eisele (1990), S. 129 sowie der Nutzeffektkette von Schumann/Mertens (1990a), S. 48.
[8] Vgl. Behrbohm/Picot/Reichwald (1985), S. 6ff. ebenso wie Rall (1991), S. 14 und sinngemäß auch Schumann/Mertens (1990c), S. 59f. und S. 64.
[9] Vgl. Bundesminister des Innern (*BMI*) (1992a), S. 23.
[10] Vgl. Behrbohm/Picot/Reichwald (1985), S. 8ff.

Tab. 19. Wirkungsebenen integrierter Informationssysteme und exemplarische Nutzeffekte[a]

Arbeitsplatzbezogene Wirtschaftlichkeit	Arbeitsplatzübergreifende Wirtschaftlichkeit	Unternehmungsbezogene Wirtschaftlichkeit	Gesellschaftliche Wirtschaftlichkeit
– Bearbeitungszeit – Fehlerquote – Arbeitsplatzkomfort	– Durchlaufzeit – Abstimmungszeit – Tätigkeitsvielfalt	– Straffung der Abläufe – Flexibilität	– Nutzeffekte in anderen Unternehmungen – Ökologischer Nutzen

[a] Die genannten Nutzeffekte sind in der Mehrzahl dem beispielhaften Indikatorensystem von Reichwald/Weichselbaumer (1991), S. 99 entnommen.

der Umfang und die Qualität der Eingangsgrößen im Zeitablauf verändern. Mit wachsendem Erkenntnisfortschritt im Zuge des Projektes entwickelt sich auch die Informationsbasis für die Wirtschaftlichkeitsbetrachtung weiter. So stützen sich die Nutzeffektaussagen anfangs auf grobe Annahmen oder Erfahrungswerte. Bis zum Zeitpunkt der Auswahlentscheidung müssen fundierte Potentialanalysen vorliegen, um die zu erwartenden Nutzengrößen klar zum Ausdruck zu bringen. Daher ist eine differenzierte Betrachtung erforderlich, mit deren Hilfe deutlich wird, welche Eingangsgrößen zum jeweiligen Projektabschnitt erforderlich sind, um phasengerechte Wirtschaftlichkeitsaussagen zu erhalten. Anhaltspunkte bieten die Ausführungen von Droste, die in Tab. 20 zusammengefaßt sind.

Die Initialisierungsphase ist demnach mit möglichst geringem Ressourceneinsatz durchzuführen und innerhalb einiger Tage oder Wochen abzuschließen[11]. Als Informationsbasis kommen daher hoch konzentrierte Situationsaussagen und Vergleiche mit anderen Unternehmungen in Frage. Darüber hinaus ist ein grober Lösungsrahmen zu skizzieren. Es muß erkennbar werden, ob es sich lohnt, weitere Schritte einzuleiten[12].

Die Umschreibung der Durchführungsstudie zeigt, daß hier der Istzustand bereits soweit analysiert werden muß, daß die wesentlichen Anforderungen hervortreten. Auf dieser Basis können dann verschiedene Lösungsalternativen beschrieben werden. Durch den Vergleich des Ausgangszustands mit den Lösungsansätzen werden die Verbesserungspotentiale erkennbar. Droste geht davon aus, daß die Anforderungen und Entwürfe zu diesem Zeitpunkt noch relativ ungenau sind. Dennoch sieht er den Einsatz von statischen oder dynamischen Investitionsrechenverfahren vor, wobei die Eingangsgrößen innerhalb eines breiten Schätzspielraums variiert werden[13]. Die als durchführbar eingeschätzten Lösungskonzepte werden anschließend sorgfältig analysiert. Dazu müssen nach Droste zusätzliche Details zu den vorher entwickelten Ergebnis-

---

[11] Vgl. Droste (1986), S. 195f. und die dort angegebene Literatur.
[12] Vgl. Droste (1986), S. 195.
[13] Vgl. Droste (1986), S. 208.

Tab. 20. Phasenbezogene Differenzierung der Wirtschaftlichkeitsanalyse[a]

Phase	Input/Output	
	Eingangsgrößen für die Wirtschaftlichkeitsbetrachtung	Ergebnisse der Wirtschaftlichkeitsbetrachtung
Initialisierungsstudie	– Grobe Kosten- und Nutzenschätzungen – Unsicherheiten des Vorhabens	– Schriftliche Formulierung des potentiellen Beitrags zum Unternehmungserfolg
Durchführbarkeitsstudie	– Kosten und Nutzengrößen für verschiedene Lösungsansätze mit breitem Schätzspielraum	– Studienbericht mit zusammengefaßten ökonomischen Resultaten
Systemanforderungen und Grobentwurf	– Zuverlässige Kosten- und Nutzenangaben	– Umfassende Entscheidungsvorlage
Systementwicklung/ Systemimplementierung	– Kosten und Nutzeffekte bei veränderten Anforderungen – Entstandene Kosten und realisierter Systemnutzen	– Zulässigkeit von Änderungswünschen – Budgetfortschreibung – Erfolgskontrolle
Systemwartung	– Kosten und Nutzen der Wartungsvorhaben	– Entscheidung über Ausführung oder Verzicht

[a] Verdichtete Fassung der Betrachtungen von Droste (1986), S. 195ff. Die Phaseneinteilung ist auf die Entwicklung betriebswirtschaftlicher Software als zugrunde gelegten Betrachtungsrahmen ausgerichtet und greift ein bestimmtes Schema aus der Literatur auf, vgl. Droste (1986), S. 9 und S. 195. Der Funktionsbereich der betriebswirtschaftlichen Anwendungen wird von Droste nicht näher beschrieben.

sen geliefert werden[14]. Mit der Entscheidung für eine bestimmte Lösungsvariante wird der Umfang und die Anwendungsweise des DV-Instrumentariums festgelegt. Zum Abschluß der Phase ‚Systemanforderungen und Grobentwurf' ist anhand der Wirtschaftlichkeitsbetrachtung das weitere Vorgehen zu bestimmen. In bezug auf die vorliegende Untersuchung wird an dieser Stelle über die Realisierung des Vorhabens – also den Austausch des PPS-Systems in Verbindung mit organisatorischen Veränderungen – sowie das zu implementierende System entschieden.

Nach dem Umsetzungsbeschluß dient die Wirtschaftlichkeitsbetrachtung im wesentlichen dazu, die Relation zwischen dem Nutzen aus neuen Anforderungen und den Realisierungskosten sichtbar zu machen[15]. Neue Erkenntnisse werden in die vorhandene Analyse integriert, um deren Auswirkungen zu dokumentieren. Daneben sind die bisher entstandenen Kosten festzuhalten. Der Abbruch des Vorhabens ist durchaus denkbar[16]. Im Anschluß an

---

[14] Vgl. Droste (1986), S. 215f.
[15] Vgl. Droste (1986), S. 222.
[16] Vgl. Droste (1986), S. 222 sowie das allgemeine Phasenmodell des Projektmanagements in Abschn. 3.2.1, Abb. 12 der vorliegenden Untersuchung.

94 4 Beurteilung der Wirtschaftlichkeit von PPS-Systemen

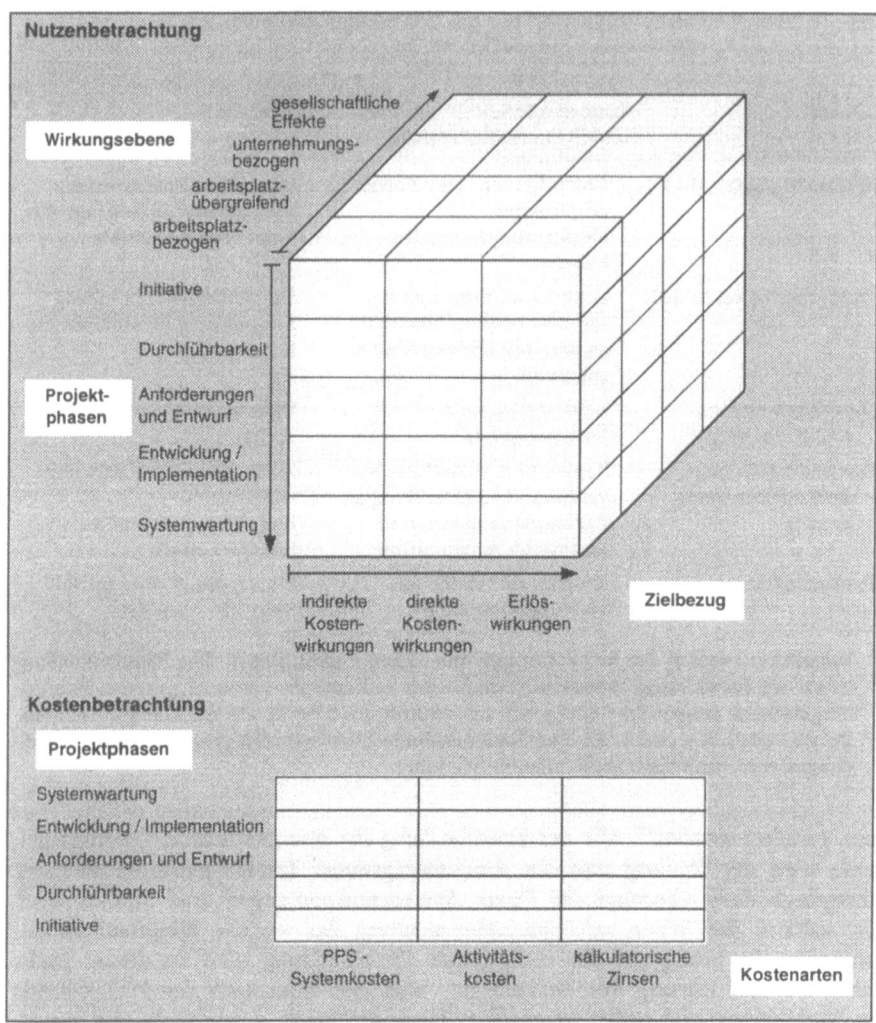

Abb. 19. Aktionsraum für die Kosten- und Nutzenbetrachtungen im Rahmen der Wirtschaftlichkeitsanalyse

die Systemimplementierung kann anhand von Kostenaufzeichnungen sowie der eingetretenen Verbesserungen eine Nachbetrachtung erfolgen, aus der möglicherweise wichtige Schlüsse für weitere Investitionsvorhaben hervorgehen.

Im Zuge der Systemanwendung werden Einsatzprobleme durch Wartungsmaßnahmen behoben, solange dies ökonomisch sinnvoll ist[17]. Anderenfalls

---

[17] Vgl. Droste (1986), S. 228f. Im Gegensatz zur Begriffsabgrenzung für diese Untersuchung umfaßt die Systemwartung bei Droste auch Software-Anpassungen.

wird geprüft, ob auf die Maßnahme verzichtet werden kann oder ein neues System zu entwickeln bzw. anzuschaffen ist. Diese Entscheidung wird auch von den bisher realisierten Erfolgen des Vorhabens abhängen.

Gemeinsam mit den oben genannten sachlichen Differenzierung bildet die zeitliche Dimension den Aktionsraum für die Nutzenbetrachtung von PPS-Systemen, wie er in Abb. 19 skizziert ist.

Die Pfeile in Abb. 19 weisen auf einen zunehmenden Detaillierungsgrad, eine zunehmend Nähe zu den übergeordneten Zielen und eine zunehmende unternehmungsbezogene Reichweite der Auswirkungen hin. Für die Kosten eines PPS-Vorhabens ist nur die zeitliche Dimension des Würfels relevant. In sachlicher Hinsicht genügt die Differenzierung in PPS-Systemkosten, Aktivitätskosten und kalkulatorische Zinsen aus Abschn. 2.2.1, um den Handlungsraum für die Aktivitäten der Kostenbetrachtung überschaubar zu machen. Daher bleibt der untere Teil von Abb. 19 auf eine zweidimensionale Darstellung beschränkt.

4.2
Problematik der Wirtschaftlichkeitsanalyse und Lösungsansätze in der Literatur

Die Ausführungen im vorangegangenen Abschnitt haben den Betrachtungsrahmen der Wirtschaftlichkeitsanalyse von PPS-Systemen inhaltlich sowie zeitlich mit Blick auf die phasenspezifischen Interessen strukturiert. Nachfolgend wird auf die grundsätzlichen Vorgehensschritte einer Wirtschaftlichkeitsbetrachtung eingegangen. Durch das Zuordnen der spezifischen Probleme und die Diskussion der entsprechenden Lösungsansätze aus der Literatur werden angemessene Schlußfolgerungen für die zu entwickelnde Vorgehenskonzeption ermöglicht[18].

Grundsätzlich wird eine Wirtschaftlichkeitsbetrachtung in folgenden Schritten vorgenommen[19]:

- Erfassung der Auswirkungen;
- Quantifizierung der Auswirkungen;
- Bewertung der Auswirkungen (monetär soweit möglich);
- Zusammenführung der bewerteten Auswirkungen durch eine geeignete Methode bzw. eine Methodenkombination;
- Prämissenvariation zur Einschätzung der Unsicherheit.

In Tab. 21 werden die wesentlichen Hindernisse bei der Wirtschaftlichkeitsanalyse von umfangreichen Informationssystemen den genannten Verfahrensschritten zugeordnet und durch die Lösungsansätze ergänzt, die den Schwierigkeiten in der Literatur entgegengesetzt werden. Auf bestimmte Bewertungs-

---

[18] Die Aussagen in der Literatur beziehen sich im allgemeinen auf nicht näher spezifizierte *CIM*-Investitionen und gelten damit auch für PPS-Vorhaben.
[19] Vgl. Schuler (1992), S. 46.

Tab. 21. Übersicht zur Problematik der Wirtschaftlichkeitsbetrachtung und vorhandenen Lösungsansätzen

Schritte	Symptom und Reaktion	
	Problem	Reaktionen und Lösungsansätze in der Literatur
Auswirkungen erfassen	– Erkennen der Auswirkungen (Identifikationsproblem) – Vielfalt der Auswirkungen (Komplexitätsproblem) – Mehrstufige Wirkungszusammenhänge (Verbundproblem) – Überlagernde Effekte durch Umweltveränderungen sowie andere Investitionsvorhaben (Abgrenzungsproblem[a]) – Ausgedehnter Realisierungszeitraum (Problem der Wirkungsverzögerungen)	– Kriterienkataloge und Ordnungsschemata – Verkettung der Nutzeffekte – Ganzheitliche Betrachtung – Erweiterter zeitlicher Analysehorizont – Szenarien der zukünftigen Entwicklung
Auswirkungen quantifizieren	– Meßbarkeit der Auswirkungen (Indikatorenproblem[b])	– Umwandlung von qualitativen Argumenten in quantifizierte Effekte – Punktbewertungsverfahren
Auswirkungen bewerten	– Subjektive Beurteilung (Ermessensproblem)	– Begründungszwang
Ergebnisse zusammenführen	Methodenspezifisch	Methodenspezifisch
Prämissen variieren	– Unsicherheit (Entscheidungsproblem)	– Risikoanalyse – Sensitivitätsanalyse – Simulation der Zusammenhänge

[a] Vgl. Kemmner (1988), S. 26f. und sinngemäß auch Gerdes (1992), S. 51 sowie Reichwald/Weichselbaumer (1991), S. 98f., die in diesem Zusammenhang von situativen Einflußfaktoren sprechen.
[b] Vgl. Reichwald/Weichselbaumer (1991), S. 98.

methoden wird nur aus dem Zusammenhang heraus eingegangen, so daß die nachfolgenden Ausführungen in diesem Sinne nicht vollständig sind[20].

Die Probleme gelten grundsätzlich sowohl für die Kosten des PPS-Vorhabens als auch für die Nutzeffekte, wobei der Schwerpunkt beim Nutzen des neuen Informationssystems liegt.

---

[20] Eine kurze Übersicht zu verschiedenen Methoden der Wirtschaftlichkeitsrechnung und -analyse gibt Schuler (1992), S. 47f. Ausführliche Verfahrensdarstellungen bieten Blohm/Lüder (1991), S. 54ff.

4.2 Problematik der Wirtschaftlichkeitsanalyse und Lösungsansätze in der Literatur

Durch die Übersicht in Tab. 21 wird deutlich, daß ein wesentlicher Anteil der Problematik bereits im Erkennen und Erfassen der Auswirkungen des Vorhabens zu finden ist. Wie die empirische Studie in Abschn. 2.2 „Praxis der PPS-Systemauswahl" und 2.4 „Betrachtung der erzielten Resultate" gezeigt hat, mangelt es oft an fundierten Informationen und Analysen zum Ausgangszustand, so daß die Auswirkungen des neuen PPS-Systems nicht transparent werden (Identifikationsproblem).

Dem Komplexitätsproblem wird in der Literatur mit geordneten Kriterienkatalogen begegnet, die eine Übersicht zu den Kostenpositionen sowie möglichen Nutzeffekten bieten. Dabei sind unterschiedliche Ordnungssystematiken anzutreffen. Mit dem Vier-Ebenen-Modell und den Mittel-Zweck-Beziehungsketten wurden die wichtigsten Lösungsansätze im vorangegangenen Abschnitt aufgenommen und miteinander verknüpft. Das ausgedehnte Betrachtungsfeld der sachlichen Dimensionen des Aktionsraums für die Nutzenbetrachtung in Abb. 19 wird der Forderung nach einem breiten Blickwinkel für die Beurteilung von *CIM*-Investitionen gerecht, so daß auch sog. Integrationsnutzenpotentiale erfaßt werden können. Der Begriff des Integrationsnutzens bezeichnet Effekte, die nicht im unmittelbaren Einsatzbereich eines *CIM*-Bausteines erreicht werden, sondern in vor- oder nachgelagerten Bereichen[21]. Allerdings wird es mit zunehmender Entfernung von der direkt betroffenen Objektebene immer schwieriger, die Auswirkungen zu erfassen[22]. Gleichzeitig nehmen die qualitativen Effekte relativ zu[23].

Die Mittel-Zweck-Beziehungsketten sind auch als Erklärungsbeitrag zu den weitreichenden Zusammenhängen der Analysekriterien zu sehen. Als Konsequenz des Verbundproblems dürfen die verschiedenen Auswirkungen des Investitionsvorhabens nicht isoliert betrachtet werden. Dabei ist der in Abb. 18 des vorangegangenen Abschnitts skizzierte Ansatz zu bevorzugen, da die zunächst weit verzweigten Kriterien sukzessive gebündelt und den übergeordneten Zielen zugeführt werden. Im Gegensatz dazu verknüpfen die Wirkketten von Schuler jeweils einzelne Auswirkungen mit verschiedenen Folgeresultaten und leiten diese einer Reihe von monetärer Größen zu. Beispielsweise führt der Wegfall von Mehrfacheingaben über kürzere Gesamtdurchlaufzeiten u. a. zu geringeren Konventionalstrafen und reduzierten Zinskosten[24]. Die entsprechenden graphischen Darstellungen sind zwar dazu geeignet, die Wirkungszusammenhänge einzelner Nutzeffekte transparent zu machen. Für die Summe der möglich Nutzeffekte entsteht jedoch eine große Anzahl unterschiedlicher Wirkketten, wobei übergeordnete Auswirkungen wie z. B. die verkürzte Gesamtdurchlaufzeit in fast allen Darstellungen genannt werden müssen. Folglich wirkt der Ansatz von Schuler eher verstärkend auf das Komplexitätspro-

---

[21] Vgl. Eidenmüller (1986), S. 85. Ein anschauliches Beispiel für den Integrationsnutzen gibt Scheer (1991a), S. 12 anhand des *CAD*-Einsatzes. Er weist auf die Verringerung des Teilespektrums hin, die aus der höheren Wiederverwendungsquote von Konstruktionszeichnungen resultiert und Entlastungen in der Materialwirtschaft mit sich bringt.
[22] Vgl. Reichwald/Weichselbaumer (1991), S. 100 ebenso wie Bürstner (1988), S. 38f.
[23] Vgl. Reichwald (1987), S. 10.

blem. Für die Zusammenfassung der Auswirkungen ist ein zusätzlicher Verfahrensschritt erforderlich.

Abgrenzungsprobleme bestehen auf der Kostenseite, wenn etwa Basissysteme (z. B. Datenbanken) für mehrere *CIM*-Komponenten eingesetzt werden. Nach Horváth/Mayer bedeutet dies für die Wirtschaftlichkeitsanalyse, daß eigentlich nur das Gesamtsystem bewertet werden kann[25]. Die Forderung nach einer ganzheitlichen Betrachtung der *CIM*-Investitionen[26] verstärkt wiederum die oben skizzierten Identifikations- und Komplexitätsprobleme. Als Behelfslösung wird vorgeschlagen, die Kosten des Basissystems entsprechend seiner Inanspruchnahme auf die verschiedenen *CIM*-Komponenten zu verteilen[27].

Nutzenbezogene Abgrenzungsprobleme treten auf, wenn die Meßgrößen für den Erfolg des Investitionsvorhabens heterogenen Einflüssen unterliegen. So sind die zukünftigen Erlöse einer Unternehmung nicht nur von den eigenen Entscheidungen, sondern auch von denen der Konkurrenten abhängig[28]. Eine verbesserte und zeitnahe Disposition mit Hilfe der PPS-Software führt nicht in jedem Fall zu geringeren Fertigwarenbeständen. Veränderte Anforderungen des Marktes im Hinblick auf die Auslieferzeiten können den Nutzen des PPS-Systems verwischen und die Ergebniszuordnung erschweren. Entsprechendes würde gelten, wenn im gleichen Zeitraum ein Lagerverwaltungssystem für Fertigware implementiert wird, welches eine größere Bestandstransparenz bewirkt. Mit zunehmender Realisierungsdauer häufen sich solche Wirkungsverknüpfungen, die sowohl kompensatorischer als auch synergetischer Art sein können. Damit wird die Betrachtung ex ante ebenso erschwert wie der Nachweis ex post. Einzelne Autoren regen an, die durch extern dominierte Faktoren verursachten Veränderungen der Nutzengrößen zu quantifizieren, um klare Aussagen treffen zu können[29]. Hier gelten die oben ausgeführten Identifikations-, Komplexitäts- und Verbundprobleme entsprechend.

Für die vorausschauende Wirtschaftlichkeitsbetrachtung stellen die Abgrenzungsprobleme eine Teilmenge der grundsätzlichen Schwierigkeit dar, Effekte einer Investition vorherzusagen, die erst weit in der Zukunft wirksam werden (Problem der Wirkungsverzögerungen)[30]. Der erforderliche Betrachtungshorizont muß über den Zeitpunkt der Inbetriebnahme hinausgehen, da einige Nutzeffekte erst nach einer gewissen Anlaufzeit zu registrieren sind[31]. Desgleichen entstehen Kosten auch nach der Aktivierung der Programme, beispielsweise im Zusammenhang mit einem Release-Wechsel. Für die Wirtschaftlichkeitsrechnung haben diese inhomogenen Kosten- und Nutzenverläufe während der Systemnutzungsdauer zur Folge, daß dynamische Investitionsrechen-

---

[24] Vgl. Schuler (1992), S. 64f. und S. 196ff.
[25] Vgl. Horváth/Mayer (1988), S. 50.
[26] Vgl. auch Reichwald (1987), S. 8 ebenso wie Zahn/Dogan (1991), S. 6f. und Schuh (1992), S. 6..
[27] Vgl. Horváth/Mayer (1988), S. 50.
[28] Vgl. Zäpfel (1989c), S. 1061.
[29] Vgl. Droste (1986), S. 224f. und die dort angegebene Literatur.
[30] Vgl. Kemmner (1988), S. 26 und sinngemäß auch Eisele (1990), S. 166.
[31] Vgl. Schulz/Bölzing (1988), S. 58 ebenso wie Schumann/Mertens (1990a), S. 50.

4.2 Problematik der Wirtschaftlichkeitsanalyse und Lösungsansätze in der Literatur

verfahren wie etwa die Kapitalwertmethode anzuwenden sind[32]. Damit müssen die Effekte nicht nur inhaltlich, sondern auch im Hinblick auf ihren Eintrittszeitpunkt vorausgesagt werden.

Unterschiedlichen Szenarien über die zukünftige Entwicklung und die Veränderungen des relevanten Umfeldes sind durch die Vielzahl der Entwicklungsmöglichkeiten enge Grenzen gesetzt. In Anbetracht einer durchschnittlichen Implementierungsdauer von 4,9 Jahren[33] muß zum Zeitpunkt der Investitionsentscheidung von Annahmen ausgegangen werden, die mit hoher Wahrscheinlichkeit bereits vor dem Implementierungsabschluß nicht mehr gültig sind. Insofern sind die Abgrenzungsprobleme (verbunden mit den Wirkungsverzögerungen) eine erhebliche Schwachstelle jeder Wirtschaftlichkeitsbetrachtung von *CIM*-Komponenten.

Soweit es gelungen ist, die Auswirkungen des PPS-Systems zu erfassen, wird im zweiten Schritt der Wirtschaftlichkeitsbetrachtung versucht, diese zu quantifizieren. Dazu werden Indikatoren benötigt, welche die Ergebnisse in Mengen-, Zeit- oder Geldeinheiten darstellen. Einige Auswirkungen entziehen sich (zunächst) einer Bewertung, wie beispielsweise die höhere Transparenz durch aktuelle Auskünfte[34] oder Nutzeffekte im Bereich der persönlichen Arbeitsbedingungen[35]. Rall wendet jedoch ein, daß der größte Teil der qualitativen Argumente in quantifizierte Vorteile umgewandelt werden kann[36]. Dabei sind Vorteilszusammenhänge hilfreich, wie sie in den oben genannten Mittel-Zweck-Beziehungen der Nutzeffektketten dargestellt werden. So sind humanere Arbeitsbedingungen am reduzierten Schalldruckpegel (etwa eines Druckers) meßbar und werden von Rall auf die Höhe der Lohnfortzahlungen im Krankheitsfall übertragen. Dabei räumt er allerdings die erhöhten Aktivitätskosten der Bewertung ein und wendet die Transformation in quantitative Größen nur an, wenn deutliche qualitative Vorteile vorliegen[37].

Sobald eine Quantifizierung nicht sinnvoll oder möglich ist, können Punktbewertungsverfahren eingesetzt werden, um qualitative Argumente vergleichbar zu machen. Die von Zangemeister entwickelte Nutzwertanalyse hat hierzu eine große Verbreitung erfahren. Das Verfahren ordnet Handlungsalternativen nach ihrer Punktwertsumme, wobei letztere das Ergebnis einer ganzheitlichen Bewertung sämtlicher Nutzeffekte ist[38]. Üblicherweise wird die Nutzwertanalyse ergänzend zu einer monetären Wirtschaftlichkeitsrechnung eingesetzt (duale Vorgehensweise)[39]. Würde auf die Wertdimension verzichtet, besteht die Gefahr, qualitative Kriterien überzubewerten und so möglicher-

---

[32] Vgl. Horváth/Mayer (1988), S. 50 ebenso wie Schumann (1992), S. 169.
[33] Vgl. das entsprechende Untersuchungsergebnis in Abschn. 2.3.2 „Implementierungsdauer", S. 47f
[34] Vgl. Hackstein (1989), S. 267.
[35] Vgl. Reichwald (1987), S. 7, der hierzu u.a. Streßabbau, Arbeitsklima und Motivation der Mitarbeiter anführt.
[36] Vgl. Rall (1991), S. 15f. sowie sinngemäß auch Anselstetter (1986), S. 247.
[37] Vgl. Rall (1991), S. 15f.
[38] Vgl. Zangemeister (1976), S. 45.
[39] Vgl. Schumann/Mertens (1990b), S. 65 ebenso wie Blohm/Lüder (1991), S. 175.

weise eine Scheinwirtschaftlichkeit auszuweisen[40]. Überdies wird bereits mit der Begriffsumschreibung der Nutzwertanalyse zum Ausdruck gebracht, daß es sich um subjektiv bestimmte Werte handelt[41]. Darüber hinaus unterliegt die Auswahl der einzelnen Kriterien sowie deren Gewichtung dem Einfluß des Anwenders bzw. Entscheidungsträgers[42]. Allerdings kann dem Verfahren zugute gehalten werden, daß die Präferenzen offengelegt werden, so daß die Bewertung nachvollziehbar wird[43]. Darüber hinaus sind subjektive Beurteilungen kein spezifisches Problem der Nutzwertanalyse und beschränken sich nicht auf die Bewertung qualitativer Argumente. Auch quantifizierte Nutzeffekte basieren bei näherer Betrachtung häufig auf Annahmen, die eine von mehreren Sichtweisen repräsentieren und daher in Frage gestellt werden können (Ermessensproblem). So wird bei einer bezifferten Verringerung des Personalbedarfs implizit unterstellt, daß die entsprechende Anzahl Personen tatsächlich aus der Unternehmung austritt. Dem können jedoch individuell zutreffende Kündigungsschutzbestimmungen entgegenstehen. Da Bewertungen stets vor dem spezifischen Hintergrund der handelnden Person erfolgen, sind Ermessensprobleme unausweichlich. In der Literatur wird vorgeschlagen, der Subjektivität durch einen Begründungszwang entgegenzuwirken[44].

Nachdem die Auswirkungen des Investitionsvorhabens mittels einer oder mehrerer Bewertungsmethoden zu komprimierten Ergebnissen gebündelt sind, sieht die grundsätzliche Schrittfolge zur Wirtschaftlichkeitsbetrachtung eine Veränderung der Voraussetzungen und Inputgrößen vor. Die entsprechenden Aktivitäten dienen dazu, anstehende Entscheidung angesichts verbleibender Unsicherheiten in Form von Prämissen, Annahmen und subjektiven Erwartungen zu stützen. Mit der Risikoanalyse werden fraglich erscheinende Aussagen variiert, indem eine wahrscheinliche Basiseinschätzung durch optimistische und pessimistische Annahmen ergänzt wird[45]. Sofern es sich um quantifizierte Größen handelt, kann eine Wahrscheinlichkeitsverteilung für die betrachteten Kriterien errechnet und graphisch dargestellt wer-

---

[40] Vgl. Horváth/Mayer (1988), S. 49. Zangemeister (1994), S. 67 räumt ein, daß die isolierte Anwendung einer Nutzwertanalyse in der Wirtschaftspraxis im Regelfall nur für Vorauswahlentscheidungen akzeptiert wird. Infolgedessen gibt der Autor eine Übersicht zu Ansätzen, die durch eine Kombination der Nutzwertanalyse mit Investitionsrechenverfahren zu einer erweiterten Wirtschaftlichkeitsanalyse führen, vgl. Zangemeister (1993), S. 35ff. und derselbe (1994), S. 67ff.
[41] Vgl. Zangemeister (1976), S. 45, demzufolge die „... Elemente dieser Menge entsprechend den Präferenzen des Entscheidungsträgers..." geordnet werden.
[42] Vgl. Horváth/Mayer (1988), S. 49 ebenso wie Rinza/Schmitz (1977), S. 93f.
[43] Vgl. Weber (1992), Sp.1446. Die empirischen Ergebnisse in Abschn. 2.2.2 „Vorgehensweisen bei der Auswahl von PPS-Systemen" haben etliche Auswahlentscheidungen gezeigt, deren Grundlagen weitgehend verborgen blieben. Droste (1986), S. 159ff. diskutiert die Vor- und Nachteile der Nutzwertanalyse ausführlich. Dabei schlägt er vor, die Gewichtung der Kriterien von mehreren Personen gemeinsam festlegen zu lassen, um nicht zu sehr Einzelinteressen widerzuspiegeln, ebd. S. 159.
[44] Vgl. Niemeier (1988), S. 25.
[45] Vgl. Schumann/Mertens (1990b), S. 63.

4.2 Problematik der Wirtschaftlichkeitsanalyse und Lösungsansätze in der Literatur 101

den[46]. Das Ergebnis der Risikoanalyse macht die Bandbreite der Erwartungen transparent. Außerdem werden die Ausführenden einer Wirtschaftlichkeitsanalyse vom Zwang befreit, Absolutaussagen zu tätigen[47]. Allerdings sind die zu variierenden Annahmen oft von beträchtlicher Tragweite, so daß eine große Ergebnisspanne zu erwarten ist. Damit wird die zu treffende Entscheidung eher erschwert.

Im Rahmen der Sensitivitätsanalyse wird die Stabilität der Resultate untersucht. Die Frage lautet: Wie empfindlich reagiert das Ergebnis auf die Änderung eines bestimmten Datums[48]. Damit wird deutlich, inwieweit Einflußfaktoren verändert werden können, ohne das daraus eine andere Vorzugsreihenfolge der Alternativen folgt. Bezogen auf die Realisierungsentscheidung für das PPS-Vorhaben kann also überprüft werden, in welcher Bandbreite Annahmen und/oder Inputgrößen der Wirtschaftlichkeitsanalyse variierbar sind, ohne das Ergebnis im Hinblick auf die Wirtschaftlichkeit des Gesamtvorhabens umzukehren. Allerdings ist die einseitige Veränderung bestimmter Einflußgrößen in Anbetracht des Verbundproblems nur bedingt zulässig. Die Nutzeffekte sind über die Mittel-Zweck-Beziehungen miteinander verknüpft, so daß Auswirkungen auf das Gesamtergebnis der Analyse – je nach Positionierung der Nutzengröße – erst nach mehrstufigen Betrachtungen deutlich werden[49]. Soweit gegenseitige Abhängigkeiten vorliegen, kann eine isolierte Betrachtung einzelner Nutzengrößen zu Fehlschlüssen führen[50]. Beispielsweise besteht zwischen den Nutzengrößen Durchlaufzeit, Bestandshöhe, Kapazitätsauslastung und Termintreue eine teils gleichläufige, teils gegenläufige Beziehung[51]. Damit erhalten auch partielle Veränderungen leicht den Charakter von umfangreichen Alternativ-Analysen.

Die rechnergestützte Simulation von Handlungsabläufen kann als spezielle Form der Sensitivitätsanalyse gesehen werden. Eine *VDI*-Richtlinie definiert die Simulation als „Nachbildung eines dynamischen Prozesses in einem Modell, um zu Erkenntnissen zu gelangen, die auf die Wirklichkeit übertragbar sind"[52]. Notwendige Voraussetzungen zur Bewertung der Wirtschaftlichkeit mit Hilfe der Simulation ist demnach der Aufbau und die Pflege eines unternehmungsspezifischen Simulationsmodells. Dieses muß die Lösungsalternativen in Form von Verfahrensketten dokumentieren. In den Abschnitten 5.2 und 5.3 der vorliegenden Untersuchung wird im Zusammenhang mit den Methoden zur Darstellung der Ablauforganisation näher auf die Modellierung von Aktionsabfolgen eingegangen. Für die hier erörterte Wirtschaftlichkeits-

---

[46] Vgl. Droste (1986), S. 141f. sowie Reichmann (1995), S. 243ff. und die ausführliche Verfahrensbeschreibung von Blohm/Lüder (1991), S. 247ff.
[47] Vgl. Horváth (1994), S. 472.
[48] Vgl. Reichmann (1995), S. 243 und im Zusammenhang mit der Produktionsplanung Gutenberg (1983), S. 214.
[49] Vgl. auch Abb. 18 in Abschn. 4.1 „Aktionsraum der Wirtschaftlichkeitsanalyse".
[50] Vgl. sinngemäß auch Blohm/Lüder (1991), S. 238f. und Horváth (1994), S. 468.
[51] Vgl. das Beziehungsnetz von Xu (1993), S. 47
[52] Vgl. *VDI* (1983), S. 2.

analyse sind möglichst alle Randbedingungen, Einflußgrößen und Annahmen zu erfassen[53]. Die Quantifizierung der Modellinhalte mit Bezugsgrößen und Kostendaten erlaubt es dann, das dynamische Verhalten der Strukturen zu zeigen und betriebswirtschaftliche Kennzahlen zu errechnen[54]. Gleichzeitig werden die maßgeblichen Annahmen und Wirkungszusammenhänge des Ergebnisses sichtbar, so daß unsichere Einflußgrößen gezielt aufgegriffen und variiert werden können[55]. Ein wesentlicher Nachteil der Simulation sind die hohen Aktivitätskosten zur quantifizierten Darstellung der Zusammenhänge. Ferner zeigen praktische Erfahrungen beispielsweise von Schuler, daß es schwierig ist, alle notwendigen Parameter für die Simulation der Wirtschaftlichkeit zu erfassen[56]. Dem Fazit von Grobel folgend ist eine exakte Abbildung des realen Prozesses im Rechner nicht möglich. Umfang und Vielschichtigkeit des Modells müssen sinnvoll beschränkt werden, so daß beim Erstellen des Simulationsmodells wiederum verschiedene Einschränkungen und Annahmen zu treffen sind. Weiterhin sieht der Autor insbesondere die Quantifizierung von Arbeitsinhalten bzw. Durchführungszeiten in den der Produktion vorgelagerten Bereichen als schwierig an und weist auf die Gefahr einer Überbewertung der numerischen Simulationsergebnisse hin[57]. Detaillierte Aussagen dürfen nicht darüber hinwegtäuschen, daß die Ausgangswerte nicht immer eindeutig und zuverlässig sind[58]. Wedemeyer formuliert den Merksatz, daß die Simulationsergebnisse nur so gut sind wie die genutzten Ausgangsdaten und das konstruierte Modell[59]. Hinzu kommt, daß Variationsmöglichkeiten nur im Rahmen der modellierten und mit Daten hinterlegten Strukturen bestehen[60].

4.3
Konsequenzen für das weitere Vorgehen

Im vorangegangenen Abschnitt wurde eine strukturierte Gegenüberstellung von Problemen und Lösungsansätzen der Wirtschaftlichkeitsanalyse vorgenommen. Es hat sich gezeigt, daß wesentliche Schwierigkeiten der Wirtschaftlichkeitsbetrachtung von PPS-Systemen ihrer Natur nach nicht lösbar sind, sondern allenfalls abgeschwächt werden können. Außerdem wurde durch die Zuordnung der Probleme zu einzelnen Schritten in Tab. 21 deutlich, daß erhebliche Hürden bereits zu Beginn der Wirtschaftlichkeitsbetrachtung, also beim Erfassen der Auswirkungen zu finden sind. Damit scheitern die Analy-

---

[53] Vgl. Schuler (1992), S. 62.
[54] Die Bewertung von Tätigkeitsstrukturen auf der untersten Detaillierungsstufe des Modells – z.B. durch Personaleinsatzzeiten und Stundensätze – sowie die anschießende Zusammenfassung zu Kostendaten und zielbezogenen Kennzahlen wird von Quint (1993), S. 88f. und S. 110ff. beschrieben.
[55] Vgl. Schuler (1992), S. 63f.
[56] Vgl. Schuler (1992), S. 169.
[57] Vgl. Grobel (1992), S. 24 und S. 34f.
[58] Vgl. mit Bezug auf Netzpläne Schwarze (1994b), S. 181.
[59] Vgl. Wedemeyer (1989), S. 67.
[60] Vgl. Grobel (1992), S. 32

sen eher an geeigneten und ausreichenden Eingangsinformationen als an fehlenden Methoden, mit denen die Auswirkungen zusammengeführt und dargestellt werden[61]. Mit den nachfolgenden Ausführungen werden die entsprechenden Konsequenzen für die Wirtschaftlichkeitsbetrachtung innerhalb des zu entwickelnden Vorgehensmodells gezogen. Dabei ist die Forderung nach einer praktikablen Vorgehensweise mit zielgerichteten, quantifizierten und nachvollziehbaren Ergebnisse aus Abschn. 1.1 „Problemstellung" an dieser Stelle durch die Prämisse zu ergänzen, daß die Wirtschaftlichkeitsanalyse selbst wirtschaftlich sein muß[62]. Zusätzliche Aktivitätskosten müssen die Entscheidungsunsicherheit angemessen reduzieren.

Im Hinblick auf das Identifikationsproblem ist es erforderlich, die mit dem Vorhaben verknüpften organisatorischen Veränderungen erkennbar zu machen. Eine grundlegende Voraussetzung dafür sind Modelle, die den Zusammenhang der Tätigkeiten abbilden[63]. Aus dem Vergleich des ablauforganisatorischen Ausgangszustands mit den in gleicher Weise dargestellten Überlegungen für die künftigen Abläufe müssen die Verbesserungen so klar hervortreten, daß die Nutzeffekte abschätzbar bzw. nachvollziehbar werden[64]. Ablaufverbesserungen liegen vor, wenn

- Tätigkeiten und Funktionen beschleunigt werden,
- nacheinander vollzogene Aufgaben ganz oder teilweise parallel ausgeführt werden,
- mehrfach ausgeführte inhaltsgleiche Tätigkeiten und/oder Funktionen auf jeweils eine beschränkt werden,
- Nahtstellen im Ablauf durch Funktions- oder Tätigkeitsintegration abgebaut werden,
- Tätigkeiten und/oder Funktionen entbehrlich werden.

Aus der phasenbezogenen Differenzierung in Abschn. 4.1 „Aktionsraum der Wirtschaftlichkeitsanalyse", Tab. 20 geht hervor, daß der Abstraktionsgrad der Wirkungsaussagen sukzessive von der ersten Initiative bis hin zur Realisierungsentscheidung abgebaut wird[65]. Im gleichen Zeitraum ist eine Auswahl

---

[61] Vgl. sinngemäß auch Horváth (1988), S. 9. In der Literatur wird wiederholt davon gesprochen, daß zweckmäßige Methoden für einen umfassenden Wirtschaftlichkeitsnachweis von integrierten Informationssystemen bislang fehlen, vgl. Upmann (1991), S. 227 ebenso wie Grobel (1992), S. 22 und Schuler (1992), S. 172f. 1987 waren 24 von 31 befragten Experten der Ansicht, daß die vorhandenen Methoden zur Wirtschaftlichkeitsrechnung oder deren Kombination nicht ausreichen, um eine CIM-Realisierung aus ökonomischer Sicht zu beurteilen, vgl. Köhl/Esser/Kemmner/Wendering (1988), S. 24.
[62] Vgl. Horváth (1988), S. 11 und die dort angegebene Literatur.
[63] Vgl. Niemeier (1988), S. 18 ebenso wie Schuh (1992), S. 6.
[64] Vgl. sinngemäß auch Schumann (1992), S. 170, der in diesem Zusammenhang von einem prozeßorientierten Vorgehen spricht
[65] Plapp (1993), S. 18 bezeichnet es als Fehler, daß die Wirtschaftlichkeit bei der Projektdefinition nicht oder nur unzureichend geprüft ist. Die phasenbezogene Betrachtung macht jedoch deutlich, daß zu diesem frühen Zeitpunkt aufgrund der vorliegenden Informationen im allgemeinen noch keine Aussage zur Wirtschaftlichkeit des Vorhabens möglich ist.

unter möglichen Ablaufalternativen zu treffen. Zum Zeitpunkt der PPS-Systemauswahl muß eine fest umrissene Ablaufkonzeption zur Beurteilung der Wirtschaftlichkeit vorliegen. Bis dahin kann die Wirtschaftlichkeitsbetrachtung mehrfach mit neu gewonnen Kenntnissen wiederholt werden, wobei die bereits vorliegenden Ergebnisse in die jeweils nächste Phase übernommen werden. Nach der Auswahlentscheidung dient das Ablaufmodell als Basis für Einzelentscheidungen im Hinblick auf PPS-Systemanpassungen und Wartungsmaßnahmen. Neue Überlegungen werden in die Darstellungen eingebracht, um ihre Aussagefähigkeit zumindest auf dem einmal erreichten Stand zu halten. Auch die nachfolgende Erfolgskontrolle geschieht nicht anhand des Ausgangszustands der Ablaufkonzeption zum Zeitpunkt der Realisierungsentscheidung, sondern mit Bezug auf die jeweils aktuelle Situation der Unternehmung[66].

Im Zusammenhang mit dem Komplexitätsproblem soll hier den Empfehlungen aus der Literatur zu einer bereichsübergreifenden Betrachtung entsprechend der zweiten und dritten Wirkungsebene des Aktionsraums in Abschn. 4.1, Abb. 19 gefolgt werden. Dagegen werden gesellschaftliche Nutzeffekte als vierte Wirkungsebene nicht in die Wirtschaftlichkeitsanalyse im Rahmen der zu entwickelnden Vorgehenskonzeption einbezogen, da diese Konsequenzen die Entscheidungsunsicherheit der Unternehmung nur unwesentlich verringern. Ferner wird der bereichsübergreifende Betrachtungsrahmen auf den eigentlichen Anwendungsbereich des PPS-Systems begrenzt. Entsprechend dem Funktionsumfang integrierter PPS-Systeme bildet die ‚Auftragsabwicklung' den Rahmen für den Programmeinsatz. Mit dem Begriff der Auftragsabwicklung wird die Ablaufkette für die Kundenauftragserfüllung von der Auftragsannahme im Vertrieb über die Produktionsplanung und die Materialwirtschaft bis hin zur Fertigungssteuerung, der Produktion und dem Versand an den Kunden bezeichnet[67]. Ausgeklammert ist die Produktentstehung im Vorfeld der Produktion, welche insbesondere die Aufgaben der Forschung und Entwicklung, der Konstruktion und Arbeitsplanung sowie der Markteinführung umfaßt. Hier bestehen zwar Berührungspunkte mit PPS-Funktionen wie z. B. der Stammdatenverwaltung, primär handelt es sich aber um den Anwendungsbereich von *CAD/CAM*-Systemen. Im Fall einer kundenauftragsbezogenen Einzel- und Kleinserienfertigung kann an der genannten Einschränkung allerdings nicht vollständig festgehalten werden, da hier meist Neukonstruk-

---

[66] Maßgeblich ist, ob die gesetzten Ziele erreicht sind. Die Frage, in welchem Maße die Erwartungen erfüllt worden wären, wenn die Bedingungen zum Zeitpunkt der Auswahlentscheidung noch gelten würden, ist später allenfalls zur nachträglichen Dokumentation und Rechtfertigung des Entschlusses relevant.

[67] Vgl. sinngemäß auch Frese/Noetel (1992), S. 3 und die dort angegebene Literatur. Andere Veröffentlichungen treffen eine engere, hier nicht verwendete Abgrenzung für die Auftragsabwicklung. Diese geht davon aus, daß die bestellte Ware zur Auslieferung bereitgehalten wird. Der eingegangene Kundenauftrag wird nach den notwendigen Überprüfungen zum Versenden und zum Erstellen der Rechnung weitergeleitet, vgl. Schmidt (1991), S. 265 ebenso wie Jacob (1980), S. 93. Beide Ausprägungen der Auftragsabwicklung werden von Jost (1993), S. 140ff. ausführlich beschrieben.

4.3 Konsequenzen für das weitere Vorgehen

tionen oder Konstruktionsanpassungen nach den Erfordernissen des Abnehmers stattfinden. Wenn die Kunden durch ihren Auftrag über die Auswahl von Variantenkomponenten hinaus auf das jeweilige Erzeugnis Einfluß nehmen, müssen konstruktive und arbeitsplanende Tätigkeiten in die Auftragsabwicklung integriert werden[68]. Fallweise gehören auch die Angebotserstellung, die NC-Programmierung sowie die Montage bzw. Inbetriebnahme beim Kunden zur Auftragsabwicklung. Qualitätssichernde Tätigkeiten werden als integrierter Bestandteil der bereits genannten Aufgabenbereiche betrachtet.

Mit der Einschränkung auf den Anwendungsbereich der PPS-Systeme wird erreicht, daß Projekte tendenziell dann realisiert werden, wenn bedeutsame organisatorische Verbesserungen vorgesehen sind. Unzureichende Wirtschaftlichkeitserwartungen sollen nicht durch Nutzeffekte außerhalb der Auftragsabwicklung verdeckt werden, sondern zu verstärkten Anstrengungen innerhalb des Reorganisationsfeldes führen. Das Vorhaben insgesamt und damit auch die Wirtschaftlichkeitsanalyse werden auf diese Weise zielorientiert gesteuert. Darüber hinaus stellt der eingeschränkte Aktionsraum einen Beitrag zugunsten verringerter Aktivitätskosten der Wirtschaftlichkeitsanalyse dar.

Die im vorangegangenen Abschnitt diskutierten Wirkungsketten als Lösungsansatz zum Verbundproblem zeichnen sich dadurch aus, daß sie die mehrstufigen Zusammenhänge der Nutzeffekte transparent machen. In der praktischen Anwendung besteht allerdings die Schwierigkeit, daß jeder Nutzeffekt in seinem Umfang und darüber hinaus in seiner Wirkung auf eines oder mehrere der übergeordneten Kriterien beurteilt werden muß. So wäre beispielsweise zu ermitteln, in welchem Maße die geplanten Abläufe zu einer höheren Flexibilität der Terminplanung führen und welche Folgen dies über kürzere Auftragsdurchlaufzeiten auf die Termintreue hat[69]. Eine solche Vielzahl von Abschätzungen führt trotz der Einschränkung auf die Auftragsabwicklung zu einem insgesamt unsicheren Ergebnis der Wirtschaftlichkeitsanalyse. Fehlurteile bei indirekten Nutzeffekten bewirken Folgefehler auf dem Weg hin zu direkt kostenwirksamen Nutzengrößen. Daher wird die Wirtschaftlichkeitsbetrachtung im Rahmen der vorliegenden Untersuchung auf direkte Nutzengrößen beschränkt, welche die Leistung und die ‚Qualität' der Auftragsabwicklung zum Ausdruck bringen. Damit wird zugleich der Forderung nach zielgerichteten Ergebnissen entsprochen.

Die Qualität der Auftragsabwicklung offenbart sich primär in den Beständen auf den verschiedenen Bevorratungsebenen, die erforderlich waren, um das Leistungsvolumen zu erbringen. Darüber hinaus gilt die Einhaltung der kundenseitig gewünschten Liefertermine als Qualitätsindikator. Die Durchlaufzeiten als weitere gängige Kenngröße werden nicht gesondert ermittelt, da es sich hier um eine indirekte Nutzengröße handelt, deren Folgen sich in übergeordneten Nutzeffekten zeigen. Ferner wurde bereits in Abschn. 2.1.1 „Begriffsbestimmungen" auf die weitgehend komplementäre Beziehung der Ziele ‚niedrige Bestände' und ‚kurze Durchlaufzeiten' hingewiesen.

---

[68] Vgl. das entsprechend weit gefaßte Begriffsverständnis der *KCIM* (1989), S. 157f.
[69] Vgl. Abb. 18 in Abschn. 4.1.

Das Leistungsvolumen der Auftragsabwicklung wird durch die Anzahl Kundenaufträge und die zugehörige Erzeugnisgesamtmenge beschrieben, welche im Betrachtungszeitraum mit einem bestimmten Ressourceneinsatz aus dem Ablauf hervorgehen. Im Sinne der Konzentration auf zielgerichtete Bezugsgrößen sind dabei lediglich die personellen Ressourcen relevant. Erhöhte Nutzungsgrade der maschinellen Ressourcen kommen in einer gestiegenen Leistungsmenge pro Zeitraum zum Ausdruck, die wiederum mit einem bestimmten Personaleinsatz erwirtschaftet wird. Somit implizieren Leistungsmenge und Personaleinsatz die wesentlichen Wirkungen einer geänderten Auslastung.

Mit der oben formulierten Einschränkung der Wirkungsanalyse auf den Anwendungsbereich des PPS-Systems wird gleichzeitig dem Abgrenzungsproblem gegenüber Investitionsvorhaben im Bereich der Produktplanung, -entwicklung und -konstruktion begegnet. Dem in Abschn. 4.2 genannten Ansatz einer ganzheitlichen Betrachtung der *CIM*-Komponenten wird nicht gefolgt, da die empirischen Untersuchungen gezeigt haben, daß umfassende *CIM*-Projekte eher selten sind[70]. Außerdem erfolgt die Installation von *CIM*-Komponenten oft in ausgedehnten zeitlichen Abständen, so daß auch aus diesem Grund eine separate Kosten-Nutzen-Analyse sinnvoll ist. Der Integrationsnutzen wird nur soweit betrachtet, wie die Aufgaben- und Funktionsintegration innerhalb der Auftragsabwicklung gemeint ist. Da es sich hierbei um einen umfassenden unternehmungsweiten Ablaufzusammenhang handelt, der im Hinblick auf die Einbindung der Kunden und Lieferanten sogar über die Unternehmungsgrenzen hinausgeht, werden dennoch alle wesentlichen Integrationsnutzeneffekte berücksichtigt. Dabei wird innerhalb des Betrachtungsrahmens nicht zwischen systembedingten und organisationsbedingten Kosten und Nutzeffekten differenziert, da es sich um Auswirkungen ein und desselben Vorhabens handelt[71].

Um der Abgrenzungsproblematik gegenüber externen Einflußfaktoren begegnen zu können, sind die Rahmenbedingungen der Auftragsabwicklung zum Zeitpunkt der Realisierungsentscheidung festzuhalten. Dazu zählen im wesentlichen der aktuelle Marktanteil, die Kundenstruktur und die Kundenbeziehungen, die Wettbewerbssituation sowie eine Charakterisierung der relevanten Zuliefermärkte. Im Rahmen einer Investitionsnachbetrachtung können maßgebliche Umfeldveränderungen auf diese Weise identifiziert werden. Eine Quantifizierung der Auswirkungen ist nicht erforderlich, da der genaue Umfang der extern bedingten Nutzeffektveränderungen nur bedingt für künftige Entscheidungen relevant ist.

Für die Erlöse der Unternehmung gelten die Abgrenzungsschwierigkeiten im besonderen Maße. Aufgrund der Vielzahl voneinander abhängiger interner und externer Einflußfaktoren ist es auch in qualitativer Hinsicht problematisch, die derzeitigen Wirkungszusammenhänge zutreffend zu beschreiben

---

[70] Vgl. Tab. 14 in Abschn. 2.3.3 „Inbetriebnahmeverlauf und Systemintegration".
[71] Schumann (1992), S. 167 vertritt im Hinblick auf die Nutzeffekte eine entgegengesetzte Ansicht, obwohl er die Kosten der organisatorischen Veränderungen der DV-Anwendung zuordnet.

und die künftigen vorauszusagen. Die erforderlichen weitreichenden Annahmen geben den Vorteilserwartungen einen hypothetischen Charakter, so daß den Aktivitätskosten der Wirkungsanalyse keine angemessene Reduzierung der Entscheidungsunsicherheit gegenübersteht. Daher wird darauf verzichtet, erlösbezogene Nutzeffekte in die Wirtschaftlichkeitsbetrachtung im Rahmen der zu entwickelnden Vorgehenskonzeption einzubeziehen. Der in Abschn. 4.1, Abb. 19 skizzierte Aktionsraum wird um die entsprechende Fläche verkleinert. Vor dem Hintergrund, daß organisatorische Verbesserungen im Zuge des PPS-Vorhabens zumindest ein Beitrag sind, um die bisherige Wettbewerbsstellung bei steigendem Preisdruck zu festigen und das Umsatzvolumen zu sichern, wirken erlösbezogene Nutzeffekte jedoch auf die Risikobereitschaft der Entscheidungsträger.

Die ausgedehnte Projektdauer sowie die teils beträchtlichen Fristen zwischen entstandenen Kosten und realisierten Nutzeffekten (Problem der Wirkungsverzögerungen) machen eine zeitliche Differenzierung unerläßlich. Somit ist die in Abschn. 2.2.1 „Motive und Erwartungshaltungen" formulierte Prämisse der periodenübergreifenden Projektkosten zugunsten einer periodenbezogenen Betrachtung aufzugeben. Die Projektplanung bietet eine geeignete Grundlage, um die Entstehungszeiträume der Kosten sowie der Nutzeffekte enger einzugrenzen. Daher verursacht eine periodenbezogene Zuordnung nur geringe zusätzliche Aktivitätskosten. Die Periodendauer beträgt im allgemeinen ein Kalender- oder Geschäftsjahr. Als Eintrittszeitpunkt der Ein- und Auszahlungen innerhalb einer Periode wird zugunsten vereinfachter Berechnungen einheitlich die Jahresmitte festgelegt. Genauere Datierungen sind aufgrund der Bestimmungsunsicherheit sowie der vergleichsweise geringen Bedeutung für das Resultat nicht angebracht. Hinsichtlich des Betrachtungshorizonts wird der in Abschn. 4.2 genannten Forderung entsprochen, wonach dieser über den Zeitpunkt der Inbetriebnahme hinausgehen muß.

Regelmäßige aktualisierte Wirtschaftlichkeitsaussagen entsprechend der in Abschn. 4.1 dargestellten Ausführungen von Droste sind ein weiterer Beitrag, um dem Problem der Wirkungsverzögerungen zu begegnen. Im Rahmen von Zäsuren während der Implementierung und Anwendung des PPS-Systems werden die bereits entstandenen Kosten und Nutzeffekte ebenso kumuliert wie die noch zu erwartenden Auswirkungen. Die entsprechend aktualisierten Ergebnisse haben gegenüber der jeweils vorangegangenen Wirtschaftlichkeitsanalyse eine tendenziell erhöhte Eintrittswahrscheinlichkeit, da sich der Anteil der noch ausstehenden Kosten- und Nutzenwirkungen mit zunehmender Projektdauer verringert.

Die im Zusammenhang mit dem Verbundproblem genannte Begründung für den Verzicht auf mehrstufige Wirkungsabschätzungen gilt auch in bezug auf das Indikatorenproblem: Eine aggregierte Betrachtung der direkt kostenwirksamen Nutzeffekte reduziert die Aktivitätskosten und ist zugleich im geringeren Maße fehleranfällig. Den Ausführungen in Abschn. 4.2 zur Transformation qualitativer Argumente in quantifizierte Vorteile wird somit nicht gefolgt. Ebenso wird darauf verzichtet, quantifizierte Nutzenerwartungen durch eine Punktbewertung qualitativer Nutzeffekte zu ergänzen. In Anbetracht der in Abschn. 1.1 beschriebenen Diskussion um den tatsächlichen Nutzen von

PPS-Systemen und der empirisch ermittelten Unzufriedenheit bei etlichen Projekten ist davon auszugehen, daß qualitative Kriterien im Rahmen der Entscheidungsfindung nicht ausreichend akzeptiert werden. Damit steht den Aktivitätskosten einer Nutzwertanalyse kein adäquater Beitrag zur Entscheidungsfindung gegenüber.

Zur Quantifizierung der zu Beginn dieses Abschnitts genannten Ablaufverbesserungen liegt es nahe, die Modelle der derzeitigen und künftigen Auftragsabwicklung um die geeigneten Mengen- und Zeitangaben zu erweitern. In Abb. 20 wird anhand des Personaleinsatzes deutlich gemacht, daß diese Quantifizierung auf unterschiedlichen Detaillierungsebenen erfolgen kann. Eine aufgabenbezogene Betrachtung würde bedeuten, daß die Tätigkeitsbeschreibung der indirekten Bereiche den Charakter von Arbeitsplänen bekommt, wie sie für die Fertigung und Montage erstellt werden. Abgesehen von den hohen Aktivitätskosten eines solchen Vorgehens ist zu erwarten, daß die betroffenen Aufgabenträger der Auftragsabwicklung eine entsprechende Zeitbedarfsermittlung weder akzeptieren noch unterstützen. Wenn infolgedessen die notwendigen Informationen zum Ausgangszustand fehlen, sind die Nutzeffekte auf der ersten Wirkungsebene des Aktionsraums der Wirtschaftlichkeitsbetrachtung in Abschn. 4.1, Abb. 19 nicht konkretisierbar. Eine ablaufbezogene Betrachtung analysiert dagegen zusammenhängende Aufgaben innerhalb der Auftragsabwicklung, die von einem überschaubaren Personenkreis ausgeführt werden. Ausgehend von den als bekannt vorauszusetzenden Anwesenheitszeiten im Betrachtungszeitraum sind anstelle konkreter Zeitbedarfsangaben lediglich relationale Einschätzungen erforderlich. Dabei wird auf Erfahrungswerte der jeweiligen Aufgabenträger bzw. der zuständigen Bereichsleiter zurückgegriffen. Der geschätzte prozentuale Anteil einer Aufgabe läßt sich anschließend in Zeiteinheiten umrechnen. Sofern keine beschleunigte Arbeitsweise in bezug auf die einzelne Tätigkeit vorliegt, gilt diese Zeitbedarfsangabe auch für den geplanten Ablauf. Dem Beispiel im unteren Teil von Abb. 20 ist zu entnehmen, daß die drei Aufgaben A, B und C inhaltlich unverändert bleiben, wobei die ersten beiden künftig parallel ausgeführt werden. Die Aufgabe D soll in Zukunft entfallen, so daß eine entsprechende Verringerung des Personaleinsatzes zu erwarten ist.

Geringere Bestände werden insbesondere dann nachvollziehbar, wenn im Rahmen der Ablaufkonzeption zu veränderten Bevorratungsgrundsätzen gefunden wird. In Abb. 21 ist skizziert, daß die Kundenaufträge bzw. -abrufe künftig eine verringerte Anzahl von Stationen durchlaufen, um fertigungs- und montagewirksam zu werden. Kunden bringen ihre Aufträge teilweise selbst in die EDV-gestützte Produktionsplanung ein. Die Lieferanten sind unmittelbar über den Stand der schrittweise gefestigten Produktionsplanung informiert und senden ihre Erzeugnisse in kurzen Intervallen zum größten Teil direkt an die weiterverarbeitende Station. Die Aufgaben der Produktionssteuerung sind dezentralisiert, d.h. den einzelnen Fertigungs- und Montagebereichen zugeordnet. Dabei ist die Reihenfolge- und Losgrößenplanung der Montage auf die Kundenbedürfnisse ausgerichtet, so daß sich Fertigwarenlager erübrigen. Fertige Erzeugnisse werden unmittelbar aus der Montage an den Kunden weitergeleitet.

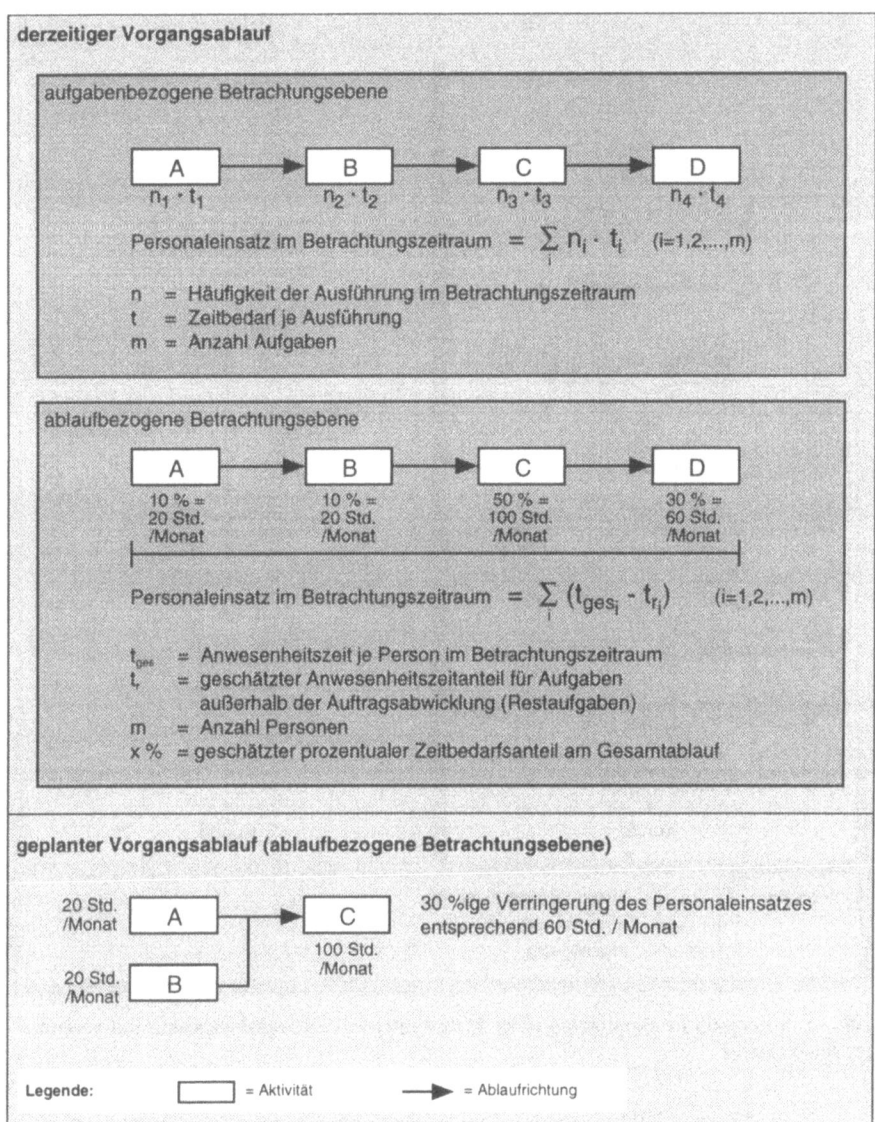

Abb. 20. Quantifizierung des Personaleinsatzes zur Auftragsabwicklung auf verschiedenen Betrachtungsebenen

Quantifizieren lassen sich die Bestandsverringerungen zunächst dort, wo eine Bevorratung weitestgehend entfällt. In Abb. 21 gilt dies für das Rohteile- und das Fertigwarenlager. Als Bezugsbasis dienen die durchschnittlichen Bestandswerte der bisherigen Läger. Soweit nur bestimmte Kategorien von Materialien, Teilen, Baugruppen oder Enderzeugnissen nicht mehr bevorratet werden, sind deren Bestandswertanteile zu bestimmen. Für die übrigen Kompo-

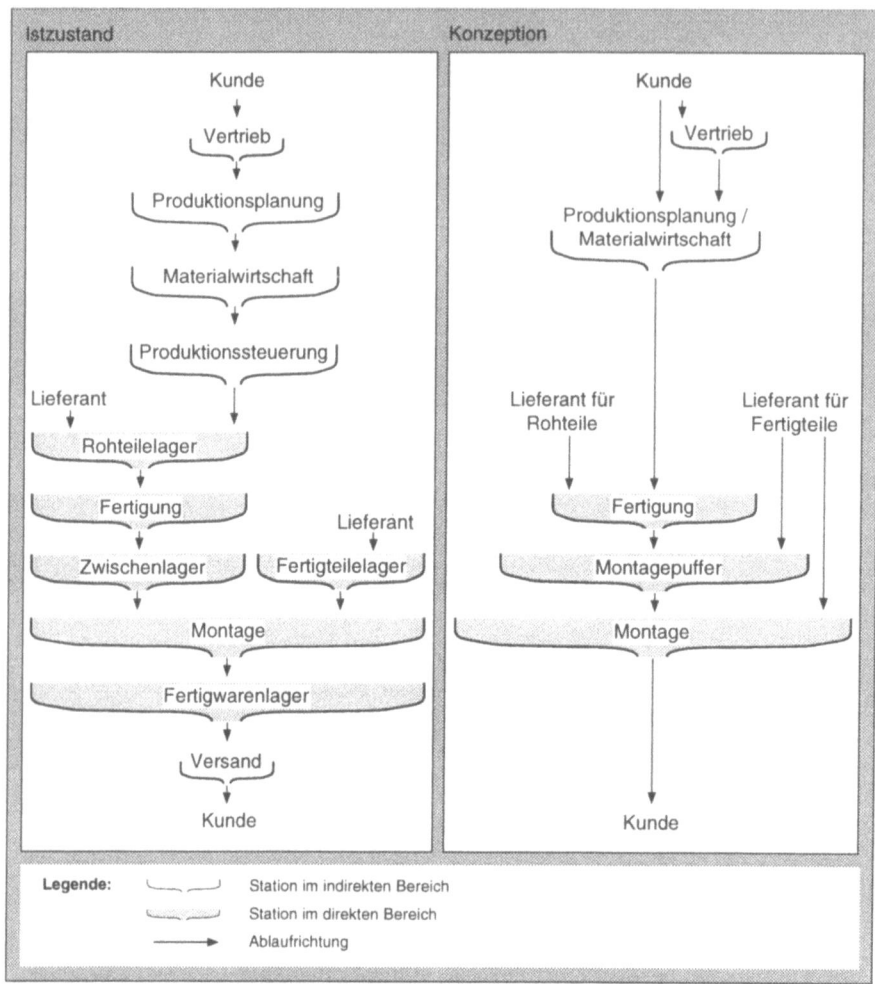

Abb. 21. Schematische Darstellung einer komprimierten Auftragsabwicklung mit veränderter Bevorratung

nenten und Erzeugnisse muß mit Hilfe einer vergleichenden Betrachtung des derzeitigen und künftigen Ablaufmodells eine begründete prozentuale Einschätzung der Bestandsveränderungen getroffen werden. Dabei ist auch der Einfluß veränderter Bevorratungsstufen zu berücksichtigen. Beispielsweise kann die neue Konzeption vorsehen, Baugruppen in ihrem Entstehungsprozeß zu einem früheren Zeitpunkt zwischenzulagern, so daß eine wertmäßige Bestandsverringerung vorliegt. Hinzu kommt eine Tendenz zur mengenmäßigen Bestandsreduzierung, wenn aus einer bevorrateten Baugruppe im weiteren Produktionsverlauf mehrere Varianten entstehen, die bisher separat und zeitlich nach dem sog. ‚Varianten-Sprung' bereitgehalten wurden.

4.3 Konsequenzen für das weitere Vorgehen

Die höhere Termintreue als dritter direkt kostenwirksamer Nutzeffekt wird ebenfalls mit Hilfe eines Ablaufvergleiches ermessen. Hinweise auf Verbesserungen ergeben sich insbesondere aus entfallenden Nahtstellen innerhalb der Auftragsabwicklung sowie ablauforganisatorischen Freiräumen für kleine Regelkreise, die auf eine kürzere Reaktionszeit bei Störungen schließen lassen. Allerdings sind Störungen häufig eine Kombination von Einzelursachen[72]. Somit entsteht die Gesamtzahl verspätet ausgelieferter Aufträge bzw. Erzeugnisse aus einer Reihe individueller Ereignisse. Quantifizierte Nutzeffekte können nur in Form einer geschätzten prozentualen Verringerung gegenüber dem Ausgangskennwert zum Ausdruck gebracht werden. Als Bezugsgröße dient die Anzahl Verzugstage im Betrachtungszeitraum.

Die Quantifizierung der drei direkt kostenwirksamen Nutzeffekte erfolgt zunächst mit Bezug auf das aktuelle Leistungsvolumen, d. h. die Anzahl Kundenaufträge und die zugehörige Erzeugnisgesamtmenge bleiben konstant. Bei einem veränderten Mengengerüst der Auftragsabwicklung werden die festgestellten quantifizierten Auswirkungen im Rahmen der Investitionsnachbetrachtung linear auf die prozentuale Leistungsmengenveränderung bezogen. Auf diese Weise wird der Fall berücksichtigt, daß mit der gleichen Anzahl Personen ein größeres Leistungsvolumen erbracht wird. Die Möglichkeit von zunehmenden oder abnehmenden Skalenerträgen muß außer acht gelassen werden, da diese nur mit exakten Zeitbedarfsangaben hinreichend meßbar wären. In Abb. 20 wurden Zeitbedarfsermittlungen auf der Ebene einzelner Aufgaben zugunsten einer ablaufbezogenen Betrachtung ausgeschlossen.

Die vorangegangenen Ausführungen zeigen, daß trotz des eingeschränkten Aktionsraums der Wirtschaftlichkeitsanalyse Ermessensprobleme entstehen, etwa im Zusammenhang mit der Beurteilung des Personalbedarfs bei inhaltlich veränderten Aufgaben. Um die Ergebnisse dennoch nachvollziehbar zu machen, müssen die Analyseschritte dokumentiert werden. Dabei bilden die genannten Ablaufmodelle den Kern der Dokumentation. Entsprechend dem in der Literatur empfohlenen Begründungszwang werden die maßgeblichen Einschätzungen und Annahmen in bezug auf die quantifizierten Nutzengrößen schriftlich kommentiert.

Ebenso ist die monetäre Bewertung der Nutzeffekte offenzulegen. Auf Seiten der Bestände sind die Lagerungskosten zu beziffern. Im Vordergrund steht dabei das geringere Umlaufvermögen, im allgemeinen bewertet zu Opportunitätskosten des gebundenen Kapitals. Desgleichen haben die freigesetzten personellen Ressourcen den Charakter von Opportunitätskosten, die dem Nutzen aus anderen, bisher nicht durchgeführten Tätigkeiten im Rahmen der Auftragsabwicklung entsprechen[73]. Die Herleitung der Opportunitäts-

---

[72] Vgl. die Systematisierung der Störungsursachen von Heil (1995), S. 83ff.
[73] Beispielsweise können die neuen PPS-Programme eine vereinfachte und damit beschleunigte Abwicklung von Materialbestellungen an die Lieferanten ermöglichen. Die gewonnene Arbeitszeit kann dafür genutzt werden, neue Beschaffungsquellen mit günstigeren Konditionen zu erschließen. Zum Einsatz freier Personalressourcen vgl. auch die Ausführungen in Abschn. 2.4.1 „Tatsächliche Kosten und realisierte Nutzeffekte", S. 57. der vorliegenden Untersuchung.

kostenwerte ist gesondert zu dokumentieren. Zur monetären Bewertung der Termintreue wird die Anzahl Verzugstage im Betrachtungszeitraum mit einer als realistisch erachteten Konventionalstrafe für jeden Verzugstag multipliziert. Dabei umfaßt der unternehmungsspezifisch zu bestimmende Wert neben den vertraglich festgelegten Verzugskosten auch die Kosten der möglichen Abnahmeverweigerung[74]. Für entgangene Gewinne infolge des Image-Verfalls gilt die oben genannte Einschränkung gegenüber erlöswirksamen Effekten.

Die Kosten des Vorhabens werden ebenfalls zu einer Übersicht zusammengestellt. Dabei lassen sich die Preise der Systemkomponenten unmittelbar anhand der jeweiligen Angebotsbeträge ermitteln. Für die Höhe der Dienstleistungskosten ist die Anzahl der Schulungsveranstaltungen und Wartungen sowie die Dauer der Fremdleistungen relevant. Die Bewertung der Dienstleistungen erfolgt im allgemeinen zu Tagessätzen. Bei den Aktivitätskosten handelt es sich vorwiegend um Personalkosten, die ebenfalls zu Stunden- oder Tagessätzen bewertet werden und Opportunitätskosten ähnlich sind, da die Mitarbeiter während der Projektaufgaben nicht für andere nutzbringende Tätigkeiten zur Verfügung stehen. Abschließend wird der kalkulatorische Zinssatz für das bereitgestellte Kapital begründet.

In Tab. 22 wird zusammengefaßt, mit welchen Maßnahmen den Problemen der Wirtschaftlichkeitsbeurteilung von PPS-Vorhaben begegnet wird.

Die Ausführungen in Abschn. 4.2 haben gezeigt, daß die diskutierten Beiträge aus der Literatur versuchen, der Problematik durch geordnete Vorgehensweisen und erweiterte Betrachtungsumfänge zu entsprechen. Dagegen wird anhand der Übersicht in Tab. 22 deutlich, daß im Rahmen der vorliegenden Untersuchung ein Weg beschrieben wird, die Problematik durch sinnvolle Einschränkungen zu reduzieren. Das Vorgehen ist bewußt einfach gehalten, damit der Detaillierungsgrad und die Kosten der Wirtschaftlichkeitsanalyse in einem angemessenen Verhältnis zu den Schwierigkeiten und Unwägbarkeiten stehen. Die Wirtschaftlichkeitsbetrachtung bleibt auf entscheidungsrelevante Aspekte beschränkt und ist somit ebenso zielgerichtet wie praktikabel. Wesentlich ist nicht die Vollständigkeit der Analyse, sondern die Akzeptanz ihrer Ergebnisse.

Zum Abschluß der Wirtschaftlichkeitsbeurteilung werden die monetär bewerteten Auswirkungen durch eine geeignete Methode der Investitionsrechnung zusammengeführt. Infolge der mehrperiodigen Betrachtung muß ein dynamisches Verfahren zum Einsatz kommen. Da die Nutzungsdauer des PPS-Systems zum Zeitpunkt der Realisierungsentscheidung nicht vorhergesagt werden kann und empirisch gesicherte Erkenntnisse fehlen, ist die Periodenanzahl nicht bestimmbar. Somit können rentabilitätsorientierte Verfahren wie z. B. die Kapitalwertmethode nicht angewendet werden. Stattdessen wird mit Hilfe der dynamischen Amortisationsrechnung bestimmt, in welchem Zeitraum das eingesetzte Kapital zuzüglich der Verzinsung aus den Rückflüssen des Projektes wiedergewonnen werden kann[75]. Dabei wird von der Annahme ausgegangen, daß der kumulierte Wert der Ein- und Auszahlungen nach der

---

[74] Vgl. Beier (1991), S. 58ff.
[75] Vgl. Reichmann (1995), S. 240 ebenso wie Blohm/Lüder (1991), S. 77ff.

Tab. 22. Maßnahmen zum Umgang mit den Problemen der Wirtschaftlichkeitsanalyse

Schritte	Symptom und Reaktion	
	Problem	Maßnahmen
Auswirkungen erfassen	Identifikations-problem	– Soll-Ist-Vergleich der Ablaufmodelle zur Identifikation von organisatorischen Verbesserungen
	Komplexitäts-problem	– Bereichsübergreifende Betrachtung – Einschränkung der Nutzenanalyse auf die Auftragsabwicklung als Anwendungsbereich des PPS-Systems
	Verbund-problem	– Beschränkung auf den Personaleinsatz, Bestände und Termintreue als unmittelbar kostenwirksame Nutzeffekte und wichtigste Meßgrößen für die ‚Qualität' der Auftragsabwicklung
	Abgrenzungs-problem	– Einschränkung der Nutzenanalyse auf die Auftragsabwicklung – Keine Differenzierung zwischen systembedingten und organisationsbedingten Kosten und Nutzeffekten – Dokumentation der Rahmenbedingungen für die Auftragsabwicklung – Verzicht auf die Einbeziehung von Erlöswirkungen
	Problem der Wirkungs-verzögerungen	– Periodenzuordnung der Kosten und Nutzeffekte anhand des Projektplanes – Ausdehnen des Betrachtungszeitraums über die Inbetriebnahme hinaus – Wiederholte Aktualisierung der Wirtschaftlichkeitsanalyse im Zuge der Implementierung und Anwendung
Auswirkungen quantifizieren	Indikatoren-problem	– Beschränkung auf den Personaleinsatz, Bestände und Termintreue als quantifizierbare Nutzeffekte – Quantifizierung auf der Ebene zusammenhängender Aufgaben
Auswirkungen bewerten	Ermessens-problem	– Wirtschaftlichkeitsanalyse ganzheitlich dokumentieren – Einschätzungen und Annahmen zur Quantifizierung schriftlich begründen – Herleitung von Bewertungen mit Opportunitätskosten-Charakter festhalten

errechneten Amortisationszeit stets positiv ist, so daß es nur einen Amortisationszeitpunkt gibt. In Abb. 22 wird zusammengefaßt, welche Werte in die Amortisationsrechnung eingehen.

Die errechnete Kapitalrückflußzeit bringt die mit dem Vorhaben verbundene Unsicherheit zum Ausdruck und kann mit unternehmungsspezifischen Richtwerten für die Amortisationsdauer verglichen werden. Soweit der errechnete Zeitraum deutlich geringer oder größer als die zulässige bzw. gewünschte Amortisationsdauer ist, sind keine weiteren Aktivitäten zur Entscheidungsfindung erforderlich. Anderenfalls werden die getroffenen Annahmen und Ein-

114 4 Beurteilung der Wirtschaftlichkeit von PPS-Systemen

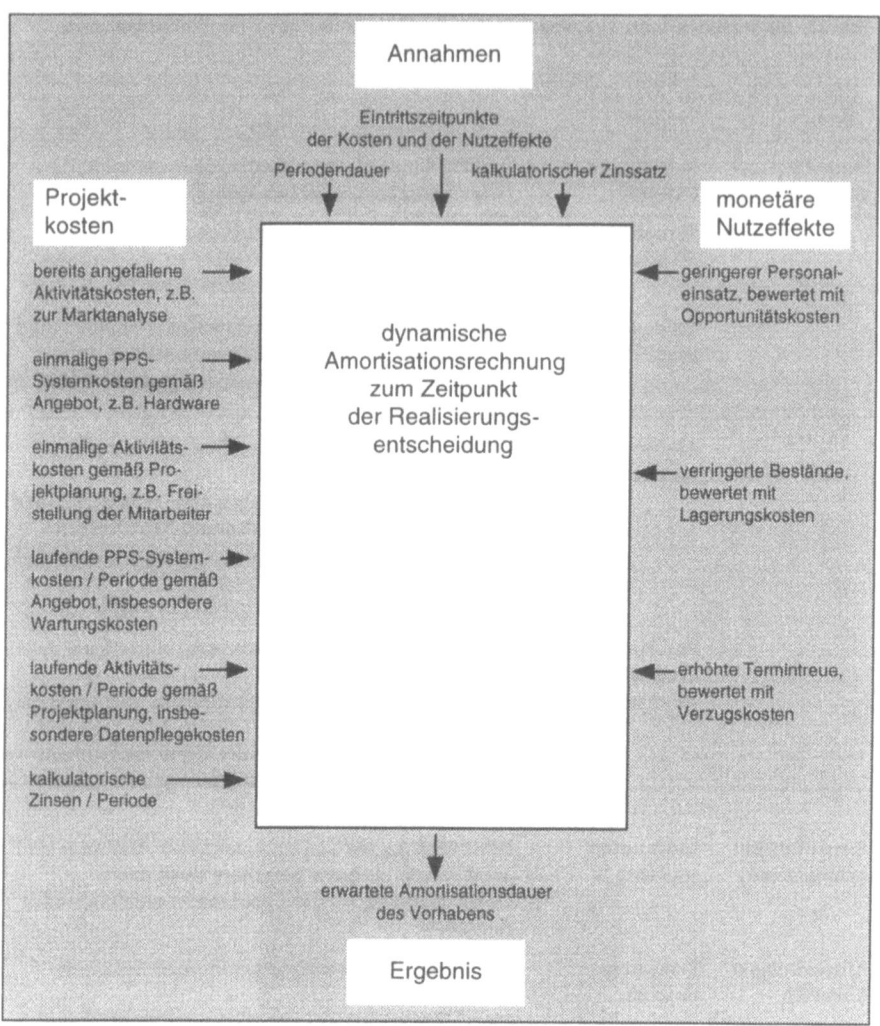

Abb. 22. Eingangswerte und Ergebnis der Wirtschaftlichkeitsrechnung zum Zeitpunkt der Realisierungsentscheidung

schätzungen im Rahmen einer Sensitivitäts- und/oder Risikoanalyse variiert. Dabei bleibt der Detaillierungsgrad der Ausarbeitungen weitgehend unverändert[76]. Aufgrund der großen Vorlaufzeit bis zu den ersten Erfolgen des Projektes kommt dem Implementierungszeitplan eine hohe Bedeutung zu. Vorgezogene Übergangs- und/oder Teillösungen können maßgeblich für das Ergebnis der Wirtschaftlichkeitsberechnung werden.

---

[76] Eine dynamische Betrachtung der geplanten Handlungsabläufe würde den Ausbau der Ablaufdarstellungen zu einem simulationsfähigen Modell erfordern, worauf angesichts der in Abschn. 4.2 genannten Anwendungsprämissen verzichtet wird.

5 Organisatorische Gestaltung im Zusammenhang mit der PPS-Systemeinführung

5.1
Komponenten der Beschreibung ablauforganisatorischer Überlegungen

Der in Kapitel 6 aufzustellende Handlungsrahmen wird auf die Grundsätze für die Auswahl und Einführung von PPS-Systemen auszurichten sein, wie sie aus Kapitel 2 „Auswahl und Einführung von PPS-Systemen in der Praxis" hervorgegangen sind. An erster Stelle steht dabei der Grundsatz, daß konzeptionelle Vorstellungen über die Gestalt der Ablauforganisation das Vorhaben leiten müssen. Wenn die Arbeitsabläufe beim Einsatz eines neuen PPS-Systems weitgehend unreflektiert und unverändert bleiben, verliert die Unternehmung Verbesserungspotentiale, die bei einer bewußten Erneuerung des Aufgabengefüges ausgeschöpft werden können. Mit den folgenden Ausführungen wird eine formale und inhaltliche Basis für die organisatorische Gestaltung entwickkelt. Dabei ist im Rahmen dieses Abschnittes zu erörtern, aus welchen Bestandteilen sich die Beschreibung einer Organisationskonzeption zusammensetzt. Anschließend wird eine geeignete Darstellungsmethode ausgewählt und erläutert. In Abschn. 5.4 wird ein konkretes Leitbild für die künftige Organisationsstruktur errichtet, um dem zu entwickelnden Vorgehensmodell neben dem DV-technischen auch einen organisatorischen Anwendungsbezug zu geben.

Für die aktive Gestaltung im Zuge der PPS-Systemeinführung ist von einem Begriffsverständnis auszugehen, das die Organisation als Ordnungsrahmen für das Geschehen in der Unternehmung und als Ergebnis des Organisierens ansieht[1]. Demzufolge bezeichnet die Organisationsstruktur ein System von ordnenden Regelungen, wobei zwischen solchen zur Aufbau- und zur Ablauforganisation unterschieden wird[2]. Die Aufbauorganisation bildet das statische Gerüst und regelt die Zuordnung der Aufgaben einer Unternehmung zu verschiedenen organisatorischen Einheiten sowie die hierarchische Gliederung

---

[1] Vgl. sinngemäß auch Krüger (1994), S. 13 und Kern (1992), S. 77. Die organisationstheoretische Literatur stellt dieser instrumentell geprägten Grundauffassung den institutionalen Organisationsbegriff gegenüber. Zur vertiefenden Auseinandersetzung vgl. Schanz (1992), Sp. 1459ff., der auch gemeinsame Aspekte beider Sichtweisen herausstellt.

[2] Vgl. Hoffmann (1992), Sp. 208, der ebenso wie Kosiol (1976), S. 32 betont, daß es sich hierbei um zwei Betrachtungsweisen des gleichen Gegenstandes handelt, dessen Trennung nur gedanklich möglich ist.

dieser Einheiten³. Als Organisationseinheiten gelten im allgemeinen Bereiche, Abteilungen und/oder Gruppen in der Unternehmung. Kleinste selbständig handelnde organisatorische Einheit ist die Stelle, der eine oder mehrere Teilaufgaben zugeordnet sind⁴.

Mit der Ablauforganisation werden die räumlichen und zeitlichen Abhängigkeiten der Aufgaben bestimmt, so daß sich diese als dynamischer Teil der Organisation bezeichnen läßt⁵. Die Organisationseinheiten werden dabei über ihre Grenzen hinweg logisch miteinander verkettet. Als Ergebnis entstehen Vorgänge, die jeweils aus einer Anzahl verknüpfter Aufgaben bestehen. Mehrere aufeinander abgestimmte Vorgänge bilden einen Prozeß. Vor diesem Hintergrund verwenden einzelne Autoren den Begriff ‚Prozeßorganisation' im Sinne einer prozeßorientierten Organisationsgestaltung synonym zur Ablauforganisation⁶.

Jeder Prozeß ist inhaltlich abgeschlossen und hat einen klar identifizierten Input und Output⁷. Somit kann ein Prozeß isoliert von vor-, neben- oder nachgeordneten Vorgängen betrachtet werden⁸. Gegenstand der ablauforganisatorischen Strukturierung sind sowohl materielle als auch informationelle Prozesse⁹, d. h. die ordnenden Regeln bestimmen den Materialfluß ebenso wie den Informationsfluß. Die Begriffe Vorgang und Prozeß werden im weiteren Verlauf der vorliegenden Untersuchung aus einer personenbezogenen Sichtweise heraus verwendet. Dagegen wird die rechnerinterne oder dialoggesteuerte Bearbeitung einer zusammenhängenden Funktionsfolge hier als Transaktion bezeichnet¹⁰.

Folgt man der Definition des Prozesses als abgeschlossene Einheit, handelt es sich um einen nicht steigerungsfähigen Oberbegriff. In dieser Konsequenz gibt es keine Prozeßketten, sondern lediglich Prozesse mit unterschiedlich weit gefaßtem Betrachtungsrahmen¹¹. Untergliedert wird ein Prozeß in Vorgänge und Transaktionen sowie einzelne Tätigkeiten und Funktionen. Mit dem Betrachtungsrahmen ‚Auftragsabwicklung' wurde in Abschn. 4.3 „Konsequenzen für das weitere Vorgehen" ein in sich geschlossener Prozeß definiert. In der Literatur wird dieser Prozeß - neben der Produktentwicklung und der

---

³ Vgl. Hoffmann (1992), Sp. 208 und Schanz (1992), Sp. 1466.
⁴ Vgl. Hill/Fehlbaum/Ulrich (1989), S. 130. Dabei ist die Besetzung einer Stelle nicht auf eine einzelne Person eingeschränkt, vgl. Klotz (1993), S. 15 und die dort angegebene Literatur.
⁵ Vgl. Gaitanides (1983), S. 2.
⁶ Vgl. Krüger (1994), S. 119 und Gaitanides (1982), S. 22 und S. 62.
⁷ Vgl. Davenport (1993), S. 5.
⁸ Vgl. Elgass/Krcmar (1993), S. 43 ebenso wie Gausemeier/Fahrwinkel (1994), S. 59, die von Leistungserstellungs- bzw. Geschäftsprozessen sprechen.
⁹ Vgl. Gaitanides (1983), S. 22.
¹⁰ Vgl. sinngemäß auch Scheer (1994), S. 61. Zum Transaktionsbegriff im engen, auf Datenbank-Operationen bezogenen Sinne vgl. Schwarze (1994a), S. 183. Die Begriffsabgrenzung zwischen Aufgaben und Funktionen wurde in Abschn. 2.1.1 „Begriffsbestimmungen", S. 11 vorgenommen.
¹¹ Im Gegensatz hierzu verwendet Jost (1993), S. 11 den Begriff der Prozeßketten, um die Verknüpfung unterschiedlicher Prozesse zu bezeichnen.

5.1 Komponenten der Beschreibung ablauforganisatorischer Überlegungen

Vermögensverwaltung bzw. Geschäftsplanung – übereinstimmend als Hauptgeschäftsprozeß der Unternehmung bezeichnet[12].

Um die Komponenten einer vollständigen Prozeßbeschreibung zu bestimmen, wird zunächst auf die Ausführungen von Schweitzer zurückgegriffen. Danach ist die Prozeßstruktur durch die Gesamtheit aller Beziehungen und Beziehungsverknüpfungen zwischen den Prozeßelementen abgebildet. Strukturierungsprobleme wiederum sind in der Realität gleichzeitig durch Raum, Zeit, Objekt, Subjekt und Mittel bestimmt[13]. Mit den Bestimmungskomponenten lehnt sich Schweitzer an die von Kosiol genannten Merkmale zur klassischen Aufgabenanalyse und -synthese an[14]. Krüger reduziert diese organisatorischen Gestaltungsmerkmale auf die nach derzeitigem Stand praxisrelevanten Beschreibungselemente, wie sie in der linken Hälfte von Abb.23 dargestellt sind.

Die Aufgaben haben nach Krüger den Charakter eines organisatorischen Basiselementes und sind daher als wichtigster Anknüpfungspunkt für organisatorische Regelungen besonders hervorgehoben[15]. Aufgaben stehen daher im Mittelpunkt der Prozeßbeschreibung.

Auf der rechten Seite von Abb.23 werden die Komponenten eines rechnergestützten Unternehmungsprozesses gezeigt, wie sie von Scheer im Rahmen seiner Architektur für integrierte Informationssysteme (ARIS) gesehen werden. Es wird erkennbar, daß die von Krüger als praxisrelevant eingestuften Elemente auch Bestandteile der Beschreibung rechnergestützter Unternehmungsprozesse sind. Dabei werden Informationsobjekte in Ereignisse und Zustände differenziert, welche allerdings beide durch Daten repräsentiert sind[16]. Organisationseinheiten sind nach Scheer bereits in ihrer Beziehung zu den Bearbeitern darzustellen, während sie in der organisationstheoretischen Betrachtung ein Ergebnis des Synthesevorgangs sind, also erst definiert werden müssen und daher im Kontext der Analysekriterien fehlen[17]. Insgesamt ist festzuhalten, daß die ablauforganisatorischen Beschreibungselemente – direkt

---

[12] Vgl. Davenport (1993), S. 7 ebenso wie Gausemeier/Fahrwinkel (1994), S. 59. Eine ähnliche Einteilung wählt Scheer, indem die Logistik, der Leistungsentwurf sowie übergreifende Informations- und Koordinationssysteme als wichtigste Unternehmungsprozesse identifiziert werden. Dabei bezeichnet der letztgenannte Prozeß im wesentlichen die Aktivitäten des Rechnungswesens, während der Logistik-Prozeß im Rahmen der dort gegebenen Definition mit der Auftragsabwicklung übereinstimmt, vgl. Scheer (1994), S. 85f. und S. 90. Im weiteren Verlauf seiner Ausführungen geht der Autor jedoch darüber hinaus, indem auch Fragen der Personalwirtschaft als Logistikproblem behandelt werden, vgl. Scheer (1994), S. 479ff.
[13] Vgl. Schweitzer (1967), S. 286 und S. 291, der dabei unter Prozeßelementen einzelne (Teil-)Aufgaben versteht.
[14] Vgl. Kosiol (1976), S. 49.
[15] Vgl. Krüger (1992), Sp. 221ff. Die Vorstellung, daß die Aufgabe als zentrale Kategorie der organisatorischen Gestaltung zu betrachten ist, wird auf die Veröffentlichungen von Nordsieck aus den dreißiger Jahren dieses Jahrhunderts zurückgeführt, vgl. Shimizu (1992), Sp. 1558.
[16] Vgl. Scheer (1994), S. 13.
[17] Vgl. Scheer (1994), S. 13 und Krüger (1992), Sp. 232.

5 Organisatorische Gestaltung im Zusammenhang mit der PPS-Systemeinführung

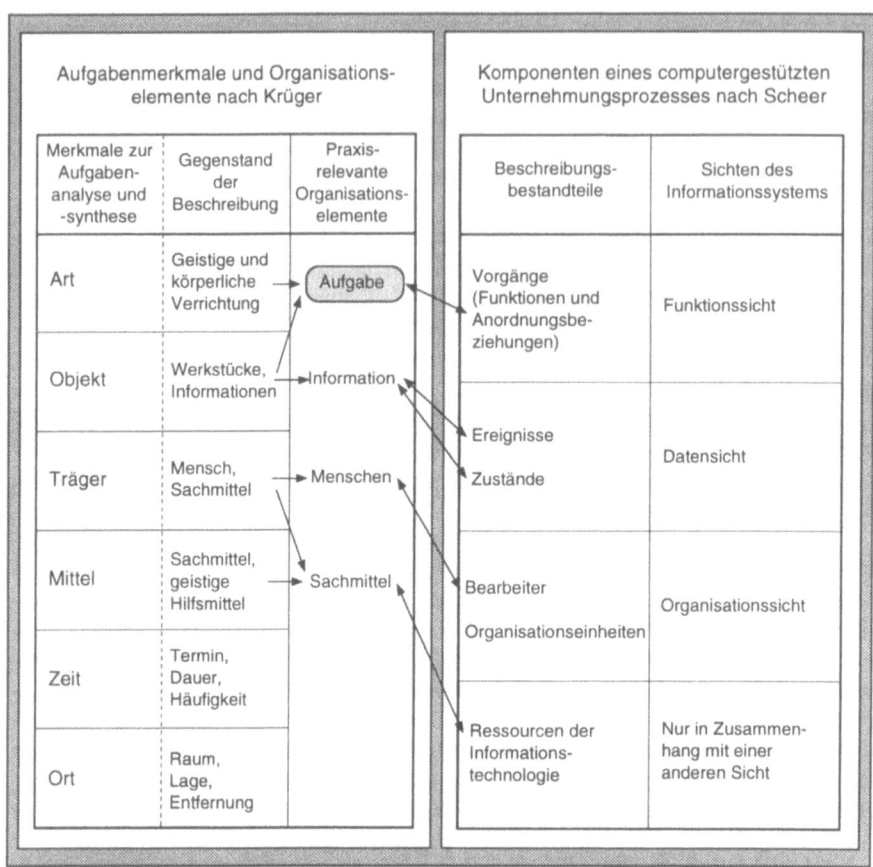

Abb. 23. Vergleich der traditionellen Merkmale zur Aufgabenanalyse und -synthese mit den heute praxisrelevanten Beschreibungselementen sowie den Komponenten eines computergestützten Unternehmungsprozesses[a]

oder nach entsprechenden Differenzierungen – in solche für computergestützte Unternehmungsprozesse umgesetzt werden können. Da die ablauforganisatorischen Überlegungen für die PPS-Systemauswahl und -einführung sowohl manuelle als auch rechnergestützte Vorgänge umfassen, wird nachfolgend die Aufstellung von Krüger zugrunde gelegt. Somit sind Aufgaben, Informationen, Menschen und Sachmittel die notwendigen Komponenten für eine (zunächst) vollständige Prozeßbeschreibung. Im Rahmen der Faktorsystematik für industrielle Produktionsprozesse bezeichnen Sach- bzw. Betriebsmittel die gesamte (apparative) Ausstattung, die zur Durchführung der Produktion er-

---

[a] Geringfügig modifizierte Fassung der Darstellung von Krüger (1992), Sp. 222, ergänzt um die Ausführungen von Scheer (1994), S. 12f.

forderlich ist[18]. Gemeint sind im Kontext der vorliegenden Untersuchung insbesondere die Hardware- und Software-Bausteine, welche eine Aufgabe unterstützen oder die jeweilige Funktion durchführen. Daher wird die abstrakte Bezeichnung ‚Sachmittel' im folgenden nicht weiter verwendet.

Die Beschreibungskomponenten sind fallweise inhaltlich zu spezifizieren, um die ablauforganisatorische Konzeption und damit die Anforderungen an die systemtechnische Unterstützung ausreichend zu verdeutlichen. Dazu kommen erneut die in der linken Hälfte von Abb.23 genannten Beschreibungsgegenstände zur Anwendung. Beispielsweise kann es geboten sein, die Dauer und Häufigkeit einer Aufgabe zu benennen oder ihre Verrichtungsregeln näher zu beschreiben. Ebenso ist es vereinzelt erforderlich, die Qualität bestimmter Informationen genau zu bestimmen. Allerdings wird im Rahmen der vorliegenden Untersuchung davon ausgegangen, daß solche zusätzlichen Beschreibungselemente nicht durchgängig auf alle Vorgänge und Tätigkeiten angewendet werden müssen, so daß die Aktivitätskosten der Modellierung begrenzt bleiben.

5.2
Methoden zur Darstellung der Ablauforganisation

Zur Untersuchung und Darstellung von Arbeitsabläufen existieren traditionell zahlreiche Verfahren und Vorschläge für das Vorgehen und die darstellerischen Mittel[19]. Eine einheitliche Beschreibungssprache für die zeitlich-logische Ablauffolge hat sich bisher noch nicht durchgesetzt[20]. Zielsetzung dieses Abschnittes ist es, vor dem Hintergrund des Verwendungszwecks im Rahmen einer konzeptionsbestimmten Auswahl und Einführung von PPS-Systemen eine geeignete Darstellungsmethode für die ablauforganisatorischen Überlegungen zu bestimmen.

Voranzustellen ist die Anforderung, daß eine geeignete Darstellungsmethode durchgängig über alle Phasen hinweg anwendbar sein muß. Nach Scheer werden betriebswirtschaftliche Problemstellungen schrittweise so verfeinert und spezifiziert, daß sie mit der Informationstechnik verbunden werden können[21]. Die Ergebnisse aus vorgelagerten Schritten sollen ohne Informationsverluste und unnötige Aktivitätskosten übernommen werden[22]. Somit müssen die Darstellungen aus der Konzeptionsphase auch die Implementierungsaktivitäten unterstützen. Die Ablaufbeschreibungen sollten für das Einstellen von Programmparametern ebenso hilfreich sein wie für mögliche Programmierleistungen, mit denen Standardprogramme entsprechend der Konzeption zu modifizieren bzw. zu ergänzen sind. Diesem Anspruch werden Methoden gerecht, die sich sowohl für die allgemeine Systemplanung als auch für die Soft-

---
[18] Vgl. Gutenberg (1983), S. 70f. ebenso wie Schneeweiß (1992), S. 20.
[19] Vgl. Jordt (1958), S. 52.
[20] Vgl. Scheer (1992a), S. 62.
[21] Vgl. Scheer (1991a), S. 1.
[22] Vgl. sinngemäß auch Mattheis (1993), S. 7.

ware-Entwicklung eignen. Unzweckmäßig sind beispielsweise arbeitswissenschaftliche Verfahren, da hier von erheblichen Schwierigkeiten gesprochen wird, die Analyseergebnisse in konkrete Anforderungen an die Software umzusetzen[23]. Für die unmittelbare Programmgestaltung sind allerdings in jedem Fall zusätzliche Ausarbeitungen notwendig, etwa zu den Bildschirmmasken[24].

Als zweite Vorbedingung wird an dieser Stelle geltend gemacht, daß es sich für die Zwecke der vorliegenden Untersuchung um eine geläufige Darstellungsweise handeln muß. Bewährte Methoden mit einem großen Bekanntheitsgrad werden eher von den Betroffenen angenommen als wenig verbreitete, neu vorgestellte oder bereits veraltete Verfahren[25]. Darüber hinaus steigt die Wahrscheinlichkeit, daß einzelne Personen in der jeweiligen Unternehmung bereits über entsprechende Methodenkenntnisse und Anwendungserfahrungen verfügen, womit die Aktivitätskosten der Konzeptionsfindung tendenziell geringer sind als bei vergleichsweise unbekannten Verfahren.

Unter der Vielzahl von Darstellungsmethoden für die Systemplanung und Software-Entwicklung haben die Methode der Vorgangsketten sowie die ‚Structured Analysis and Design Technique' *(SADT)* eine gewisse Verbreitung gefunden. Vorgangskettendiagramme dienen im Rahmen der ‚Architektur integrierter Informationssysteme' *(ARIS)* von Scheer zunächst zur überblicksartigen Darstellung der betriebswirtschaftlichen Problemstellung. Im weiteren Verlauf der Systemgestaltung werden auch die dynamischen Prozeßmodelle mit Hilfe der Vorgangsketten dokumentiert, wobei die Diagramme das Zusammenwirken von Funktionen, Daten und Organisationseinheiten innerhalb der sog. Steuerungsansicht des Informationssystems darstellen[26]. *SADT* wird als genereller Ansatz für die Analyse und den Entwurf von Systemen bezeichnet, der für eine große Anzahl von Anwendungsfällen verwendet werden kann[27]. Dabei werden die Systeme jeweils durch ein Aktivitätenmodell und ein Datenmodell auf zwei verschiedene Arten beschrieben[28]. Für die Gegenüberstellung im Rahmen dieses Abschnitts steht die Modellierung von Arbeitsabläufen im Vordergrund, so daß hier nur die Aktivitätenmodelle betrachtet werden.

Zum direkten Anwendungsvergleich von Vorgangsketten- und *SADT*-Diagrammen finden sich in Teil 2 des Anhangs dieser Untersuchung exemplarische Prozeßdarstellungen gleichen Inhalts, die nach den Regeln des jeweiligen

---

[23] Vgl. Waeber (1991), S. 36 sowie die dort genannte Literatur.
[24] Vgl. Scheer (1994), S. 82f. sowie Hars/Zimmermann/Scheer (1993), S. 21, wonach aus Funktionsmodellen z.T. Struktogramme generiert werden, aus denen sich der Programmcode ableiten läßt.
[25] Vgl. sinngemäß auch Scheer (1994), S. 18.
[26] Vgl. Scheer (1994), S. 18f. und S. 82.
[27] Vgl. Doumeingts/Chen (1992), S. 29 sowie Groditzki (1989), S. 60. Balzert (1982), S. 129 und S. 180 nennt die Organisationsplanung explizit als möglichen Anwendungsbereich für die *SADT*-Methode. Zu rechnergestützten Planungssystemen, die *SADT* verwenden, vgl. Banerjee/Burgmeier/Dalluege/Krauth/Mendoza (1993), S. 24 sowie Steinle/Thewes (1989), S. 138.
[28] Vgl. Balzert (1982), S. 123f.

Tab. 23. Vergleich von Vorgangsketten- und *SADT*-Diagrammen anhand anwendungsorientierter Kriterien

Kriterien	Methoden	
	Vorgangskettendiagramme	SADT-Diagramme
1. Transparenz des Prozeßzusammenhangs	Gegeben	Gegeben
2. Alle Beschreibungskomponenten enthalten	Hardware- und Software-Bausteine nicht genannt (als zusätzliche Spalte möglich)	Gegeben
3. Hierarchische Modellstruktur	Ebenenkonzept zugrunde gelegt[a], Hierarchiestufe numerisch angezeigt	Ebenenstruktur zugrunde gelegt, Hierarchiestufe numerisch angezeigt
4. Leicht handhabbar	Wenige Symbole; übersichtlich durch tabellarische Gliederung; durch ‚Ereignisse' überladen	Lediglich zwei Symbole; übersichtlich durch diagonale Ausrichtung
5. Rechnerunterstützung	Graphisch, noch nicht logisch	Graphisch und logisch

[a] Vgl. Scheer (1994), S. 15 und S. 82.

Verfahrens modelliert sind. Mit den folgenden Ausführungen werden die beiden Methoden anhand von anwendungsorientierten Kriterien verglichen, um eine fundierte Auswahlentscheidung zu treffen. In Tab. 23 sind die Beurteilungskriterien und die Überprüfungsergebnisse im Zusammenhang dargestellt. Anschließend werden die bewertungsrelevanten Merkmale im einzelnen erläutert.

Beide Methoden stellen die Aufgaben als organisatorische Basiselemente in den Mittelpunkt und geben den Prozeß als Sequenz von Tätigkeiten und Funktionen wieder. Dabei wird der logische Zusammenhang mit Hilfe der Pfeile für den Informationsfluß dokumentiert. Erste Unterschiede bestehen im Hinblick auf die Vollständigkeit der in Abschn. 5.1 zusammengestellten Beschreibungskomponenten. Zugunsten geringer Modellierungskosten und einer hohen Transparenz der Zusammenhänge wird davon ausgegangen, daß Aufgaben, Informationen, Menschen und Systemkomponenten in einer Darstellung abzubilden sind. *SADT* kann Menschen und/oder Systembausteine mit den sog. ‚Mechanismen' einer Aufgabe bzw. Funktion abbilden, während Vorgangskettendiagramme entsprechend zu ergänzen sind.

Um die konzeptionellen Vorstellungen iterativ bis in die Einzelheiten darlegen zu können, sollte die Modellierungsmethode eine Top-Down-Vorgehensweise unterstützen. Beide Methoden sehen aufeinander aufbauende Abstraktionsstufen vor, die den jeweils erforderlichen Detaillierungsgrad der Aussagen aus dem Gesamtzusammenhang der Aufgaben heraus erreichen. Dabei bietet *SADT* neben der Funktions- bzw. Aufgabennumerierung im Rahmen der Diagramme eine optische Orientierungshilfe für den Betrachter, die im nachfolgenden Abschnitt erläutert wird. Bei Vorgangskettendiagrammen wird der

Wechsel einer Hierarchiestufe allein durch die Funktionsnumerierung angezeigt[29].

Um eine möglichst breite Akzeptanz des Verfahrens sowohl beim Bearbeiten als auch beim Lesen der Darstellungen zu erreichen, muß die Methode einfach zu handhaben sein[30] und auf klaren Modellierungsregeln beruhen. Informationsgehalt und Verständlichkeit sollten sich bei der Modellbildung im Gleichgewicht befinden[31]. Vor diesem Hintergrund ist festzustellen, daß die Anordnungsrestriktionen der Vorgangsketten- und SADT-Diagramme den Benutzer dazu zwingen, Erweiterungen eher in die Tiefe vorzunehmen, also mittels zusätzlicher Detaillierungsstufen. Auf diese Weise wird verhindert, daß die einzelnen Abbildungen zu unstrukturierten und komplizierten Netzwerken werden. Die Anwendung der SADT-Methode für die in Abschn. 2.4.2 „Organisatorische Veränderungen" beschriebene detaillierte Ablaufbetrachtung in einer Nutzfahrzeug-Zulieferunternehmung hat gezeigt, daß ein derart strukturiertes Modell verstanden und akzeptiert wird.

Anhand des Vergleichs der Abbildungen in Teil 2 des Anhangs wird deutlich, daß die in den Vorgangskettendiagrammen enthaltenen Ereignisse[32] für bestimmte Modellierungen unnötig sind. Sobald keine Verzweigung des Ablaufs vorliegt, spiegeln Ereignisse lediglich die Funktionen bzw. Tätigkeiten des Prozesses wieder und führen somit zu einer Aussagenredundanz. Die SADT-Diagramme zeigen, daß der konzeptionelle Zusammenhang der Funktionen und Tätigkeiten auch ohne die Ereignissymbole anhand der beschrifteten Pfeile für den Informationsfluß nachvollziehbar ist. Auslösende Ereignisse sind dort durch den sog. ‚initiierenden Eingabefluß' repräsentiert. Somit besteht ein Handhabungsvorteil zugunsten der SADT-Methode.

Für beide Methoden existieren rechnergestützte Modellierungswerkzeuge, mit denen die Diagramme gezeichnet werden können[33]. Damit werden insbesondere Erweiterungen und Änderungen erleichtert. Für die SADT-Diagramme sind darüber hinaus auch Funktionen zur logischen Modellkontrolle verwirklicht. Dabei wird durch das Tool z. B. ermittelt, ob alle Funktionen bzw. Aufgaben mit mindestens einem initiierenden Eingabefluß versehen sind[34]. Darüber hinaus sind Konsistenzprüfungen realisierbar, die anhand der Ausführungen im nachfolgenden Abschnitt noch verdeutlicht werden. Für Vorgangskettendiagramme sind rechnergestützte Zusammenhangs- und Vollständigkeitskontrollen ebenfalls denkbar, aber derzeit noch nicht realisiert.

Aufgrund der Ergebnisse wird SADT zur Darstellung der ablauforganisatorischen Konzeption im Rahmen der PPS-Systemauswahl und -einführung ausgewählt. Ausschlaggebend gegenüber den im Grundsatz ebenfalls geeigneten

---

[29] Vgl. Mattheis (1993), S. 49.
[30] Vgl. Scheer (1994), S. 18.
[31] Vgl. Keller/Nüttgens/Scheer (1992), S. 2.
[32] Nach Keller/Nüttgens/Scheer (1992), S. 10 sind Ereignisse ein eingetretener Zustand, der einen zeitpunktbezogenen Sachverhalt abbildet und den weiteren Ablauf im Informationssystem determiniert.
[33] Vgl. Jost (1994), S. 90ff. sowie Eclectic Solutions (1989), S. 4ff. und Meta Software (1990), S. 1-1ff.

Vorgangskettendiagrammen sind dabei die geringeren Modellierungskosten, welche aus den abstrahierten Ereignissen resultieren. Im folgenden Abschnitt wird die *SADT*-Methode ausführlich erörtert.

5.3 Structured Analysis and Design Technique (SADT) zur Modellierung von Prozessen

Im Zuge des Anwendungsvergleiches im vorangegangen Abschnitt wurde in Teil 2b des Anhangs bereits ein Beispiel skizziert, das die Bedeutung der Pfeile und Kästen als grundlegende Darstellungsmittel der *SADT*-Methode erklärt. Da die *SADT*-Methode im weiteren Verlauf dieser Untersuchung auch zur graphischen Darstellung der zu entwickelnden Phasenkonzeption für die Auswahl und Einführung von PPS-Systemen angewendet werden soll, ist es erforderlich, auf die Modellierungsregeln des Verfahrens ausführlicher einzugehen. Außerdem müssen die Anwendungsgrenzen der *SADT*-Methode offengelegt werden, damit auf dieser Basis mögliche Dokumentationszusätze erörtert werden können.

Um Mißverständnisse zu vermeiden, wird zu Beginn der Modellierung die Position des Betrachters definiert[35]. Im Kontext der vorliegenden Untersuchung werden die Darstellungen stets aus dem Blickwinkel von Produktionsunternehmungen vorgenommen, die ein PPS-System auswählen und implementieren.

Grundlegend für das Verständnis der *SADT*-Methode ist der hierarchische Zusammenhang der einzelnen Ablaufdiagramme, wie er in Abb. 24 skizziert ist. Es wird deutlich, daß die graphische Gliederung aus einer strukturierten Top-Down-Vorgehensweise hervorgeht. Die Modellierung des Prozesses beginnt mit der Bezeichnung des Aufgabenbereiches als höchster Abstraktionsstufe. Von dort wird die Beschreibung über mehrere Ebenen zu einer einheitlichen und durchgängigen Dokumentation des Prozeßmodells verfeinert. Unterhalb der zweiten Ebene (A0) stellt jedes Diagramm einen begrenzten Ausschnitt des Gesamtsystems dar und entsteht aus der vertieften Betrachtung einer Aktivität aus dem übergeordneten Diagramm[36]. Somit entspricht der Rahmen eines neuen Diagramms dem der ursprünglich auf einem höher aggregierten Niveau dargestellten Funktion bzw. Tätigkeit. Werden die Material- und Informationsströme – bezeichnet als Ein- und Ausgabeflüsse der Aktivitäten – beispielsweise durch numerierte Pfeile für den Rechner identifizierbar gemacht, ist eine automatische Überprüfung im Hinblick auf vollzählig übernommene Ein- und Ausgabeflüsse der übergeordneten Aktivität möglich[37].

---

[34] Zur genannten Überprüfung und weiteren Syntax-Kontrollen vgl. Meta Software (1990), S. 2-93.
[35] Vgl. Marca/McGowan (1988), S. 8ff.
[36] Vgl. Ross (1977b), S. 17 ebenso wie Ross/Schoman (1977), S. 11.
[37] Vgl. Marca/McGowan (1988), S. 22.

124   5 Organisatorische Gestaltung im Zusammenhang mit der PPS-Systemeinführung

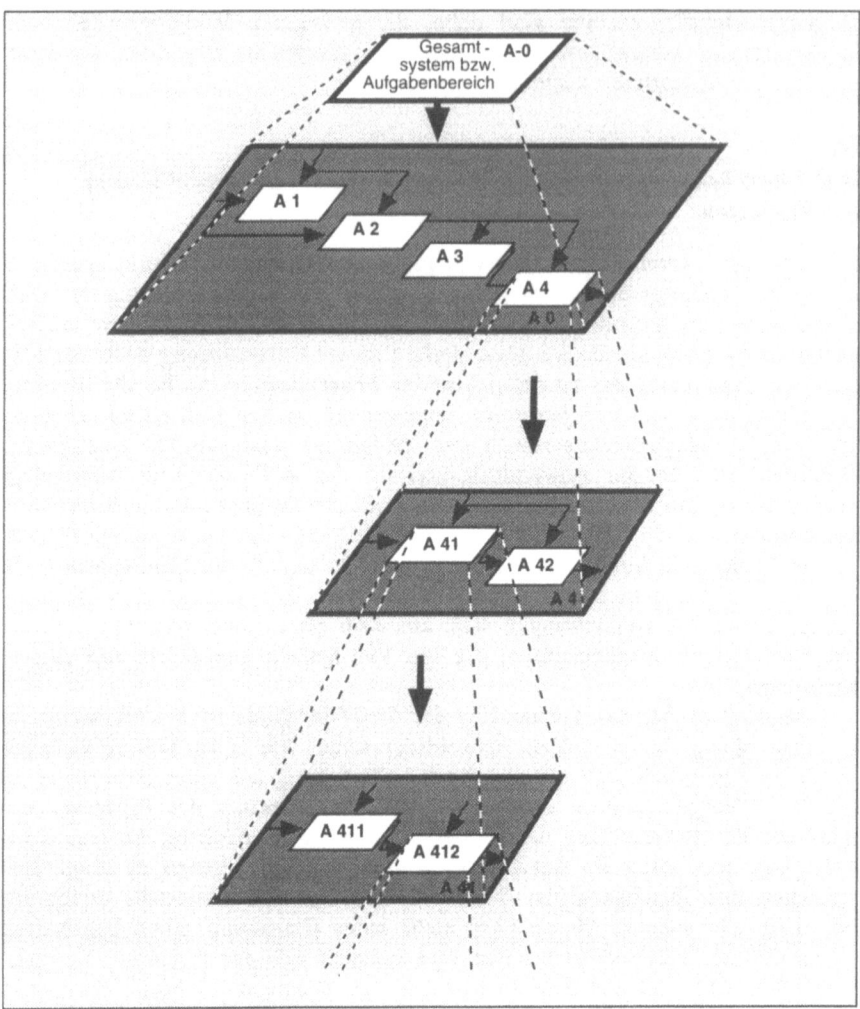

Abb. 24. Strukturierte Darstellung der Ablaufspezifikation im Rahmen der *SADT*-Methode[a]

Mit zunehmender Disaggregation werden Informationen aus dem übergeordneten Diagramm auf den tieferen Ebenen detaillierter beschrieben, aber nicht erweitert[38]. Die praktische Erfahrung zeigt jedoch, daß es im Einzelfall schwierig sein kann, eine begriffsbezogene Konsistenz über die Ebenen hinweg herzustellen. Für mehrere Daten eines untergeordneten Diagramms fin-

---

[a]   Geringfügig modifizierte Form der graphischen Darstellung von Ross (1977b), S. 18.
[38] Vgl. Balzert (1982), S. 118.

5.3 Structured Analysis and Design Technique (SADT) zur Prozeßmodellierung

det sich bisweilen kein geeigneter Oberbegriff, welcher auf der übergeordneten Ebene einen Pfeil treffend beschreibt. Um die Übersichtlichkeit zu wahren, sind zusätzliche Pfeile erlaubt, die im übergeordneten Diagramm nicht enthalten sind, da sie dort eine vergleichsweise geringe Bedeutung für das Verständnis haben[39].

Seit ihrer Entwicklung Anfang der 70er Jahre durch die Fa. *SofTech* Inc. wurden die syntaktischen Elemente der *SADT*-Methode mehrfach von verschiedenen Autoren und Anwendern modifiziert. Die nachfolgenden Ausführungen orientieren sich weitgehend an der Veröffentlichung von Balzert[40]. Dabei sind für die vorliegende Untersuchung nur die Aktivitätsmodelle relevant[41]. Es wird davon ausgegangen, daß die in einer Unternehmung benötigten Daten aus der Gesamtheit der zu erfüllenden Aufgaben bestimmt werden[42]. Im Idealfall existieren nur genau die Daten, welche für die vorgesehenen Funktionen von Bedeutung sind[43].

Die Sequenz der versetzt von links oben nach rechts unten angeordneten Aktivitäten besteht aus einzelnen Input-Output-Schemata, die miteinander verknüpft sind. Die als Kasten dargestellte Funktion bzw. Tätigkeit kann sich auf materielle und/oder immaterielle Dinge beziehen[44]. Jede Verrichtung erstellt oder verändert ein oder mehrere Objekte und wird durch mindestens einen initiierenden Eingabefluß (sog. Steuerungspfeil) aktiviert[45]. Bei den Objekten handelt es sich im Aufgabenbereich ‚Auftragsabwicklung' größtenteils um Schriftstücke, Belege, Listen, Datensätze oder Werkstücke.

Neben den auslösenden Pfeilen existieren weitere Eingabeflüsse, die eine Aktivität ermöglichen oder unterstützen, ohne sie dabei zu initiieren bzw. zu steuern[46]. Die entsprechenden Input-Pfeile zeigen auf die linke Seite eines Kastens. Im Kontext der Auftragsabwicklung handelt es sich dabei häufig um erforderliche Stammdaten für eine Funktion oder um nicht-systemimmanente Kenntnisse der Person, die eine Tätigkeit ausführt. Zwischen auslösenden und begleitenden Eingabeflüssen wird in einzelnen Fällen nicht klar unterschieden. Beispielsweise kann eine Aktivität fallweise von der einen oder anderen Information ausgelöst werden. Diese Unschärfe kann jedoch in Kauf genommen werden, wenn davon ausgegangen wird, daß eine Tätig-

---

[39] Vgl. auch *SofTech* (1976), S. 4-20.
[40] Vgl. Balzert (1982), S. 111ff.
[41] *SADT* sieht separate Datenmodelle vor. Dazu wird die Bedeutung der Symbole vertauscht, d.h. Daten werden als Kästen dargestellt, die durch datenerzeugende, datenverwendende und steuernde Aktivitäten miteinander verbunden sind, vgl. Balzert (1982), S. 123f. Zwischen Aktigramm und Datagramm besteht jedoch kein inverser Zusammenhang, vgl. Yeomans (1981), S. 215. Für die Software-Entwicklung werden daher beide Diagrammarten parallel verwendet, vgl. Schulz (1990), S. 61.
[42] Vgl. auch Keller/Nüttgens/Scheer (1992), S. 6.
[43] Vgl. Roos (1992), S. 10.
[44] Vgl. Marca/McGowan (1988), S. 14.
[45] Vgl. Ross (1977b), S. 26.
[46] Vgl. Marca/McGowan (1988), S. 34.

keit bzw. Funktion erst dann durchführbar ist, wenn alle notwendigen – auslösenden und unterstützenden – Informationen und/oder Materialien vorliegen[47].

Zugunsten der Übersichtlichkeit wird empfohlen, offensichtliche Inputs aus den *SADT*-Diagrammen auszuschließen[48]. Aus dem gleichen Grund sollten in einem Diagramm nicht mehr als sechs Kästen dargestellt werden[49]. Folglich zwingt die *SADT*-Methode den Anwender zur Abstraktion, die bei weit verzweigten Prozeßzusammenhängen auch künstliche Zwischenstufen erfordert[50].

Der Detaillierungsgrad des *SADT*-Modells bestimmt (neben dem inhaltlichen Umfang der Ablaufkonzeption) die Modellierungskosten und muß sich daher an Zweckmäßigkeitsüberlegungen orientieren[51]. Grundsätzlich ist ein Prozeßmodell hinreichend beschrieben, wenn die logischen Zusammenhänge des Ablaufs verständlich und nachvollziehbar sind[52]. Für die Illustration der ablauforganisatorischen Überlegungen im Rahmen der Auswahl und Einführung von PPS-Systemen wird davon ausgegangen, daß die Anforderungen an den Feinheitsgrad der Ausführungen im Zuge des Vorhabens sukzessive steigen. Außerdem müssen nicht alle Vorgänge in gleicher Weise detailliert werden. Beispielsweise erfolgt die Wirtschaftlichkeitsbetrachtung im Zuge der Auswahlentscheidung noch anhand einer umfassenden Gegenüberstellung der Gesamtmodelle. Um nach der Systemimplementierung die Konsequenzen spezifischer Wartungsmaßnahmen bewerten zu können, muß oft nur ein bestimmter Ausschnitt des Modells betrachtet werden, der zu diesem Zweck möglicherweise weiter untergliedert wird. Desgleichen sind solche Funktionen und Tätigkeiten genauer zu beschreiben, die eine Anpassung der Standard-Software erfordern. Wenn diese Differenzierung vernachlässigt wird, kann den Ausführungen von Stucky/Németh/Schönthaler gefolgt werden. Danach hat die praktische Anwendung gezeigt, daß für ein vernünftiges Vorgehen im Rahmen der konzeptionellen Ablaufmodellierung die Verfeinerung etwa bis zur Formularebene durchaus genügt[53]. Im allgemeinen ergibt sich daraus eine Diagrammhierarchie mit drei bis fünf Stufen.

Neben den erörterten Vorteilen der *SADT*-Methode sind auch die Nachteile des Verfahrens und seine Anwendungsgrenzen zu betrachten. So ist das Erstellen der Diagramme trotz der Unterstützung durch entsprechende Tools recht aufwendig. Bei Änderungen müssen die Diagramme häufig neu konfiguriert werden, um sie nicht unleserlich werden zu lassen[54].

---

[47] Vgl. sinngemäß auch *SofTech* (1976), S. 4-6.
[48] Vgl. Ross (1977b), S. 26.
[49] Vgl. sinngemäß auch Balzert (1982), S. 128.
[50] Vgl. Kimm/Koch/Simonsmeier/Tontsch (1979), S. 64.
[51] Vgl. sinngemäß auch Elgass/Krcmar (1993), S. 44.
[52] Vgl. Zimmermann/Katzy/Plötz/Tanner (1993), S. 69 und sinngemäß auch Quint (1993), S. 83.
[53] Vgl. Stucky/Németh/Schönthaler (1989), S. 195.
[54] Vgl. Kimm/Koch/Simonsmeier/Tontsch (1979), S. 64.

5.3 Structured Analysis and Design Technique (SADT) zur Prozeßmodellierung

Die starre Regel zur diagonalen Anordnung der Kästen im Diagramm hat zur Folge, daß auch parallele Vorgänge als Sequenz erscheinen. Dabei können nacheinander dargestellte Funktionen oder Tätigkeiten durchaus zum gleichen Zeitpunkt durch den Ausgabefluß einer vorangestellten Aktivität ausgelöst werden. Die Aufreihung der Aktivitäten entspricht also nicht immer dem zeitlichen Ablauf und/oder der tatsächlichen Reihenfolge[55]. Die Ablauflogik ist nicht streng determiniert, da auf die Abbildung von Ereignissen und Vorgangszeiten verzichtet wird. Damit beschreibt das *SADT*-Prozeßmodell zwar die dynamischen Zusammenhänge der Abläufe. Für eine rechnergestützte Simulation von Ablaufalternativen reichen die Darstellungen jedoch nicht aus, da hier eindeutige Vorgänger-Nachfolger-Beziehungen erforderlich sind. Um ein unternehmungsspezifisches Simulationsmodell zu erhalten, müssen die *SADT*-Diagramme der tiefsten Detaillierungsebene in Netzpläne oder Petri-Netze überführt werden[56]. Außerdem sind etliche Einfluß- und Beschreibungsgrößen (Simulationsparameter) zu quantifizieren, die vorher nicht mit den *SADT*-Diagrammen dokumentiert wurden. Dabei handelt es sich insbesondere um Input-Mengen und/oder Häufigkeiten an der Quelle des Prozesses bzw. einzelner Vorgänge, Bearbeitungszeiten für jede Aktivität, Kapazitätsangaben für die ‚Mechanismen‘, d. h. Personen und/oder Systembausteine sowie Transportzeiten für die Material- und Informationsflüsse.

Weitere Grenzen des Aussagegehalts von *SADT* resultieren aus der geringen Anzahl verschiedenartiger Symbole und dem beschränkten Fassungsvermögen der Diagramme. So kann es bedeutsam sein, den Umfang und/oder die Qualität bestimmter Informationsflüsse zu erläutern, wozu die Beschriftung der Pfeile oft nicht ausreicht. Ebenso müssen einzelne Kästen mit erklärenden Texten verknüpft werden, um z. B. spezifische Verrichtungs- und Prioritätsregeln zu beschreiben, welche die Entscheidungen innerhalb einer Aktivität transparent machen[57]. Bei komplizierten Zusammenhängen kann zur betreffenden Aktivität eine Entscheidungstabelle hinterlegt werden[58]. Darüber

---

[55] Vgl. Balzert (1982), S. 113.
[56] Die verschiedenen Anwendungsformen der Netzplantechnik als Varianten eines einheitlichen Grundmodells werden von Schwarze (1994b), S. 22ff. und S. 96. erläutert. Zu Petri-Netzen vgl. Schuler (1992), S. 19ff. und die dort angegebene Literatur. Die programmunterstützte Vorbereitung und Ergänzung der *SADT*-Diagramme für die Übergabe an ein Simulations-Tool und die anschließende Konvertierung in Petri-Netze findet sich bei Meta Software (1990), S. 2-120ff. beschrieben. Unter der Bezeichnung ‚IDEF‘ werden *SADT*-Aktivitätsmodelle mit dem ‚Entity-Relationship-Modell‘ (*ERM*) für die datenorientierte Betrachtung und Petri-Netzen für das dynamische Modell zu einer Methodologie, d.h. einem Methodenbündel kombiniert, vgl. Doumeingts/Chen (1992), S. 27ff. ebenso wie Mattheis (1993), S. 31 und die dort angegebene Literatur.
[57] Zur Kritik, daß Entscheidungsaspekte mit der *SADT*-Methode nicht ausreichend in Betracht gezogen werden, vgl. Doumeingts/Chen (1992), S. 29 ebenso wie Keller (1993), S. 80.
[58] Entscheidungstabellen bringen Bedingungen bzw. Bedingungskombinationen mit unterschiedlichen Folgeaktionen in Verbindung, vgl. Schmidt (1991), S. 327. Die Folgeaktionen sind im Kontext der einzelnen *SADT*-Kästen durch Ausgabeflüsse repräsentiert.

hinaus ist aus den *SADT*-Darstellungen nicht ersichtlich, ob es sich bei der Übertragung von Objekten von einer Verrichtung zur anderen um eine Hol- oder um eine Bringschuld handelt. Hier läßt sich festlegen, daß die Objektweitergabe grundsätzlich Bestandteil der jeweils betrachteten Aktivität ist. Anderenfalls wäre (auf einer tiefer gelegenen Detaillierungsebene) eine Aktivität zum Abruf der Objekte darzustellen.

Organisationseinheiten werden in der *SADT*-Diktion als ‚Mechanismus' einer Aufgabe zugeordnet. Um das Gefüge der aufbauorganisatorischen Zusammenhänge und Verantwortlichkeiten zu dokumentieren, ist eine separate Darstellung erforderlich. Eine geeignete Darstellungsform bieten Organigramme[59].

5.4
Leitlinien für die organisatorische Entwicklung

5.4.1
Prozeßorientierte Ablauforganisation

Nachdem die vorangegangenen Abschnitte des fünften Kapitels Fragen zur Darstellung der ablauforganisatorischen Überlegungen behandelt haben, wenden sich die nachfolgenden Ausführungen inhaltlichen Aspekten der Organisationskonzeption zu. Zielsetzung ist es, den organisatorischen Veränderungen im Zusammenhang mit der Auswahl und Einführung von PPS-Systemen ein Orientierungsmuster zu geben. Dabei wird im Rahmen der vorliegenden Untersuchung davon ausgegangen, daß die organisatorische Entwicklungsrichtung der Unternehmung das zu erstellende Phasenmodell zumindest in einzelnen Punkten beeinflußt. Somit wird über die in Kapitel 3 „Darstellung und Überprüfung der Vorgehensmodelle aus der Literatur" diskutierten Konzepte für die PPS-Systemauswahl und -einführung hinausgegangen, die auf Aussagen zur Art der organisatorischen Gestaltung verzichten und daher neutral erscheinen, im Hinblick auf die im sechsten Kapitel zu betrachtenden Interdependenzen aber unvollständig sind. Das zu entwickelnde Vorgehensmodell erhält mit den folgenden Ausführungen neben dem EDV-technischen auch einen organisatorischen Anwendungsbezug.

Als Basis für die organisationsbezogenen Gestaltungsgrundsätze dienen die derzeit in der Literatur präferierten Kerngedanken für eine sinnvolle Ausrichtung der Organisationsstruktur. Vorzüge und Nachteile dieser Strukturierungsgrundsätze sind mit Blick auf den Auftragsabwicklungsprozeß zu diskutieren. Die entsprechenden Leitsätze verstehen sich als Rahmen für eine unternehmungsspezifische Aufbau- und Ablauforganisation. Situationsbezogene Eigenheiten der jeweiligen Unternehmung behalten einen erheblichen Einfluß auf den Umfang und die Ausprägungen der organisatorischen Veränderungen.

Grundlegend für das organisationsbezogene Orientierungsmuster sind die Ergebnisse der Literaturauswertung von Knof. Danach sprechen 75 Veröffent-

---

[59] Vgl. auch die entsprechende Empfehlung von Scheer (1992a), S. 90.

5.4 Leitlinien für die organisatorische Entwicklung

lichungen zu Organisationsaussagen im Zusammenhang mit der *CIM*-Thematik in ihren Kernpunkten von der Notwendigkeit für eine

- prozeßorientierte Ablauforganisation mit verstärkter Funktionsintegration sowie eine
- objektorientierte Aufbauorganisation mit wenigen Hierarchieebenen und Abteilungen[60].

Diese Aspekte gehören auch zu den Grundsätzen des ‚Lean Management', die derzeit stark beachtet werden[61]. Mit den nachfolgenden Ausführungen wird zunächst die Substanz der prozeßorientierten Ablauforganisation vertieft.

Eine prozeßorientierte Ablauforganisation wird im allgemeinen als Gegenteil zur funktional gegliederten Ablaufstruktur betrachtet[62]. Entsprechend ist die Funktionsintegration ein wesentliches Merkmal der prozeßorientierten Ablauforganisation. Kurbel gibt eine EDV-technisch ausgerichtete Definition des Wortgebrauchs, wonach eine Funktionsintegration gegeben ist, wenn dem Bearbeiter einer Vorgangsfolge alle dafür notwendigen Funktionen (aus verschiedenen Software-Systemen) am Arbeitsplatz zur Verfügung stehen[63]. Im Zuge der Differenzierung zwischen Funktionen und Aufgaben soll hier jedoch die Aufgabenintegration als Zusammenfassung ehemals getrennter Tätigkeiten in den Vordergrund gestellt werden. Die systembezogene Funktionsintegration wird als eine Folge der Aufgabenintegration betrachtet[64].

Voraussetzung für eine systembezogene Funktionsintegration ist die DV-technische Datenintegration[65]. Die gemeinsame Nutzung von Daten durch unterschiedliche Bereiche führt dazu, daß Daten, die in einem Bereich anfallen, sofort allen anderen Bereichen zur Verfügung stehen[66]. Aus technischer Sicht wird damit eine redundante und möglicherweise inkonsistente Datenhaltung vermieden[67]. Die organisatorische Bedeutung liegt primär in der unternehmungsweiten Transparenz der Daten, womit die informationstechnische Voraussetzung für eine freie Wahl des Entscheidungsortes und damit einer zunehmenden Entscheidungsdelegation erfüllt ist[68]. Somit ist die DV-Unterstüt-

---

[60] Vgl. Knof (1992), S. 106ff., insbesondere S. 111.
[61] Vgl. Womack/Jones/Roos (1992), S. 103f. ebenso wie Groth/Kammel (1994), S. 30 und S. 74f.
[62] Vgl. Davenport (1993), S. 7. Gaitanides stellt heraus, daß das Prinzip der Gliederung der Betriebsaufgaben nach dem Betriebsprozeß von Nordsieck bereits in den 30er Jahren diskutiert wurde, vgl. Gaitanides (1983), S. 5f. und die dort angegebene Literatur. Die funktionale und stark arbeitsteilige Organisationsstruktur wird häufig auf die 1911 veröffentlichten Impulse von Taylor zurückgeführt, vgl. Hill/Fehlbaum/Ulrich (1989), S. 194 ebenso wie Scheer (1992c), Sp. 1041f. und die dort angegebene Literatur.
[63] Vgl. Kurbel (1993), S. 306.
[64] Vgl. auch Keller (1993), S. 36f., der allerdings neben der Aufgabenintegration auch von einer organisatorischen Funktionsintegration spricht, so daß keine begriffliche Konsistenz erreicht wird.
[65] Vgl. Knof (1992), S. 205 ebenso wie Berkau/Kraemer/Scheer (1989), S. 3
[66] Vgl. Becker (1991), S. 166.
[67] Vgl. Kurbel (1993), S. 305f.
[68] Vgl. Knof (1992), S. 179.

zung vielfach eine technische Bedingung, um bisher verteilte Aufgabenelemente an einem Arbeitsplatz zusammenführen zu können[69]. Die Funktionen der PPS-Software entlasten den Benutzer von Routinetätigkeiten und unterstützen die im Auftragsabwicklungsprozeß zu treffenden Entscheidungen. Die Zusammenfassung von Tätigkeiten erfolgt entlang der Aufgabenabfolge zur Auftragsabwicklung, d. h. die Arbeitsteilung wird in vertikaler Richtung reduziert[70]. Bisher vor- und/oder nachgeordnete Prozeßabschnitte reichern den Arbeitsinhalt einer Organisationseinheit an. Beispielsweise wird die Qualitätskontrolle von montierten Erzeugnissen nicht mehr als separater Arbeitsgang vollzogen, sondern in die Aufgabe einer Montagegruppe eingebunden.

Der wesentliche Vorteil einer prozeßorientierten Ablauforganisation besteht darin, daß im Rahmen der Aufgabenerfüllung nur noch wenige Nahtstellen vorhanden sind. Dadurch werden Reibungsverluste in Form von Übergangszeiten sowie geistigen und physischen Rüstzeiten reduziert[71]. Die Abstimmungs- und Einarbeitungsaktivitäten infolge des Wechsels der Objekte von einer Person zur anderen verringern sich bei zusammengefaßten Aufgaben, da ein Teil der Leistung häufig darin besteht, die getätigten Lösungsschritte für andere nachvollziehbar zu machen, damit auf den bisherigen Ergebnissen aufgebaut werden kann[72]. Ferner sind die Nahtstellen des Auftragsabwicklungsprozesses besonders anfällig für Informationsverluste, die zu Doppelarbeiten führen[73]. Im Gesamtzusammenhang der Auftragsabwicklung besteht aufgrund der Aufgabenintegration ein geringerer Koordinationsbedarf, so daß kürzere Durchlaufzeiten zu erwarten sind[74]. Ferner wird mit einem erweiterten Aufgabenumfang der einzelnen Mitarbeiter monotonen Arbeitsinhalten entgegengewirkt, so daß davon auszugehen ist, daß sich positive Motivationseffekte einstellen. Dies gilt insbesondere dann, wenn zu den bisherigen Aufgaben solche mit einem höheren Anforderungsniveau hinzukommen[75]. Vorhandene Potentiale der Beschäftigten werden auf diese Weise aktiviert und ausgeschöpft[76].

---

[69] Vgl. Dorninger/Janschek/Olearzick/Röhrenbacher (1990), S. 29 ebenso wie Klotz (1993), S. 183, der die integrierte Anwendungs-Software daher als ein entscheidendes organisatorisches Gestaltungsfeld ansieht.

[70] In horizontaler Richtung wären einzelne Vorgänge oder Aufgaben über die gesamte Spanne der Aufträge bzw. Erzeugnisse angesprochen.

[71] Vgl. Grobel (1992), S. 19f. und S. 103f. sowie im Hinblick auf die Abstimmung von Konstruktionslösungen mit den betriebswirtschaftlichen Abteilungen Steffen (1990), S. 197.

[72] Vgl. sinngemäß auch Keller (1993), S. 175 ebenso wie Scheer (1992c), Sp. 1042.

[73] Bullinger/Niemeier/Schäfer (1993), S. 123 führen an, daß Entscheidungen an Bereichsgrenzen häufig erneut diskutiert werden.

[74] Vgl. Keller (1993), S. 42 ebenso wie Scheer (1993), o.S.

[75] Dieser Vorgang wird in der Literatur als Job Enrichment bezeichnet. In Ergänzung zu rein operativen Tätigkeiten treten hier auch vorbereitend-planende und kontrollierende Aufgaben hinzu, vgl. Kern (1992), S. 19 ebenso wie Hill/Fehlbaum/Ulrich (1989), S. 306f. und die dort genannte Literatur.

[76] Vgl. REFA (1987), S. 40. Zur vertiefenden Darstellung der Humanisierungsaspekte als Begründung für ganzheitliche Tätigkeitsstrukturen vgl. Klotz (1993), S. 4 und S. 36f. sowie die dort angegebene Literatur.

5.4 Leitlinien für die organisatorische Entwicklung

Die Grenzen der prozeßorientierten Ablauforganisation werden erreicht, wenn der Entscheidungsspielraum des Tätigkeitsrahmens den jeweiligen Stelleninhaber überfordert[77]. Zudem führt die Aufgabenintegration zu Qualifizierungskosten, da die jeweils neuen Aufgabenbestandteile im allgemeinen eine entsprechende Anleitung erfordern. Hinzu kommen erhöhte Entlohnungskosten, wenn gesteigerte Anforderungen mit der Eingruppierung in eine höhere Lohn- oder Gehaltsgruppe verbunden sind[78]. Darüber hinaus kommt Grobel nach seinen simulationsgestützten Untersuchungen zu dem Ergebnis, daß eine zu starke Verdichtung der Aufgaben bei einer Vielzahl gleichzeitig zu bearbeitender Aufträge, d. h. ohne eine ausreichende Art- oder Mengenteilung, zu hohen Wartezeiten innerhalb der Organisationseinheiten führt[79].

Als Nachteil der Aufgabenintegration gelten auch die geringeren wirtschaftlichen Vorteile aus der Spezialisierung. Eine Erfahrungskonzentration auf klar abgegrenzte Aufgabenbündel ermöglicht entsprechende Lernprozesse, die zu schrittweise reduzierten Bearbeitungszeiten für einzelne Teilleistungen führen[80]. Allerdings skizzieren Tönshoff/Hamelmann für den Bereich der Arbeitsvorbereitung, daß im Zuge verkürzter Produktlebenszyklen und einer steigenden Variantenvielfalt das Kostensenkungspotential durch Teiloptimierungen gegenüber den Kostensteigerungen durch den höheren Organisationsbedarf an Bedeutung verliert[81]. Trotz der Einschränkung, daß im Rahmen der Arbeitsvorbereitung die physischen Eigenschaften der Erzeugnisse den Aufgabeninhalt vergleichsweise stärker bestimmen[82], gilt dieser Aspekt auch für die Auftragsabwicklung. Eine höhere Dynamik und Vielfalt in den verrichtungsbezogenen Anforderungen verringert das Potential für routinebedingte Synergieeffekte. Dennoch bleibt das Argument geringerer Spezialisierungsvorteile gültig, so daß es letztlich erforderlich sein wird, Bereichsvorzüge zugunsten einer besseren Prozeßgesamtlösung zurückzustellen.

---

[77] Vgl. Gaitanides (1983), S. 153.
[78] Vgl. Grobel (1992), S. 125 ebenso wie Klimmer (1995), S. 51 und REFA (1987), S. 40.
[79] Vgl. Grobel (1992), S. 109ff.
[80] Vgl. Klotz (1993), S. 36.
[81] Vgl. Tönshoff/Hamelmann (1993), S. 47f.
[82] Die Arbeitsvorbereitung wird in der vorliegenden Untersuchung als Teil des Produktentstehungsprozesses verstanden. Charakteristisch für die Aufgaben der Arbeitsvorbereitung sind demnach das Erstellen von Arbeitsplänen und die Ermittlung von Vorgabezeiten. In der Praxis nimmt der Bereich ‚Arbeitsvorbereitung' häufig auch Aufgaben der Produktionsplanung war.

5.4.2
Objektorientierte Aufbauorganisation

Die objektorientierte Aufbauorganisation als zweiter Gestaltungsgrundsatz wird üblicherweise der Gliederung von Organisationseinheiten nach Verrichtungs- bzw. Zweckbereichen entgegengesetzt[83]. Zumindest bis Ende der 80er Jahre galt, daß die deutschen Industrieunternehmungen fast ausschließlich funktional, also nach Verrichtungen gegliedert sind[84]. Für die in Abschn. 5.4.1 skizzierte Aufgabenintegration bedeuten verrichtungsorientierte Organisationsstrukturen, daß erweiterte Arbeitsinhalte durch Abteilungs- und Bereichsgrenzen behindert werden.

Für eine objektorientierte Aufbauorganisation kommen unterschiedliche Gliederungskriterien in Frage. Tab.24 gibt eine Übersicht zu den wesentlichen Objekten und ihren Differenzierungsmerkmalen, anhand derer die Gruppierung durchgeführt werden kann.

In der Praxis besteht zwischen den genannten Objekten häufig ein Zusammenhang. Beispielsweise werden bestimmte Erzeugnisarten lediglich an Großkunden verkauft oder nur in ausgewählten Absatzregionen angeboten. Präferiert wird im allgemeinen eine Gliederung nach Produktgruppen[85]. Dabei ist vorauszusetzen, daß die Unternehmungen eine entsprechende Größe haben und ein heterogenes Leistungsprogramm anbieten[86]. Um innerhalb der erzeugnisbezogenen Organisationseinheiten eine überschaubare Anzahl von Aufträgen vorliegen zu haben, kann eine mehrschichtige Gliederung erforderlich sein[87]. Dazu werden die genannten Ordnungskriterien erneut angewandt. Auf der untersten Differenzierungsebene wird die eigentliche Zuordnung der Objekte vorgenommen. Etwa mit Hilfe des Verfahrens der Clusteranalyse werden möglichst homogene, d. h. durch gleiche oder ähnliche Merkmale gekennzeichnete Objekt- bzw. Produktgruppen gebildet[88].

Die Ausprägungen einer objektorientierten Aufbauorganisation werden über die zugrunde gelegten Gruppierungskriterien hinaus auch durch ihren ablauforganisatorischen Rahmen beschrieben. In der Literatur finden sich

---

[83] Vgl. Hill/Fehlbaum/Ulrich (1989), S. 176ff. sowie REFA (1992), S. 81. Der Begriff ‚Objekt' wird im allgemeinen synonym für die Worte Gegenstand oder Sache verwendet, so daß Objektorientierung in diesem Sinne das Zurechtfinden anhand von Gegenständen bedeutet, vgl. Keller/Nüttgens/Scheer (1992), S. 7.
[84] Vgl. Sauerbrey (1988a), S. 22.
[85] Vgl. beispielsweise die entsprechenden Gestaltungsempfehlungen von Sauerbrey (1988b), S. 246f. und Grobel (1992), S. 146 sowie die Ausführungen von Rommel/Brück/Diederichs/Kempis/Kluge (1993), S. 173 zu den Ergebnissen einer Langzeitstudie der Fa. McKinsey & Company, Inc. über die Erfolgsfaktoren bei deutschen Maschinenbau-Unternehmungen und Komponentenherstellern.
[86] Vgl. Klotz (1993), S. 80.
[87] Scheer (1992b), S. 299f. spricht im diesem Zusammenhang von einer Komplexitätsreduktion durch Verringerung der zu bearbeitenden Objekte.
[88] Die Clusteranalyse als Methode zur strukturierten Klassifizierung von Daten wird von Kaufmann/Pape (1984), S. 371ff. ausführlich beschrieben.

Tab. 24. Gliederungskriterien und Klassifizierungsmerkmale für eine objektorientierte Aufbauorganisation

Objekt	Differenzierungsmerkmale
Produkt	– Technische Eigenschaften – Herstellungsverfahren – Stückzahlen – Kapazitätsbedarf – Kundenbezug – Absatzwege
Kunde	– Auftragsvolumen – Kooperationsweise – Anforderungen
Region/Markt	– Wettbewerbsstellung – Marktbedingungen – Produkteigenschaften
Auftrag	– Wiederholcharakter – Stückzahl

eine Reihe von Ansätzen, die sich im wesentlichen durch den Umfang der einbezogenen Tätigkeiten bzw. der zugrunde gelegten Vorgänge unterscheiden.

Keller erläutert die Konzeption der Fertigungsinseln bzw. -segmente, die mehrere funktional unterschiedliche Arbeitsplätze zu einem Arbeitsbereich zusammenfaßt. Ein charakteristisches Merkmal ist dabei die Verlagerung von indirekten Aufgaben auf die operative Ebene. Den Fertigungs- und Montageeinheiten werden auch planende Tätigkeiten zugeteilt, beispielsweise die Belegungsplanung und Auftragsfreigabe sowie Teilaufgaben der Arbeitsplanerstellung[89].

Produktsparten und sog. ‚Planungsinseln' gehen mit ihren Tätigkeitsgrenzen weiter über den eigentlichen Produktionsbereich hinaus und integrieren neben der Produktionsvorbereitung auch Vertriebs- und Einkaufsaufgaben[90]. Dabei betont Keller, daß jeder Planungsinsel eine eindeutige Produkt-Markt-Kombination zuzuordnen ist, so daß die inneren Strukturen ziel- und kundengerecht aufgebaut werden können[91]. Damit werden zwei unterschiedliche Gliederungskriterien aus Tab. 24 angewendet, was in diesem Fall impliziert, daß tatsächlich klare Produkt-Markt-Beziehungen vorliegen. Anderenfalls wäre ein Produkt von mehreren Planungsinseln zu betreuen, womit entsprechende

---

[89] Vgl. Keller (1993), S. 159ff., insbesondere S. 161 und S. 164f. sowie zur Vertiefung die dort angegeben Literatur.
[90] Zur Produktsparte vgl. das Projektbeispiel von König (1994), S. 65. Planungsinseln werden von Scheer (1992b), S. 300f. skizziert und durch die Ausführungen von Keller (1993), S. 168ff. konzeptionell vertieft.
[91] Vgl. Keller (1993), S. 169.

Koordinationsprobleme und Konkurrenzsituationen zwischen den Organisationseinheiten entstehen, auf die im folgenden noch eingegangen wird. An dieser Stelle ist festzustellen, daß Produktsparten und Planungsinseln eine weitgehende Übereinstimmung mit dem Aufgabenumfang des Auftragsabwicklungsprozesses zeigen. Im weiteren Verlauf der Untersuchung werden die Begriffe Sparte, Insel und Segment synonym verwendet. Soweit nicht explizit ein anderer Zusammenhang hergestellt wird, beziehen sich diese Begriffe auf eine produktorientierte Organisationseinheit für den Prozeß der Auftragsabwicklung.

Andere Modelle wie Divisionen, Profit-Center und Geschäftsbereiche umfassen nahezu sämtliche Aufgaben innerhalb einer Produktionsunternehmung. Über den bisher diskutierten Rahmen hinaus werden damit auch administrative Tätigkeiten wie die Finanzbuchhaltung dezentralisiert. Für diese Organisationsformen ist es charakteristisch, daß produktorientierte Einheiten lediglich auf der zweiten Hierarchieebene gebildet werden, während darunter die funktionalen Strukturen erhalten bleiben[92].

Gemeinsames Ziel der genannten Formen einer objektorientierten Aufbauorganisation ist es, anstelle der jeweiligen Fachabteilung den Gesamtzusammenhang der zu bewältigenden Aufgaben stärker in den Blickpunkt jedes einzelnen Mitarbeiters zu stellen. Da die Aufgabenstellung wesentlich durch Anforderungen des Absatzmarktes bestimmt wird, resultiert daraus eine größere Kundenzufriedenheit. Dabei wird die aufgabenbezogene Zusammenarbeit durch eine flache Hierarchie unterstützt, in der das Abteilungsgefüge – und damit das Abgrenzen von logisch zusammenhängenden Vorgängen[93] – weitgehend durch (vernetzte) Teams ersetzt wird. Je nach Umfang des zu leistenden Prozesses bzw. Vorgangs kann es innerhalb der objektorientierten Organisationseinheit dennoch Nahtstellen geben, an denen die Aufgabe von einem Mitarbeiter der Arbeitsgruppe zum anderen oder von einem Team an das nächste weitergereicht wird.

Die Arbeitsgruppen sind mit einer aufgabengerechten Entscheidungskompetenz ausgestattet, so daß kurze Kommunikationswege und kleine Regelkreise für kurzfristige flexible Eingriffsmöglichkeiten unterstützt werden. Tritt in Problemfällen ein Entscheidungs- und Handlungsbedarf auf, können die Tätigkeiten unverzüglich auf das Wesentliche konzentriert werden, nämlich die Lösung der Aufgabe. In verrichtungsorientierten, hierarchisch geprägten Organisationsstrukturen gehen die Anstrengungen häufig zunächst dahin, Verantwortlichkeiten zu ermitteln. Bullinger/Niemeier/Schäfer sprechen in diesem Zusammenhang vom ‚Kamin-Effekt' einer mehrstufigen Hierarchie, da Entscheidungen häufig nicht getroffen, sondern in der Hierarchie nach oben abgegeben werden[94].

---

[92] Vgl. Keller (1993), S. 152f. und die dort angegebene Literatur.
[93] In der Literatur wird in diesem Zusammenhang formuliert, daß ausgeprägte Abteilungshierarchien dem Integrationsgedanken von *CIM* entgegenstehen, vgl. Berkau/Kraemer/Scheer (1989), S. 5 und sinngemäß auch Mattheis (1993), S. 156.
[94] Vgl. Bullinger/Niemeier/Schäfer (1993), S. 123. Mattheis (1993), S. 160 schildert am Beispiel der Ausschußproduktion die Vielfalt der möglichen Fehlerquellen. Daran wird der zeitliche Umfang erkennbar, den die Suche nach Verantwortlichen annehmen kann.

5.4 Leitlinien für die organisatorische Entwicklung

Weiterhin schafft eine objektorientierte Aufbauorganisation Freiräume für die selbständige Entwicklung und Steuerung der Organisationseinheiten[95]. Bezogen auf die Gliederung nach Produktgruppen besteht somit die Möglichkeit, maßgeschneiderte Konzeptionen zur Auftragsabwicklung zu gestalten, die auf individuelle Merkmale der Erzeugnisse und die Anforderungen des produktbezogenen Unternehmungsumfeldes abgestimmt sind. Im Rahmen der empirischen Studie wurde festgestellt, daß innerhalb einer Unternehmung häufig sowohl verschiedene Erzeugnisarten als auch heterogene Dispositions- und Produktionsverfahren anzutreffen sind. Damit zeigt sich die praktische Relevanz einer differenzierten Vorgehensweise bei der Auftragsabwicklung.

Der Handlungsspielraum innerhalb der produktbezogenen Organisationseinheiten eröffnet gleichzeitig eine breitere Ansatzfläche, um auf die entstehenden Kosten Einfluß zu nehmen[96]. Dazu gehört auch, daß bei einer geringeren Anzahl involvierter Abteilungen die Transparenz der Auftragsabwicklung steigt. Umfang und Zusammensetzung der Kosten sind deutlicher zu erkennen, womit sich die Möglichkeiten für eine verursachungsgerechte Kostenzuordnung verbessern[97].

Als Problemfeld der objektorientierten Aufbauorganisation treten zunächst die höheren Anforderungen an die Qualifikation hervor. Während die in Abschn. 5.4.1 genannte Aufgabenbündelung im Zuge einer prozeßorientierten Ablauforganisation in erster Linie zusätzliches Fachwissen erfordert, verlangt der Abbau von Hierarchieebenen und Abteilungsgrenzen darüber hinaus auch einen veränderten Führungsstil mit der Fähigkeit zur Delegation von Verantwortung[98]. Dabei werden bestehende Macht- und Kompetenzstrukturen entkräftet. Spezialwissen aus den verrichtungsorientierten Abteilungen wird auf die objektorientierten Organisationseinheiten verteilt oder ist nur noch für einzelne Sparten relevant. Gefragt sind vielmehr Generalisten, die aus einer ganzheitlichen Sicht der vertikalen objektbezogenen Zusammenhänge heraus Entscheidungen treffen können[99].

Eine Unsicherheit für objektorientierte Segmente besteht bei Schwankungen zugrunde gelegter Planungsgrößen wie beispielsweise der Anzahl abzuwickelnder Aufträge in den einzelnen Perioden[100]. Verrichtungsorientierte Fachbereiche über die ganze Bandbreite der Objekte in der Unternehmung bieten eine scheinbar größere Flexibilität, wenn etwa bei gegebenem jährlichem Absatzvolumen bedeutende saisonale Unterschiede zwischen den Produktgruppen vorliegen. Die Simulationsstudien von Grobel zeigen jedoch, daß auch in diesem Fall kein grundsätzlicher Nachteil für objektorientierte Orga-

---

[95] Die Bedeutung von selbststeuerungsfähigen dezentralen Organisationseinheiten auf der operativen Ebene für den Unternehmungserfolg betonen Rommel/Brück/Diederichs/Kempis/Kluge (1993), S. 164.
[96] Vgl. Rommel/Brück/Diederichs/Kempis/Kluge (1993), S. 174f.
[97] Vgl. König (1994), S. 65f.
[98] Vgl. sinngemäß auch Hinterhuber (1992), S. 7.
[99] Zum sog. Kompetenzangstsyndrom im Zusammenhang mit dezentralisierten Organisationsstrukturen vgl. Hirschberger-Vogel (1990), S. 59 und die dort genannte Literatur.
[100] Vgl. Gaitanides (1983), S. 139 ebenso wie Grobel (1992), S. 112.

nisationseinheiten vorliegt, da bei Stückzahlschwankungen in verrichtungsorientierten Strukturen einzelne Zentralstellen einen Engpaß bewirken[101]. Dennoch erweitert der Autor seine oben genannte, produktorientierte Gestaltungsempfehlung für die Organisationsstruktur aufgrund des Flexibilitätsaspektes um den Hinweis auf nicht zu kleine Einheiten mit möglichst universell einsetzbaren Mitarbeitern[102].

Ein Kapazitätsaustausch zwischen den objektorientierten Sparten kann mit tendenziell geringen Einarbeitungszeiten vollzogen werden, wenn transparente und leicht nachvollziehbare Arbeitsabläufe vorliegen. Eine Voraussetzung für diesen Ausgleich ist, daß der Handlungsbedarf – möglichst schon im Vorfeld – erkannt wird und die Optionen für entsprechende Maßnahmen segmentübergreifend bekannt sind. Sobald sich die objektorientierten Organisationseinheiten unkontrolliert verselbständigen und einen ‚Spartenegoismus' entwickeln, besteht die Gefahr, daß die Gesamtinteressen der Unternehmung nicht ausreichend berücksichtigt werden[103]. Als Kontrollinstanz fungiert oft eine übergeordnete Organisationseinheit, d. h. die Objektorientierung beginnt erst auf der zweiten Hierarchieebene der Unternehmung. Shimizu führt aus, daß die Konkurrenz von Gruppen auf gleicher hierarchischer Stufe bei Koordination durch die übergeordnete Ebene zu einem spannungsvollen Nebeneinander von Rivalität und Harmonie führen kann[104].

Neben diesen unternehmungsbezogenen, primär strategisch-taktischen Koordinations- und Kontrolleistungen müssen auch die operativen Aufgaben im Rahmen der Auftragsabwicklung vereinzelt aufeinander abgestimmt werden. Interdependenzen zwischen den Segmenten bestehen aufgrund von Leistungsverflechtungen, Marktüberschneidungen und konkurrierenden Zugriffen auf gemeinsam genutzte Ressourcen[105]. Ein gängiger Kritikpunkt an objektorientierten Strukturen bezieht sich auf den Umstand, daß eine zuvor in einer Hand liegende Aufgabe auf verschiedene Segmente und damit Personen verteilt wird, um dort mit einem jeweils reduzierten Objektspektrum in einen weiter gefaßten Vorgang integriert zu werden[106]. Insgesamt kann zwar unterstellt werden, daß die Kopplungen zwischen den Aufgaben innerhalb eines

---

[101] Vgl. Grobel (1992), S. 129ff. und S. 122.
[102] Vgl. Grobel (1993), S. 146.
[103] Vgl. sinngemäß auch Grob (1994), S. 126 und Goold (1991), S. 73f.
[104] Vgl. Shimizu (1992), Sp. 1561, der in diesem Spannungsfeld eine mögliche Erklärung für die erfolgreiche japanische Betriebsorganisation sieht.
[105] Vgl. Frese (1993), S. 90ff. Dabei sind hier horizontale Leistungsverflechtungen angesprochen. In den vorangegangenen Ausführungen zur prozeßorientierten Ablauforganisation stellten die vertikalen Interdependenzen der Aufgaben mit dem entsprechenden Koordinationsbedarf ein wesentliches Argument zugunsten einer geringeren Arbeitsteilung dar. In beiden Fällen entstehen die Verflechtungen aus dem Verfahrensgrundsatz, umfassende Gesamtprobleme zunächst aufzuteilen, um nachfolgend die Abstimmung der Teilaktivitäten durch Koordination sicherzustellen, so daß Frese (1993), S. 40 vom „... grundlegenden Dilemma arbeitsteiliger Systeme" spricht.
[106] In Abschn. 2.3.3 „Inbetriebnahmeverlauf und Systemintegration" wurde das Beispiel von Materialien genannt, die in mehreren Produktgruppen verwendet und bisher zentral beschafft wurden. Scheer (1994), S. 26 führt in diesem Zusammenhang aus, daß bei einer

Prozesses umfänglicher sind als die Interdependenzen zwischen isoliert betrachteten Prozessen[107]. Dennoch entsteht hier ein spartenübergreifender horizontaler Koordinationsbedarf, ohne den bestehende Synergieeffekte nicht gewahrt werden können. Entsprechend werden fehlende produktionstechnische und absatzseitige Verbundwirkungen sowie eine geringe Anzahl von Leistungsaustauschvorgängen zwischen den Organisationseinheiten in der Literatur als Voraussetzungen für die Anwendung einer objektorientierten Aufbauorganisation geltend gemacht[108].

Als Konsequenz der Verbundeffekte können gemischte Organisationsformen entstehen, in denen einzelne Aufgabenbereiche funktional gegliedert bleiben[109]. Ein typischer Querschnittsbereich ist die EDV-Abteilung, deren Rolle in produktorientiert strukturierten Unternehmungen häufig als Dienstleister für die Segmente definiert wird[110]. Um im Rahmen der Auftragsabwicklung möglichst einheitliche Gestaltungsgrundsätze anzuwenden, ist unternehmungsindividuell und kritisch zu prüfen, ob Querschnittsaktivitäten tatsächlich notwendig sind. Beispielsweise müssen Bestellungen für Materialien, die in mehreren Produktsparten verwendet werden, nicht zwingend von einer zentralen Einkaufsstelle ausgeführt werden. Die Querschnittstätigkeit kann sich darauf beschränken, mit dem Lieferanten einen Rahmenvertrag in Höhe des unternehmungsweiten Bedarfsvolumens im Betrachtungszeitraum auszuhandeln. Aus den Segmenten werden dann Lieferabrufe – unabhängig von denen aus anderen Organisationseinheiten – an den Zulieferer übermittelt. Dieser kann im Rahmen der Bereitstellungstermine eigenständig mehrere Abrufe zu einer Lieferung zusammenstellen. Alternativ dazu können die Abrufe aus den Segmenten durch geeignete Algorithmen der PPS-Software gebündelt werden, d. h. DV-gestützte Querschnittsfunktionen übernehmen die notwendige Koordination[111]. Eine weitere Lösungsmöglichkeit besteht darin, interne Kunden-Lieferanten-Beziehungen zwischen den Segmenten zu definieren. Querschnitts-Materialien werden zentral von der Produktsparte eingekauft, welche die größte Verbrauchsmengen aufweist. Alle übrigen Segmente ‚bestellen' ihre Bedarfsmengen bei der genannten Produktsparte. Die erforderlichen Koordinationsleistungen werden also von einem bestimmten Segment erbracht. Analog kann bei konkurrierenden Zugriffen mehrerer Segmente auf eine zentrale Kapazitätseinheit verfahren werden. Das Produktionsmittel wird einem bestimmten Segment zugeordnet. Alle anderen Produktsparten erteilen im Bedarfsfall Aufträge an dieses Segment, die sowohl zur Kapazitätsbelegung als auch zur Leistungsverrechnung herangezogen werden.

---

rein produktgruppenorientierten Handlungsweise gegenüber Lieferanten bei Preisverhandlungen nicht alle Bestellungen eingebracht werden, sondern jeweils nur die Aufträge einer Gruppe.

[107] Vgl. Scheer (1993), o.S.
[108] Vgl. Kuhn (1990), S. 181.
[109] Vgl. Scheer (1994), S. 26f., der von hybriden Organisationsstrukturen spricht.
[110] Vgl. Grob (1994), S. 126f.
[111] Die Bedeutung einer rechnergestützten Ablaufsteuerung für die Koordination interdependenter Aufgaben betont Klotz (1993), S. 137ff., insbesondere S. 142.

In anderen Fällen genügt es, mit Hilfe der EDV Informationen aus anderen Segmenten einsehbar zu machen. So können z.B. kundenbezogene Daten aus mehreren Sparten rechnergestützt zusammengestellt werden, um bei einer produktgruppenspezifischen Kundenbetreuung und Auftragsannahme Informationsdefizite zu verhindern. Die segmentinterne Aufgabenerfüllung erfolgt wiederum ohne interpersonelle Koordinationsaktivitäten. Dabei sind jedoch die Ausführungen von Gaitanides zu beachten, wonach das Potential für eine Koordination durch Standardisierung, also durch dauerhaft festgelegte Verhaltensvorschriften, mit zunehmender Aufgabenintegration abnimmt. Ferner sind hohe Standardisierungsgrade nur in einem stabilen Umfeld effizient[112]. Damit wird deutlich, daß einer indirekten Koordination ohne persönliche Absprachen zwischen den jeweils Betroffenen enge Grenzen gesetzt sind.

Erst wenn die ablauforganisatorischen und DV-technischen Optionen nicht ausreichen, um den Interdependenzen gerecht zu werden, sind aufbauorganisatorische Lösungen zu suchen. Dabei ist es unter dem Aspekt durchgängig angewandter Gestaltungsgrundsätze vorzuziehen, objektorientierte Strukturen durch einzelne Querschnittstätigkeiten zu ergänzen, statt sie mit verrichtungsorientierten Organisationseinheiten im Sinne von Querschnittsbereichen zu vermischen. In Abb. 25 werden die Unterschiede zwischen den beiden Lösungsansätzen illustriert.

Die aufgabenbezogenen Koordinationsteams verstehen sich nicht als fest installierte aufbauorganisatorische Einheiten. Die jeweiligen Arbeitsgruppen finden sich vielmehr bei Bedarf oder regelmäßig zur Lösung spezieller Einzelfragen zusammen, etwa im Zusammenhang mit der mittel- bis langfristigen Absatz- und Produktionsprogrammplanung. Ebenso können Anteile, mit denen konkurrierende Produktsparten teure und daher nur einmal vorhandene Produktionskapazitäten belegen, im Rahmen einer wöchentlichen Selbstabstimmung vereinbart werden[113]. Scheer sieht dagegen innerhalb des Prozeßzusammenhangs feste Koordinationsebenen für Vertriebs-, Materialwirtschafts- und Fertigungssteuerungsaufgaben vor, wie Abb. 25 sie darstellt[114].

Die Nahtstellen der Auftragsabwicklung sind in jedem Fall klar zu gestalten. Dabei bietet die Lösung mit Hilfe von Koordinationsteams eine größere Flexibilität bei sich wandelnden Koordinationsaufgaben und einem schwankenden zeitlichen Verrichtungsumfang, da der Handlungsrahmen primär durch die Aufgabenstellung bestimmt wird. Institutionalisierte Koordinationsebenen werden dagegen stärker durch ihre hierarchische Einbindung, die zugehörigen Personen sowie deren Stellenbeschreibungen geprägt. Der Bedarf

---

[112] Vgl. Gaitanides (1983), S. 181 und S. 185.
[113] Ein typisches Beispiel für Produktionskapazitäten, die konkurrierenden Zugriffen unterliegen, sind Anlagen zur Oberflächenbehandlung wie etwa Galvanik-Bäder. Zur Vereinbarung von kapazitätsbezogenen Leistungsraten als Steuerungskonzeption für zentrale Ausführungsabteilungen vgl. Zülch/Grobel (1993), S. 5.
[114] Bei Unternehmungen mit mehr als zwei Produktsparten ist es denkbar, daß die Koordinationsebenen nicht alle Sparten einbeziehen, wenn sich die Leistungsverflechtungen auf einzelne Segmente beschränken.

5.4 Leitlinien für die organisatorische Entwicklung

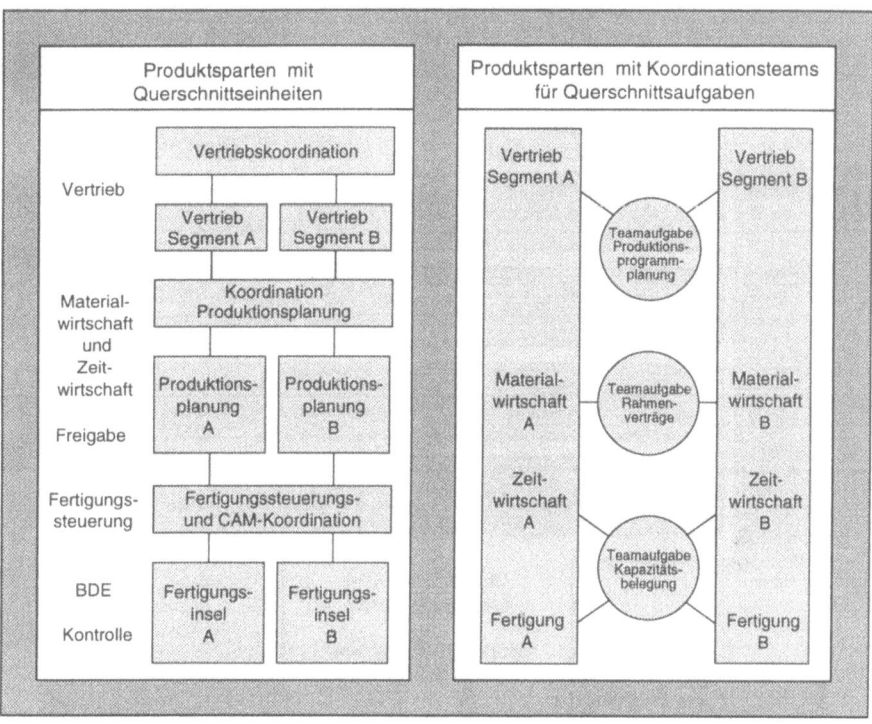

Abb. 25. Verrichtungsorientierte Querschnittsbereiche im Vergleich zu aufgabenbezogenen Koordinationsteams[a]

an rein beratenden und koordinierenden Zentralbereichen oder Stabsstellen wird durch flexibel konfigurierbare Arbeitsgruppen stark reduziert. Für die segmentübergreifende, aufgabenbezogene Zusammenarbeit sind allerdings Regeln des Zusammenwirkens erforderlich, die insbesondere auf mögliche Interessenskonflikte zwischen den Produktsparten eingehen.

5.4.3
Zusammenstellung der gemeinsamen Merkmale

Mit den vorangegangenen Ausführungen wurden die Aspekte einer prozeßorientierten Ablauforganisation und einer objektorientierten Aufbauorganisation nacheinander betrachtet, um ein klares Bild der jeweiligen Inhalte und Konsequenzen zu erhalten. In Abb. 26 werden die wesentlichen Ergebnisse zusammengefaßt, um damit die enge Verzahnung der beiden Gestaltungsgrund-

---

[a] Die linke Seite der Abbildung entspricht einem geringfügig modifizierten Auszug der graphischen Darstellung von Scheer (1991a), S. 15. Zur vertiefenden Differenzierung von fallweise auftretenden und fest installierten Formen der personalen Koordination vgl. Gaitanides (1983), S. 220ff. und die dort angegebene Literatur.

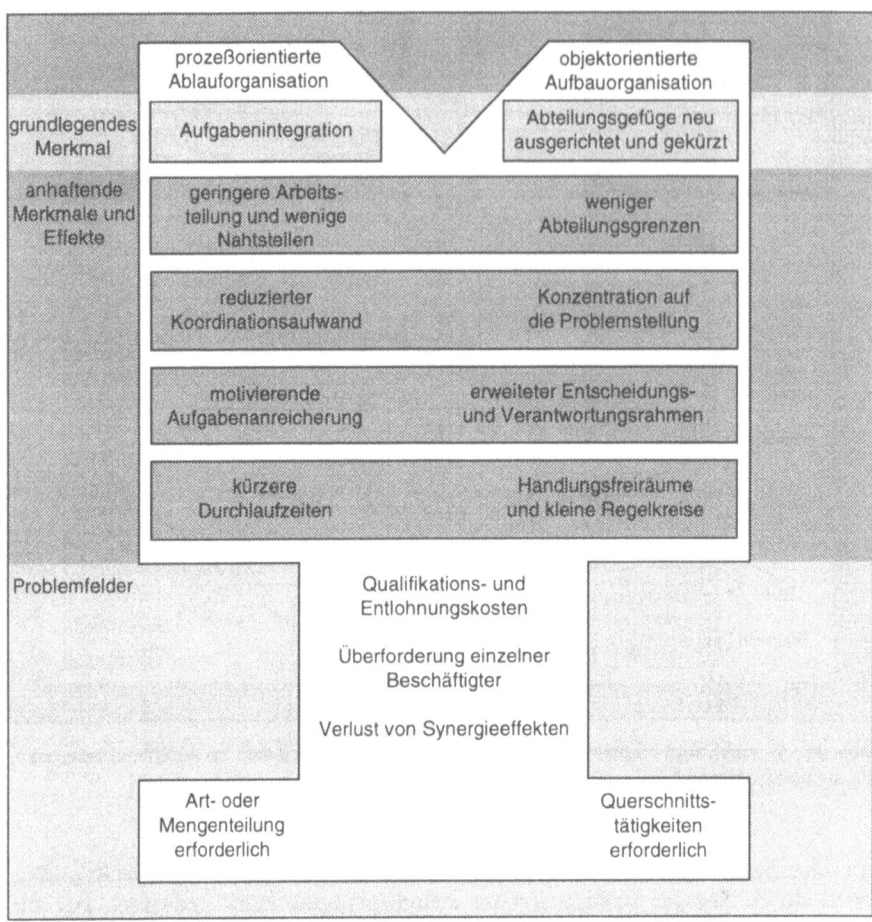

Abb. 26. Signifikante Merkmale und Effekte einer prozeß- und objektorientierten Organisation

sätze zu dokumentieren. Dunkel hinterlegte Kästen im mittleren Teil der Darstellung umschließen stark korrelierende Merkmale und Vorzüge. Die Mehrzahl der Problemfelder im unteren Teil von Abb. 26 gilt für die prozeßorientierte Ablauforganisation ebenso wie für eine objektorientierte Aufbauorganisation.

Im Zuge der PPS-Systemeinführung sind die genannten Gestaltungsrichtlinien für organisatorische Veränderungen als Bündel anzusehen. Der Prozeß zur Auftragsabwicklung wird nach Objekten differenziert und zur Gliederung der Aufbauorganisation herangezogen[115]. Würde in objektorientierten Seg-

---

[115] Gaitanides (1983), S. 19 kritisiert, daß die Ablauforganistion oft als Abfallprodukt der Aufbauorganisation betrachtet wird. Indessen ist es Gegenstand einer prozeßorientierten Organisationsgestaltung bzw. einer Prozeßorganisation, die Stellen- und Abteilungs-

menten die ursprüngliche funktionale Aufgabenteilung beibehalten, hätte das im allgemeinen einen höheren Personalgesamtbedarf zur Folge. Stattdessen müssen die Aufgabenbereiche der einzelnen Personen erweitert werden. Auf diese Weise wird den objektbezogen vervielfachten Strukturen mit einer reduzierten Anzahl von Aufgabenträgern für die Auftragsabwicklung im jeweiligen Segment begegnet.

---

bildung unter Berücksichtigung spezifischer Erfordernisse des Ablaufs vorzunehmen, so daß die Gestaltung des Prozeßablaufs die Stellenzahl bestimmt, ebd. S. 62 und S. 103. Eine Vorgehensweise zur Organisationssynthese auf der Basis vorher modellierter Unternehmungsfunktionen bzw. -tätigkeiten skizzieren auch Zimmermann/Katzy/Plötz/ Tanner (1993), S. 68ff.

6 Vorgehensmodell für den Prozeß der Auswahl, Einführung und Anwendung von PPS-Systemen unter dem Leitmotiv geplanter organisatorischer Veränderungen

6.1
Anforderungen, Darstellungsweise und Phasenabgrenzung

Ausgehend von Situationsbeschreibungen der Unternehmungspraxis wurde die hier zu entwickelnde Konzeption durch die vorangegangenen Abschnitte systematisch mit Blick auf die Zielsetzung der vorliegenden Untersuchung vorbereitet. Mit den folgenden Ausführungen werden die entwickelten Komponenten zusammengefügt. Die angestrebte Vorgehensanleitung soll einen Handlungsrahmen beschreiben, der dazu führt, daß die Wirtschaftlichkeit des Einsatzes von PPS-Systemen durch organisatorische Veränderungen gesichert wird. Dazu muß die durchgängig und konsistent zu gestaltende Konzeption einer Reihe von Anforderungen gerecht werden. Die Ausführungen werden sich allerdings nicht allen Gebieten des vielschichtigen Implementierungsvorhabens mit gleicher Intensität widmen. Vorrangig sind die aus den Ergebnissen der empirischen Studie hervorgegangenen und in Abschn. 3.1 „Begriffsdefinition, Prüfkriterien und hierarchische Ordnung der Vorgehensmodelle", Abb. 11 zusammengestellten Kriterien für ein Vorgehensmodell zur Auswahl und Einführung von PPS-Systemen zu erfüllen. Auf diese Weise wird vielen konkreten Problemfeldern begegnet, die in den Abschn. 2.2 bis 2.4 dokumentiert sind. Zu Gesichtspunkten des PPS-Vorhabens, die im Rahmen der vorliegenden Untersuchung nicht näher betrachtet werden, erfolgen Hinweise auf vertiefende Literaturstellen.

Um den Sachverhalt gemäß der allgemeinen Begriffsdefinition für ein Vorgehensmodell aus Abschn. 3.1 mit seinen wesentlichen Größen, Interdependenzen und Vorgängen vereinfacht abzubilden, erfolgt die graphische Darstellung der Verfahrensschritte mit Hilfe der *SADT*-Methode. Die Ausführungen in Abschn. 5.2 „Methoden zur Darstellung der Ablauforganisation" haben gezeigt, daß *SADT* dazu geeignet ist, einen Prozeß vollständig zu beschreiben. In Anbetracht der dennoch vorhandenen und in Abschn. 5.3 „Structured Analysis and Design Technique (*SADT*) zur Modellierung von Prozessen" beschriebenen Schwächen der *SADT*-Methode sind die Diagramme für den Zweck der vorliegenden Untersuchung in einzelnen Punkten zu modifizieren und zu ergänzen. In Abb. 27 werden die Veränderungen gegenüber den ursprünglichen *SADT*-Darstellungen zusammengefaßt.

Die besondere Kennung von zusätzlichen Ein- und Ausgabeflüssen (Punkt 1 in Abb. 27) lehnt sich an einen ähnlichen Vorschlag in der Literatur

6.1 Anforderungen, Darstellungsweise und Phasenabgrenzung   143

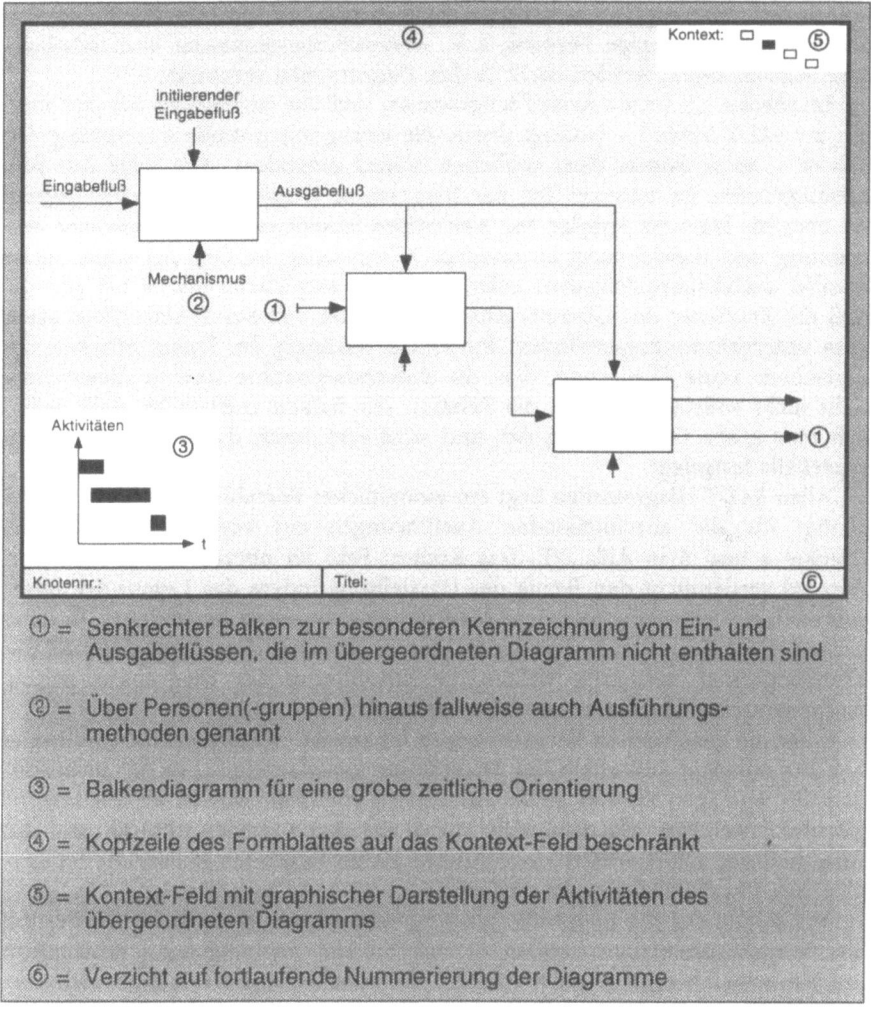

Abb. 27. Modifizierungen und Ergänzungen der *SADT*-Notation sowie des verwendeten Formblattes

an[1]. Alle übrigen Ein- und Ausgabeflüsse, die nur einen Kasten innerhalb eines Diagrammes berühren, sind auch im jeweils übergeordneten Diagramm enthalten.

Angaben zu den Ausführungsmethoden einzelner Aktivitäten (Punkt 2 in Abb. 27) resultieren aus der entsprechenden Anforderung an das Vorgehensmodell. In den nachfolgenden Abbildungen sind die Ausführungsmethoden

---

[1] Vgl. Kimm/Koch/Simonsmeier/Tontsch (1979), S. 62, die solche Pfeile mit einer Klammer markieren.

jedoch nur dann explizit zu nennen, wenn es sich um spezielle Methoden wie *SADT* handelt. Gängige Formen, z. B. Abstimmungsgespräche und tabellarische Aufstellungen, werden nicht in den Diagrammen vermerkt.

In Abschn. 5.3 wurde darauf hingewiesen, daß die Aufreihung der Aktivitäten im *SADT*-Modell – bedingt durch die streng sequentielle Anordnung der Kästen – nicht immer dem zeitlichen Ablauf entspricht. Mit Hilfe der Balkendiagramme im unteren Teil der Diagramme (Punkt 3 in Abb. 27) gelingt es, über die logische Abfolge der Aktivitäten hinaus auch deren zeitliche Anordnung und Ausdehnung anzudeuten. Gleichzeitig werden auf diese Weise parallel ausführbare Aufgaben erkennbar[2]. Die empirische Studie hat gezeigt, daß die Zeitdauer des Gesamtvorhabens und der einzelnen Aktivitäten stark vom unternehmungsspezifischen Projektfall abhängig ist. Daher erhalten die Zeitachsen keine Skalierung, d. h. die Balkendiagramme sind in dieser Hinsicht nicht vollständig. Auch die Relation der Balken zueinander stellt lediglich eine grobe Orientierung dar und wird erst durch die Bedingungen des Einzelfalls festgelegt.

Allen *SADT*-Diagrammen liegt ein einheitliches Formblatt zugrunde. Dabei genügt für die anschließenden Ausführungen ein vereinfachter Rahmen (Punkte 4 und 6 in Abb. 27)[3]. Das Kontext-Feld im oberen Teil (Punkt 5 in Abb. 27) verdeutlicht den Bezug der Darstellung, indem das Layout des übergeordneten Diagramms mit einer Markierung des jeweils behandelten Kastens gezeigt wird[4]. Im unteren Teil des Rahmens ist neben dem Diagrammtitel die Knotennummer vermerkt, welche die Einordnung des Diagramms in die Baumhierarchie des Gesamtmodells wiedergibt[5].

Über die graphischen Veränderungen hinaus ist es erforderlich, spezifische Aspekte fallweise außerhalb der Diagramme zu erläutern. Dies gilt insbesondere für Aussagen zu den Zielen einzelner Aktivitäten. Soweit die Zielsetzungen der jeweiligen Aktivität nicht durch die Aktivitätsbezeichnung und die Ausgabeflüsse selbst erklärt sind, müssen sie im folgenden außerhalb der graphischen Darstellung ergänzt werden.

Mit Bezug auf die in Abschn. 3.1 vorgenommene hierarchische Gliederung von Vorgehensmodellen handelt es sich bei der nachfolgenden Konzeption um ein anwendungsbezogenes Modell. Die Ausführungen verstehen sich also – im Gegensatz zu einem allgemeinen Phasenmodell – als direkt anleitende

---

[2] Vgl. Kriterium Nr. 4 in Abb. 11. Gegenüber einer streng sukzessiven Vorgehensweise machen überlappende Aktivitäten den Aufbau von Regelkreisen zur gegenseitigen Einflußnahme möglich, vgl. auch Kriterium Nr. 2 in derselben Darstellung.

[3] In der Literatur umfaßt der Diagrammrahmen weitere Identifikations- und Arbeitsentwurfsfelder, die beispielsweise den Status im Korrekturumlauf zwischen dem Autor und den Lesern eines Diagramms (sog. Autor-Kritiker-Zyklus) wiedergeben, vgl. Balzert (1982), S. 113 und S. 127.

[4] Vgl. auch Marca/McGowan (1988), S. 21. Im ursprünglichen Formblatt wird das Kontext-Feld dazu genutzt, die alphanumerische Bezeichnung des übergeordneten Diagrammes einzutragen, vgl. Balzert (1982), S. 114.

[5] Zum hierarchischen Zusammenhang der Diagramme eines *SADT*-Modells vgl. Abb. 24 in Abschn. 5.3.

Konzeption, welche einem unternehmungs- und fallspezifischen Projektplan zugrunde gelegt wird. Damit verbunden ist die Anforderung, daß der praxisorientierte Handlungsrahmen weder abstrakt noch einengend sein darf. Die individuelle Aufbereitung des Vorgehensmodells sollte im wesentlichen darin bestehen, die Aktivitäten situationsbezogen zu gewichten, um dann mit der notwendigen Flexibilität detaillierte Handlungen bzw. Ergebnisvorgaben daraus abzuleiten. Vereinzelt ist eine Abwandlung des Anwendungsmodells bei noch unverändertem Detaillierungsgrad denkbar. Dies gilt beispielsweise für den im Rahmen der vorliegenden Untersuchung nicht betrachteten Fall, daß die PPS-Programme in der Unternehmung selbst erstellt werden. Hier wären Aktivitäten des Software Engineering zu ergänzen, welche über die in der Konzeption zu berücksichtigenden Maßnahmen zur Programmanpassung hinausgehen. Des weiteren wird aufgrund des in Abschn. 1.1 „Problemstellung" dargestellten Verbreitungsgrades von PPS-Systemen sowie der empirischen Ergebnisse zum Anfangszustand der rechnergestützten PPS zu Projektbeginn hier von der Annahme ausgegangen, daß vorhandene PPS-Programme ausgetauscht werden. Auf die Besonderheiten einer PPS-Erstanwendung wird daher nur im Zusammenhang mit einzelnen Aktivitäten hingewiesen.

Weitere grundlegende Konsequenzen für das Vorgehensmodell resultieren aus dem in Abschn. 5.4 „Leitlinien für die organisatorische Entwicklung" entwickelten organisationsbezogenen Anwendungsbezug. Entsprechend den inhaltlichen Leitlinien für die organisatorische Entwicklungsrichtung entstehen mit der objektorientierten Segmentierung der Aufbauorganisation weitgehend eigenständige Organisationseinheiten. Ebenso wie sich die Erzeugnisse der Segmente unterscheiden, weisen auch die zu bewältigenden Aufgaben im Betrachtungsrahmen der Auftragsabwicklung einen segmentspezifischen Charakter auf. Die Produktfamilien sind zugleich auch Ablauffamilien. Daraus resultieren unterschiedliche Konzeptionen für die jeweils prozeßorientiert zu gestaltenden Ablaufstrukturen, welche wiederum die Auswahl und Einführung des PPS-Systems in jedem Stadium leiten. Mit den weitgehend unabhängig operierenden Produktsparten wird darüber hinaus eine wichtige Voraussetzung erfüllt, um die Implementierung der Systemunterstützung produktgruppenweise im Sinne der Ausführungen in Abschn. 2.3.3 „Inbetriebnahmeverlauf und Systemintegration" vorzunehmen. Allerdings ist davon auszugehen, daß in Form der Querschnittstätigkeiten bzw. -funktionen Verknüpfungen zwischen den Segmenten bestehen bleiben. Daraus folgt, daß im Rahmen der zu entwickelnden Vorgehenskonzeption etliche segmentbezogene Aktivitäten nebeneinander angeordnet sein können und unabhängig voneinander ausführbar sind, während an anderen Stellen des Auswahl-, Einführungs- und Anwendungsprozesses segmentübergreifende Schritte vorliegen werden.

Der typologische Geltungsbereich für die Vorgehenskonzeption umfaßt – entsprechend dem Betrachtungsfeld für die im Rahmen dieser Untersuchung vorgenommenen empirischen Studien – mittelständische Produktionsbetriebe mit mehrteiliger und mehrstufiger Stückgutproduktion. In solchen Unternehmungen liegen gehobene Anforderungen an die Material- und Termindisposition vor, die den Einsatz eines PPS-Systems nahelegen. Außerdem kann bei mittelständischen Unternehmungen davon ausgegangen werden, daß neben einer hinreichend großen Anzahl von Beschäftigten auch die notwendige Menge unterschiedlicher Erzeugnisse vorzufinden ist, die eine produktbezogene Segmentierung der Organisationsstruktur zuläßt.

Die hier zu entwickelnde Konzeption wird als Phasenmodell aufgestellt. Demnach sind Zäsuren einzuplanen, wenn das Projekt in eine neue Etappe eintritt. Für die Phasenabgrenzung entsprechend dem in Abschn. 3.1 formulierten Begriffsverständnis ist maßgeblich, daß beim Wechsel in den neuen Abschnitt ein deutlicher Wandel im Charakter der anstehenden Aufgaben vorliegt. Dies ist im Verlauf des Vorhabens zunächst dann der Fall, wenn aus den Überlegungen und Aktivitäten im Vorfeld der Entschluß gefaßt wird, ein (neues) PPS-System auszuwählen und einzuführen. Alle vorhergehenden Schritte bleiben im Rahmen der vorhandenen EDV-Unterstützung für die PPS. Erst mit der genannten Entscheidung wird festgelegt, daß neben organisatorischen Maßnahmen auch umfassende EDV-technische Veränderungen vorgenommen werden.

Ein zweiter Charakterwechsel erfolgt mit der Auswahl des zu implementierenden PPS-Systems. Bis zu diesem Zeitpunkt sind die Aktivitäten als system- bzw. anbieterneutral zu betrachten. Bei allen nachfolgenden Aufgaben ist mit dem Systemlieferanten ein zusätzlicher Partner als ‚Mechanismus' in das Vorhaben involviert. Dabei wurde bereits in Abschn. 2.3.2 „Implementierungsdauer" herausgestellt, daß der PPS-Systemeinführung aufgrund fortgesetzter Modifikationen ein klar identifizierbares Abschlußmerkmal fehlt. Systemimplementierung, -betrieb und -pflege gehen häufig fließend ineinander über und stellen zumindest im Hinblick auf einzelne Bausteine des PPS-Systems einen mehrfach wiederholten Vorgang dar. Daher liegt hier kein sichtlicher Wandel im Charakter der Aufgabenfolge vor, so daß die Anwendung der neuen Software nicht als eigenständige Phase zu betrachten ist. Folglich wird das *SADT*-Modell für den Aufgabenbereich der Auswahl, Einführung und Anwendung von PPS-Systemen auf der ersten Detaillierungsebene in drei Phasen unterteilt, die in Abb. 28 bezeichnet werden.

Entsprechend der Phasenabgrenzung zeigt das Balkendiagramm in Abb. 28 keine Überlappungen. Auch wenn nicht auszuschließen ist, daß einzelne Maßnahmen einer Phase zu Beginn der nächsten noch nicht vollendet sind, gelten die genannten Phasen als geschlossene Vorgänge, deren Ergebnisbetrachtung im Rahmen der Zäsur einen beurteilungsreifen Stand der Aktivitäten voraussetzt[6].

Um die Auswahl, Einführung und Anwendung eines PPS-Systems als Prozeß zu beschreiben, muß der logische Zusammenschluß der Aktivitäten inhaltlich abgeschlossen sein. Aus diesem Grund ist über die Implementierung hinaus der Systembetrieb ebenfalls in die Vorgehenskonzeption zu integrieren. Während die in Abschn. 3.2.2 dargestellten Konzepte zur Auswahl und Einführung von Standard-Software in der Literatur im allgemeinen nicht den gesam-

---

[6] Jede Phase endet mit einer Entschlußvorlage, anhand derer entschieden wird, ob der Übergang zur nächsten Phase begonnen werden kann, vgl. *BMI* (1992b), S. 1-2-7 und S. 3-2-1.

6.1 Anforderungen, Darstellungsweise und Phasenabgrenzung 147

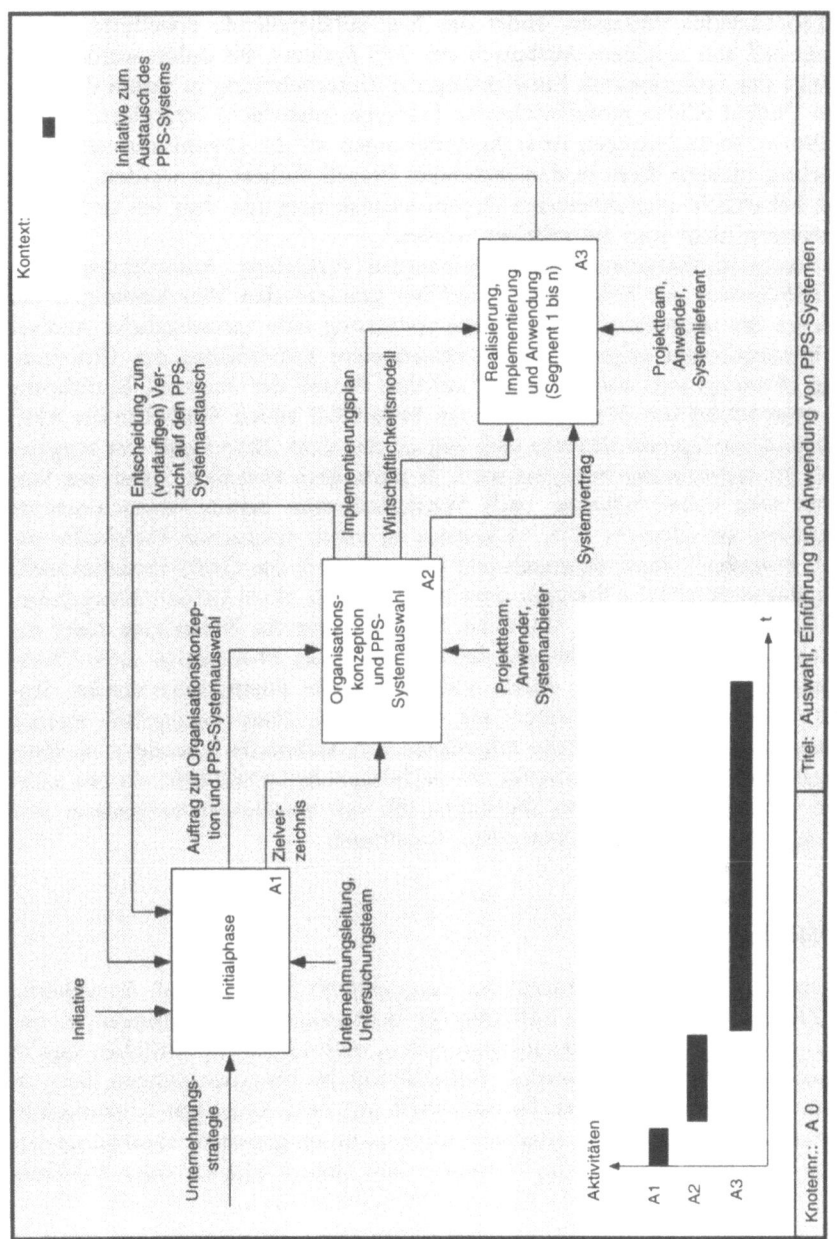

Abb. 28. SADT-Diagramm mit den drei Phasen der zu entwickelnden Vorgehenskonzeption

ten Lebenszyklus umfassen, endet das hier aufzustellende erweiterte Vorgehensmodell erst mit dem Austausch des PPS-Systems. Bis dahin werden sich im Zuge der evolutionären Entwicklung der Unternehmung in ihrem dynamischen Umfeld etliche prozeßwirksame Faktoren (mehrfach) verändern. Sobald aus diesen Veränderungen neue Anforderungen an die Organisationsstruktur entstehen, müssen diese in den laufenden Prozeß einbezogen werden. An der sonst beharrlich umzusetzenden Organisationskonzeption darf bei neuen Erkenntnissen nicht starr festgehalten werden[7].

Ablaufmodifikationen können wiederum veränderte Anforderungen an das PPS-System zur Folge haben und bei gravierenden Verschiebungen des Umfangs der notwendigen Rechnerunterstützung eine unverzügliche Analyse der Konsequenzen erfordern[8]. Die evolutionäre Entwicklung der Unternehmung überträgt sich also zwingend auf den Prozeß der Auswahl, Einführung und Anwendung von PPS-Systemen. Im Bedarfsfall bilden flexibel in die Aktionsfolge einzufügende Zäsuren den Regler, mit dem ‚Störungen' des vorgesehenen Prozeßverlaufes begegnet wird. Je nach dem aktuellen Stand des Vorhabens sind dabei fallweise auch Wiederholungen bereits abgeschlossener Tätigkeiten erforderlich, d.h. es kommt zu einer zyklischen Projektabwicklung[9]. Prinzipiell kann demnach auf jeden Kasten des *SADT*-Prozeßmodells ein unvorhergesehenes Ereignis einwirken, das zu einer (phasenübergreifenden) Schleife im Vorgehen führt. Als Beispiel dient die Entstehung einer zusätzlichen Produktsparte während der dritten Phase, etwa infolge einer Unternehmungsübernahme oder durch Abspaltung von einem existierenden Segment, womit etliche Aktivitäten aus der zweiten Phase nachgeholt werden müssen und bisher entwickelte organisatorisch-technische Lösungen zu überdenken sind. In den Diagrammen der nachfolgenden Abschnitte werden allerdings nur solche Iterationen abgebildet, die von vornherein vorgesehen sind oder aus den Ergebnissen einer Zäsur resultieren.

6.2
Initialphase

Ausgangspunkt für den Prozeß der Auswahl, Einführung und Anwendung von PPS-Systemen ist eine Initiative für bedeutsame Veränderungen in der Unternehmung. Dabei ist davon auszugehen, daß präventive Vorhaben nur in Ausnahmefällen realisiert werden. Mittelständische Unternehmungen lösen in einem Zustand weitgehender Zufriedenheit mit dem jeweiligen Leistungsbild und seinen Ergebnissen im allgemeinen keine umfangreichen Wandelungsvorhaben aus. Somit beruht die Initiative auf offensichtlichen oder subjektiv

---

[7] Vgl. auch Goold (1991), S. 75, demzufolge die Mehrzahl der Unternehmungserfolge nicht auf einer diszipliniert verfolgten Strategie basieren, sondern auf einer richtigen Reaktion bei unerwarteten Möglichkeiten.
[8] Vgl. Grundsatz Nr. 2 in Abb. 10.
[9] Der Wiedereintritt in bereits abgeschlossene Phasen kann auch zur Korrektur spät erkannter Fehler notwendig sein, vgl. Peschke (1986), S. 56 und S. 67.

empfundenen Mißständen, die es zu beseitigen bzw. zu überwinden gilt[10]. Bei den Mißständen handelt es sich nicht um ungelöste technische Einzelfragen und organisatorische Details. Zielsetzung der Initialphase ist es, geeignete Maßnahmen einzuleiten, mit denen gravierende Probleme – etwa der Verlust von Marktanteilen oder ein unbefriedigendes Betriebsergebnis – bewältigt werden.

Die Art der Maßnahmen ist zunächst unbestimmt, d. h. die Auswahl und Einführung eines neuen PPS-Systems stellt nur eine der möglichen Handlungsalternativen dar. Damit läßt die Vorgehenskonzeption den Weg zu investitionsarmen und eher organisatorischen Lösungen offen, die mit der vorhandenen EDV-Unterstützung realisiert werden können. Gleichzeitig gewährleistet die Initialphase, daß der Prozeß zur Auswahl, Einführung und Anwendung eines neuen PPS-Systems im Zusammenhang mit anderen Verbesserungsmaßnahmen der Unternehmung betrachtet wird. Die in Abb. 29 dargestellte Iteration von A13 zurück zu A12 bringt zum Ausdruck, daß die Phase zur Organisationskonzeption und PPS-Systemauswahl erst begonnen wird, wenn die im Maßnahmenplan (A13) mit einer höheren Priorität versehenen Handlungen abgeschlossen oder zumindest ausgelöst wurden[11].

Die Initialphase ist bei konkreten Initiativen zum Austausch des PPS-Systems ebenfalls Bestandteil der Vorgehenskonzeption[12]. Auf diese Weise wird erreicht, daß auch eine zunächst eher technisch motivierte Austauschinitiative auf das strategische Zielsystem der Unternehmung ausgerichtet und ihrer Notwendigkeit entsprechend in einen umfassenden Maßnahmenplan eingeordnet wird[13]. Gleichzeitig ist an dieser Stelle sicherzustellen, daß der PPS-Systemaustausch nicht als Ersatzinvestition zum ‚Anschluß an den Stand der Technik' betrachtet wird, wie es im Rahmen der empirischen Untersuchung in Abschn. 2.2.1 „Motive und Erwartungshaltungen" häufig zum Ausdruck kam. Jede Einführung eines neuen PPS-Systems muß als Chance für umfassende organisatorische Verbesserungen verstanden und ergriffen werden.

Den ersten Vorgang der Initialphase bildet die Situationsanalyse (A11). In Abb. 30 sind die dazu gehörenden Aktivitäten dokumentiert, die im wesentlichen durch eine Gruppe ausgesuchter Mitarbeiter der Unternehmung (Untersuchungsteam) ausgeführt werden.

Zunächst werden Visionen und Leitbilder, wie beispielsweise eine ‚größtmögliche Kundenzufriedenheit' oder die ‚Auslieferung spätestens einen Tag nach der Bestellung', formuliert (A111 in Abb. 30). Dabei gehen diese Ideale

---

[10] Vgl. auch Haberfellner/Nagel/Becker/Büchel/Massow (1994), S. 39, wonach praktisch jedes Projekt auf eine unbefriedigende Situation zurückgeht.
[11] Die möglichen Wiederholungen der Aktivitäten A12 und A13 sind im unteren Teil von Abb. 29 durch die mit einem Muster versehenen Balken angedeutet.
[12] Vgl. den Ausgabefluß aus Kasten A3 in Abschn. 6.1 „Anforderungen, Darstellungsweise und Phasenabgrenzung", Abb. 28.
[13] Mit dieser Vorgehensweise wird zugleich der Forderung aus der Literatur entsprochen, daß die Realisierung von *CIM* bzw. *CIM*-Komponenten nicht als Ziel an sich, sondern als Mittel zur Erreichung eines Zieles zu verstehen ist, vgl. Zahn (1988), S. 18.

150 6 Vorgehensmodell für Auswahl, Einführung und Anwendung von PPS-Systemen

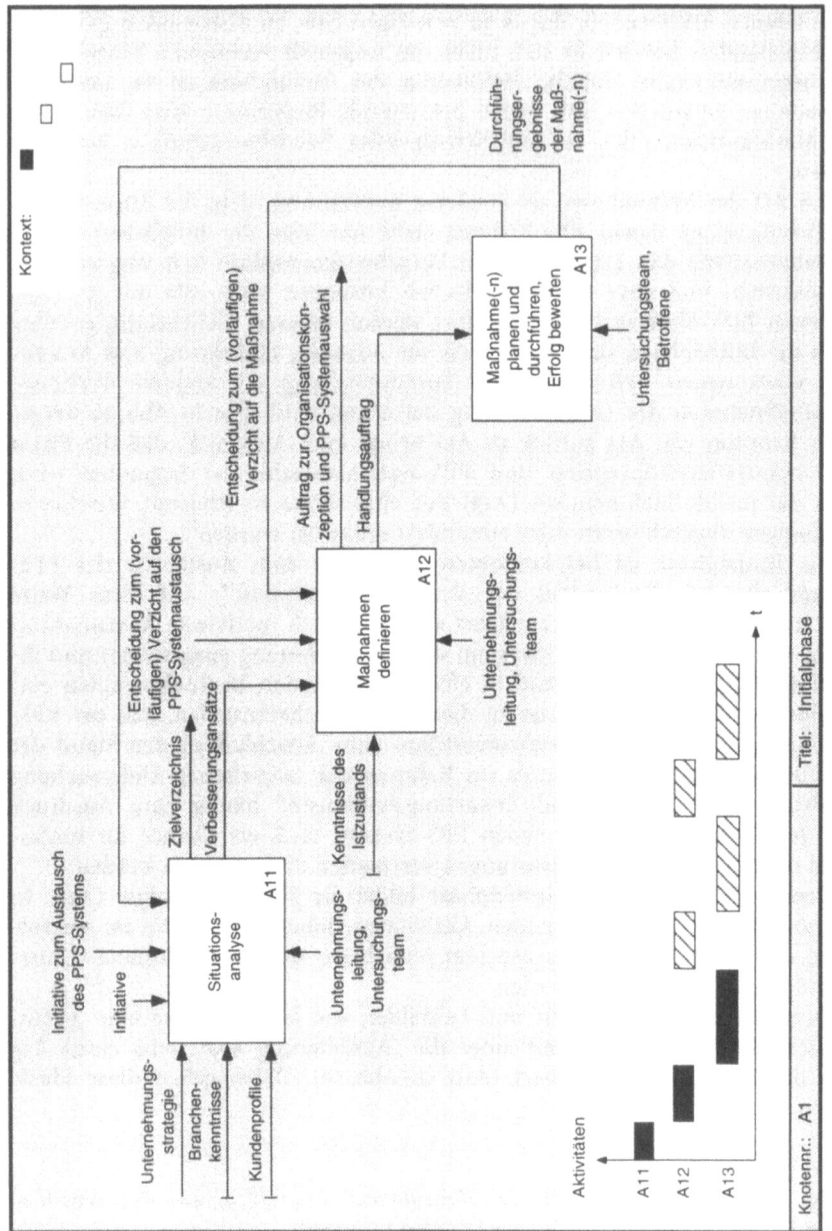

Abb. 29. SADT-Diagramm der Initialphase

6.2 Initialphase 151

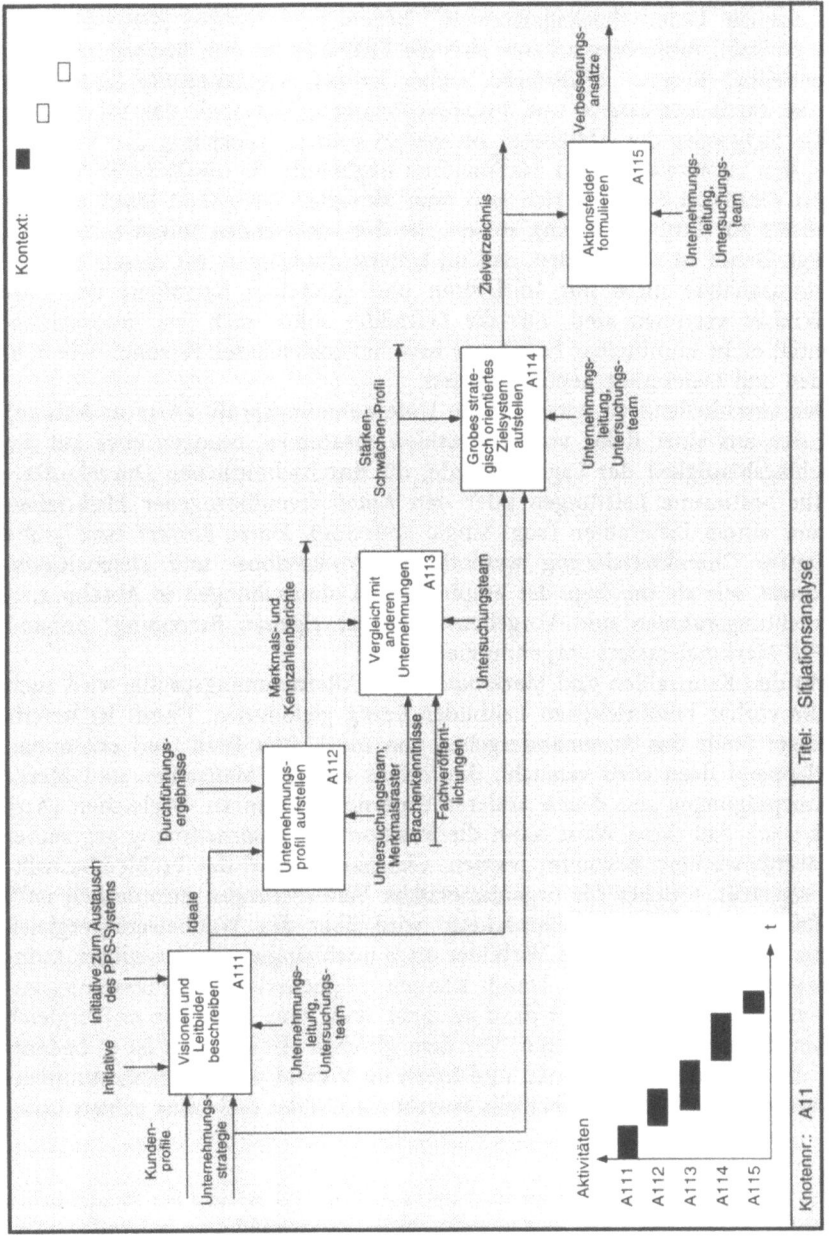

Abb. 30. *SADT*-Diagramm der Situationsanalyse

auch aus der Unternehmungsstrategie[14] hervor oder werden zumindest von ihr beeinflußt. Außerdem müssen sich die Leitbilder an den Bedürfnissen der (potentiellen) Kunden orientieren. Daher werden Kundenprofile hinzugezogen, die durch interessens- und situationsbezogene Merkmale das Verständnis für die Sichtweise der Abnehmer vermitteln sollen. Zielsetzung der Visionen ist es, den zu entwickelnden Maßnahmen wegbereitende idealistische Vorstellungen voranzustellen, die sich weit vom aktuellen Istzustand lösen und im Gegensatz zur Problemstellung stehen, die der auslösenden Initiative zugrunde liegt. Daher ist zu beachten, daß im Untersuchungsteam für diesen Teil der Situationsanalyse nicht nur Initiatoren und (einzelne) Betroffene des Problemkreises vertreten sind. Für die Leitbilder sollte auch das Innovationspotential nicht unmittelbar beteiligter bzw. außenstehender Personen wie z. B. Kunden und Lieferanten genutzt werden.

Das anschließend zu entwickelnde Unternehmungsprofil (A112 in Abb. 30) setzt sich aus einer Reihe von Kennzahlen zusammen, bezogen etwa auf die Umschlagshäufigkeit der Lagerbestände, die durchschnittlichen Durchlaufzeiten für bestimmte Leistungen oder den Anteil fremdbezogener Materialien mit nur einem Lieferanten (sog. Single Sourcing). Hinzu kommt eine grobe qualitative Charakterisierung wesentlicher Produktions- und Dispositionsmerkmale, wie sie im Zuge der empirischen Untersuchungen in Abschn. 2.1.3 „Betrachtungsrahmen und Vorgehensweise der eigenen Befragung" anhand des *FIR*-Merkmalsrasters vorgenommen wurde[15].

Mit den Kennzahlen und Merkmalen des Unternehmungsprofils wird auch auf die vorher beschriebenen Leitbilder Bezug genommen. Damit ist bereits an dieser Stelle das Auseinandergehen von Ideal- und Istzustand erkennbar. Überlappend dazu wird versucht, die jeweils eigenen Maßzahlen und Merkmalsausprägungen mit denen anderer Unternehmungen zu vergleichen (A113 in Abb. 30). Auf diese Weise kann die Position der Unternehmung gegenüber den Wettbewerbern bestimmt werden. Gleichzeitig wird das Problembewußtsein verstärkt, welches für organisatorische Veränderungen erforderlich ist[16]. Im Rahmen des sog. ‚Benchmarking' wird über den Wettbewerbsvergleich hinaus gegangen, indem die Vorbilder auch unabhängig vom jeweiligen Industriezweig gesucht werden[17]. Damit können möglicherweise Verbesserungsansätze erschlossen werden, die dazu geeignet sind, neue Maßstäbe im Vergleich zu den Konkurrenten zu setzen. Vor dem gleichen Hintergrund ist es bedeutsam, die individuellen Visionen und Ideen im Vorfeld des Unternehmungsvergleiches zu entwickeln. Andernfalls besteht die Gefahr, daß keine echten Inno-

---

[14] Mit der Unternehmungsstrategie wird die langfristige Ausrichtung des ökonomischen Verhaltens festgelegt. Dabei wird versucht, zukünftige Entwicklungen außerhalb und innerhalb der Unternehmung zu antizipieren.

[15] Ähnliche Merkmale für ein Unternehmungsprofil nennen auch Banerjee/Burgmeier/ Dalluege/Krauth/Mendoza (1993), S. 21.

[16] Im Problembewußtsein liegt der Schlüssel zur Akzeptanz, vgl. Hirschberger-Vogel (1990), S. 201.

[17] Vgl. Spendolini (1992), S. 20f. ebenso wie Horváth/Herter (1992), S. 5 und die dort angegebene Literatur.

vationen gesucht, sondern lediglich vorhandene Beispiele nachgeahmt werden.

Aus dem Vergleich mit anderen Unternehmungen resultiert ein Stärken-Schwächen-Profil, das gemeinsam mit den Idealen und den Aussagen zur Unternehmungsstrategie die Grundlage bildet, auf der qualitative und quantifizierte Zielsetzungen für die zu findenden Maßnahmen formuliert werden können (A114 in Abb. 30)[18]. Beispielsweise kann im Hinblick auf die Vision zur ‚Auslieferung spätestens einen Tag nach der Bestellung' aus dem jeweils eigenen Kennwert zur Lieferzeit sowie der Lieferbereitschaft anderer Unternehmungen das Ziel abgeleitet werden, die Durchlaufzeit zur Auftragsabwicklung (für eine bestimmte Erzeugnisgruppe) um die Hälfte zu reduzieren. Aus dem Zielverzeichnis lassen sich dann die Aktionsfelder (A115 in Abb. 30) für Verbesserungsansätze ableiten, wobei die Kluft zwischen Istzustand und Zielsetzung zugleich Anhaltspunkte für den erforderlichen Umfang der Veränderungen gibt. Im eben genannten Beispiel bildet der Prozeß zur Auftragsabwicklung das Aktionsfeld für die zu definierenden Maßnahmen.

In Abb. 31 wird der Ablauf der Aktivitäten dargestellt, die im Anschluß an diesen ersten Vorgang zu konkreten Handlungs- bzw. Projektaufträgen führen.

Zunächst werden zu jedem Aktionsfeld bzw. Verbesserungsansatz die Handlungen genannt, mit denen ein Beitrag zur Zielerreichung erbracht werden kann (A121 in Abb. 31). Weitgehend parallel dazu[19] müssen die verschiedenen Maßnahmen oder Maßnahmenbündel im Hinblick auf ihre Durchführbarkeit sowie ihre Nutzenpotentiale beurteilt werden (A122 in Abb. 31). Schwarze führt mit Bezug auf die Systementwicklung aus, daß die Durchführbarkeitsuntersuchung alternativer Konzepte neben funktionellen, technischen und organisatorischen grundsätzlich auch personelle, soziale, rechtliche, finanzielle und insbesondere wirtschaftliche Aspekte berücksichtigen muß[20]. Zu beachten ist, daß für die Durchführbarkeitsanalyse im allgemeinen noch keine detaillierten Kenntnisse des Istzustands vorliegen. Daher können an dieser Stelle nur grobe Betrachtungen erfolgen. Zur Ordnung und Bemessung der Durchführbarkeitskriterien eignen sich Punktbewertungsverfahren, da in diesem Stadium vorwiegend qualitative Aussagen zu erwarten sind[21].

Im Zuge der Durchführungsüberlegungen werden neben einzuhaltenden Restriktionen häufig auch Voraussetzungen erkannt, die für die jeweilige Maßnahme zu erfüllen sind. Beispielsweise setzt die Einführung von Gruppenarbeit in der Produktion eine adäquate Entlohnungskonzeption für dieses

---

[18] Vgl. auch Steinle/Kuhnert/Gefeke (1994), S. 60, wonach die Zielvorstellungen als Leitlinien fundiert und objektiv aus einem unternehmungsweiten Zukunftsbild zu entwickeln sind. Zu den Anforderungen, die eine Unternehmungsstrategie erfüllen sollte, um zur Formulierung von Zielsetzungen geeignet zu sein, vgl. Davenport (1993), S. 121ff.
[19] Vgl. die sich überlappenden Balken im unteren Teil Abb. 31.
[20] Vgl. Schwarze (1994a), S. 256ff.
[21] Zu den Eingangsgrößen und Ergebnissen der Wirtschaftlichkeitsbetrachtung in den frühen Abschnitten eines Projektes vgl. auch die zusammenfassende Darstellung der Ausführungen von Droste in Abschn. 4.1 „Aktionsraum der Wirtschaftlichkeitsanalyse", Tab. 20.

154   6 Vorgehensmodell für Auswahl, Einführung und Anwendung von PPS-Systemen

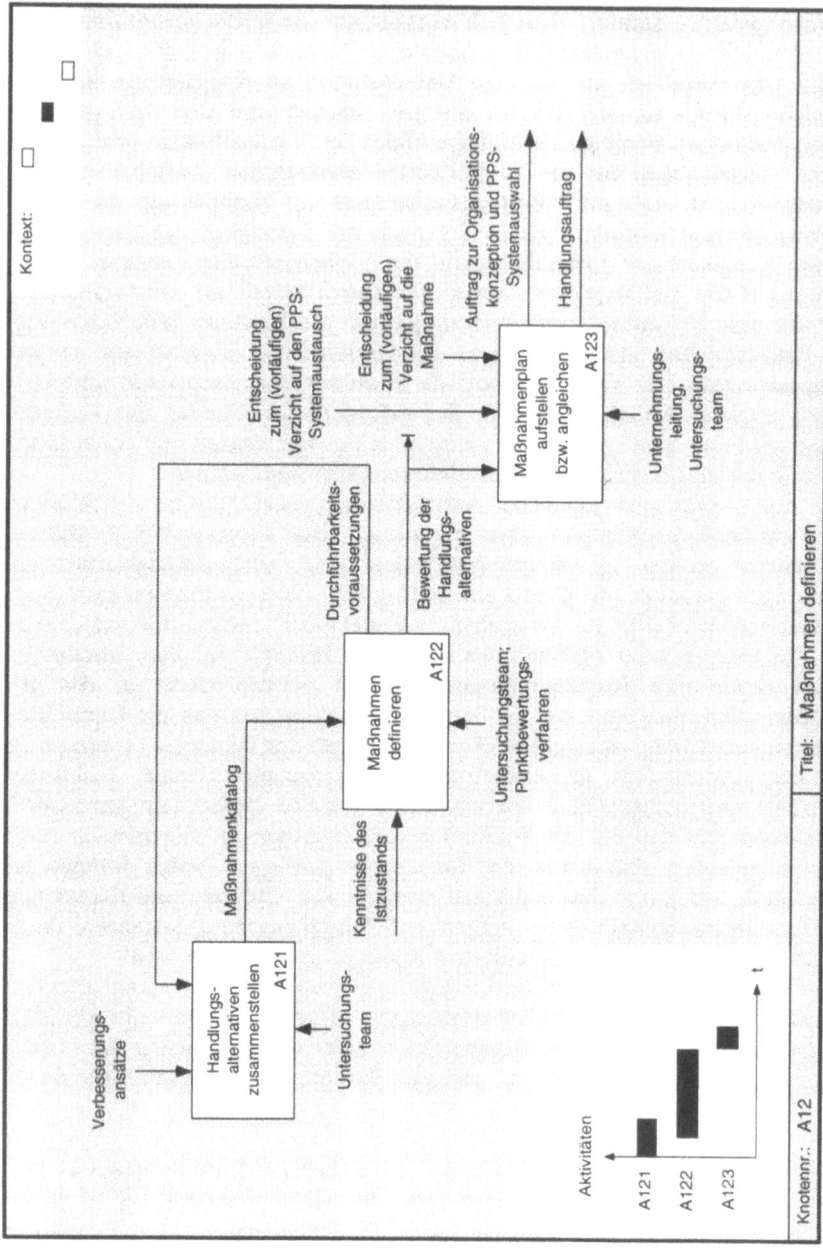

Abb. 31. *SADT*-Diagramm zum Definieren der Maßnahmen

Vorhaben voraus. Sofern die ermittelten Voraussetzungen noch nicht vorzufinden sind, müssen weitere Maßnahmen formuliert werden, mit denen diese geschaffen werden[22].

Mit dem Maßnahmenplan (A123 in Abb. 31) werden die sinnvoll erscheinenden Handlungen entsprechend ihres erhofften Erfolgsbeitrages sowie ihrer Abhängigkeiten untereinander in eine Reihenfolge gebracht, die den Entwicklungsplan für die Unternehmung darstellt. Erst mit dem jeweiligen Handlungsauftrag wird dazu übergegangen, die plazierten Maßnahmen detailliert zu planen (A13 in Abb. 29). Dabei können einzelne Vorhaben noch in verschiedenen Lösungsvarianten vorliegen, über die erst im Zuge der weiteren Ausgestaltung entschieden werden kann.

Bevor eine Maßnahme tatsächlich durchgeführt wird, findet noch einmal eine Zäsur statt. Sofern sich dabei z. B. nicht vertretbare Unsicherheiten oder mangelhafte Erfolgsaussichten aus dem Verhältnis der Kosten- und Nutzenerwartungen zeigen, wird die Maßnahme fallengelassen oder verschoben[23]. Der Maßnahmenplan ist entsprechend anzugleichen, um dann den Handlungsauftrag für die nächste Maßnahme auszugeben. In Abschn. 6.3 „Phase zur Organisationskonzeption und PPS-Systemauswahl" wird zu berücksichtigen sein, daß auch die Maßnahme zum PPS-Systemaustausch einer erneuten Überprüfung zu unterziehen ist. Mit dem Auftrag zur Organisationskonzeption und Systemauswahl (A123 in Abb. 31) wurde allenfalls die Vorentscheidung für ein neues PPS-System getroffen. Die endgültige Entscheidung fällt erst mit der Wirtschaftlichkeitsbetrachtung zum Abschluß der zweiten Phase.

Grundsätzlich gilt, daß Vereinfachungen beispielsweise des Produktaufbaus oder der Gestaltung des Produktionsprozesses möglichst vor dem Einsatz neuer Technologien vorzunehmen sind, da infolge der Resultate oftmals die Anforderungen an den Umfang und die Funktionen des Hilfsmittels EDV verringert werden. Mit den aufeinander abgestimmten Handlungen eines geschlossenen Maßnahmenplanes (A13 in Abb. 29) können wichtige Synergieeffekte erreicht werden, wenn die vorangestellten Maßnahmen gleichzeitig eine Vorleistung für die Auswahl und Einführung des PPS-Systems sind. Beispielsweise vereinfachen frühzeitige Aktivitäten zur Produktbereinigung und zur Verringerung der Variantenvielfalt die produktorientierte Gliederung der Organisationseinheiten. Ferner kann davon ausgegangen werden, daß die Klassifizierungs- und Normungsaktivitäten im Zuge der Produkt- und Variantenbereinigung die Qualität und Transparenz der Stammdaten verbessern und auf diese Weise einen Teil der erforderlichen Tätigkeiten zur Datenbereitstellung vorwegnehmen. Damit wird der Implementierungszeitraum für das PPS-System bedeutend verkürzt[24]. Möglicherweise kommen die Untersuchungen

---

[22] Vgl. in Abb. 31 die Schleife von Kasten A122 zurück zu A121.
[23] Vgl. die in Abb. 31 skizzierte Wiederholung der Aktivität A123 infolge des (vorläufigen) Verzichts auf eine Maßnahme.
[24] Vgl. Kriterium Nr. 9 in Abschn. 3.1 „Begriffsdefinition, Prüfkriterien und hierarchische Ordnung der Vorgehensmodelle", Abb. 11.

zur Produktbereinigung zu dem Ergebnis, daß Geschäftszweige bzw. Produktgruppen wie z. B. Ersatzteile auslaufen werden oder von einem Kooperationspartner kostengünstiger zu produzieren sind. Damit würden ganze Segmente entfallen, so daß deren Auftragsabwicklungsprozeß aus dem Rahmen der vom PPS-System zu unterstützenden Abläufe herausfällt[25].

Nach jeder Maßnahme erfolgt eine Zäsur zur Bewertung der Resultate. Anschließend zu überprüfen ist, ob die grobe Zustandsbeschreibung der Unternehmung noch zutrifft[26]. Da zu erwarten ist, daß die Visionen für einen längeren Zeitraum gültig sind, wird die Aktivität A111 in Abb. 30 nur bei neuen Initiativen wiederholt. Stellort für den Regelkreis zur Korrektur der Situationsanalyse ist daher zunächst das Unternehmungsprofil (A112 in Abb. 30), das entsprechend der Regelgröße ‚Durchführungsergebnisse der Maßnahmen' bei einzelnen Kennzahlen und Merkmalen anzupassen ist. Anschließend ist zu überprüfen, ob darüber hinaus im Stärken-Schwächen-Profil Korrekturen notwendig sind, welche sich möglicherweise auf das Zielsystem (A114) und die Aktionsfelder (A115) auswirken. Dabei beschränken sich die genannten Anpassungen nicht auf die Ergebnisse der realisierten Maßnahmen. Es besteht hier gleichzeitig die Möglichkeit, maßnahmenunabhängige Veränderungen und neue Branchenkenntnisse (A113) in die Situationsanalyse einzubringen.

In Abschn. 3.3 „Überprüfung der Vorgehensmodelle" wurde als Konsequenz der Anregung von Baum/Thomassen darauf hingewiesen, daß vorgezogene organisatorische Maßnahmen zur Voraussetzung für die sich anschließende Phase der PPS-Systemauswahl werden können. Mit Blick auf die Durchführbarkeitsvoraussetzungen in Abb. 31 gilt dieser Zusammenhang, wenn erst die oben genannten Synergieeffekte den Istzustand so verändern, daß die Maßnahme zum Austausch des PPS-Systems mit den damit zu verbindenden organisatorischen Veränderungen realisierbar erscheint. Außerdem können erkennbare Nutzeffekte der vorgezogenen Maßnahmen die Bereitschaft der Beschäftigten zu einem grundlegenden Wandel fördern. Dabei ist diese Wirkung insbesondere dann zu erhoffen, wenn es gelingt, den Betroffenen die Notwendigkeit zum Handeln im Vorfeld nachvollziehbar zu machen[27]. Sind daraufhin die gewachsenen Strukturen der Unternehmung einmal im Bewegung, werden die häufig tiefgreifenden Veränderungen im Zuge des PPS-Systemaustausches unter dem Leitbild einer prozeß- und objektorientierten Organisationsstruktur eher akzeptiert. Hinzu kommt, daß die Informationstechnologie nicht als Lösung an sich, aber als ‚Hebel' für radikale Veränderungen anzusehen ist[28]. Damit ist gemeint, daß die in Aussicht gestellte Im-

---

[25] Vgl. auch Hammer/Champy (1993), S. 33, wonach beim sog. Reengineering zuerst zu fragen ist, was eine Unternehmung tun muß, dann, wie es zu tun ist.
[26] Vgl. die Schleife von Aktivität A13 zurück zur Situationsanalyse (A11) in Abb. 29.
[27] Davenport weist darauf hin, daß finanzielle Ziele allein den Betroffenen nicht vermittelt werden können, da die Beschäftigten im allgemeinen zu wenig von entsprechenden Erfolgen profitieren. Daher sollten finanzielle Zielsetzungen mit prozeß- und produktbezogenen Zielen kombiniert werden, vgl. Davenport (1993), S. 121.
[28] Vgl. Davenport (1993), S. 49f. und S. 234f.

plementierung neuer EDV-Systeme ein wandlungsorientiertes Klima in der Unternehmung erzeugt, auch wenn die eigentlichen Veränderungen erst aus der Kombination von organisatorischen Überlegungen und DV-technischen Möglichkeiten hervorgehen.

6.3
Phase zur Organisationskonzeption und PPS-Systemauswahl

6.3.1
Errichten der Konzeption für eine prozeß- und objektorientierte Organisationsstruktur

Wichtigster Zweck der zweiten Phase des Prozesses zur Auswahl, Einführung und Anwendung von PPS-Systemen ist es, ein Prozeßmodell der zukünftigen Ablauforganisation zu entwickeln, das den in der vorangegangenen Initialphase formulierten Idealen und Zielsetzungen gerecht wird. Außerdem soll ein PPS-System gefunden werden, das den Anforderungen entspricht, die aus den Überlegungen zur Ablauforganisation resultieren.

Das Prozeßmodell der Ablaufkonzeption bildet sowohl die personenbezogenen Aufgaben als auch die geplanten Funktionen der neuen Software in ihrem Zusammenhang ab und dient somit als Maßstab für die Vorauswahl eines geeigneten PPS-Systems. Des weiteren ist die Ablaufkonzeption auch für die Wirtschaftlichkeit des Vorhabens und damit für die Realisierungschancen des PPS-Systemaustausches unter dem Leitbild einer prozeß- und objektorientierten Organisationsstruktur maßgeblich, da die Verbesserungen des Istzustands mit dem Prozeßmodell dokumentiert sind. In Abb. 32 werden die wichtigsten Zusammenhänge der genannten Vorgänge (A21 bis A23) beschrieben. Angelehnt an die in Abschn. 2.2.2 „Vorgehensweisen bei der Auswahl von PPS-Systemen" herausgestellte überlappende Vorgehensweise zum Erstellen des Pflichtenheftes und zur Vorauswahl geeigneter Systeme, handelt es sich um weitgehend parallel auszuführende Aktivitäten. Allerdings erbringt insbesondere der Vorgang zur Organisationskonzeption (A21) wichtige Grundlagen für die Vorauswahl des PPS-Systems und die Wirtschaftlichkeitsbetrachtung. Daher werden die zuletzt genannten Aktivitäten erst später begonnen. Für die ersten Auswahlschritte sind wiederum Vorleistungen aus der Aktivität A23 notwendig, so daß der Balken für die Aktivität A23 vor dem für die Aktivität A22 beginnt[29].

Mit den nachfolgenden Ausführungen dieses Abschnitts wird der in Abb. 33 bis 37 dokumentierte Vorgang erläutert und vertieft, aus dem die Konzeption für eine prozeß- und objektorientierte Organisationsstruktur hervorgeht[30].

---

[29] Vgl. das Balkendiagramm im unteren Teil von Abb. 32.
[30] Die Bezeichnungen der verschiedenen Aktivitäten lehnen sich teilweise an die Arbeitsblöcke und -schritte des 3-Phasen-Konzeptes vom *FIR* an, vgl. Abb. 13 in Abschn. 3.2.2 „Vorgehensmodelle zur Auswahl und Einführung von Standard-Software".

158   6 Vorgehensmodell für Auswahl, Einführung und Anwendung von PPS-Systemen

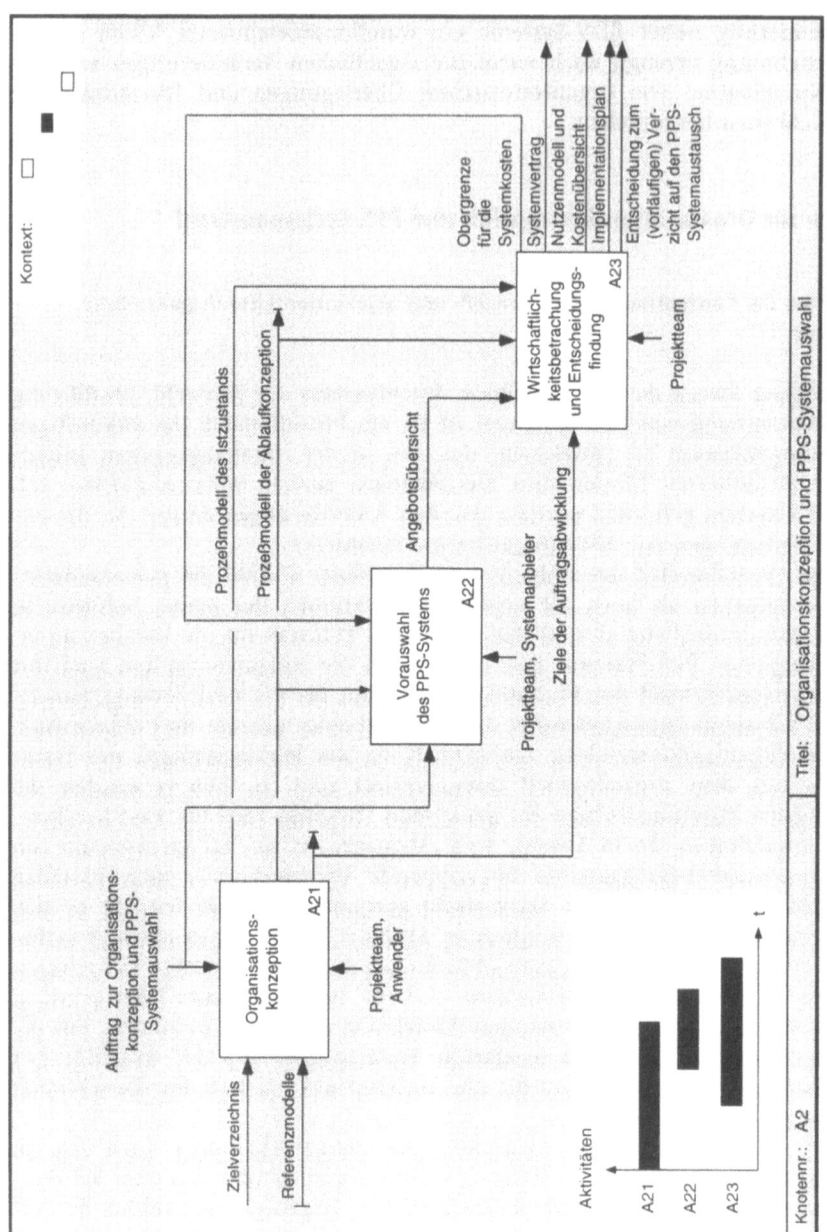

Abb. 32. SADT-Diagramm der Phase zur Organisationskonzeption und PPS-Systemauswahl

6.3 Phase zur Organisationskonzeption und PPS-Systemauswahl 159

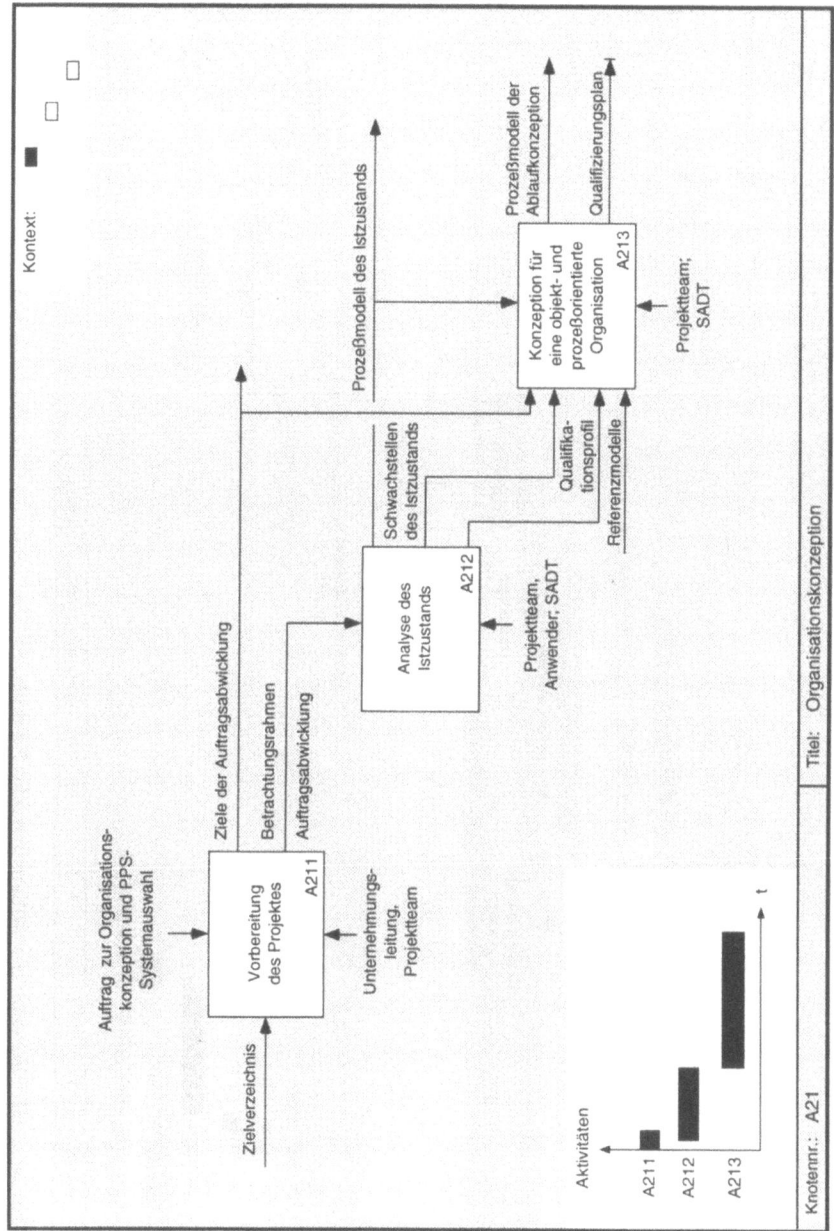

Abb. 33. *SADT*-Diagramm zur Organisationskonzeption

160   6 Vorgehensmodell für Auswahl, Einführung und Anwendung von PPS-Systemen

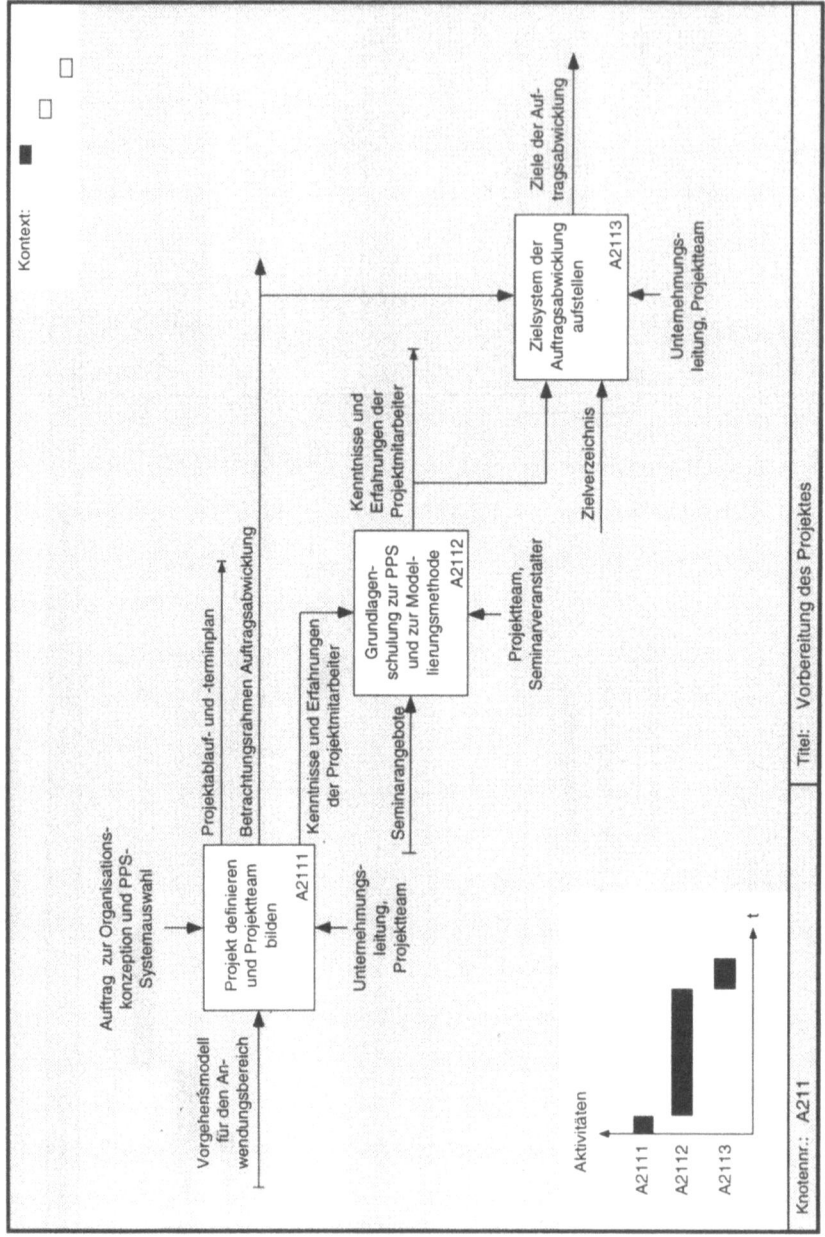

Abb. 34. *SADT*-Diagramm zur Vorbereitung des Projektes

6.3 Phase zur Organisationskonzeption und PPS-Systemauswahl   161

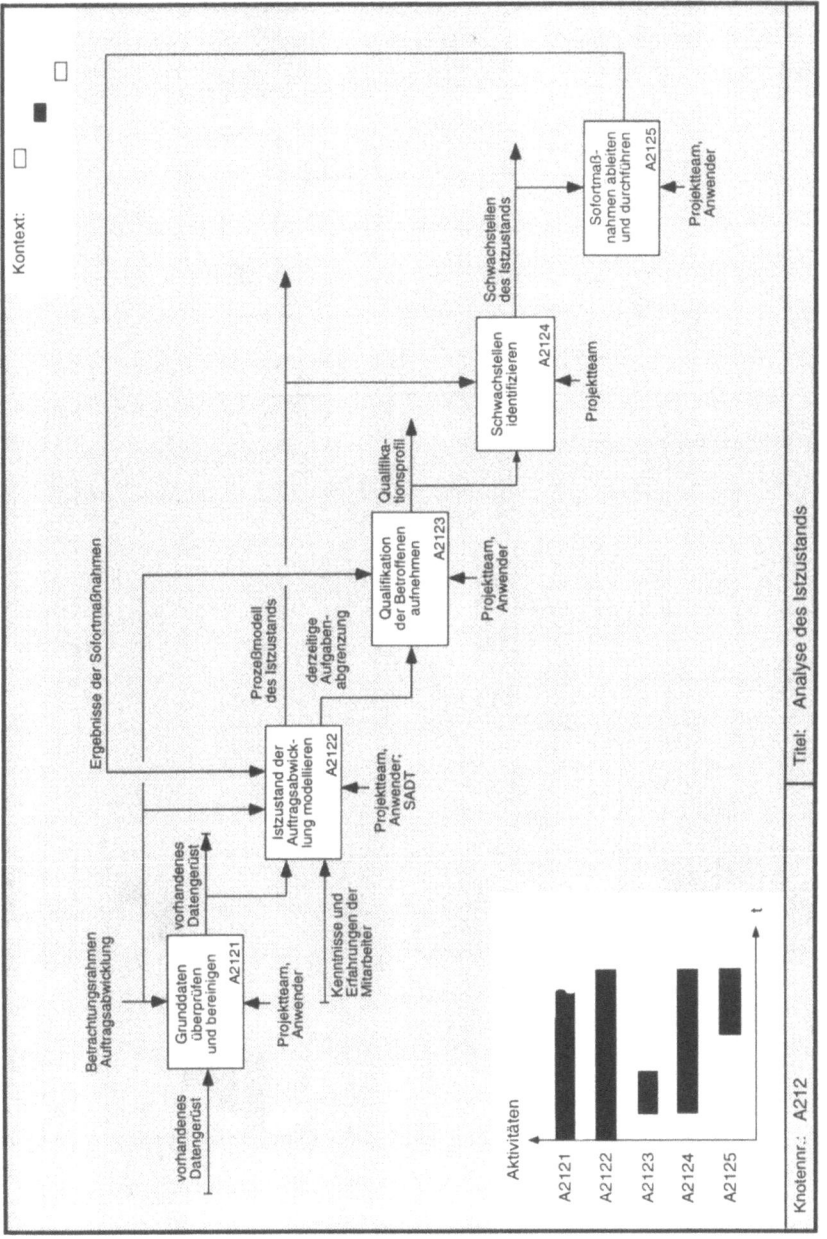

Abb. 35. *SADT*-Diagramm zur Analyse des Istzustands

162 6 Vorgehensmodell für Auswahl, Einführung und Anwendung von PPS-Systemen

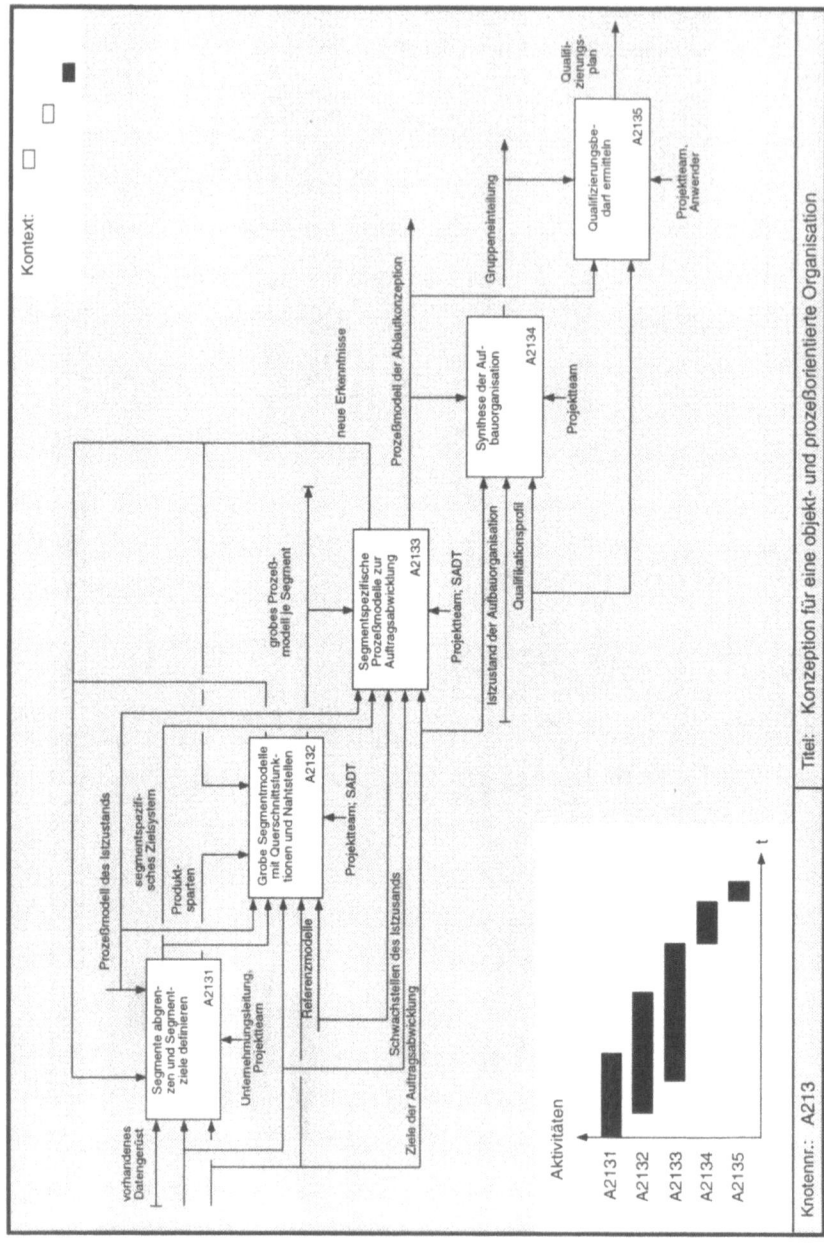

Abb. 36. SADT-Diagramm zum Entwickeln der objekt- und prozeßorientierten Organisationsstruktur

6.3 Phase zur Organisationskonzeption und PPS-Systemauswahl 163

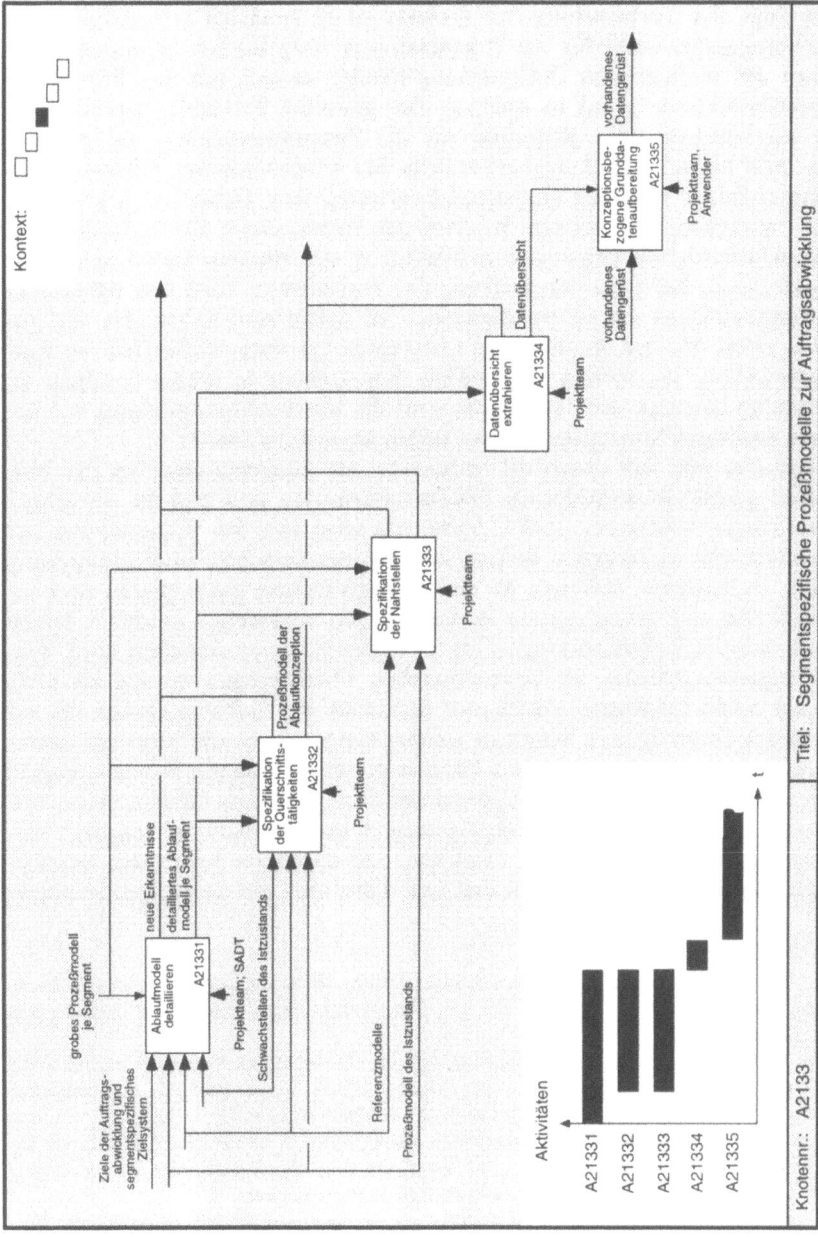

Abb. 37. *SADT*-Diagramm zum Entwickeln segmentspezifischer Auftragsabwicklungsmodelle

Im Zuge der Vorbereitung des Projekts ist es zunächst erforderlich, den Betrachtungsgegenstand für die Organisationskonzeption zu definieren – im Rahmen der vorliegenden Untersuchung handelt es sich um den Prozeß zur Auftragsabwicklung (A2111 in Abb. 34). Der gewählte Betrachtungsrahmen ist dann ein bestimmendes Kriterium für die Zusammensetzung des Projektteams. Alle betroffenen Aufgabenbereiche der Unternehmung müssen durch die ausgewählten Personen ausreichend vertreten sein. Dabei ist zu beachten, daß die aufbauorganisatorische Struktur der Fachbereiche mit der angestrebten objektorientierten Organisationsstruktur in den meisten Fällen wesentlich verändert wird. Die Zusammensetzung des Projektteams wird sich daher eher an Aufgabenfeldern als an Fachbereichen zu orientieren haben. Da die Zusammenarbeit mit den Kunden und Lieferanten ein wesentlicher Teil der Auftragsabwicklung ist, sollten ausgewählte Repräsentanten dieser Gruppen an der Planung beteiligt sein. Außerdem wird die Unternehmungsleitung bei besonders wichtigen Konzeptionsbestandteilen aktiv mitwirken[31].

Allgemein gilt, daß durch die Teilnahme der Aufgabenträger an der Projektarbeit qualifikationsfördernde Effekte zu erwarten sind und die Akzeptanz des Vorhabens verbessert wird[32]. Außerdem wird mit der Einbeziehung der Betroffenen ein vorverlegter Beitrag zur organisatorischen Implementierung geleistet, da einzelne Personen an der Konzeptfindung partizipieren und somit frühzeitig auf grundlegende Veränderungen vorbereitet werden[33]. Hinzu kommt, daß die Projektbeteiligten als Multiplikatoren zu verstehen sind. Teil- und Zwischenergebnisse der konzeptionellen Überlegungen werden im Kreis der nicht direkt beteiligten Mitarbeiter verbreitet. Die Stellungnahmen der auf diese Weise einbezogenen Personen werden wiederum in die Konzeptionsfindung eingebracht. Darüber hinaus können die verschiedenen Projektaufgaben im Zuge eines partizipativen Vorgehens auf einen größeren Personenkreis verteilt werden, so daß möglichen Verzögerungen durch personelle Engpässe entgegengewirkt wird[34]. Davenport führt aus, daß erweiterte Teams den Konzeptionsprozeß zunächst unhandlich machen, dafür aber die nachfolgende Imple-

---

[31] Zur Unterstützung durch die Unternehmungsleitung als Erfolgsfaktor der Implementierung vgl. Kittel (1982), S. 88ff. ebenso wie Hirschberger-Vogel (1990), S. 47 und die dort genannte Literatur.

[32] Vgl. im Zusammenhang mit der Einführung von PPS-Systemen Hackstein (1989), S. 307 sowie Martin (1993), S. 245 und S. 247. Schmidt (1991), S. 26ff. geht aus organisationstheoretischer Sicht auch auf unterschiedliche Intensitätsgrade der Beteiligung ein. Aus dem Blickwinkel der Informatik bezeichnet Haaks (1992), S. 98 die aktive Benutzerbeteiligung im Gegensatz zum alten Prinzip ‚Know the User' als eine wichtige Voraussetzung für die Erstellung eines benutzergerechten Informationssystems.

[33] Schotten (1993), S. 4 weist darauf hin, daß auch der Betriebsrat rechtzeitig über das Vorhaben zu informieren ist. Bei der Konzeption des Rückmeldewesens sollte der Betriebsrat in die Überlegungen eingebunden sein, vgl. Molz (1994), o.S.

[34] Die Auswahl der Projektbeteiligten sowie die Bildung von Arbeitsgruppen und Entscheidungsgremien wird von Roos (1993), S. 26 und Mattheis (1993), S. 193f. vertieft. Zu Formen der Projektorganisation mit unterschiedlichen Entscheidungsbefugnissen des Projektleiters vgl. Dorninger/Janschek/Olearczick/Röhrenbacher (1990), S. 210f. und eingehender Grün (1992), Sp. 2102ff. sowie die jeweils dort angegebene Literatur. Wertvolle

mentierungsdauer verkürzen[35]. Bei einem zielgerichteten Vorgehen, das zudem die Möglichkeiten für parallele Arbeitsschritte ausnutzt, ist davon auszugehen, daß die Phase zur Organisationskonzeption und PPS-Systemauswahl trotz des partizipativen Ansatzes und der konzeptionellen Leistungen nicht über die empirisch ermittelte durchschnittliche Auswahldauer von fast 1½ Jahren hinausgeht.

Für den unternehmungsspezifischen Projektablauf- und -terminplan wird ein Vorgehensmodell herangezogen und spezifiziert, das – ebenso wie die Phasenkonzeption der vorliegenden Untersuchung – für den im Handlungsauftrag formulierten Anwendungsbereich ausgelegt ist. Damit wird der geplante Projektverlauf auf eine nachvollziehbare Grundlage gestellt, die es erlaubt, auch bei einem Wechsel in der Projektleitung die Vorgehenskontinuität zu wahren. Im Gegensatz dazu haben Beispiele der empirischen Studie in Abschn. 2.2.2 gezeigt, daß mit dem Austausch der Projektverantwortlichen oft ein Bruch im Verlauf der PPS-Systemauswahl vorliegt, der auf die jeweils unterschiedlichen Vorstellungen über eine geeignete Vorgehensweise zurückzuführen ist.

Im Anschluß an die Projektplanung sind individuelle Schulungsmaßnahmen durchzuführen (A2112 in Abb. 34), um die bereichsübergreifenden Kenntnisse der einzelnen Projektmitarbeiter über organisatorische und EDV-technische Möglichkeiten innerhalb der Auftragsabwicklung auszubauen und einander anzugleichen[36]. Mit der erweiterten Wissensgrundlage bestehen größere Aussichten darauf, daß sich die Projektbeteiligten im Zuge der konzeptionellen Überlegungen vom Istzustand lösen und gravierende organisatorische Verbesserungen anstreben. Hervorzuheben ist, daß es sich um systemneutrale Schulungsinhalte handeln muß, damit die PPS-Systemauswahl nicht beeinflußt wird. Ferner gehört auch das erforderliche Wissen zur Anwendung der ausgewählten Modellierungsmethode zu den Bestandteilen der Grundlagenschulung. Der Empfehlung in Abschn. 5.2 „Methoden zur Darstellung der Ablauforganisation" folgend wären hier *SADT*-Kenntnisse zu vermitteln.

Die Schulungsmaßnahmen sollten auch für die nachfolgende Aktivität förderlich sein, mit der die unternehmungsspezifischen Zielsetzungen für den neu zu gestaltenden Auftragsabwicklungsprozeß formuliert werden (A2113 in Abb. 34). Es geht darum, das übergeordnete und maßnahmenneutrale Zielverzeichnis aus der Initialphase auf den Betrachtungsrahmen des Handlungsauftrages anzuwenden. Während die Zielsetzungen für die PPS in der Praxis oft

---

Regeln zur Arbeits- und Verhaltensweise im Projektteam sind in der Zusammenstellung von Daum (1993), S. 389ff. über erfolgskritische Faktoren im Büro-Projektmanagement enthalten.

[35] Vgl. Davenport (1993), S. 154. Mit den Argumenten der insgesamt geringeren Aktivitätskosten und einer kürzeren Einführungsdauer plädiert auch Rieder (1988), S. 164 für einen partizipativen Ansatz zur Einführung von Standard-Software.

[36] Einen Überblick zu einzelnen Qualifizierungsmaßnahmen für eine effiziente Einbeziehung der PPS-Systemanwender in die Konzeptionsaufgaben geben Roos (1993), S. 27f. und Esser (1990), S. 108, der den Qualifikationskomponenten dabei ein ausgedehnteres Kompetenzfeld zugrunde legt.

unzureichend strukturiert und entwickelt sind, enthält die Phasenkonzeption der vorliegenden Untersuchung einen Entwicklungspfad für die Zielsetzungen[37]. Die strategisch orientierten Ziele führen zu den prozeßbezogenen Zielen der Auftragsabwicklung, aus denen Anforderungen an die Gestalt der Ablauforganisation und die Funktionen des PPS-Systems abzuleiten sind[38].

Generell sollte es sich vorwiegend um meßbare Prozeßziele handeln, womit die Erfolgskontrolle erleichtert wird. Davenport führt aus, daß neben den quantifizierten, auf den Gesamtprozeß bezogenen Vorgaben auch ‚Prozeß-Attribute' als qualitative Aussagen zu bestimmten Verbesserungen zu verwenden sind. Außerdem ist der Zeitraum anzugeben, in dem die Ziele erreicht werden sollen. Als Beispiele werden eine prozentuale Verringerung der Arbeitsplätze ohne Kundenkontakt und die Halbierung der durchschnittlichen Lieferzeit innerhalb von zwei Jahren genannt[39]. Das Zielsystem für die Auftragsabwicklung wird mehrere Vorgaben umfassen, die voneinander unabhängig sind oder in einer hierarchischen Beziehung stehen. Die Zielhierarchie im Sinne der Ausführungen in Abschn. 2.1.1 „Begriffsbstimmungen" muß in sich schlüssig sein, d.h. konkurrierende Zielsetzungen sind zu vermeiden oder entsprechend zu gewichten, so daß ihr jeweiliger Stellenwert transparent wird. Mattheis schlägt für jede Zielebene eine Zielkonfliktanalyse als kleinen Regelkreises vor, um Abhängigkeiten frühzeitig erkennbar zu machen[40].

Im weiteren Verlauf des Prozesses zur Auswahl, Einführung und Anwendung eines neuen PPS-Systems sollen die Zielvorgaben auch Impulse für die konzeptionellen Überlegungen zur Aufbau- und Ablauforganisation (A213 in Abb. 33) geben. Ferner dienen sie als Maßstab für eine Auswahl unter alternativen Ablauflösungen. Die Wirtschaftlichkeitsbetrachtung zur Systemauswahl und Realisierungsentscheidung (A23 in Abb. 32) wird ebenfalls auf die Ziele der Auftragsabwicklung Bezug nehmen. In der vorliegenden Phasenkonzeption gehören die in Abschn. 4.3 „Konsequenzen für das weitere Vorgehen" als Qualitäts- und Leistungsindikatoren der Auftragsabwicklung herausgearbeiteten Zielgrößen Personaleinsatz, Bestände und Termintreue zum Zielsystem des Auftragsabwicklungsprozesses. Im Zuge der Wirtschaftlichkeitsbetrachtung wird zu ermitteln sein, welche Verbesserungen die Ablaufkonzeption für diese Maßgrößen bietet. Anschließend hilft die Zieldefinition, den Stand der Ergebnisse zu beobachten und Fehlentwicklungen zu vermeiden[41].

Unmittelbar nachdem der Betrachtungsrahmen des Projektes definiert ist, werden die Grunddaten für eine computergestützte PPS aufbereitet (A2121 in Abb. 35)[42]. Dies geschieht weitgehend im Rahmen des vorhandenen Datengerüstes und ohne datenstrukturelle Veränderungen, da zu diesem Zeitpunkt

---

[37] Vgl. Kriterium Nr. 5 in Abschn. 3.1 „Begriffsdefinition, Prüfkriterien und hierarchische Ordnung der Vorgehensmodelle", Abb. 11.
[38] Vgl. sinngemäß auch Davenport (1993), S. 215.
[39] Vgl. Davenport (1993), S. 127ff., insbesondere S. 128.
[40] Vgl. Mattheis (1993), S. 91.
[41] Vgl. sinngemäß auch BMI (1990), S. 13.
[42] Vgl. die Überlappung der Balken für A211 und A212 in Abb. 33.

noch keine konzeptionellen Aussagen etwa zur Stücklistenart vorliegen werden. Den Ausführungen von Molz folgend kann davon ausgegangen werden, daß ein großer Teil der Daten längere Zeit nicht genutzt wurde[43]. Zu überprüfen ist, ob die existierenden Daten vollständig und widerspruchsfrei sind. Gleichzeitig werden veraltete und überflüssige Daten bereinigt bzw. gelöscht. Außerdem ist darauf zu achten, in welchem Umfang bestehende Normierungsregeln tatsächlich umgesetzt wurden. Die genannten Aufgaben werden im wesentlichen neben dem sog. ‚Tagesgeschäft' durch die produkttechnischen Aufgabenträger zu bewältigen sein. Dabei wirken die oben genannten Maßnahmen zur Beteiligung der Betroffenen an der Konzeptionsfindung den zu erwartenden Vorbehalten gegenüber solchen zusätzlichen Aufgaben entgegen. Indem die Aktivitäten zur Grunddatenaufbereitung möglichst frühzeitig begonnen werden, wird ein wichtiger Beitrag zur projektbegleitenden Einführungsvorbereitung geleistet, woraus kürzere Implementierungszeiträume resultieren[44]. Neben Stücklisten und Arbeitsplänen verdienen die lieferantenbezogenen Daten einschließlich der Wiederbeschaffungszeiten für fremdbezogene Materialien besondere Beachtung.

Die Zeitdauer der Überprüfung und Bereinigung hängt stark vom unternehmungsspezifischen Zustand des Datengerüstes ab. Aus diesem Grund hat der entsprechende Balken im unteren Teil von Abb. 35 keine gerade Abschlußkante. Beim Austausch von PPS-Systemen ist im Gegensatz zur Erstanwendung bereits ein breites Datengerüst gespeichert. In Abschn. 2.3.1 „Implementierungsaufgaben und -probleme" wurde jedoch deutlich, daß auch in Unternehmungen, die bereits Erfahrungen mit dem Einsatz von PPS-Systemen vorweisen konnten, erhebliche Anstrengungen insbesondere zur Vorbereitung vollständiger und korrekter Stücklisten notwendig waren. Zum Zeitpunkt der Datenübergabe von den alten Programmen in die neue Software dürfen keine Inkonsistenzen mehr vorliegen.

Zeitgleich mit der Grunddatenüberprüfung kann damit begonnen werden, den Istzustand der Auftragsabwicklung zu modellieren (A2122 in Abb. 35). Zielsetzung dieser Aktivität ist es, anhand der gegenwärtigen Abläufe sowie der inhärenten Aufgabenverteilung sowohl Restriktionen als auch Verbesserungsansätze für die neue Organisationskonzeption zu erkennen. Dabei ist zu dokumentieren, wie die Organisation wirklich funktioniert, da auch oder gerade die informellen Zusammenhänge bedeutsam sind[45]. In Abschn. 3.2.3 „Vorgehensmodelle aus anderen Anwendungsbereichen" wurde im Zusammenhang mit dem KSA-Vorgehensmodell ausgeführt, daß es für einen ersten groben Gesamtüberblick sinnvoll sein kann, vorbereitende Gespräche mit Führungskräften zu führen. Anschließend sind Interviews mit den verschiedenen Aufgabenträgern praktikabel, deren Ergebnisse noch in Gegenwart der

---

[43] Vgl. Molz (1994), o.S.
[44] Vgl. Kriterium Nr. 9 in Abschn. 3.1, Abb. 11. In der Literatur wird eine verläßliche Datenbasis als Fundament angesehen, auf dem die gesamte PPS aufbaut, vgl. Vorspel-Rüter (1990), S. 85.
[45] Vgl. Hamacher/Pape (1991), S. 102.

Gesprächspartner mit Hilfe der *SADT*-Methode graphisch dargestellt werden. Um Mißverständnisse zu vermeiden, werden die wichtigsten Begriffe aus dem Betrachtungsrahmen zu Beginn der Aktivität gesprächsverbindlich festgelegt[46]. Fallweise sind die Interviews durch bestätigende und vertiefende Beobachtungen zu ergänzen. Die Vorgänge der Auftragsabwicklung werden sukzessiv zu einem geschlossenen Prozeßmodell für den Istzustand der Auftragsabwicklung zusammengefügt.

Da die *SADT*-Methode leicht verständlich und anwendbar ist, besteht die Möglichkeit, daß im Projektteam nur der grobe Gesamtzusammenhang modelliert wird. Die verschiedenen Vorgänge werden durch einzelne Mitarbeiter der Aufgabenbereiche graphisch dargestellt. Anschließend sind die Diagramme den nicht unmittelbar an der Modellierung beteiligten Personen des jeweiligen Aufgabenbereiches zur Verifikation vorzulegen und im Rahmen des Projektteams miteinander zu verknüpfen.

Etliche Schwachstellen des Istzustands (A2124 in Abb. 35) werden unmittelbar bei seiner Dokumentation mit der *SADT*-Methode identifiziert. Dazu gehören vor allem Ausgabeflüsse ohne adäquate Verwendung, redundante Tätigkeiten, Umwege im Verrichtungszusammenhang sowie Ablaufschleifen. Beispielsweise werden auch kurzfristige Materialbedarfstermine immer wieder automatisch an den aktuellen Stand der Produktionsfeinplanung angeglichen, so daß die errechneten Bedarfszeitpunkte bei den Einkäufern keine Akzeptanz finden. Weiterhin zeigen wechselnde Abteilungen innerhalb der logischen Aktivitätenfolge die Nahtstellen des Prozesses[47]. Um weitere Schwachstellen aufzudecken, die nicht unmittelbar aus der graphischen Darstellung hervorgehen, ist das Prozeßmodell des Istzustands systematisch zu hinterfragen[48]. Dabei muß beachtet werden, daß die eigentlichen Ursachen für eine Schwachstelle oft erst mit der Analyse vernetzter kausaler Zusammenhänge erkennbar werden[49].

Im Zuge der empirischen Untersuchung konnte in Abschn. 2.2.2 gezeigt werden, daß in einigen Fällen auf die Darstellung und Analyse des Istzustands verzichtet wurde[50]. Dieser Umstand ist im Zusammenhang mit der

---

[46] So ist beispielsweise zu gewährleisten, daß anstelle von ‚Aufträgen' immer von Kundenaufträgen, Kundenabrufen, Fertigungsaufträgen, Bestellungen oder Zulieferabrufen gesprochen wird.
[47] Gausemeier/Fahrwinkel (1994), S. 60 schlagen vor, aus den Wechseln von Abteilungen und Hierarchieebenen innerhalb eines Prozesses eine sog. Lean-Management-Kennzahl zu bilden.
[48] Für diesen Zweck skizzieren Liebelt/Sulzberger (1989), S. 228 eine Schwachstellenprüfliste, mit der strukturiert und auf abstrakter Ebene nach typischen Mängeln bei der Aufgabenerfüllung gefragt wird. Eine Auswahl geeigneter Fragestellungen, die sich auf die Eingaben und Ausgaben einer Funktion bzw. Aufgabe sowie deren Verarbeitungsschritte beziehen, findet sich bei Grupp (1987), S. 119ff. Eversheim/Krumm/Heuser (1994), S. 58 regen an, Wahrscheinlichkeiten für Störungen des Prozesses zu ermitteln. Mögliche Störungsquellen können wiederum anhand des Prozeßmodells identifiziert werden.
[49] Vgl. Kemmner (1990), S. 161.
[50] Vgl. die Zeilen zur Problemfeldanalyse in Tab. 7.

häufig festgestellten Erwartungshaltung zu sehen, daß neue PPS-Systeme zugleich eine effiziente Ablauforganisation mitbringen, so daß eigenständige Analysen und Konzeptionen nicht erforderlich sind. In der Literatur wird dagegen weitgehend übereinstimmend betont, daß nur eine Prozeßanalyse die erforderliche Transparenz schafft, ohne die keine Ablaufvereinfachung möglich ist[51]. Nach Davenport muß der Istzustand verstanden werden, um die Kommunikation zwischen den Beteiligten zu erleichtern und um existierende Probleme nicht zu wiederholen. Darüber hinaus liefert die Dokumentation des Istzustands den Input an erforderlichen Aufgaben für die Planung des neuen Prozesses sowie Basisdaten, an denen die quantifizierten Verbesserungspotentiale festgemacht werden können[52]. Allerdings darf eine vertiefte Auseinandersetzung mit den vorhandenen Abläufen nicht dazu führen, daß lediglich die erkannten Detailprobleme gelöst werden. Der Feinheitsgrad des Prozeßmodells sollte den von Davenport genannten Zwecken entsprechen.

Die aus dem Prozeßmodell des Istzustands ermittelten spezifischen Schwachstellen sind eher für mögliche Sofortmaßnahmen zur Verbesserung relevant (A2125 in Abb. 35). Beispielsweise können einzelne als unnötig erkannte Aktivitäten kurzfristig eingestellt werden, wonach das Prozeßmodell des Istzustands entsprechend korrigiert wird[53]. Für die neue Organisationskonzeption ist es bedeutsam, sich vom Istzustand zu lösen. Daraus folgt, daß die Schwachstellen der vorhandenen Abläufe nicht automatisch Anforderungen an die zukünftigen Aufbau- und Ablaufstrukturen darstellen[54].

Bereits während der Interviews und Beobachtungen zum Istzustand wird offenkundig, welches Fachwissen und Verständnis für die organisatorischen Zusammenhänge bei den Beteiligten vorliegt. Diese Erkenntnisse werden zu einem geschlossenen Qualifikationsprofil der Betroffenen ausgedehnt (A2123 in Abb. 35), das im Hinblick auf die zukünftig prozeßorientierten Abläufe besonders auf die derzeitige Arbeitsteilung im Auftragsabwicklungsprozeß und die Potentiale zur Übernahme bisher vor- und nachgelagerter Aufgaben eingehen muß.

Sobald die Analyse des Istzustands abgeschlossen ist, werden die Aktivitäten begonnen, mit denen eine objekt- und prozeßorientierte Organisationskonzeption entwickelt wird (A213 in Abb. 33). Dabei sind zunächst die objektorientierten Segmente der zukünftigen Organisationsstruktur zu bestimmen (A2131 in Abb. 36). In Abschn. 5.4.2 „Objektorientierte Aufbauorganisation" wurde dargestellt, daß es sich im allgemeinen um eine Gliederung nach Pro-

---

[51] Vgl. Eversheim/Krumm/Heuser (1994), S. 59 ebenso wie Daum/Piepel (1992), S. 46 und sinngemäß auch Hackstein (1989), S. 312.
[52] Vgl. Davenport (1993), S. 137f.
[53] Vgl. in Abb. 35 die Schleife von Kasten A2125 zurück zu A2122. Iterationen und Regelkreise im Rahmen der Phasenkonzeption entsprechen dem Kriterium Nr. 2 in Abb. 11.
[54] Vgl. im Gegensatz dazu Grupp (1987), S. 18, der das Hauptergebnis der Istanalyse mit den Anforderungen an das geplante neue Organisationssystem gleichsetzt.

duktgruppen handeln wird. Die erforderlichen Klassifizierungsleistungen stützen sich auf das in der Unternehmung vorhandene Datengerüst[55].

Für die einzelnen Produktsparten wird ein spezifisches Zielsystem definiert, d. h. der oben beschriebene Entwicklungspfad von den strategisch orientierten Zielsetzungen zu den prozeßbezogenen Zielen der Auftragsabwicklung[56] wird um eine Stufe ergänzt. Dabei werden neben den übergeordneten Zielsetzungen und den ermittelten Schwachstellen auch die zu erhaltenden Stärken der bisherigen Auftragsabwicklung berücksichtigt, welche aus dem Prozeßmodell des Istzustands hervorgehen. Die segmentspezifisch weiter präzisierten Ziele dienen dazu, die Organisationskonzeption und das unterstützende PPS-System auf die individuellen Anforderungen und Wettbewerbsbedingungen der jeweiligen Produkt-Markt-Kombination auszurichten[57]. Dabei sollte das Zielsystem überschaubar bleiben. Goold geht von vier bis sechs strategischen und finanziellen Schlüsselzielen für jede dezentrale Geschäftseinheit aus[58].

Anschließend wird eine grobe ganzheitliche Konzeption für den Prozeß der Auftragsabwicklung entwickelt (A2132 in Abb. 36). Ziel dieser Aktivität ist es, die wesentlichen Zusammenhänge der Ablaufstrukturen innerhalb der einzelnen Segmente sowie die Mechanismen und Querschnittsfunktionen zur Koordination zwischen den Produktsparten zu definieren. Darüber hinaus sind die organisatorischen Nahtstellen zum Umfeld der Auftragsabwicklung zu lokalisieren. Dabei werden Wege gesucht, um die Kunden und Lieferanten im Rahmen der segmentspezifischen Bedingungen möglichst eng in den Prozeß einzubinden. Unter den internen Nahtstellen sind besonders die Verknüpfungen zum Produktentstehungsprozeß relevant. Außerdem werden die Informationsbeziehungen zu den Anwendungen der Finanz- und Anlagenbuchhaltung, der Kostenrechnung sowie der Lohn- und Gehaltsabrechnung skizziert.

Für bedeutende organisatorische Verbesserungen ist es erforderlich, die grundsätzlichen Zusammenhänge der bisher praktizierten Auftragsabwicklung

---

[55] Zu den verschiedenen Klassifizierungsmerkmalen, einer geeigneten Gruppierungsmethode sowie den Anforderungen an die Aufteilung des Auftragsgesamtvolumens bei möglichst geringen Verbundwirkungen und Leistungsaustauschvorgängen zwischen den Organisationseinheiten vgl. Abschn. 5.4.2 „Objektorientierte Aufbauorganisation", S. 179ff.

[56] Vgl. die Aktivitäten A114 in Abb. 30 und A2113 in Abb. 34.

[57] Nedeß/Friedewald/Maack (1993), S. 9 sprechen von spezifischen Zielgewichtungen für unterschiedliche Betriebstypen bzw. Fertigungsbereiche, die durch eine jeweils geeignete PPS-Strategie entsprechend zu unterstützen sind. Beispielsweise kann eines der Segmente durch einen stabilen Produktionsengpaß gekennzeichnet sein, auf den die Auftragsterminierung mit dem Ziel einer hohen Auslastung auszurichten ist. In einer anderen Produktsparte können kontinuierliche Bedarfe mit großen Stückzahlen bei einem abgestimmten Kapazitätsangebot vorliegen, so daß eine vereinfachte Produktionsplanung ohne explizite Auftragsterminierung in Frage kommt.

[58] Vgl. Goold (1991), S. 77.

6.3 Phase zur Organisationskonzeption und PPS-Systemauswahl

in Frage zu stellen[59]. Daher beziehen sich die übergeordneten konzeptionellen Überlegungen zuerst auf den Prozeß als Ganzes. Zur Orientierung dienen primär die allgemeinen und segmentspezifischen Zielsetzungen[60]. Die Schwachstellen des Istzustands können einzelne Impulse zur Problemlösung geben, während dem Prozeßmodell des Istzustands zunächst eine eher plausibilisierende Rolle zukommt.

In ähnlicher Weise läßt sich durch den Vergleich mit sog. Referenzmodellen ermitteln, ob alle wesentlichen Aufgabenbereiche beschrieben sind. Jost definiert ein Referenzmodell als Abbild, das im Hinblick auf eine spezifizierte Fragestellung wesentliche Objekte sowie deren Eigenschaften und Zusammenhänge soweit verallgemeinert, daß es für eine Vielzahl ähnlicher Unternehmungen Gültigkeit besitzt[61]. Demzufolge bildet ein Referenzmodell des hier zugrunde gelegten Betrachtungsrahmens den Prozeß der Auftragsabwicklung mit seinen Tätigkeiten und Funktionen sowie den Informations- und Materialflüssen konsistent und in allgemeingültiger Form ab. Die veröffentlichten Referenzmodelle beziehen sich häufig auf eine nicht näher umschriebene, imaginäre Produktionsunternehmung. Andere Ansätze werden mit bestimmten Unternehmungsklassen bzw. -branchen in Verbindung gebracht[62], die sich aufgrund von jeweils charakteristischen Merkmalen wie z. B. der Produktart von anderen unterscheiden. In beiden Fällen wird davon ausgegangen, daß die wesentlichen Tätigkeitsbereiche und Funktionsanforderungen für eine Unternehmung auf einer generellen Abstraktionsstufe hinreichend übereinstimmen[63]. Höhere Detaillierungsgrade sind mit weitergehenden Einschränkungen und Annahmen über die im Modell abgebildete Realität verbunden[64]. Die unternehmungsspezifische Ablaufkonzeption geht im allgemeinen über den Detaillierungsgrad der Referenzmodelle hinaus.

Teil 3 des Anhangs der vorliegenden Untersuchung gibt eine tabellarische Übersicht zu primär funktions- und tätigkeitsbezogenen Referenzmodellen, deren inhaltlicher Rahmen das Aufgabenfeld der Auftragsabwicklung zumindest partiell umfaßt. Dabei wurden auch einzelne nicht-graphische Konzeptionen berücksichtigt, die aufgrund ihrer strukturierten Beschreibungsweise und des konkreten Bezugs auf einzelne Branchen bzw. Unternehmungstypen Refe-

---

[59] Vgl. auch Davenport (1993), S. 11, der dabei von durchgreifenden Prozeßinnovationen spricht, die von punktuellen Prozeßverbesserungen zu unterscheiden sind. Als Beispiel für eine Prozeßinnovation nennt er die Kundenauftragserfassung durch den Kunden selbst, wobei die auftragserfüllende Unternehmung geeignete Terminals zur Verfügung stellt. Eine Prozeßverbesserung würde sich dagegen darauf beschränken, die Kundenauftragsannahme im eigenen Haus zu rationalisieren, ebd. S. 10.
[60] Vgl. auch Kriterium Nr. 5 in Abb. 11.
[61] Verdichtete Fassung der Formulierung von Jost (1993), S. 12.
[62] Vgl. Doumeingts/Chen (1992), S. 28.
[63] Vgl. Schüle/Schumann (1992), S. 56 ebenso wie Quint (1993), S. 71 und die dort angegebene Literatur.
[64] Vgl. Schüle/Schumann (1992), S. 59.

renzcharakter haben[65]. Mit Blick auf die möglichen Impulse der Referenzlösungen ist jedoch anzumerken, daß die derzeit vorliegenden Modelle vor allem auf Computeranwendungen und deren Integration ausgerichtet sind. Daher sind auch die implizierten Ablaufstrukturen und Problemlösungen stark auf die Optionen der EDV zugeschnitten. Rechnerunabhängige Alternativen und manuelle Vorgänge treten dabei in den Hintergrund. Referenzmodelle dürfen also nicht unreflektiert übernommen werden. Eigenständige ablauforganisatorische Überlegungen bleiben unerläßlich.

Ein nützlicher Nebeneffekt ist gegeben, wenn das Referenzmodell ebenso wie das unternehmungsspezifische Prozeßmodell in kompatibler Weise rechnergestützt aufbereitet ist. In diesem Fall können die Ablaufmuster zumindest partiell als Basis für die jeweils eigenen Darstellungen dienen, woraus ein geringerer Zeitbedarf für die Modellierung resultiert[66].

Auf der Basis der groben Segmentmodelle werden anschließend die detaillierten Ablaufmodelle für jedes Segment entwickelt (A21331 in Abb. 37). Weitgehend parallel dazu sind die Querschnittstätigkeiten und Nahtstellen der Auftragsabwicklung zu spezifizieren (A21332 und A21333 in Abb. 37). Die *SADT*-Methode begünstigt durch ihre strukturierte und stufenweise detaillierte Darstellung des Gesamtprozesses die sukzessive zu konkretisierenden Überlegungen. Das ebenfalls mittels *SADT* dargestellte Prozeßmodell des Istzustands kann als darstellungstechnisches Referenzmodell im oben genannten Sinne herangezogen werden.

Inhaltlich sollten die Diagramme des Istzustands an dieser Stelle eingehend überprüft werden. Dabei wird versucht, den Zielbeitrag der einzelnen Vorgänge, Funktionen und Tätigkeiten zu ergründen. Stellt sich ein Prozeßabschnitt oder -element als notwendig heraus, ist vor allem über seine Vereinfachung sowie die sinnvolle Einordnung in den Prozeßzusammenhang nachzudenken. Sonderfälle bzw. Nebenprozesse dürfen den Bearbeitungsfluß nicht bremsen und sind stets auf ihre Berechtigung hin zu prüfen. Erst danach werden die Optionen zur Automatisierung untersucht. Auf diese Weise wird eine scheinbar gegebene Kompliziertheit nicht akzeptiert. Vereinfachende organisatorische Lösungen erhalten den Vorzug gegenüber EDV-technisch dominierten Ansätzen, mit denen vielschichtige und unstrukturierte Aufgabenbündel beherrscht werden sollen. Beispielsweise können Kleinteile mit toleranzbedingt

---

[65] Auch wenn die Zusammenstellung im Anhang deutlich über bisher vorliegende Übersichten beispielsweise von Mattheis (1993), S. 32f. hinausgeht, ist sie wahrscheinlich nicht vollständig. Zu Ansätzen für Referenzmodelle im Rahmen der internationalen *CIM*-Forschungen vgl. Doumeingts/Chen (1992), S. 28ff. Die Vielfalt der bisher veröffentlichten Referenzmodelle verdeutlicht einen Handlungsbedarf, um die Anstrengungen zu bündeln. Hier könnte die europaweite *CIMOSA*-Initiative richtungsweisend werden. Diese Konzeption zur *CIM*-Planung und -Realisierung sieht vor, allgemeingültige Branchenmodelle und die mit ihrer Hilfe erstellten Partialmodelle zu einer Bibliothek zusammenzustellen, vgl. Tönshoff/Jürging (1992), S. 62f. und S. 67 ebenso wie Kosanke/Vernadat (1992), S. 45.

[66] Eine Schrittfolge zum Ableiten von unternehmungsspezifischen Vorgangsketten aus Referenzmodellen skizzieren Krallmann/Scholz (1989), S. 333ff., insbesondere S. 336.

schwankenden Einsatzmengen verbrauchsorientiert disponiert werden, statt zu versuchen, die Bedarfsmengenangaben aus der Stückliste über Ausschuß- bzw. Mengenzuschlagsfaktoren verwendbar zu machen. Umfangreiche Feinplanungsfunktionen sind unter bestimmten Voraussetzungen durch eine Produktionssteuerung nach dem Kanban-Verfahren ersetzbar[67]. Ein weiteres Beispiel ist die vereinfachte Terminierung der Fertigungsaufträge durch Vorlaufzeiten anstelle der üblichen Durchlaufterminierung[68]. Kurbel weist darauf hin, daß komplizierte Planungsstrategien und Algorithmen nicht mehr nachvollziehbar und transparent sind, womit die Bereitschaft zur Annahme ihrer Ergebnisse – und damit auch die Akzeptanz des PPS-Systems insgesamt – erheblich beeinträchtigt wird[69]. Nath berichtet, daß infolge einer Umstrukturierung der Fertigung in Produktlinien auf die Kapazitätsplanung mittels Vorgabezeiten verzichtet werden konnte. Stattdessen erfolgt eine Mengenprüfung der eingelasteten Kundenaufträge gegenüber der maximal herstellbaren Produktionsmenge je Zeitraum in der gesamten Fertigungslinie[70].

Insgesamt resultiert aus der genannten Vorgehens- und Denkweise zur Konzeptionsfindung eine Tendenz zu geringeren funktions- und datenbezogenen Anforderungen an die unterstützende PPS-Software. Damit wird die häufig kritisierte Verletzlichkeit der Unternehmungen durch ihre Abhängigkeit von störungsfrei funktionierenden EDV-Systemen[71] zwar nicht aufgehoben, aber zumindest reduziert. Die Konsequenzen aus der Dissonanz zwischen einfachen Abläufen und umfangreichen PPS-Systemen werden in Kapitel 7 „Folgerungen aus der Vorgehenskonzeption für die Gestalt der Standard-Software zur PPS" diskutiert.

Entsprechend den Ausführungen zum sinnvollen Detaillierungsgrad von SADT-Modellen in Abschn. 5.3 werden sich die groben Prozeßmodelle für jedes Segment über zwei bis drei Detaillierungsebenen erstrecken, während die fertigen Prozeßmodelle der Ablaufkonzeption eine Diagrammhierarchie mit etwa fünf Stufen umfassen. Dabei sind besonders charakteristische oder kritische Vorgänge tiefer zu untergliedern als andere[72].

Dem eben genannten Feinheitsgrad der Darstellungen liegt der Ansatz zugrunde, wonach das Prozeßmodell zwar aussagekräftige, aber eher prinzipielle ablauforganisatorische Regelungen dokumentieren soll statt Detailvorschriften für jeden vorhersehbaren Einzelfall zu liefern[73]. Dabei ist im Zuge von Be-

---

[67] Vgl. Koffler (1987), S. 175ff.
[68] Vgl. Stein (1993), S. 49 und die dort angegebene Literatur.
[69] Vgl. Kurbel (1993), S. 31. Als Beispiel dienen die Erfahrungen mit einer automatischen Umplanung der Kapazitätsbelegung, vgl. Kurbel/Meynert (1989), S. 76 und die dort angegebene Literatur.
[70] Vgl. Nath (1993), o.S.
[71] Vgl. Mertens/Anselstetter/Eckhardt/Nickel (1982), S. 141f. und die dort angegebene Literatur.
[72] Vgl. Doumeingts/Chen (1992), S. 27.
[73] Zur Forderung nach einer zukünftig ‚entfeinerten' Ablauforganisation vgl. Sauerbrey (1988b), S. 250 und sinngemäß auch Rommel/Brück/Diederichs/Kempis/Kluge (1993), S. 164.

mühungen zur ablauforganisatorischen Standardisierung innerhalb eines Segments stets zwischen den Vorzügen einer einheitlichen Arbeitsweise und den Nachteilen starrer Verfahrensnormen abzuwägen[74]. Die Beschäftigten sollten die Möglichkeit erhalten, sich selbst in kleinen Regelkreisen zu orientieren und zu organisieren, wobei ihr individueller Einfallsreichtum zur Problemlösung genutzt wird[75]. Der notwendige Handlungsspielraum für berechtigte Sonderfälle bleibt gewahrt, so daß dem Substitutionsprinzip der Organisation entsprochen wird. Gleichzeitig führt diese Vorgehensweise zu überschaubaren Modellierungskosten. Wird der Regelungsansatz auf Informationssysteme übertragen, sind diese so zu gestalten, daß die individuellen Bedürfnisse und Fähigkeiten der Menschen berücksichtigt werden[76]. PPS-Systeme bedingen dagegen häufig organisatorische Zwangsabläufe, die nicht mit der Notwendigkeit vereinbar sind, flexibel auf Ausnahmesituationen zu reagieren[77].

Im Zuge der konzeptionellen Überlegungen wird immer wieder über organisatorische Gestaltungsalternativen zu entscheiden sein, etwa im Hinblick auf die Optionen zum Outsourcing von Teilleistungen für einen Produkttyp[78]. Dabei bilden die Aktivitäten A2131 bis A2133 in Abb. 36 einen mehrfach zu durchlaufenden Konzeptionsvorgang. Im Verlauf der Überlegungen werden sich neue Erkenntnisse bilden, die Korrekturen auf allen Ebenen der bisher entwickelten Prozeßmodelle erforderlich machen. In besonderen Fällen wird auch die Segmentdefinition noch einmal angepaßt. Im zeitlichen Ablauf werden sich die Ergebnisse der jeweils vorangestellten Aktivität sukzessiv festi-

---

[74] Durch Standardisierung werden potentielle Handlungs- und Entscheidungsalternativen ausgeschlossen, vgl. Gaitanides (1983), S. 183. Positive Folgen der Standardisierung wie z. B. Wiederholungseffekte und eine vereinfachte Kontrolle sowie negative Auswirkungen etwa im Hinblick auf das Engagement der Mitarbeiter werden von Hill/Fehlbaum/Ulrich (1989), S. 290ff. ausführlich dargestellt.
[75] Zum Leitmotiv des mitdenkenden und nicht nur ausführenden Menschen, dessen Erfahrungswissen genutzt werden muß, vgl. auch den in Abschn. 3.2.2 „Vorgehensmodelle zur Auswahl und Einführung von Standard-Software", S. 74f. erörterten Ansatz zur PPS-Systemeinführung von Hamacher/Pape.
[76] Vgl. auch Haaks (1992), S. 5. Aus arbeitswissenschaftlicher Sicht spricht sich Rödiger dafür aus, keine planenden und entscheidenen Aufgaben als DV-Funktion zu definieren. Um die Arbeitsplätze attraktiv zu gestalten, sollten der EDV lediglich Ausführungs- und Routineaufgaben zukommen, vgl. Rödiger (1988), S. 201 und sinngemäß auch Hackstein (1989), S. 300.
[77] Vgl. Kemmner (1990), S. 154 ebenso wie Klotz (1993), S. 196 und die dort angegebene Literatur.
[78] Der Begriff Outsourcing ist ein Kurzwort für die amerikanische Umschreibung ‚Outside Resource Using' und bezeichnet die Ausführung bestimmter Aufgaben einer Unternehmung durch externe Anbieter, vgl. Köhler-Frost (1993), S. 13. Mit der geringeren Wertschöpfungstiefe durch extern hergestellte Baugruppen können vereinfachte Auftragsabwicklungsprozesse verbunden sein. Dies gilt allerdings nur dann, wenn durch einfache und klare Abrufregelungen erreicht wird, daß die Koordinationsaktivitäten zur Einbindung der Lieferanten in den Ablauf weniger Zeit in Anspruch nehmen als die Beauftragung und Überwachung der eigenen Herstellung. Eine Vorgehensweise zur Entscheidung über das Outsourcing von Vorgängen beschreiben Eversheim/Baumann/Humberger/Linnhoff/Hedrich/Löcht (1993), S. 83ff.

gen⁷⁹. Es wird darauf zu achten sein, daß die Diskussion der Lösungen in einem angemessen Zeitrahmen bleibt und keine Endlosschleife entsteht⁸⁰. Dieses geschieht, indem die Anstrengungen auf durchführbare und betriebswirtschaftlich sinnvolle Lösungen konzentriert werden. Kostenintensive und technikzentrierte Ansätze, die komplizierte Abläufe beherrschen sollen, sind frühzeitig abzuweisen⁸¹.

Sollte die Auswahlentscheidungen unter verschiedenen Gestaltungsvarianten einzelner Vorgänge nur durch die Simulation der dynamischen und zeitkritischen Wirkungszusammenhänge möglich sein, können die betreffenden Komponenten des *SADT*-Modells weiter verfeinert und quantifiziert werden, um sie dann in eine simulationsgeeignete Darstellung zu transformieren⁸². Ein mögliches Anwendungsfeld für simulationsgestützte Problemlösungen sind Szenarien zur Aufteilung der Personalressourcen unter den Produktsparten bei verschiedenen Auftragsmengen. Schuler regt an, unterschiedliche Planungs- und Steuerungsstrategien zu simulieren⁸³. Allerdings ist an dieser Stelle erneut auf die hohen Realisierungskosten von Simulationsmodellen sowie die in Abschn. 4.2 „Problematik der Wirtschaftlichkeitsanalyse und Lösungsansätze in der Literatur" diskutierten Unzulänglichkeiten hinzuweisen, so daß die relative Bedeutung der Ergebnisse den Anstrengungen entsprechen muß. Um zur Entscheidung über Ablaufalternativen geeignete Zeitangaben für die Durchführung von Vorgängen zu bekommen, genügt anstelle einer ausführlichen Simulation oft ein quasi-experimenteller Durchlauf repräsentativer Objekte im Sinne der Ausführungen von Klimmer. Die Auswirkungen von unterschiedlichen technisch-organisatorischen Gestaltungsansätzen werden dabei im Rahmen von Gesprächen mit erfahrenen Aufgabenträgern antizipiert und abgeschätzt⁸⁴.

Zum Prozeßmodell der Ablaufkonzeption gehört auch eine Übersicht zu den benötigten Daten, welche anhand der detaillierten segmentspezifischen Ablaufmodelle zusammengestellt wird (A21334 in Abb. 37). Dabei handelt es sich nicht um ein vollständiges graphisches Datenmodell, wie es beispielsweise von Scheer beschrieben wird⁸⁵. Es genügt ein tabellarisches Verzeichnis

---

[79] Daher überschneiden sind die Balken der Aktivitäten A2131 bis A2133 im unteren Teil von Abb. 36 nur partiell.
[80] Zur Gratwanderung zwischen begrenzten Planungskosten und -zeiten einerseits und der mangelnden Akzeptanz infolge zu früh ‚eingefrorener' Benutzeranforderungen andererseits vgl. auch Daum (1993), S. 154f.
[81] Vgl. Kaucky (1988), S. 43f., der am Beispiel eines Electronic Mail-Systems erläutert, daß die Freiheitsgrade des Informationstechnologieeinsatzes neue Bedürfnisse schaffen, die zielgerecht zu kanalisieren sind. Die Grenzen der EDV lassen sich mit der einprägsamen Formulierung von Matarazzo/Prusak (1992), o.S. gut beschreiben, wonach die Technologie selbst Informationen weder erbringen noch beurteilen oder verstehen kann und ihnen keine Bedeutung hinzufügt.
[82] Vgl. dazu die Ausführungen in Abschn. 5.3 „Structured Analysis and Design Technique (*SADT*) zur Modellierung von Prozessen", S. 127.
[83] Vgl. Schuler (1992), S. 171.
[84] Vgl. Klimmer (1995), S. 130ff.
[85] Vgl. Scheer (1988), S. 1099ff. und derselbe (1994), S. 708ff.

der datenbezogenen Ein- und Ausgabeflüsse aus den Diagrammen der untersten Darstellungsebene des *SADT*-Modells. Das Datenverzeichnis wird mit dem vorhandenen Datengerüst verglichen, um den Handlungsbedarf für eine konzeptionsentsprechende Grunddatenbereitstellung oder -aufbereitung zu ermitteln und die entsprechenden Aktivitäten frühzeitig auszulösen (A21335 in Abb. 37)[86]. Infolge der segmentspezifischen und Kompliziertheit reduzierenden Ablaufkonzeption ist insgesamt von einem eher herabgesetzten Informationsbedarf auszugehen. Hinzu kommt, daß etliche bisher als fixe Stammdaten hinterlegte Statistiken im neuen PPS-System oft nur noch auf Abruf und temporär zusammengestellt werden[87]. Möglicherweise sind dennoch bestimmte Daten etwa zur Kundenklassifizierung erforderlich, die bisher nicht vorliegen. Außerdem können datenstrukturelle Veränderungen notwendig sein, beispielsweise im Hinblick auf die Verknüpfung von vorher nicht fremdbezogenen Stücklistenpositionen mit den entsprechenden Lieferantendaten[88].

Unmittelbar nach den ablauforganisatorischen Überlegungen wird die zukünftige Gestalt der segmentspezifischen Aufbauorganisation festgelegt (A2134 in Abb. 36). Dazu werden die Prozeßelemente und Vorgänge der Ablaufkonzeption zu Aufgabenfeldern für die Personengruppen innerhalb jedes Segments zusammengefügt[89]. Den in Abschn. 5.4 erörterten Leitlinien folgend ist zunächst von einer objektorientierten Organisationseinheit auszugehen, die ihre Aufgabe – in diesem Fall die Auftragsabwicklung für ein bestimmtes Produktspektrum – vollständig übernimmt. Die Aufgabenverteilung innerhalb der Gruppe erfolgt dann prozeßorientiert, d. h. mit einer möglichst geringen vertikalen Arbeitsteilung. Auf diese Weise wird die Aufgabenverantwortung innerhalb der Auftragsabwicklung nur wenige Nahtstellen aufweisen, so daß die logischen Ablaufzusammenhänge auch aufbauorganisatorisch zusammengefaßt werden. Beispielsweise kann die oft konfliktträchtige Nahtstelle zwischen Materialwirtschaft und Produktionsplanung überwunden werden, indem die bisher durch Einkäufer vollzogene Disposition und Beschaffung fremdbezogener Materialien jetzt ebenfalls durch die Verantwortlichen für die Terminierung der Produktionsaufträge erfolgt. Anstelle von Funktionsbereichsleitern sind Produktgruppen- bzw. Prozeßmanager vorgesehen. Soweit Querschnittstätigkeiten erforderlich sind, müssen auch diese aufbauorganisatorisch eingeordnet werden. Wird dem Vorschlag zu aufgabenbezogenen Koordinationsteams gefolgt, sind hier außerdem geeignete Regeln des Zusammenwirkens für die Teamarbeit zu entwickeln.

Der Aufgabenumfang jeder Gruppe sowie die geplante personelle Gruppenbesetzung wird auch den Istzustand der Aufbauorganisation sowie das

---

[86] Vgl. Kriterium Nr. 9 in Abb. 11.
[87] Vgl. Molz (1994), o.S.
[88] Die Aufbereitungsdauer hängt stark von den unternehmungsspezifischen Voraussetzungen und Überlegungen ab, so daß der Balken für die Aktivität A21335 keine gerade Abschlußkante hat.
[89] Zum Ableiten der Aufbauorganisation aus den ablauforganisatorischen Strukturen vgl. auch die in Abschn. 5.4.3 „Zusammenstellung der gemeinsamen Merkmale", S. 140f. zitierten Ausführungen von Gaitanides.

vorhandene Qualifikationsprofil beachten müssen. Der aus dem neuen Handlungs- und Verantwortungsrahmen resultierende Qualifizierungsbedarf ist gruppen- oder personenspezifisch zu bestimmen (A2135 in Abb. 36). Dabei werden sich die Lerninhalte nicht auf das Tätigkeitsfeld der Gruppe beschränken, sondern auch das Verständnis für den Gesamtzusammenhang der Auftragsabwicklung vermitteln[90]. Gleichzeitig muß beachtet werden, daß Art und Umfang der notwendigen Schulungen sowohl zeitlich als auch finanziell realisierbar sind und die Betroffenen nicht überfordert werden. Es kann jedoch davon ausgegangen werden, daß einige der veränderten Arbeitsinhalte auf vorhandene Kompetenzen der Mitarbeiter zurückgreifen, die für die bisherige Aufgabenstellung nicht benötigt wurden[91].

6.3.2
Vorauswahl des PPS-Systems

Der Vorgang zur Vorauswahl des PPS-Systems wird zunächst durch vier Aktivitäten beschrieben, die in Abb. 38 als Ausschnitt des Gesamtmodells der Vorgehenskonzeption dargestellt sind.

Unter der Annahme, daß keine verbindlichen Direktiven des strategischen Technikmanagements vorliegen, wird die Aktivitätenfolge mit einer grundlegenden Entscheidung über die zukünftige Hardware-Konfiguration eingeleitet (A221 in Abb. 38)[92]. Die Vorbestimmung dient dazu, das Spektrum der geeigneten PPS-Systeme einzugrenzen. Abzuwägen sind die beiden Konfigurationsalternativen eines zentralen HOST-Rechners und einer dezentralen vernetzten Lösung. Damit wird gleichzeitig über die Kategorie der Hardware entschieden. Aus dem weiteren Auswahlverfahren werden diejenigen PPS-Programme ausgeschlossen, die nicht auf den entsprechenden Rechnern betrieben werden können[93]. Dabei wird die systemtechnische Grundkonfiguration erst dann festgelegt, wenn die konzeptionellen Vorleistungen erbracht sind. Die groben Prozeßmodelle der Segmente[94] dienen als Hilfsmittel zur Entscheidungsfindung, da die Anzahl der Segmente sowie Art und Umfang der Querschnittsfunktionen auf die notwendigen systemtechnischen Verknüpfungen hinweisen. Im allgemeinen gilt, daß eine dezentrale Lösung größere Gestal-

---

[90] Vgl. sinngemäß auch Mattheis (1993), S. 196 und die dort angegebene Literatur. Martin (1993), S. 104 ermittelt und betont die große Bedeutung arbeitsplatzübergreifender Schulungen für die Akzeptanz eines PPS-Systems.
[91] Vgl. Kornwachs (1990), o.S. Der frühzeitig erstellte, konzeptionsorientierte Qualifizierungsplan dient auch als Orientierungshilfe für möglicherweise anstehende Personaleinstellungen.
[92] Nach Schwarze (1992), S. 162ff. umfaßt die strategische Planung der technischen Systeme das Komponenten-, Technologie- und Architektur-Management und legt somit u.a. die Größenklasse der einzusetzenden Rechner fest.
[93] Miessen (1989), S. 81 unterscheidet vier Hardware-Größenklassen und nennt für jede Kategorie typische Vertreter. Eine Zuordnung der PPS-Systeme zu Hardware-Größenklassen und -Typen findet sich in der Marktübersicht von Chen/Geitner (1993), S. 60ff.
[94] Vgl. Aktivität A2132 in Abb. 36.

178 6 Vorgehensmodell für Auswahl, Einführung und Anwendung von PPS-Systemen

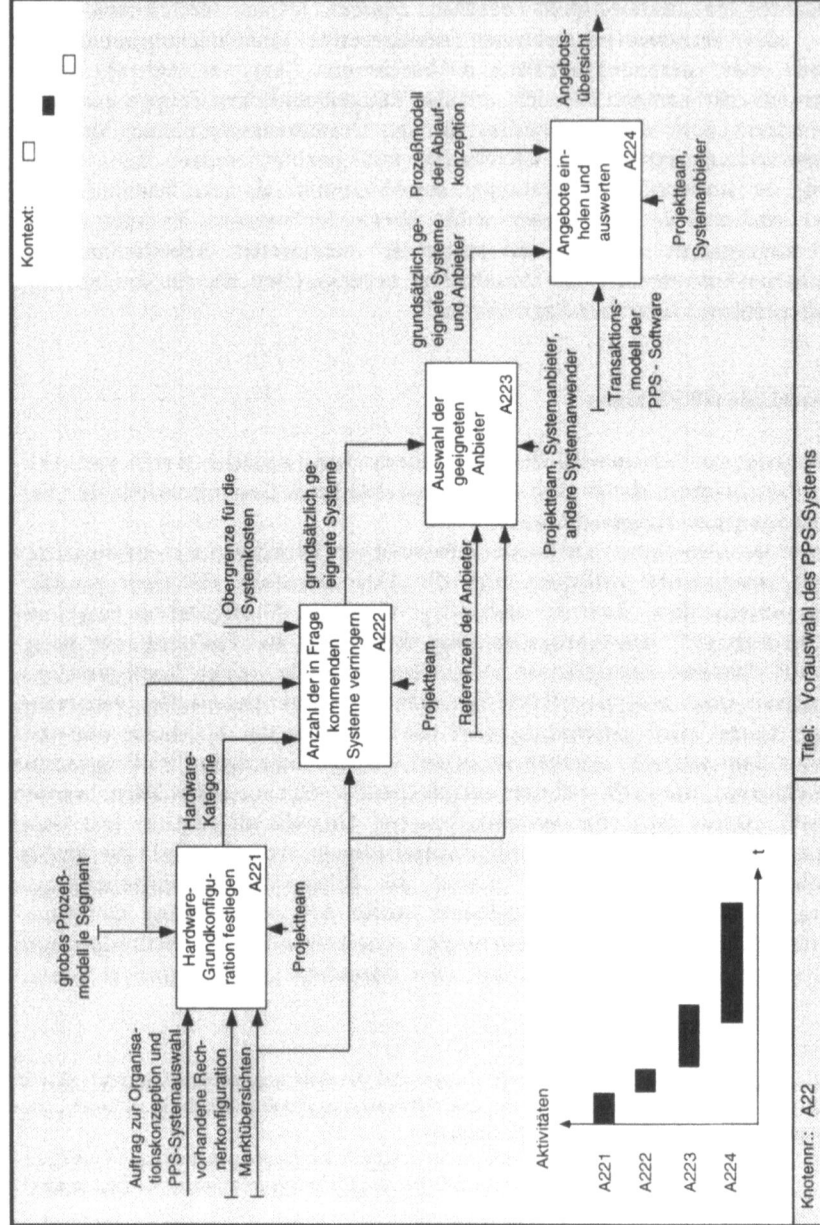

Abb. 38. *SADT*-Diagramm zur Vorauswahl des PPS-Systems

tungs- und Anpassungsfreiräume bietet[95]. Somit kann bei der Konfigurationsentscheidung im Rahmen des Handlungsauftrags zur Auswahl eines PPS-Systems für objektorientierte Organisationsstrukturen den Ausführungen von Scheer gefolgt werden. Danach unterstützen vernetzte Client-Server-Konzepte die Gestaltungsgrundsätze der koordinierten Planungsinseln bzw. Produktsegmente[96].

Mit der eben genannten Entscheidung über die Hardware-Grundkonfiguration ist noch keine Beschränkung auf einen besonderen Rechnertyp und/oder ein bestimmtes Betriebssystem verbunden. Ebenso sollte dem vorhandenen Rechnerinventar bei der Entscheidung für die neue Konfiguration nur eine untergeordnete Rolle zukommen. Die Hardware und das Betriebssystem werden im Rahmen der vorliegenden Konzeption lediglich als Vehikel für die Software betrachtet, welches einer hohen Entwicklungsdynamik unterliegt. Eine möglicherweise funktional und strukturell bessere Gesamtlösung darf nicht von vornherein verhindert werden, indem an der bestehenden technischen Basis festgehalten wird[97].

Im Anschluß an die Konfigurationsentscheidung ist die Zahl der in Frage kommenden PPS-Systeme weiter zu verringern (A222 in Abb. 38). Dazu wird im Rahmen der noch zu erläuternden Wirtschaftlichkeitsbetrachtung eine Obergrenze für die Systemkosten ermittelt. Dieser grobe Richtwert bringt zum Ausdruck, daß die Kosten für Systemkomponeten und Dienstleistungen[98] in Anbetracht der Nutzenerwartungen einen bestimmten Betrag nicht überschreiten dürfen, wenn das Projekt in wirtschaftlicher Hinsicht durchführbar sein soll. Im Sinne einer Budgeteingrenzung wird mit Hilfe der Obergrenze für die Systemkosten erreicht, daß PPS-Systeme bereits im Zuge der Vorauswahl abgelehnt werden, wenn die einmaligen Anschaffungskosten für Hard- und Software dicht unterhalb des Richtwertes liegen oder den Richtwert gar überschreiten. In Anbetracht der zu erwartenden, aber an dieser Stelle noch nicht transparenten Dienstleistungskosten, würde die festgelegte Obergrenze der Systemkosten deutlich überschritten.

Um die Abhängigkeit von einzelnen Hardware-Anbietern so weit wie möglich zu vermeiden[99], sollten auch solche Programme ausgeklammert werden,

---

[95] Vgl. sinngemäß auch Kaucky (1988), S. 138 sowie Kemmner (1991a), S. 25, wonach dezentrale PPS-Systeme der Heterogenität des zu bewältigenden Aufgabenspektrums besser gerecht werden.
[96] Vgl. Scheer (1992b), S. 301f. Technische Aspekte dezentraler PPS-Systeme werden von Kemmner (1991a), S. 22ff. dargestellt, wobei die dort genannten Vorzüge gegenüber möglichen Nachteilen deutlich überwiegen.
[97] Vgl. auch Schotten (1993), S. 5, der es als einen typischen Fehler bei der Entscheidung für ein PPS-System bezeichnet, zuerst die Hardware und dann die Software auszuwählen. Im Gegensatz dazu zeigte die empirische Studie in Abschn. 2.2.2 „Vorgehensweisen bei der Auswahl von PPS-Systemen", daß die befragten Unternehmungen auffallend häufig nur solche PPS-Systeme betrachteten, die auf der Systemplattform bestimmter Hersteller basierten, die wiederum überwiegend der bereits vorhandenen Technik entsprach.
[98] Vgl. Abschn. 2.2.1 „Motive und Erwartungshaltungen", Abb. 5.
[99] Vgl. die entsprechende Forderung des *BMI* (1992b), S. 3-5-7.

die nur auf den Rechnern eines bestimmten Herstellers lauffähig sind[100]. Weiterhin muß das PPS-System unterschiedliche Planungs- und Steuerungsmethoden nebeneinander zulassen, um segmentspezifische Auftragsabwicklungsprozesse zu unterstützen[101]. Nach Hamacher/Pape sind die gängigen PPS-Systeme nicht dafür ausgelegt, strukturell unterschiedliche Bereiche auch unterschiedlich zu steuern[102]. Dieser Umstand wird im Kapitel 7 noch zu erörtern sein.

Die verbliebenen Software-Produkte werden anhand der groben Prozeßmodelle je Segment auf einzelne markante Programmfunktionen überprüft. Als Informationsquelle dienen erneut die genannten Marktübersichten oder direkte Anfragen bei den Anbietern[103].

Nachdem auf diese Weise die grundsätzlich geeigneten PPS-Systeme ermittelt sind, wird nun geprüft, welche Anbieter für das Vorhaben geeignet erscheinen (A223 in Abb. 38). Zu den Interessen der Systemlieferanten gehört es, eine einmal erstellte Software möglichst häufig zu verkaufen, so daß den Entwicklungskosten ein angemessener Kapitalrückfluß gegenübersteht. Daher wird zunächst geprüft, ob der Systemanbieter dazu bereit ist, auf individuelle Anforderungen einzugehen, welche aus der Ablaufkonzeption hervorgehen und im Zuge des Systembetriebs immer wieder entstehen werden[104]. Anbieter von Standard-Software sollten davon ausgehen, daß in beinahe jeder Unternehmung differenzierte PPS-Strategien zu realisieren sind[105]. Nach Wedel ist in der Einzigartigkeit der Geschäftsprozesse ein entscheidender Faktor für die Marktstellung der Unternehmung zu sehen[106].

In Anbetracht der ausgedehnten mehrjährigen Implementierungs- und Nutzungsdauer ist es bedeutsam, in dem Systemlieferanten einen dauerhaften und verläßlichen Partner zu haben. Daher sollte anhand der Referenzangaben des Anbieters versucht werden, die Erfahrungen anderer Unternehmungen aus der Zusammenarbeit mit dem Systemlieferanten zu erkunden[107]. Darüber hinaus läßt sich das Potential zur Unterstützung während und nach der Systemeinführung anhand der Mitarbeiteranzahl des Systemanbieters abschät-

---

[100] Aus den oben genannten Veröffentlichungen zur Marktübersicht geht hervor, daß die Mehrzahl der PPS-Programme in Versionen für Hardware-Plattformen mehrerer Hersteller angeboten wird, wobei die verschiedenen Rechnertypen meist der gleichen Hardware-Größenklasse angehören.
[101] Vgl. auch Kriterium Nr. 3 in Abb. 11.
[102] Vgl. Hamacher/Pape (1991), S. 32 sowie sinngemäß auch Fandel/François/Gubitz (1994), S. 17 und Kurbel (1993), S. 30.
[103] Vgl. auch das in Abschn. 2.2.2, S. 32 beschriebene zweistufige Vorgehensweise einer befragten Unternehmung, die vor dem Einholen von Angeboten eine knapp gehaltene Anfrage an eine Vielzahl von Systemanbietern versandte.
[104] Vgl. Kriterium Nr. 8 in Abb. 11.
[105] Vgl. auch Nedeß/Friedewald/Maack (1993), S. 9.
[106] Vgl. Wedel (1992), o. S. Darüber hinausgehende arbeitswissenschaftliche und softwareergonomische Aspekte zum Bedarf an flexiblen Programmen erörtert Haaks (1992), S. 13ff.
[107] Zur Interessenlage des Systemanbieters bei der Angabe von Referenzen vgl. Abschn. 2.2.2, S. 35.

zen. Verglichen mit der Anzahl laufender Realisierungsvorhaben ergibt sich daraus eine Orientierungsgröße für die derzeitigen personellen Ressourcen des Anbieters, die für Software-Anpassung eingesetzt werden können. Überdies deutet das Gründungsjahr des Systemanbieters gemeinsam mit der Anzahl bisher geleisteter Systemimplementierungen auf dessen Erfahrungshintergrund sowie seine Marktstellung hin.

Überlappend zur Auswahl der geeigneten Realisierungspartner können die in Abb. 39 dargestellten Aktivitäten für konkrete Systemangebote beginnen.

Ein fundierter Systemvergleich macht konkrete Anforderungen erforderlich. Zielsetzung der Anfrageunterlage (A2241 in Abb. 39) ist es, den ausgesuchten Systemanbietern ein klares Bild von der geplanten Arbeitsweise mit dem PPS-System im Rahmen der Auftragsabwicklung zu geben. Dazu eignet sich das Prozeßmodell der Ablaufkonzeption, welches neben den detaillierten Ablaufmodellen je Segment auch die Spezifikationen der Querschnittstätigkeiten und Nahtstellen sowie eine Datenübersicht umfaßt[108]. Während die in der Praxis derzeit noch üblichen Kriterienlisten und Pflichtenhefte die erforderlichen Programmfunktionen lediglich nennen bzw. umschreiben, zeigt das Prozeßmodell auch, wie die Funktionen im Auftragsabwicklungsprozeß angeordnet und eingebunden sind. Dabei ist es denkbar, daß segmentspezifisch unterschiedliche Abfolgen der gleichen Funktionen vorgesehen sind.

Zum Inhalt der Anfrageunterlage gehören auch die oben genannten Fragestellungen zur Beurteilung des Anbieters. Außerdem sind die notwendigen Rahmenvorgaben zu nennen, anhand derer die Hardware-Komponenten im Angebot spezifiziert werden. Beispielsweise wird die vorgesehene Anzahl der Bildschirm-Arbeitsplätze und Drucker angegeben. Mittels einer Aufstellung zur bestehenden Hardware-Konfiguration kann der Anbieter prüfen, welche vorhandenen Geräte auch in Zukunft einsetzbar sind. Hinzu kommen bedeutsame Kennwerte zum Mengengerüst der Informationsverarbeitung, wie z. B. die Zahlen der Kunden- und Fertigungsaufträge je Segment und Zeitraum sowie Angaben zur Stücklistenanzahl und deren Umfang. Anhand des Mengengerüstes wird auf die notwendige Rechnerleistung sowie das Speichervolumen geschlossen[109]. Die detaillierte Hardware-Konfiguration im Rahmen des Angebots verknüpft die genannten Vorgaben der Anfrageunterlage mit einer Reihe von system- und damit anbieterspezifischen Komponenten, etwa dem Datenbanksystem sowie den passenden Peripheriegeräten.

---

[108] Vgl. Abschn. 6.3.1, Abb. 36. Für die Betrachtung der Auswahl-Aktivitäten im Zeitverlauf folgt daraus, daß zu diesem Zeitpunkt die groben Prozeßmodelle je Segment zum Prozeßmodell der Ablaufkonzeption ausgearbeitet sein müssen. Zu erwarten ist jedoch, daß dieser Vorgang mehr Zeit in Anspruch nimmt als die bisher vollzogenen Aktivitäten zur Vorauswahl, so daß die letztgenannten insgesamt später beginnen können, vgl. auch den Balken A22 im unteren Teil von Abb. 32.

[109] Anhaltspunkte für weitere Anforderungen an das System, die nicht unmittelbar aus dem Prozeßmodell hervorgehen – etwa im Hinblick auf die Datensicherheit – bieten die Ausführungen von Laakmann (1993), S. 11 sowie Schimank (1988), S. 308ff. und Grupp (1991), S. 91ff. Allerdings sind auch diese Anforderungen daraufhin zu prüfen, ob sie tatsächlich notwendig sind.

182 6 Vorgehensmodell für Auswahl, Einführung und Anwendung von PPS-Systemen

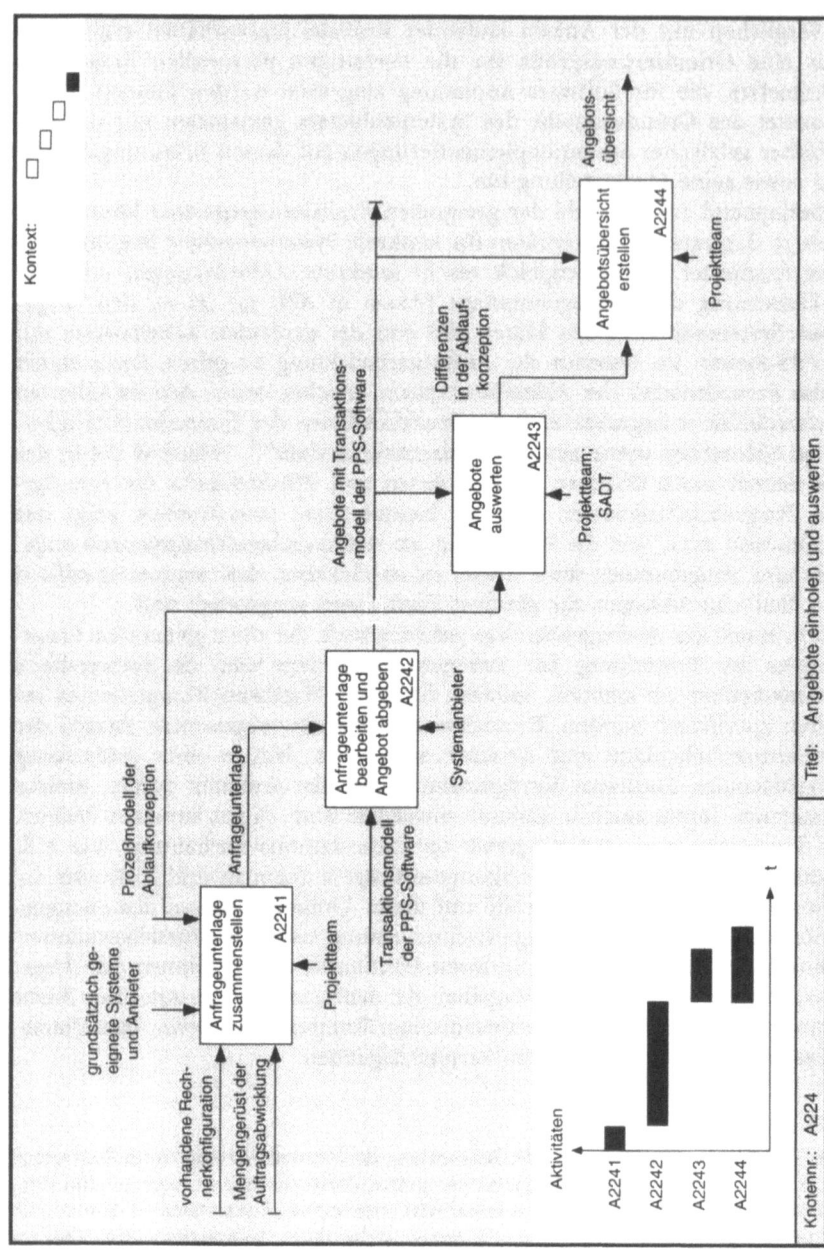

Abb. 39. *SADT*-Diagramm zum Einholen und Auswerten von Angeboten

Die Anfrageunterlage wird vom Systemanbieter bearbeitet, indem dieser das organisatorische Zusammenwirken der Funktionen seiner PPS-Software transparent macht und dem unternehmungsspezifischen Prozeßmodell der Ablaufkonzeption gegenüberstellt (A2242 in Abb. 39)[110]. Die gängigen verbalen Software-Dokumentationen können die Einbettung des Systems in die Arbeitsabläufe im allgemeinen nicht genügend deutlich machen[111]. Allerdings verfügen gegenwärtig offenbar erst wenige PPS-Systemanbieter über Funktions- und Prozeßmodelle ihrer Anwendungsprogramme, die sich für eine Gegenüberstellung mit dem unternehmungsspezifischen Prozeßmodell der Ablaufkonzeption eignen[112]. Sinnvollerweise verwenden beide Seiten die gleiche Darstellungsmethode, d. h. das Transaktionsmodell der PPS-Software wäre mit *SADT* zu dokumentieren. In Abschn. 5.2 „Methoden zur Darstellung der Ablauforganisation" wurde darauf hingewiesen, daß sich noch keine der vielfältigen Modellierungsmethoden allgemein durchgesetzt hat. Daher ist es wahrscheinlich, daß der Systemanbieter sein Transaktionsmodell in die Darstellungsweise des potentiellen Kunden umsetzen muß.

Für die Auswertung der Angebote (A2243 in Abb. 39) ist es wichtig, daß alle Anbieter das Transaktionsmodell ihrer Standard-Software abbilden. Bei Differenzen zum Prozeßmodell der Ablaufkonzeption wird vermerkt, ob und mit welchen Kosten eine entsprechende Programmanpassung angeboten wird[113]. Damit ist gewährleistet, daß die Transaktionsmodelle verschiedener Anbieter vergleichbar sind. Für die anfragende Unternehmung wird erkennbar, ob die erforderlichen Funktionen in der angebotenen Lösung enthalten sind. Außerdem zeigt sich, inwieweit die Anordnung der Funktionen bzw.

---

[110] Vgl. sinngemäß auch Hars/Zimmermann/Scheer (1993), S. 22 sowie Frank (1980), S. 86ff., der einen Ansatz zur Überprüfung der Kongruenz zwischen Anforderungsprofil und Leistungsprofil anhand von Integrationsmodellen skizziert.
[111] Vgl. Roos (1993), S. 25.
[112] Bei Kirchmer (1993), S. 141 findet sich der Hinweis, daß einer der marktführenden Anbieter von PPS-Software über ein solches Modell für die betriebswirtschaftlich orientierten Grundfunktionen verfügt. Stellenangeboten in der FAZ ist zu entnehmen, daß auch andere Anbieter daran arbeiten. Scheer (1994), S. 731 vermerkt, daß bei Standard-Software Bestrebungen festzustellen sind, durch Veröffentlichungen von Daten- und Prozeßmodellen die fachkonzeptionelle Dokumentation zu verbessern. Auch Davenport (1993), S. 213 erwartet in den nächsten Jahren mehr Beispiele für Prozeßmodelle der Systemfunktionen.
[113] Es wird also weiterhin dem in Abschn. 2.5 „Verdichten der Erkenntnisse zu einem Anforderungsrahmen für die Auswahl und Einführung von PPS-Systemen", Abb. 10 formulierten Grundsatz gefolgt, daß die Konzeption maßgeblich für die Systemanwendung ist. Die Schlußfolgerungen von Rieder (1988), S. 164f., wonach bei Inkongruenz zwischen Software-Modell und den tatsächlichen organisatorischen Abläufen in fast allen Fällen die Anpassung der Organisation gegenüber Eingriffen in die Programmstruktur vorzuziehen ist, kann nur in bezug auf den dort als gegebenen betrachteten Zustand der Organisation gelten. Im Rahmen der vorliegenden Untersuchung basieren die Anforderungen an die Software auf konzeptionellen Überlegungen für gravierende organisatorische Verbesserungen, so daß jedes Abweichen von diesen Anforderungen ein Suboptimum für die jeweilige Unternehmung zur Folge hätte.

deren Abfolge innerhalb des Gesamtzusammenhangs der Software von der konzeptionsseitig vorgesehenen abweicht. Ebenso ist es möglich, daß systemseitig zusätzliche Funktionen dazwischengeschaltet sind, ohne die ein korrekter Ablauf im System nicht gewährleistet werden kann. Zu beachten ist auch, ob die Querschnittsfunktion sowie die Nahtstellen der Auftragsabwicklungsfunktionen übereinstimmend lokalisiert sind. Besonders problematisch sind Daten, welche für die Programmfunktionen bereitgestellt werden müssen und in der anwendenden Unternehmung weder vorgesehen noch verfügbar sind, so daß sie separat und mit hohen Aktivitätskosten beschafft bzw. generiert werden müßten.

Bei der Angebotsauswertung muß jedoch beachtet werden, daß selbst graphische Methoden mit klaren Modellierungsregeln wie *SADT* gewisse Freiheitsgrade lassen. Somit gibt es kein allein richtiges Modell für einen Sachverhalt[114]. Dabei nehmen die Darstellungsoptionen mit steigendem Detaillierungsgrad zu, so daß die Prozeßmodelle je Segment auch aus diesem Grund nicht über den in Abschn. 6.3.1 genannten Feinheitsgrad hinausgehen sollten. Für die Tauglichkeit der angebotenen Programme ist es wesentlich, daß gute organisatorische Lösungen innerhalb der Ablaufkonzeption nicht be- oder gar verhindert werden[115].

Wird die eben dargestellte Vorgehensweise mit den in der Praxis festgestellten Aktivitäten verglichen[116], so fällt auf, daß zur PPS-Systemauswahl keine Besuche bei den Anbietern und/oder seinen Referenzkunden vorgesehen sind. Der vorliegenden Konzeption liegt zugrunde, daß die Gegenüberstellung von Transaktionsmodell und Prozeßmodell für die Frage nach der Eignung eines PPS-Systems wesentlich aussagefähiger ist als eine Systemvorführung. Die im Rahmen der Endauswahl des ‚3-Phasen-Konzeptes' vorgesehenen umfassenden Programmtests anhand unternehmungseigener Daten[117] sowie die von Loeffelholz vorgeschlagene probeweise Testinstallation des favorisierten Systems bzw. einzelner Module[118] dienen zwar ebenfalls dem Erkenntnisziel, sind aber weniger effizient. Um trotz des Verzichts auf umfangreiche Systemvorführungen einen Eindruck von der Bedienungsfreundlichkeit und den Benutzeroberflächen der Software zu bekommen, sollte jedem Angebot eine entsprechende Demonstrationsdiskette bzw. -CD beigefügt sein.

In der Angebotsübersicht (A2244 in Abb. 39) werden die Ergebnisse der Auswertung zusammengefaßt. Ferner wird davon ausgegangen, daß alle wesentlichen fremdbezogenen Systembausteine und -leistungen von einem

---

[114] Vgl. mit Bezug auf Netzpläne Schwarze (1994b), S. 69 sowie Scheer (1994), S. 46, demzufolge unterschiedliche Entwickler unterschiedliche ‚richtige' Datenmodelle entwerfen können.
[115] Beispielsweise kann die Software vorbestimmen, ob ein Material zentral oder dezentral disponiert werden muß, vgl. Kirchmer (1993), S. 137.
[116] Vgl. Abschn. 2.2.2, insbesondere Tab. 7.
[117] Vgl. die sog. Anbietertests in Abschn. 3.2.2 „Vorgehensmodelle zur Auswahl und Einführung von Standard-Software", Abb. 13. Die erforderlichen Aktivitäten werden von Reineke (1993), S. 1ff. näher beschreiben.
[118] Vgl. Loeffelholz (1990), S. 61.

Systemlieferanten bereitgestellt werden. Daher gehören neben der Software und der Hardware-Ausstattung auch die segmentbezogenen Systemschulungen und die systemtechnische Implementierungsunterstützung sowie Wartungsvereinbarungen zu den Bestandteilen der Angebotsübersicht. Darüber hinaus werden die Angaben zu den anbieterbezogenen Kriterien aufbereitet.

6.3.3
Wirtschaftlichkeitsbetrachtung und Entscheidungsfindung

Im Mittelpunkt des Vorgangs zur Wirtschaftlichkeitsbetrachtung und Entscheidungsfindung steht die Zäsur, bei der über die Realisierung des Gesamtvorhabens und – im Falle eines entsprechenden Umsetzungsbeschlusses – auch über das zu implementierende PPS-System befunden wird. Für die Entscheidung ist vor allem das Verhältnis von Projektkosten und Nutzeffekten maßgeblich. Die Gesamtheit der dokumentierten Ausarbeitungen zur Nutzenanalyse wird im folgenden als Nutzenmodell bezeichnet. Zielsetzung des Nutzenmodells ist es, die wesentlichen zu erwartenden Auswirkungen der organisatorischen Verbesserungen zusammenhängend und nachvollziehbar abzubilden. In Abb. 40 werden die Tätigkeiten des Vorgangs zur Wirtschaftlichkeitsbetrachtung und Entscheidungsfindung (A23) dargestellt. Das Aufstellen des Nutzenmodells (A231) wird in Abb. 41 weiter aufgelöst. Dabei orientiert sich die Schrittfolge weitgehend an den in Abschn. 4.2 „Problematik der Wirtschaftlichkeitsanalyse und Lösungsansätze in der Literatur" dargestellten Ausführungen von Schuler. Die Inhalte der Aktivitäten wurden in Abschn. 4.3 „Konsequenzen für das weitere Vorgehen" festgelegt und sind die Schlußfolgerung aus den zuvor diskutierten Problemen der Wirtschaftlichkeitsbetrachtung integrierter Informationssysteme.

Die Nutzeffekte werden identifiziert, indem das Prozeßmodell des Istzustands mit der in gleicher Weise dargestellten Ablaufkonzeption verglichen wird (A2311 in Abb. 41). Ablaufveränderungen sind durch geeignete Markierungen in den graphischen Darstellungen hervorzuheben. Die beiden Prozeßmodelle müssen dabei nicht gesondert vertieft werden, d.h. das Erfassen der Auswirkungen beruht im wesentlichen auf den Ergebnissen vorangegangener Tätigkeiten und verursacht nur geringe Aktivitätskosten.

Zur Quantifizierung der Auswirkungen im Hinblick auf die Meßgrößen der Auftragsabwicklung werden zunächst die Ausgangskennwerte bestimmt. Falls der Merkmals- und Kennzahlenbericht aus der Initialphase[119] keine hinreichende Aussagen zum Personaleinsatz sowie den Beständen und der Termintreue enthält, sind die entsprechenden Werte an dieser Stelle aus den Bewegungsdaten der vorhandenen EDV-Systeme zu ermitteln. Gleiches gilt für die Anzahl Kundenaufträge und die zugehörige Erzeugnisgesamtmenge. Die eigentliche Quantifizierung und Bewertung der drei unmittelbar kostenwirksamen Nutzeffekte (A2312 und A2313 in Abb. 41) erfolgt entsprechend der Aus-

---

[119] Vgl. Aktivität A112 in Abschn. 6.2, Abb. 30.

186 6 Vorgehensmodell für Auswahl, Einführung und Anwendung von PPS-Systemen

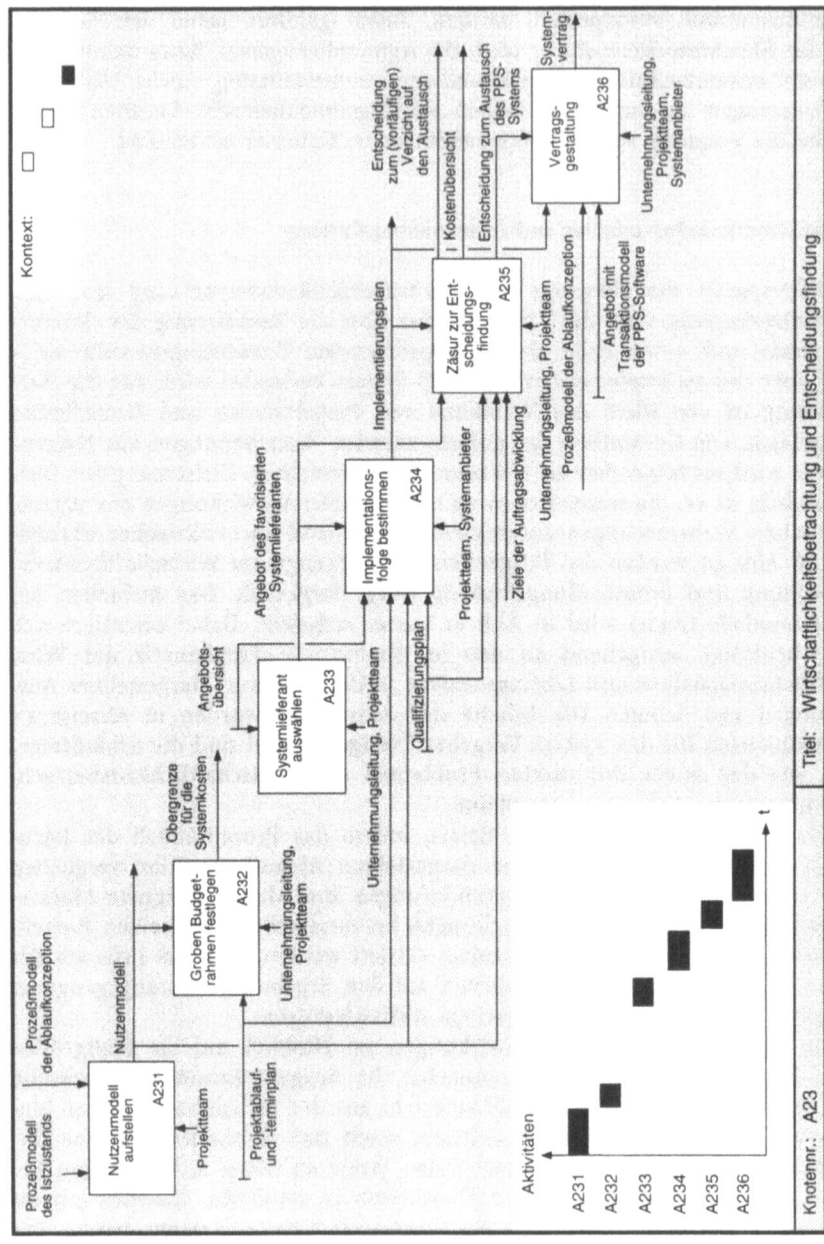

Abb. 40. SADT-Diagramm zur Wirtschaftlichkeitsbetrachtung und Entscheidungsfindung

6.3 Phase zur Organisationskonzeption und PPS-Systemauswahl 187

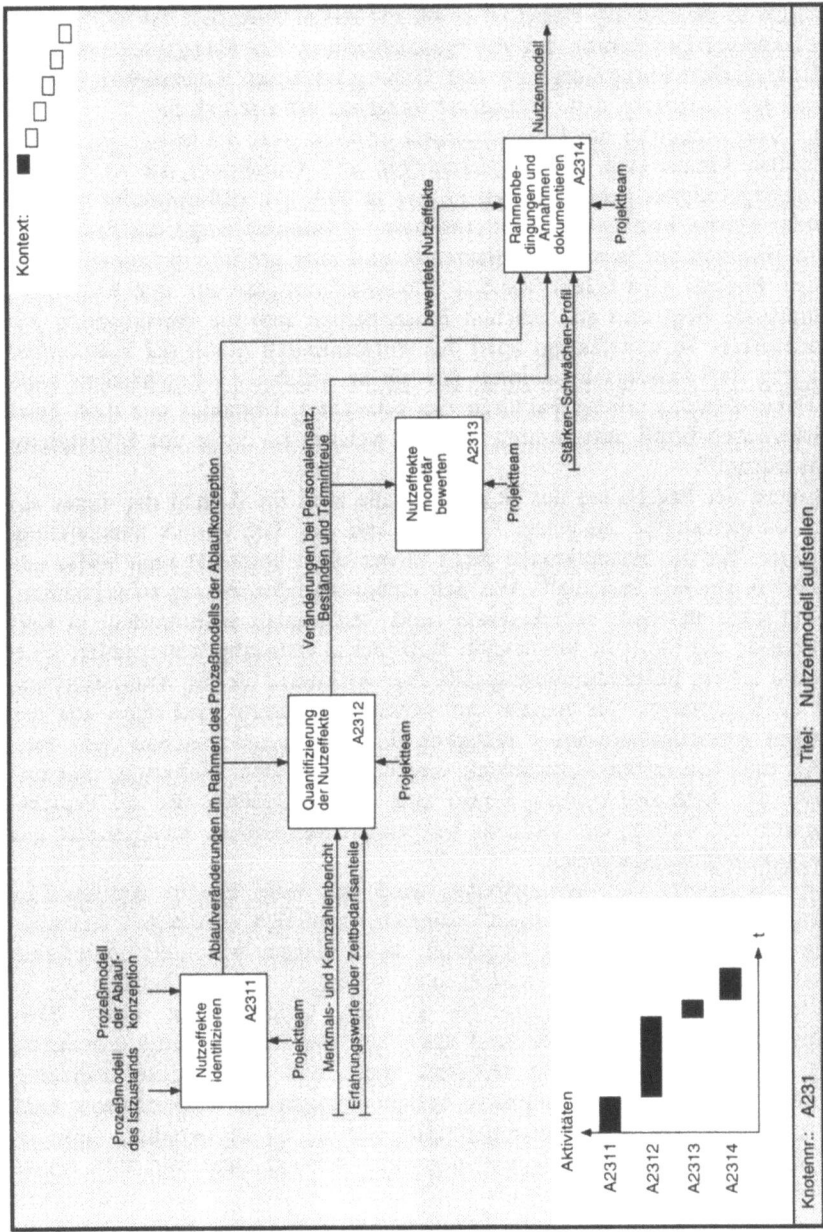

Abb. 41. *SADT*-Diagramm zum Aufstellen des Nutzenmodells

führungen in Abschn. 4.3. Dabei ist es für die Aktivitätskosten der Wirtschaftlichkeitsanalyse bedeutsam, daß die Quantifizierung des Personaleinsatzes für die Auftragsabwicklungsaufgaben mit Hilfe geschätzter Anwesenheitszeitanteile nur für markierte, d. h. veränderte Vorgänge erforderlich ist.

Zur Dokumenation des Nutzenmodells gehören über die bisher genannten Bestandteile hinaus auch die Einschätzungen und Annahmen, die zu den Bewertungsergebnissen geführt haben (A2314 in Abb. 41). Insbesondere ist festzuhalten, welche Konzeptionsbausteine bzw. -zusammenhänge die Erwartungen im Hinblick auf verringerte Bestände und eine größere Termintreue begründen. Ebenso wird belegt, welches Kostenrechnungssystem den Kostensätzen zugrunde liegt und aus welchen Bestandteilen sich die Wertangaben zusammensetzen. Vervollständigt wird das Nutzenmodell durch die Rahmenbedingungen der Auftragsabwicklung, wie sie in Abschn. 4.3 beschrieben wurden. Dabei können etliche Faktoren des relevanten Umfeldes aus dem Stärken-Schwächen-Profil entnommen werden, welches im Zuge der Initialphase erstellt wurde[120].

Anhand der Ergebnisse des Nutzenmodells wird im Vorfeld der Zäsur ein grober Budgetrahmen festgelegt (A232 in Abb. 40). Die daraus abzuleitende Obergrenze für die Systemkosten dient in der oben beschriebenen Weise zur Vorauswahl des PPS-Systems[121]. Um den entsprechenden Betrag zu errechnen, wird zunächst aus dem Projektablauf- und -terminplan entnommen, in welcher Periode die monetär bewerteten Nutzeffekte erstmalig festzustellen sind. Weiterhin ist ein unternehmungsspezifischer Richtwert für die Amortisationsdauer zu bestimmen. Die Anzahl der Nutzungsperioden wird dann aus der zulässigen Amortisationsdauer abzüglich des Zeitraums zwischen dem Projektstart und den ersten Nutzeffekten errechnet. In grober Näherung und unbeachtet der Kapitalverzinsung ergibt sich die Obergrenze für die Projektkosten aus der Summe der monetär bewerteten Nutzeffekte, multipliziert mit der Anzahl Nutzungsperioden.

Die Obergrenze der Systemkosten wird mit Hilfe des in Abschn. 2.2.1 „Motive und Erwartungshaltungen" zitierten, empirisch ermittelten Orientierungswertes von Bölzing et al. abgeleitet, da zu diesem Zeitpunkt noch keine konkreten Angebote der Systemlieferanten vorliegen. Danach beträgt der in Geldeinheiten bewertete Eigenanteil an den Gesamtkosten einer PPS-Systemeinführung (Aktivitätskosten) etwa 2/3. Der entsprechend errechnete Betrag ist insbesondere dann relevant, wenn mit seiner Hilfe frühzeitig erkennbar wird, daß kostenintensive Systemlösungen im Mißverhältnis zum erwarteten quantifizierten Nutzenpotential stehen. Es ist denkbar, daß der grobe Budgetrahmen das Vorhaben insgesamt in Frage stellt und zum Anlaß für eine vorgezogene Zäsur wird[122].

---

[120] Vgl. Aktivität A113 in Abschn. 6.2, Abb. 30.
[121] Vgl. Aktivität A222 in Abschn. 6.3.2, Abb. 38.
[122] Zu vorgezogenen Zäsuren vgl. die Ausführungen in Abschn. 6.1 „Anforderungen, Darstellungsweise und Phasenabgrenzung", S. 148.

6.3 Phase zur Organisationskonzeption und PPS-Systemauswahl

Nach Abschluß der Aktivitäten zur Vorauswahl des PPS-Systems liegen in Form der Angebotsübersicht die notwendigen Informationen zur Auswahl des Systemlieferanten und dessen PPS-Software vor (A233 in Abb. 40)[123]. Wenn aus dem Ergebnisbericht der Vorauswahl kein eindeutiger Favorit hervorgeht, ist eine differenzierte Betrachtung der Systeme und ihrer Anbieter erforderlich. Als Instrumentarium zur Ordnung der Auswahlkriterien bietet sich eine Nutzwertanalyse an. In Anbetracht der in Abschn. 4.2 diskutierten subjektiven Einflüsse auf die Gewichtung der Kriterien und ihre Punktbewertung sollten wichtige Auffassungen dokumentiert werden. Beispielsweise kann den anbieterbezogenen Kriterien unter dem Aspekt der langjährigen Zusammenarbeit mit dem Realisierungspartner eine hohe Bedeutung zukommen.

Herauszustellen ist, daß die Auswahlentscheidung aus klaren Vorstellungen über die Arbeitsweise mit dem System sowie seine sinnvollen und wirklich notwendigen Funktionen hervorgeht. Anhand der Transaktionsmodelle zeigen die Angebote, ob tatsächlich eine bedarfsgerechte DV-Unterstützung gewährt wird. Dagegen wurde in der Praxis eine hohe Unsicherheit über die Tauglichkeit der Systeme festgestellt. Die Auswahlentscheidung beruhte häufig auf pauschalen Erwartungen zur immanenten organisatorischen Wirksamkeit der Software und/oder spezifischen Eindrücken. Dieses galt weitgehend auch für solche Unternehmungen, die z. B. in Form von Pflichtenheften gewisse Vorleistungen für eine fundiertere Entscheidung erbrachten. Restriktionen und Grenzen der Software wurden häufig erst im Zuge der Implementierungstätigkeiten deutlich.

Noch im Vorfeld der Zäsur zur Realisierungsentscheidung wird der vorgesehene zeitliche Ablauf der Implementierung präzisiert. Dazu muß der bisher vorliegende Projektablauf- und -terminplan gemeinsam mit dem Systemanbieter aktualisiert und um Aussagen zur Aktivierung der Software erweitert werden (A234 in Abb. 40). Anhand des Implementierungsplans wird deutlich, zu welchen Zeitpunkten Kosten entstehen werden und Nutzeffekte zu erwarten sind. Somit gehört der Implementierungsplan zu den Informationsquellen der noch folgenden Wirtschaftlichkeitsrechnung.

In Abschn. 2.3.3 „Inbetriebnahmeverlauf und Systemintegration" wurden die möglichen Verfahrensweisen zur Inbetriebnahme des neuen PPS-Systems ausführlich diskutiert. Es zeigte sich, daß Übergangslösungen mit Schnittstellen innerhalb des neuen Systems oder zwischen den alten und neuen Programmen problematisch sind. Die sog. Stichtags-Lösung zur ganzheitlichen Inbetriebnahme der neuen Software wurde aufgrund der späten Systemnutzung und des vergleichsweise hohen Anlaufrisikos kritisiert. Überdies ist zu beachten, daß gewachsene Strukturen eine schrittweise Realisierung des Gesamtvorhabens nahelegen. Zu bevorzugen ist also eine produktgruppen-

---

[123] Aus der Sicht des Vorgangs zur Wirtschaftlichkeitsbetrachtung und Entscheidungsfindung (A23) entsteht eine Übergangszeit zwischen den Aktivitäten A232 und A233. In dieser Zeitspanne werden die zu betrachtenden Systeme und Anbieter eingegrenzt und die Angebot eingeholt, vgl. die Lücken zwischen den Balken im unteren Teil von Abb. 40 sowie die Aktivitäten in Abb. 38.

bezogene Vorgehensweise, da das neue System hier frühzeitig für einen abgeschlossenen Teilbereich zur Anwendung kommt[124]. Mit der in Abschn. 5.4.2 beschriebenen objektorientierten Organisationsstruktur werden weitgehend unabhängig operierende Segmente geschaffen, womit die wesentliche Voraussetzung für eine produktgruppenweise Implementierung der Systemunterstützung grundsätzlich erfüllt ist. Die Implementierungsfolge sollte am erwarteten Nutzen orientiert werden, den die verschiedenen Segmente aus der Systemunterstützung ziehen.

Für das Pilotvorhaben biete sich eine überschaubare Organisationseinheit an[125]. Darüber hinaus ist der möglicherweise zu erwartende Widerstand der Betroffenen bedeutsam für die Wahl der Segmentfolge. Idealerweise geht vom Pilot-Segment eine motivierende Wirkung auf die übrigen Organisationseinheiten aus.

Die definierten Segmente werden stufenweise in die neue Systemunterstützung einbezogen. Dabei unterstützt eine dezentrale und vernetzte Hardware-Konfiguration die segmentweise Implementierung, da der technische Ausbau ebenfalls schrittweise erfolgen kann. Häufig werden die Zahlungen an den Systemlieferanten mit den Stufen des Implementierungsfortschritts verknüpft. Darüber hinaus kann der Zeitraum bis zu einem bestimmten Datum nach der Aktivierung des PPS-Systems im Pilotsegment als Testbetrieb im Sinne einer Probezeit für die Zusammenarbeit zwischen den Vertragspartnern definiert werden.

Der zeitliche Abstand zwischen den Implementierungsstufen richtet sich stark nach den unternehmungsspezifischen Bedingungen. Grundsätzlich erlauben die weitgehend unabhängigen Segmente eine überlappende Realisierung des Vorhabens. Dennoch wird das jeweils nächste Segment erst dann in die Aktivitäten eingeordnet werden, wenn die notwendige Betreuung der Anwender in der bzw. den bereits eingerichteten Segmenten auf ein geeignetes Maß zurückgegangen ist. Die Aktivierung der Software in den einzelnen Segmenten setzt jeweils voraus, daß alle organisatorischen und technischen Vorleistungen erbracht sind. Dabei wird die notwendige Vorlaufzeit im wesentlichen durch den Umfang der erforderlichen Qualifizierungsmaßnahmen bestimmt[126]. Während der systemunabhängige Schulungsanteil aus dem Qualifizierungsplan hervorgeht, sind die systemspezifischen Schulungen dem Angebot zu entnehmen und werden für den Implementierungsplan weiter spezifiziert.

Die segmentweise Implementierung kann temporäre Schnittstellen der neuen Software zu den parallel betriebenen alten Programmen verursachen,

---

[124] Vgl. sinngemäß auch Kirchmer (1993), S. 138f.
[125] Vgl. Davenport (1993), S. 158.
[126] Dem liegt zugrunde, daß mögliche datenstrukturelle Veränderungen sowie die Bereitstellung von bisher nicht vorhandenen Daten durch die frühzeitige Initiative rechtzeitig abgeschlossen sind, vgl. die Ausführungen zu Aktivität A21335 in Abschn. 6.3.1, Abb. 37. Anderenfalls kann es notwendig werden, von der allein nutzenbestimmten Implementierungsreihenfolge abzuweichen.

6.3 Phase zur Organisationskonzeption und PPS-Systemauswahl

wenn im Prozeßmodell der Ablaufkonzeption systemgestützte Querschnittsfunktionen enthalten sind[127]. Hier ist im Einzelfall zu prüfen, welche Alternativen zu den oft kostenintensiven und technisch anfälligen Übergangslösungen bestehen. In Abschn. 5.4.2 wurden Beispiele für koordinierte Arbeitsweisen genannt, die ohne eine direkte Kommunikation zwischen den Programmen auskommen.

Für die Zäsur zur Entscheidungsfindung werden die wichtigsten Ergebnisse der vorangegangenen Aktivitäten zusammengetragen. In Abb. 42 wird die entsprechende Schrittfolge graphisch dargestellt.

Die konkreten Systemkosten sind erst mit dem Angebot des favorisierten Systemanbieters bekannt, wobei insbesondere der Dienstleistungskostenanteil durch den gemeinsam entwickelten Implementierungsplan verifiziert wird. Daher werden die mit dem Vorhaben verbundenen Kosten erst an dieser Stelle zu einer Übersicht zusammengestellt (A2351 in Abb. 42). Die Gliederung der Kostenübersicht wurde bereits in Abschn. 4.3, Abb. 22 skizziert und mit Hinweisen auf die jeweilige Informations- bzw. Einschätzungsbasis verknüpft. Dort nicht aufgeführt und daher zu ergänzen sind die Kosten der räumlich-technischen Einrichtung der Segmente, z. B. im Zusammenhang mit Layout-Veränderungen und einer Verlagerung von Arbeitsplätzen. Vor dem Hintergrund des oft erweiterten Tätigkeitsfeldes der einzelnen Mitarbeiter (Aufgabenintegration) müssen mögliche zusätzliche Entlohnungskosten sowie systemunabhängige Qualifizierungsmaßnahmen ebenfalls berücksichtigt werden[128].

Ausgelöst durch die Kostenübersicht als zuletzt vorliegende Ausarbeitung, werden die Ergebnisse der Phase zur Organisationskonzeption und PPS-Systemauswahl abschließend überprüft (A2352 in Abb. 42). Die Ergebnisvorlagen müssen vollständig und konsistent sein. Dabei ist darauf zu achten, daß die Ausführungen dem aktuellen Stand der Erkenntnisse entsprechen. Dieses gilt auch für die zu Beginn der Phase formulierten Ziele der Auftragsabwicklung, die wiederum auf dem Zielverzeichnis der Initialphase beruhen.

Bevor das Wirtschaftlichkeitspotential des Vorhabens errechnet werden kann, müssen Kosten und Nutzeffekte periodisiert werden (A2353 in Abb. 42). Der Periodenbezug ist dem Implementierungsplan zu entnehmen. Als Eintrittszeitpunkt der Ein- oder Auszahlungen wird jeweils die Periodenmitte angenommen. Darüber hinaus ist der kalkulatorische Zinssatz für das eingesetzte Kapital an dieser Stelle festzulegen.

Die Entscheidung zur Realisierung des Projektes ist im zeitlichen Ablauf und inhaltlich unmittelbar mit dem Resultat der dynamischen Amortisationsrechnung verknüpft (A2354 und A2355 in Abb. 42). Grundsätzlich soll die Wirtschaftlichkeitsrechnung eine rationale Entscheidung ermöglichen, nicht aber die Entscheidung vorwegnehmen[129]. Daher ist die errechnete Amortisationsdauer als ein Maß für die wirtschaftliche Unsicherheit des Vorhabens

---

[127] Vgl. auch Laakmann (1993), S. 17. Bei einer PPS-Erstanwendung entfällt dieser Einwand.
[128] Vgl. die Ausführungen in Abschn. 5.4.1 „Prozeßorientierte Ablauforganisation", S. 131.
[129] Vgl. Blohm/Lüder (1991), S. 45 und sinngemäß auch Schumann (1992), S. 177.

192 6 Vorgehensmodell für Auswahl, Einführung und Anwendung von PPS-Systemen

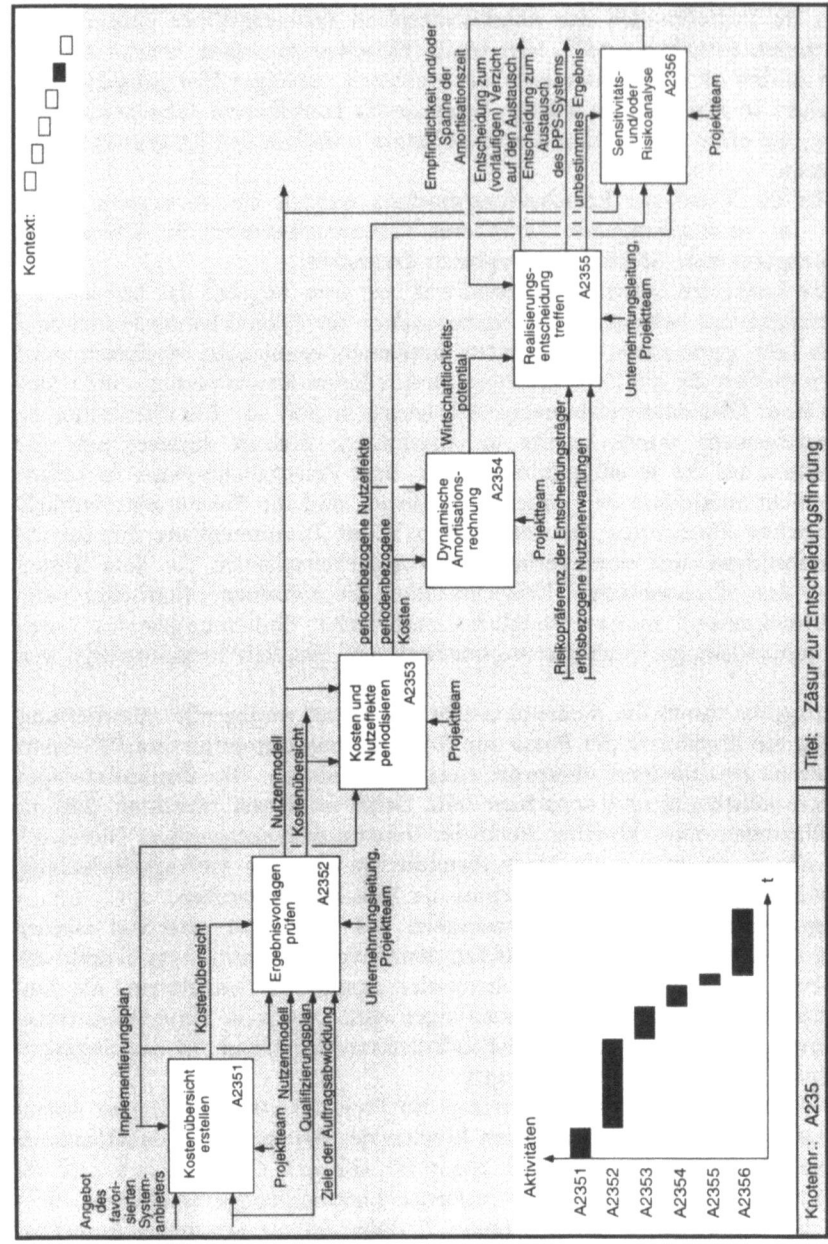

Abb. 42. *SADT*-Diagramm der Zäsur zur Entscheidungsfindung

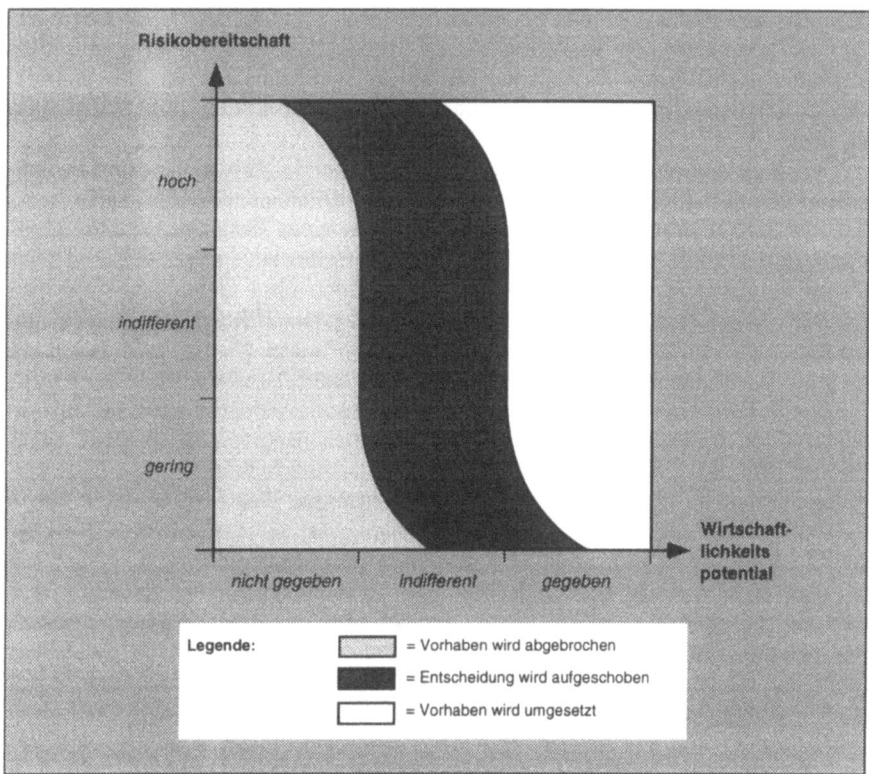

Abb. 43. Entscheidung über das weitere Vorgehen in Abhängigkeit von der spezifischen Konstellation aus Risikobereitschaft und Wirtschaftlichkeitspotential

aufzufassen. Ein Wirtschaftlichkeitspotential ist gegeben (nicht gegeben), wenn die Amortisationsdauer signifikant kleiner (größer) als die vorgegebene bzw. gewünschte Kapitalrückflußzeit ist. Entspricht die errechnete Amortisationsdauer in etwa der Kapitalrückflußzeit, liegt ein indifferentes Ergebnis vor, d. h. die Unsicherheit wird weder hinreichend entkräftet noch verstärkt. Je klarer das Ergebnis unter oder über der vorgegebenen bzw. gewünschten Kapitalrückflußzeit liegt, desto weniger wird das weitere Vorgehen durch die Risikobereitschaft der Entscheidungsträger bestimmt. In Abb. 43 wird graphisch veranschaulicht, welchen Einfluß die Konstellation aus individueller Risikobereitschaft und ermitteltem Wirtschaftlichkeitspotential auf die Realisierungsentscheidung hat. Die Form der Kurven bringt zum Ausdruck, daß es sich nicht um einen linearen, exakt determinierten Zusammenhang handelt, sondern um eine verallgemeinernde Darstellung der zu erwartenden Verhaltensweise, die im Einzelfall stark abweichen kann.

Neben der persönlichen Risikopräferenz der Entscheider gibt es zahlreiche situations- und projektabhängige Einflüsse auf die Risikobereitschaft. Hierzu zählen insbesondere die nichtwirtschaftlichen Durchführungsaspekte, etwa im

Hinblick das soziale Konfliktpotential der organisatorischen Veränderungen. Des weiteren wird die Risikobereitschaft tendenziell erhöht, wenn mit dem Vorhaben erlösbezogene Nutzenerwartungen verbunden sind, die entsprechend den Ausführungen in Abschn. 4.3 im Nutzenmodell unberücksichtigt bleiben.

Das Aufschieben der Entscheidung infolge der in Abb. 43 skizzierten Ausprägungen von Risikobereitschaft und Wirtschaftlichkeitspotential führt dazu, daß die Entscheidungsunsicherheit im Rahmen einer Vorgehensschleife abgebaut werden muß. Mittels einer Sensitivitäts- und/oder Risikoanalyse werden wichtige nutzenbezogene Einschätzungen variiert, ohne dabei den zugrunde gelegten Aktionsraum – den Prozeß der Auftragsabwicklung und die drei unmittelbar kostenwirksamen Nutzeffekte – zu verlassen (A2356 in Abb. 42). So kann z. B. überprüft werden, welche Amortisationszeitspanne sich ergibt, wenn die erwartete, d. h. wahrscheinliche Bestandskostenreduzierung, mit jeweils einer optimistischen und pessimistischen Beurteilung ergänzt wird. Ebenso läßt sich die Empfindlichkeit der Kapitalrückflußdauer gegenüber vorgezogenen sowie verzögerten Nutzeffekten ermitteln. Den Projektkosten liegen vergleichsweise gesicherte Erkenntnisse zugrunde, so daß die Sensitivitäts- und Risikoanalysen auf die Nutzeffekte beschränkt bleiben.

Eine Entscheidung zum Abbruch des Vorhabens bedeutet zunächst nur, daß die Maßnahme zum Austausch des PPS-Systems unter dem Leitmotiv einer prozeß- und objektorientierten Organisationsstruktur nicht in der bisher geplanten Weise realisiert wird. Mit dem Rückschritt zur Initialphase[130] gilt es, Projektalternativen zu untersuchen. Grundsätzlich bestehen drei Optionen:

- Das Projekt wird zugunsten anderer Maßnahmen zeitlich befristetet zurückgestellt,
- das Vorhaben wird nur für Teile der Unternehmung realisiert,
- die Organisationskonzeption wird mit anderen EDV-technischen Rahmenbedingungen umgesetzt.

Im erstgenannten Fall werden die Realisierungsaussichten während der Zurückstellungsdauer verbessert, wenn die eingeleiteten Maßnahmen neben ihrem eigentlichen Zweck gleichzeitig eine Vorleistung für den PPS-Systemaustausch darstellen[131]. Teillösungen bieten sich für weitgehend autonome Segmente an, deren Auftragsabwicklungsprozesse besonders einfach konzipiert sind und jeweils geringe Anforderungen an das unterstützende PPS-System stellen. Veränderte EDV-technische Rahmenbedingungen liegen vor, wenn für die neue Organisationskonzeption die Restriktion gilt, daß die vorhandene Software beibehalten oder allenfalls angepaßt wird. Weiterhin ist denkbar, daß die neue PPS-Software selbst entwickelt wird oder lediglich Basisprogramme beschafft werden, die eigenständig zu individuellen PPS-Systemen ausgebaut werden. Schließlich lassen sich die genannten Vorgehensweisen

---

[130] Vgl. Aktivität A123 in Abschn. 6.2, Abb. 31.
[131] Vgl. auch das im Rahmen der Initialphase des Vorgehensmodells genannten Beispiele in Abschn. 6.2, S. 155f.

kombinieren. So kann ein ausgewähltes Segment im Sinne einer Pilotlösung durch das neue PPS-System unterstützt werden, während sich die übrigen Unternehmungsbereiche auf organisatorische Veränderungen im Rahmen der vorhandenen EDV beschränken. Bei allen Optionen werden die Ergebnisse der bisherigen Planungen aufgegriffen.

Im Falle der Entscheidung zur Realisierung des Vorhabens wird an dieser Stelle der Vertrag mit dem ausgewählten Anbieter geschlossen (A236 in Abb. 40). Zielsetzung des Systemvertrages ist es, die mehrjährige Zusammenarbeit zwischen dem Systemlieferanten und dem Anwender durch einen partnerschaftlich orientierten Rahmen zu regeln. Zum Vertragsumfang gehören alle Systembausteine und Dienstleistungen. Um Realisierungsverzögerungen durch den Systemlieferanten entgegenzuwirken, ist der Implementierungsplan ein Teil der Vereinbarungen.

Entsprechend dem Sicherheitsbedürfnis des Anwenders über die Eignung der gekauften Lösung wird auch das Prozeßmodell der Ablaufkonzeption mit seinen Funktions- und Leistungsmerkmalen sowie der Schnittstellenbestimmung zum Vertragsbestandteil. Ebenso wird das Transaktionsmodell der PPS-Software in den Vertrag einbezogen, so daß die zur ersten Inbetriebnahme notwendigen Software-Anpassungen klar erkennbar sind[132]. Gesondert hervorgehoben werden dann nur solche Modifikationen, die über die graphische Darstellung hinaus zu beschreiben sind[133].

Weiterhin ist darauf zu achten, daß eine vom Systemlieferanten angebotene neue Version ohne Konsequenzen für die Pflege der vorhandenen Programme abgelehnt werden kann. Im Zusammenhang mit der in Abschn. 2.3.1 „Implementierungsaufgaben und -probleme" erläuterten Problematik von Release-Wechseln wurde deutlich, daß die einzelnen Käufer einer Standard-Software nur bedingt auf die neue Ausführung ihrer Programme Einfluß nehmen können. Im Vordergrund der Weiterentwicklungen stehen die Bemühungen des Anbieters, sein Software-Produkt für neue Kunden interessant zu machen.

Aus der oben genannten Zielsetzung geht hervor, daß die zu treffende Vereinbarung als Rahmenvertrag für die gesamte Lebensdauer des Systems ver-

---

[132] Vgl. sinngemäß auch Binner/Zahlten (1990), S. 78, wonach bei klaren und eindeutig definierten Vorgaben nicht mehr der Anwender in der Beweispflicht ist, daß die angebotene EDV-Lösung programmmäßig paßt, sondern der Verkäufer die Garantie übernehmen muß, daß er die gestellten Anforderungen auch erfüllen kann. Zu ergänzen ist, daß diese Schutzmaßnahme den Systemlieferanten schon in der Anfrageunterlage angekündigt wird und so leichtfertigen Eignungsaussagen vorbeugt. Die Transaktionsmodelle der Anbieter können kostenbedingt nicht im einzelnen durch den Anwender überprüft werden.

[133] Würden geforderte Eigenschaften weder von der Standard-Software noch durch Anpassungen abgedeckt, wäre des Prozeßmodell – und damit auch das Nutzenmodell – entsprechend der Ersatzlösung zu korrigieren. Allerdings ist hier davon auszugehen, daß aufgrund der im allgemeinen sehr umfangreichen Programmfunktionalität sowie den Möglichkeiten zur Programmierung und insbesondere aufgrund der einfachen Ablaufkonzeption mit tendenziell entsprechend geringen Funktionsanforderungen keine derartige Bedarfsunterdeckung entsteht.

standen wird. Dabei wird die dynamische Entwicklung der Unternehmung immer wieder Modifikationen der Software für den Auftragsabwicklungsprozeß erfordern. Folglich muß die Übereinkunft den notwendigen Spielraum für neue Erkenntnisse lassen. Außerdem sind die Bereitschaft zur entsprechenden Systempflege durch wiederholte Software-Anpassungen sowie deren Bedingungen zu formulieren. Das Prozeßmodell der Ablaufkonzeption kann lediglich die aktuell geplante Systemanwendung abbilden. Die Benutzerlizenzen sollten unter dem Aspekt der dynamischen Unternehmungsentwicklung nicht an die Anzahl der Bildschirmarbeitsplätze gebunden werden, sondern davon unabhängig für jeweils ein Segment gültig sein.

6.4
Konzeptionsrealisierung, PPS-Systemimplementierung und Systemanwendung

Für die nachfolgenden Ausführungen wird davon ausgegangen, daß im Rahmen der Zäsur zum Abschluß des vorangegangenen Prozeßabschnitts die Entscheidung getroffen wurde, die Organisationskonzeption mit Unterstützung durch ein neues PPS-System zu realisieren. In der dritten Phase des Vorgehensmodells zur Auswahl, Einführung und Anwendung von PPS-Systemen geht es darum, die entwickelten organisatorischen Vorstellungen umzusetzen und mit dem Einsatz des ausgewählten PPS-Systems die erwarteten Nutzeffekte zu erreichen. Allerdings erstrecken sich die Aktivitäten zur organisatorischen und technischen Implementierung nur über einen vergleichsweise kurzen zeitlichen Abschnitt der dritten Phase. Im Zuge der weiteren Anwendung des PPS-Systems soll auch nach unternehmungsintern oder -extern ausgelösten organisatorischen Veränderungen eine anforderungsgerechte Systemunterstützung bestehen. Die Nutzungsdauer des neuen PPS-Systems wird davon abhängen, wie lange die entsprechenden Modifikationen gegenüber einem erneuten Austausch betriebswirtschaftlich sinnvoll sind.

In Abb. 44 werden die Aktivitäten der dritten Phase in ihrem logischen Zusammenhang skizziert. Im folgenden wird zunächst auf den in Abb. 45 weiter aufgelösten Vorgang der organisatorischen und technischen Implementierung des neuen PPS-Systems eingegangen (A31). Erst danach werden die verschiedenen Anpassungsvorgänge erörtert, die im Verlauf der Anwendung des PPS-Systems (A32 in Abb. 44) zu erwarten sind.

Die Darstellungen beziehen sich lediglich auf ein Segment. Die modellierten Vorgänge gelten jedoch für alle vorgesehenen Organisationseinheiten und werden entsprechend dem Implementierungsplan mehrfach vollzogen[134].

Die Schulungsmaßnahmen als Kern der Realisierungsaktivitäten werden in Abb. 46 entsprechend der zu unterscheidenden Schulungsinhalte weiter differenziert.

---

[134] Zum Implementierungsplan (A234 in Abb. 40) und dem zeitlichen Abstand des Einführungsbeginns in den verschiedenen Segmenten vgl. die Ausführungen in Abschn. 6.3.3 „Wirtschaftlichkeitsbetrachtung und Entscheidungsfindung", S. 189f.

6.4 Konzeptionsrealisierung, PPS-Systemimplementierung und Systemanwendung 197

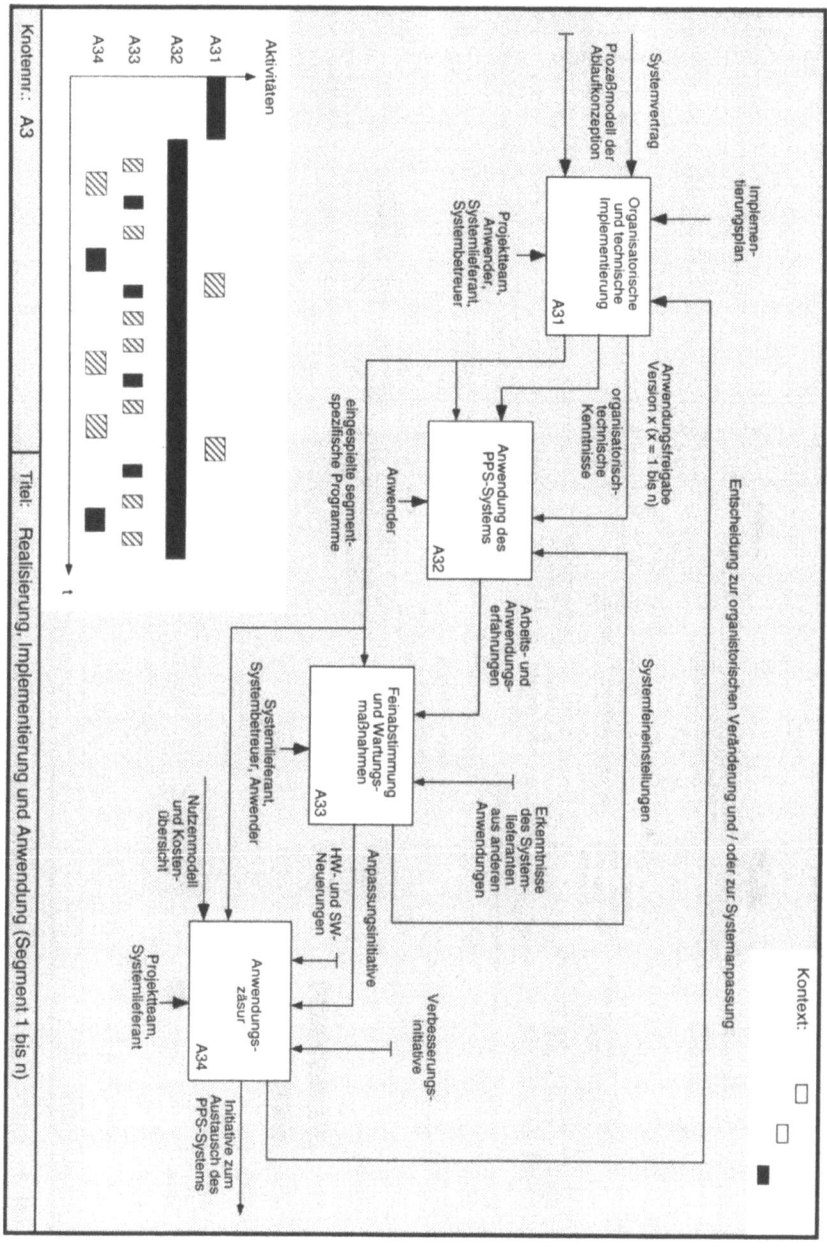

Abb. 44. *SADT*-Diagramm zur Realisierung, Implementierung und Anwendung (Segment 1 bis *n*)

198 6 Vorgehensmodell für Auswahl, Einführung und Anwendung von PPS-Systemen

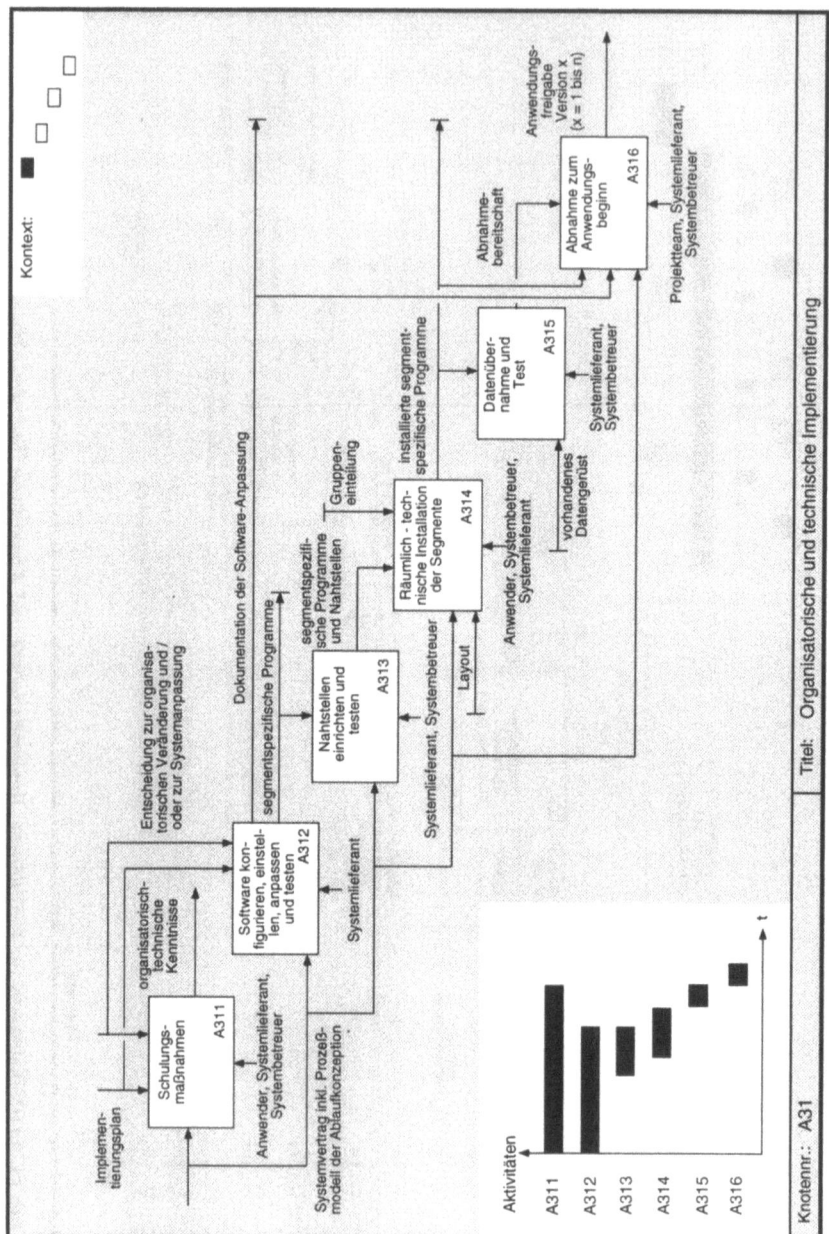

Abb. 45. SADT-Diagramm zur organisatorischen und technischen Implementierung

6.4 Konzeptionsrealisierung, PPS-Systemimplementierung und Systemanwendung 199

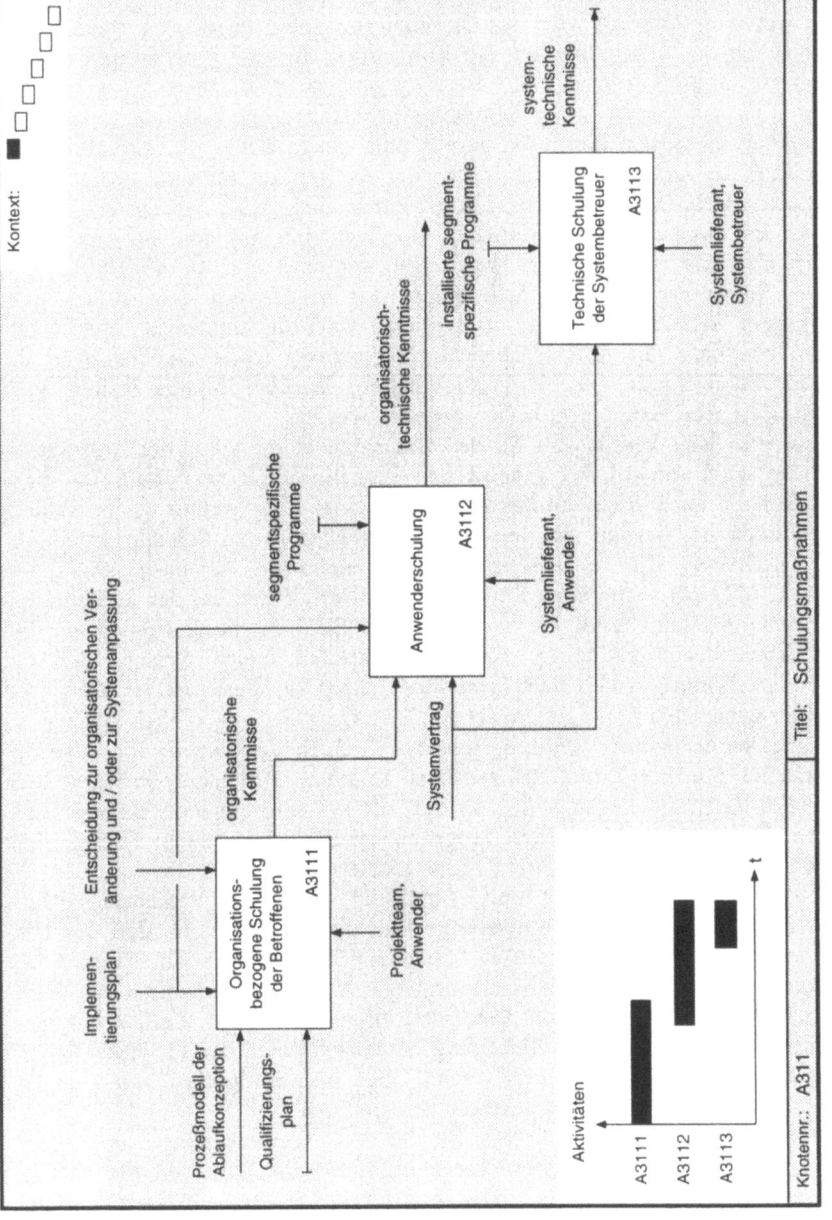

Abb. 46. *SADT*-Diagramm der Schulungsmaßnahmen

Mit der systemunabhängigen organisationsbezogenen Schulung der Betroffenen (A3111 in Abb. 46) wird der Qualifizierungsplan umgesetzt, welcher aus den veränderten Arbeitsinhalten der Konzeption für eine prozeß- und objektorientierte Organisationsstruktur hervorgegangen ist[135]. Dabei ist es für die Dauer und das Ergebnis der Schulungsveranstaltungen bedeutsam, daß die Betroffenen zu diesem Zeitpunkt bereits über einige Konzeptionsinhalte informiert sind. In Abschn. 6.3.1 „Errichten der Konzeption für eine prozeß- und objektorientierte Organisationsstruktur" wurde dargestellt, daß die Projektteilnehmer im Zuge der konzeptionellen Überlegungen mit den übrigen Mitarbeitern über die vorgesehenen Regelungen sprechen und als Multiplikatoren wirken. Somit ergänzen die Schulungen das bereits aus dem Projektteam übertragene Wissen. Besonders zu vertiefen sind die Kenntnisse über Nahtstellen innerhalb des Auftragsabwicklungsprozesses sowie die Lösungen für segmentübergreifende Querschnittstätigkeiten. Darüber hinaus sollten auch Anleitungen zum Gruppenverhalten gegeben werden.

Das geforderte Verständnis für den Gesamtzusammenhang der Auftragsabwicklung wird anhand des graphischen Prozeßmodells vermittelt. Da diese Darstellungen auch erkennen lassen, wie das neue PPS-Systems in die Abläufe eingebunden ist, werden mit den organisationsbezogenen Schulungsmaßnahmen gleichzeitig die im Systemvertrag vereinbarten Anwenderschulungen (A3112 in Abb. 46) vorbereitet. Praktische Schwierigkeiten bei der Bedienungsunterweisung allein durch die jeweils eigene EDV-Abteilung ebenso wie bei einer Anwenderunterstützung nur im Bedarfsfall haben gezeigt, daß die Anwenderschulung primär dem Systemlieferanten zu überlassen ist. Aufgrund der eben genannten Synergie erfolgt die Benutzeranleitung zeitlich versetzt zu den aufgabenbezogenen Schulungsinhalten[136]. Außerdem wurde im Zuge der empirischen Studie erkannt, daß zwischen Schulung und Inbetriebnahme kein zu großer Zeitraum liegen sollte, so daß die systembezogenen Unterweisungen an den segmentspezifischen Programmen auch aus diesem Grund nicht unmittelbar zu Beginn der dritten Phase plaziert sind.

In der Anwenderschulung muß es gelingen, neben den bedienungstechnischen Fähigkeiten auch die notwendige Einsicht zu vermitteln, daß der Umgang mit dem System eine gewisse Disziplin erfordert. Dies gilt insbesondere für Rückmeldungen und Buchungsvorgänge. Nach Martin sollten die Schulungsinhalte in mehrere kleine Abschnitte eingeteilt werden. Zudem hat Martin durch eine umfangreiche Befragung herausgefunden, das für jeden betroffenen Mitarbeiter durchschnittlich zwölf Tage notwendig sind, um eine Zufriedenheit mit dem Schulungsumfang zu erreichen[137].

Während die Anwenderschulung für das erste Segment nahezu ausschließlich durch den Systemlieferanten vorgenommen wird, ist es für die nachfolgenden Produktsparten möglich, das inzwischen aufgebaute Wissen der Pilotanwender und deren Erfahrungen zu nutzen. Damit kann die externe Unter-

---

[135] Vgl. Aktivität A2135 in Abschn. 6.3.1, Abb. 36.
[136] Vgl. die Balken der Aktivitäten A3111 und A3112 im unteren Teil von Abb. 46.
[137] Vgl. Martin (1993), S. 107f.

stützung stufenweise reduziert werden. Aufgrund der segmentspezifischen Programmgestaltung und des begrenzten zeitlichen Freiraums der Anwender bleiben die Beiträge des Systemlieferanten dennoch erforderlich. Dem Vorschlag von Schotten wird nicht gefolgt, demzufolge die systemspezifische Schulung nur für jeweils einen Mitarbeiter eines Tätigkeitsbereiches vorgenommen wird, der seinerseits die Schulung der anderen Mitarbeiter des Bereiches durchführt[138]. Die empirische Untersuchung hatte gezeigt, daß die Erkenntnisse aus Anwenderschulungen oft nur unvollständig in der Unternehmung weitergegeben werden[139]. Somit impliziert der zweistufige Ansatz von Schotten die Gefahr von Informationsverlusten und bewirkt darüber hinaus eine zeitliche Verzögerung. Überdies steigen die Schulungskosten im allgemeinen nicht linear, sondern stufenweise in Abhängigkeit von der Gruppenanzahl.

Zu den Schulungsmaßnahmen für die Inbetriebnahme der neuen Programme gehört auch die technische Schulung der Systembetreuer (A3113 in Abb. 46)[140]. Diese Aktivität wird parallel zu den Anwenderschulungen vollzogen und sollte beginnen, sobald die jeweils segmentspezifische Software installiert ist[141]. Es gilt, die erforderlichen Kenntnisse zum Betrieb der Hardware und der Systemprogramme in der unternehmungseigenen Systemumgebung zu vermitteln. Außerdem müssen die Systembetreuer in die Lage versetzt werden, die Benutzer anwendungstechnisch zu betreuen.

Zeitgleich mit den organisationsbezogenen Schulungsmaßnahmen beginnt der Systemlieferant damit, die Software vertragsgemäß zu konfigurieren und zu testen (A312 in Abb. 45)[142]. In Tab. 25 wird ein Überblick zu den Gestaltungsmitteln gegeben, die bei der Software-Konfiguration verwendet werden.

Die Gestaltung der Software wird durch das Prozeßmodell der Ablaufkonzeption angeleitet. Im wesentlichen werden die einzusetzenden Programmbausteine bestimmt und die Parameter für die erste Inbetriebnahme eingestellt. Die Ausführungen in Abschn. 2.3.1 haben gezeigt, daß gerade für die letztgenannte Aufgabe konkrete Vorstellungen über die Arbeitsweise mit dem neuen PPS-System erforderlich sind, wie sie in Form des Prozeßmodells der Ablaufkonzeption hier vorliegen[143]. Wenn einzelne Auslegungen nicht un-

---

[138] Vgl. Schotten (1994), o. S.
[139] Vgl. Tab. 10 in Abschn. 2.3.1 „Implementierungsaufgaben und -probleme".
[140] Dabei wird hier davon ausgegangen, daß die Systembetreuung durch Mitarbeiter der anwendenden Unternehmung erfolgt. Es ist jedoch denkbar, daß diese Aufgabe für die Nutzungsdauer des neuen PPS-Systems im Rahmen von entsprechend erweiterten Service-Vereinbarungen vom Systemlieferanten wahrgenommen wird.
[141] Vgl. die Anordnung der zugehörigen Balken A314 und A3113 in den unteren Teilen von Abb. 45 und Abb. 46.
[142] Derart parallele Aktivitäten von Benutzern und Entwicklern wurden auch in der Darstellung des evolutionären Phasenzyklus der Software-Entwicklung angedeutet, vgl. Abb. 16 in Abschn. 3.2.3 „Vorgehensmodelle aus anderen Anwendungsbereichen".
[143] Dieser organisatorische Aspekt wird übersehen, wenn die Einstellung von Parametern und die Pflege von Tabellen als DV-technische Frage bezeichnet wird, was für Kirchmer (1993), S. 135 und die dort angegebene Literatur zutrifft.

Tab. 25. Möglichkeiten für die anforderungsgerechte Gestaltung der PPS-Software[a]

Konfigurationsmittel	Verwendung
Modularisierung	Kombination von Programmbausteinen für bestimmte Zwecke
Parametrisierung	Platzhalter für aktuelle Werte zur Steuerung der Funktionsausführung
Tabellensteuerung	Spezielle Form der Parametrisierung
Programmgeneratoren	Strukturähnliche Programme durch Parameterangaben bilden, z. B. für Bildschirmmasken und Formulare
Makro	Handlungssequenzen für häufig wiederkehrende Befehlsfolgen
Endbenutzersprache	Benutzerindividuelle Zusatzprogramme, z. B. für Datenbankanfragen
User Exit	Übergang in ein benutzerindividuelles Programm und/oder eine Datei

[a] Komprimierte Fassung der Ausführungen von Miessen (1989), S. 17ff. und der dort angegebenen Literatur. Dabei ist zu beachten, daß die mit einer sog. ‚Endbenutzersprache' erstellten Zusatzprogramme bei einem Release-Wechsel im allgemeinen nicht kompatibel sind und somit eher den Charakter von Software-Anpassungen haben. Zur Abgrenzung zwischen Maßnahmen der Systemausgestaltung und Software-Anpassungen vgl. Abschn. 2.3.1 „Implementierungsaufgaben und -probleme", S. 41ff.

mittelbar aus den ablauforganisatorischen Überlegungen hervorgehen, werden plausible Annahmen getroffen. Bei der Gestaltung von Programmoberflächen und Belegen wird analog vorgegangen, wenn konkrete Vorlagen noch fehlen. Bildschirmmasken und Formulare sollten keine überflüssigen Daten enthalten.

Die erforderlichen und vereinbarten Ergänzungen und Anpassungen der Programmbausteine gingen aus dem Abgleich des Transaktionsmodells der Software mit dem Prozeßmodell der Ablaufkonzeption hervor[144]. Um eine geeignete Programmiervorlage zu erhalten, müssen die anpassungsrelevanten Ausschnitte des Prozeßmodells hier detailliert und ergänzt werden[145]. Die zu-

---

[144] Vgl. Abb. 39 und die Ausführungen zur Aktivität A2243 in Abschn. 6.3.2 „Vorauswahl des PPS-Systems". Nach Hars/Zimmermann/Scheer ist es denkbar, daß die Unterschiede zwischen dem Organisationsmodell und dem Modell der Software in Zukunft rechnergestützt erkannt werden und in weitgehend automatische Konfigurations- und Anpassungshandlungen umgesetzt werden. Allerdings wird eingeräumt, daß dabei noch viele methodische Fragen offen sind, vgl. Hars/Zimmermann/Scheer (1993), S. 22.
[145] In Abschn. 5.2 „Methoden zur Darstellung der Ablauforganisation", S. 120 wurde darauf hingewiesen, daß zur Programmerstellung neben den *SADT*-Diagrammen zusätzliche Ausarbeitungen notwendig sind. Dennoch ist das *SADT*-Prozeßmodell die Basis zur Anpassungsprogrammierung, so daß der im eben genannten Abschn. formulierten Auflage entsprochen wird, wonach die gewählte Darstellungsmethode durchgängig über alle Phasen hinweg nutzbar sein muß.

6.4 Konzeptionsrealisierung, PPS-Systemimplementierung und Systemanwendung

sätzlichen Ausarbeitungen sind zugleich ein wesentlicher Bestandteil der Anpassungsdokumentation[146].

Im weiteren Verlauf der Implementierung werden die Nahtstellen der Programme realisiert (A313 in Abb. 45). Dabei handelt es sich vorwiegend um die Verknüpfungen der PPS-Software mit anderen *CIM*-Komponenten der Unternehmung. Hinzu kommen Querschnittsfunktionen zur Auftragsabwicklung der übrigen Segmente, Nahtstellen zu den Informationssystemen von Kunden und/oder Lieferaten sowie temporäre Verbindungen zum abzulösenden System, falls es nicht gelungen ist, diese durch organisatorische Lösungen zu vermeiden. Mit dem Prozeßmodell der Ablaufkonzeption sind bereits die zu übertragenden Daten sowie die funktionalen Anknüpfungspunkte innerhalb der Auftragsabwicklung dokumentiert. Dennoch sind hier zusätzliche nahtstellenspezifische Ausarbeitungen z. B. zu den Datenformaten notwendig. Die Datenübergabe zwischen den verschiedenen Systemen bzw. Anwendungen wird vor Ort mit Hilfe des zuständigen Systembetreuers getestet[147].

Zur Realisierung der Organisationskonzeption gehört es auch, die Segmente physisch einzurichten (A314 in Abb. 45). Anhand der aufbauorganisatorischen Überlegungen zur Gruppeneinteilung[148] werden die erforderlichen Räumlichkeiten definiert und notwendige Layout-Veränderungen sowie Arbeitsplatz-Verlagerungen abgeleitet[149]. Hinzu kommt die technische Einrichtung der Organisationseinheiten. Im Vordergrund steht hier das Aufstellen der Hardware sowie deren Vernetzung.

Sobald die Rechner arbeitsfähig sind, werden die segmentspezifischen Programme installiert. Anschließend sind sowohl die segmentbezogenen Stamm- und Strukturdaten als auch die Bewegungsdaten zu übertragen (A315 in Abb. 45). Durch die frühzeitige Grunddatenbereinigung sowie die konzeptionsbezogene Datenaufbereitung und -ergänzung ist davon auszugehen, daß zu diesem Zeitpunkt ein bedarfsgerechtes Datengerüst bereitsteht, das automatisch überspielt werden kann[150]. Molz weist darauf hin, daß die Inhalte der Stammdatenverwaltungen von PPS-Systemen zwar ähnlich sind, aber dennoch spezifische Eigenschaften eines jeden Stammdatenmodells zu beachten sind[151].

---

[146] Die Schritte zur Umsetzung von Prozeßmodellen in Programme sind von Scheer (1992a), S. 137ff. näher beschrieben.

[147] Die Notwendigkeit zum Test der Nahtstellen wird durch die in der Praxis festgestellten Anlaufschwierigkeiten unterstrichen, vgl. Tab.8 in Abschn. 2.3.1.

[148] Vgl. Aktivität A2134 in Abschn. 6.3.1, Abb. 36.

[149] Je nach Umfang der baulichen Maßnahmen kann hier ein größerer zeitlicher Vorlauf notwendig sein. Dem Balken im unteren Teil von Abb. 45 liegt zugrunde, daß innerhalb der bestehenden Gebäude lediglich einzelne Wände versetzt bzw. entfernt werden.

[150] Vgl. Aktivität A2121 in Abb. 35 und Aktivität A21335 in Abb. 37. Im Gegensatz dazu sieht das 3-Phasen-Konzept des *FIR* das Einpflegen der Stammdaten erst im letzten Arbeitsblock der Realisierung vor, vgl. Abb. 13 in Abschn. 3.2.2 „Vorgehensmodelle zur Auswahl und Einführung von Standard-Software". Bei einer PPS-Erstanwendung sollte die Mehrzahl der vorgesehenen Daten inzwischen auf einem Rechner erfaßt sein, so daß auch in diesem Fall eher von einer Datenübergabe anstelle einer Dateneingabe zu sprechen ist.

[151] Vgl. Molz (1994), o.S.

Darüber hinaus bedingt die Ablaufkonzeption häufig veränderte Datenstrukturen und neue Ordnungskriterien. Daher werden neben einfachen linearen Transformationen auch nichttriviale Umwandlungen mit komplizierten Regeln zu leisten sein[152].

Aus Sicherheitsgründen werden die Daten im alten System bei der Übergabe nicht gelöscht. Allerdings dürfen die Stamm- und Strukturdaten dort von diesem Zeitpunkt an nicht mehr änderbar sein. Die Bewegungsdaten werden unmittelbar vor der Inbetriebnahme des neuen PPS-Systems noch einmal aktualisiert.

Sobald die installierten Programme mit dem zugehörigen Datenvolumen erfolgreich getestet wurden, signalisiert der Systemlieferant die Einsatzbereitschaft des Systems. Im Zuge der Abnahme zu Anwendungsbeginn (A316 in Abb. 45) wird kontrolliert, ob der Lieferant alle vertraglich vereinbarten Systemkomponenten installiert hat und die vorgesehenen Leistungen erbracht wurden. Die Software wird noch einmal im Gesamtzusammenhang anhand des Prozeßmodells der Ablaufkonzeption überprüft. Dabei werden die Funktionen im Prozeßmodell sowohl als Mindestanforderung als auch als Maximalrahmen verstanden. Somit ist mit Hilfe der Tests auch sicherzustellen, daß nur die erforderlichen Funktionen erfüllt werden und keine unerwünschten Nebenwirkungen enthalten sind[153]. Sofern Nachbesserungen nicht erforderlich sind, wird die erste Version der Software für die Anwendung im Segment freigegeben.

Im Sinne der behelfsmäßigen Abgrenzung in Abschn. 2.3.2 „Implementierungsdauer" ist die Einführung des PPS-Systems ‚abgeschlossen', wenn alle Segmente zumindest mit der ersten Version ihrer neuen Software arbeiten. Aufgrund der unternehmungsspezifischen Projektbedingungen kann hier keine generelle Aussage zur Implementierungsdauer getroffen werden. Tendenziell ist jedoch zu erwarten, daß die vorliegende Konzeption insgesamt dazu geeignet ist, den in der empirischen Studie ermittelten Implementierungszeitraum von durchschnittlich 4,9 Jahren deutlich zu unterschreiten. Diese Annahme ist insbesondere durch die frühzeitig aufbereiteten Grunddaten, die gezeigten Möglichkeiten für überlappende Aktivitäten sowie die konzeptionellen Überlegungen im Vorfeld der Implementierung begründet. Da die organisatorischen Veränderungen nicht als Reaktion auf die Systemeinführung erfolgen[154], sondern mit einem zeitlichen Vorlauf geplant und vorbereitet werden, wird dem von Kurpicz ermittelten Trend zu längeren Einführungszeiten bei einer bewußten Umgestaltung der bestehenden Organisation[155] entgegen-

---

[152] Vgl. Molz (1994), o.S., der das Ableiten von neuen Klassifikationen oder Sachmerkmalsleisten aus einer sprechenden Sachnummer als Beispiel nennt. Ebenso können im Rahmen der Konzeption Teilefamilien definiert sein, so daß den vorhandenen Teilestammdaten bei der Übergabe anhand zu identifizierender Merkmale automatisch ein entsprechendes Gruppierungskennzeichen beigefügt wird.
[153] Vgl. *BMI* (1992b), S. 3-5-9.
[154] Vgl. Tab.11 in Abschn. 2.3.1.
[155] Vgl. Kurpicz (1987), S. 329.

6.4 Konzeptionsrealisierung, PPS-Systemimplementierung und Systemanwendung

gewirkt. Außerdem verkürzt die partizipative Vorgehensweise im Rahmen der Phase zur Organisationskonzeption und PPS-Systemauswahl die nachfolgenden Implementierungsschritte.

Der Anwendungsbeginn bezieht sich stets auf die segmentspezifische Konzeption als Ganzes, womit die DV-Unterstützung eingeschlossen ist. Besonders im Zeitraum unmittelbar nach der Anwendungsfreigabe muß nun darauf geachtet werden, daß die organistions- und systembezogenen Schulungsinhalte tatsächlich umgesetzt werden. Aus Sicht der Organisationsentwicklung ist mit der Realisierung der prozeß- und objektorientierten Organisationstruktur und der Inbetriebnahme des PPS-Systems der innovative Teil des Vorhabens abgeschlossen. Es folgt ein nahtloser Übergang zu kontinuierlichen organisatorischen Verbesserungen[156].

Aus dem Blickwinkel der DV-Unterstützung harmoniert diese Grundauffassung eines permanenten Wandels mit dem in Abschn. 3.2.3 „Vorgehensmodelle aus anderen Anwendungsbereichen" beschriebenen Kerngedanken des Prototyping. Demnach ist eine möglichst frühzeitige praktische Anwendung des Systems in seiner Umgebung anzustreben. Die weitere Ausgestaltung ist kontinuierlich anhand der gewonnenen Erkenntnisse und Erfahrungen vorzunehmen, wobei die Endbenutzer stets einbezogen sind. Somit wird die oben genannte erste Version der installierten segmentspezifischen PPS-Programme in der vorliegenden Untersuchung als Prototyp verstanden, der im Verlauf seiner Anwendung immer wieder durch Feinabstimmungen und Wartungsmaßnahmen (A33 in Abb. 44) verändert wird[157]. Wenn die im Pilotsegment gewonnenen Anwendungserfahrungen auch für die noch zu konfigurierende Software der übrigen Organisationseinheiten relevant sind, ergeben sich hilfreiche Synergieeffekte[158]. Gleiches gilt für die systemunabhängigen Erkenntnisse, welche zu Nachbesserungen bei den noch nicht angewendeten Ablaufregelungen anderer Segmente führen können.

Die hier angeführten Korrekturen des Prototyps der Software bleiben im Rahmen der vorhandenen Optionen zur Systemausgestaltung[159]. Freiheitsgrade der konfigurierten Standard-Software sind insbesondere durch die Programmparameter gegeben. So kann z. B. der Planungshorizont für die Produktionsprogrammplanung eingestellt oder der Algorithmus zur Berechnung

---

[156] Vgl. sinngemäß auch Kaucky (1988), S. 186 und S. 95ff., der für sein Rahmenwerk zum ‚Organisations Engineering' kein bestimmtes zeitlich begrenztes Projekt zugrunde legt, sondern von einer fortwährenden Änderungssituation ausgeht. Eversheim/Krumm/Heuser (1994), S. 59 sehen in der prozeßorientierte Reorganisation keinen einmaligen, sondern einen kontinuierlichen Vorgang.

[157] Die verschiedenen Balken für die Aktivität A33 im unteren Teil von Abb. 44 bringen zum Ausdruck, daß es im zeitlichen Ablauf neben den im Systemvertrag enthaltenen Wartungszyklen (schwarze Balken) auch etliche ungeplante Wartungs- und Abstimmungsmaßnahmen (gestreifte Balken) geben wird. Zur Differenzierung zwischen Wartungsmaßnahmen zur Fehlerbehebung und Abstimmungsaktivitäten zur Systempflege vgl. Abschn. 3.2.3 „Vorgehensmodelle aus anderen Anwendungsbereichen", S. 76.

[158] Vgl. sinngemäß auch Hamacher/Pape (1991), S. 118.

[159] Vgl. die Konfigurationsmittel in Tab. 25 dieses Abschnitts.

wirtschaftlicher Losgrößen ausgewechselt werden. Neben diesen datenverarbeitungsrelevanten Änderungen können ausgabewirksame Modifikationen der Programmoberflächen, Listen, Tabellen und Belege vorgenommen werden.

Ausgelöst werden die Wartungs- bzw. Abstimmungsmaßnahmen primär durch entsprechende Hinweise und Anregungen der Anwender. Vor diesem Hintergrund sind die Programmkorrekturen bedeutsam für die Akzeptanz des PPS-Systems. In der empirischen Untersuchung kam zum Ausdruck, daß neben einer vereinzelt fehlenden Grundbereitschaft zur Arbeit mit dem System vor allem bestimmte Leistungsmerkmale und Programmeigenschaften von den Anwendern kritisiert wurden.

Wartungs- und Feinabstimmungsinitiativen können auch vom Systemanbieter ausgehen, der z. B. einen Programmfehler festgestellt hat oder Erkenntnisse aus der Anwendung seiner Programme in anderen Unternehmungen verbreitet. Zugunsten kurzer Reaktionszeiten sollten Feinabstimmungen durch die Anwender selbst oder durch den Systembetreuer durchgeführt werden. Mit zunehmendem Bedienungskomfort der Systeme ist zu erwarten, daß der Systemlieferant die notwendigen Kenntnisse vermitteln kann und nur noch bei möglichen Programmfehlern selbst eingreift[160]. Wenn die Korrekturen direkt im vorhandenen System durchgeführt werden, entfällt das im Zuge der Unternehmungsbefragung häufig kritisierte Installieren neuer Programmversionen[161].

Über den iterativen Prozeß der Systemanwendung und -abstimmung hinaus ist im Rahmen der dritte Phase des Vorgehensmodells ein zusätzlicher Regelkreis erforderlich. Anwendungszäsuren umfassen die regelmäßige Fortschrittskontrolle der PPS-Systemeinführung sowie die Aufnahme der zu erwartenden, aber zeitlich und inhaltlich nicht vorbestimmten Veränderungsinitiativen[162]. Diese Initiativen beruhen insbesondere auf aktuellen Anforderungen, die aus unerwarteten Entwicklungen im Umfeld der Unternehmung oder neuen Ideen zur Auftragsabwicklung hervorgehen und nicht im Rahmen der bestehenden organisatorischen Regelungen realisierbar sind.

Eine weitere Ursache für nicht vorbestimmte Iterationen sind Vorschläge zur Anpassung der Software bzw. der systemtechnischen Ausstattung. Die entsprechenden Hinweise und Anregungen resultieren aus Anwendungserfahrungen, die aufgrund fehlender Systemoptionen nicht in eine geeignete Feinabstimmung umgesetzt werden konnten. Ebenso sind Angebote des Systemlieferanten für Hardware- und Software-Neuerungen als Initiative zu betrachten,

---

[160] Schotten (1994), o. S. weist darauf hin, daß einige Standard-PPS-Systeme bereits über geeignete Konfigurationswerkzeuge verfügen, mit denen selbständige Gestaltungsaktivitäten im Rahmen der in Tab. 25 genannten Möglichkeiten unterstützt werden. Dagegen wurde im Zuge der empirischen Untersuchung ermittelt, daß die Systemausgestaltung oft nur mit Hilfe des Systemlieferanten erfolgen konnte, vgl. Tab. 11 in Abschn. 2.3.1.
[161] Vgl. Tab. 12 in Abschn. 2.3.1.
[162] Die Differenzierung zwischen geplanten und ungeplanten Anwendungszäsuren wird im unteren Teil von Abb. 44 durch unterschiedliche Balken für die Aktivität A34 zum Ausdruck gebracht. Schwarze Balken markieren die regelmäßigen Fortschrittskontrollen.

6.4 Konzeptionsrealisierung, PPS-Systemimplementierung und Systemanwendung

deren Konsequenzen zu überprüfen sind[163]. In Abb. 47 werden die wesentlichen Aufgaben der Anwendungszäsur zunächst im Zusammenhang dargestellt. Der skizzierten Abfolge liegt zugrunde, daß die oben genannten Initiativen nur beurteilt werden können, wenn zuvor die notwendige Informationsbasis im Zuge der Fortschrittskontrolle (A341 in Abb. 47) aktualisiert wurde. Im Anschluß an periodische Fortschrittskontrollen ohne konkrete Initiative erfolgen nur dann weitere Schritte, wenn der aktuelle Zielerreichungsgrad korrigierende Handlungen erforderlich macht. In Abb. 48 wird die Aktivitätsfolge gezeigt, die zur Überprüfung des Zielerreichungsgrades dient.

Zunächst wird die Kostenübersicht aus der vorangegangenen Zäsur um die System- und Dienstleistungskosten ergänzt, die inzwischen entstanden sind (A3411 in Abb. 48). Während die PPS-Systemkosten anhand der Rechnungen nachvollziehbar sind, können die Aktivitätskosten nur in dem Maße zugeordnet werden, wie vorliegende Aufzeichnungen der beteiligten Mitarbeiter projektbezogene Tätigkeiten separat ausweisen. Sofern keine entsprechende Zeitaufschreibung stattgefunden hat, wird anhand des Implementierungsplans eine plausible Einschätzung vorgenommen.

Parallel zur Kostenbetrachtung ist zu kontrollieren, im welchem Umfang die zu diesem Zeitpunkt erwarteten Nutzeffekte zutreffend sind (A3412 in Abb. 48). Zu diesem Zweck werden zunächst die aktuellen Kennzahlen zum Personaleinsatz sowie den Beständen und der Termintreue ermittelt und mit den Erwartungswerten verglichen. Falls Leistungsmengenabweichungen in Form einer veränderten Erzeugnisgesamtmenge und/oder Kundenauftragsanzahl vorliegen, muß die prozentuale Veränderung mit den aktuellen Kennzahlen verrechnet werden. In grober Näherung erlaubt eine Erzeugnismengensteigerung im Betrachtungszeitraum von beispielsweise 15% einen um den gleichen Prozentsatz erhöhten durchschnittlichen Bestand auf jeder Bevorratungsebene. Im Hinblick auf die Termintreue und den Personaleinsatz ist die Anzahl Kundenaufträge der geeignete Maßstab für das Leistungsvolumen.

Weiterhin wird untersucht, inwieweit die geplanten Organisationsstrukturen inzwischen realisiert sind. Das zu den Aufzeichnungen des Nutzenmodells gehörende Prozeßmodell der Auftragsabwicklung wird zu diesem Zweck mit der derzeitigen Ablauforganisation verglichen. Im Sinne einer erneuten, aber verkürzten Erfassung des Istzustands werden mit Hilfe der Aufgabenträger solche Vorgänge oder Segmente in den graphischen Darstellungen markiert, die entgegen den Terminvorgaben des Implementierungsplans noch nicht in der geplanten Weise ablaufen. Ein typisches Beispiel sind manuell erstellte Listen, die von einzelnen Mitarbeitern weiterhin gepflegt werden, obwohl das neue PPS-System inzwischen entsprechende Datenauswertungen vornehmen kann. Die tatsächliche Aufgabenverteilung und Arbeitsweise wird separat dokumentiert.

---

[163] In Abschn. 6.3.3 „Wirtschaftlichkeitsbetrachtung und Entscheidungsfindung", S. 195 wurde ausgeführt, daß mit dem Systemvertrag sicherzustellen ist, daß kein versteckter Zwang zum Release-Wechsel besteht.

208 6 Vorgehensmodell für Auswahl, Einführung und Anwendung von PPS-Systemen

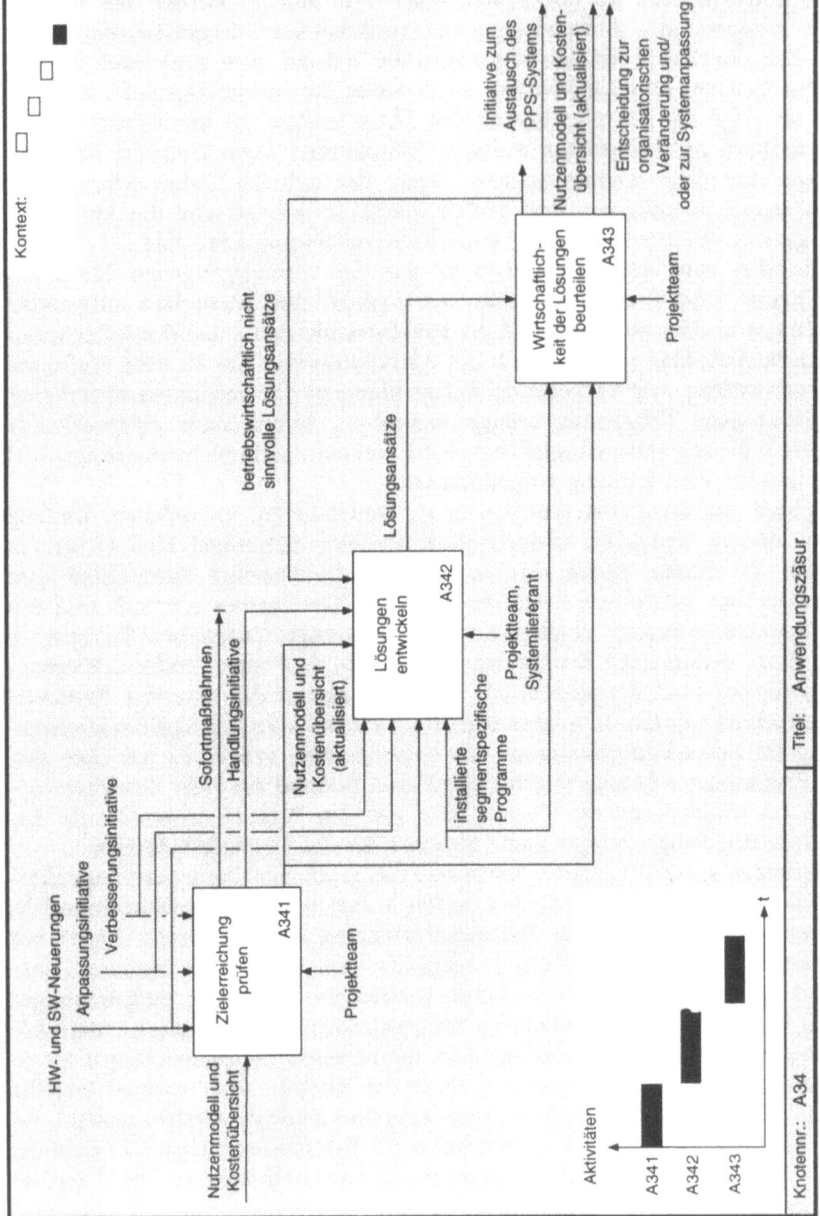

Abb. 47. SADT-Diagramm der Anwendungszäsur

6.4 Konzeptionsrealisierung, PPS-Systemimplementierung und Systemanwendung 209

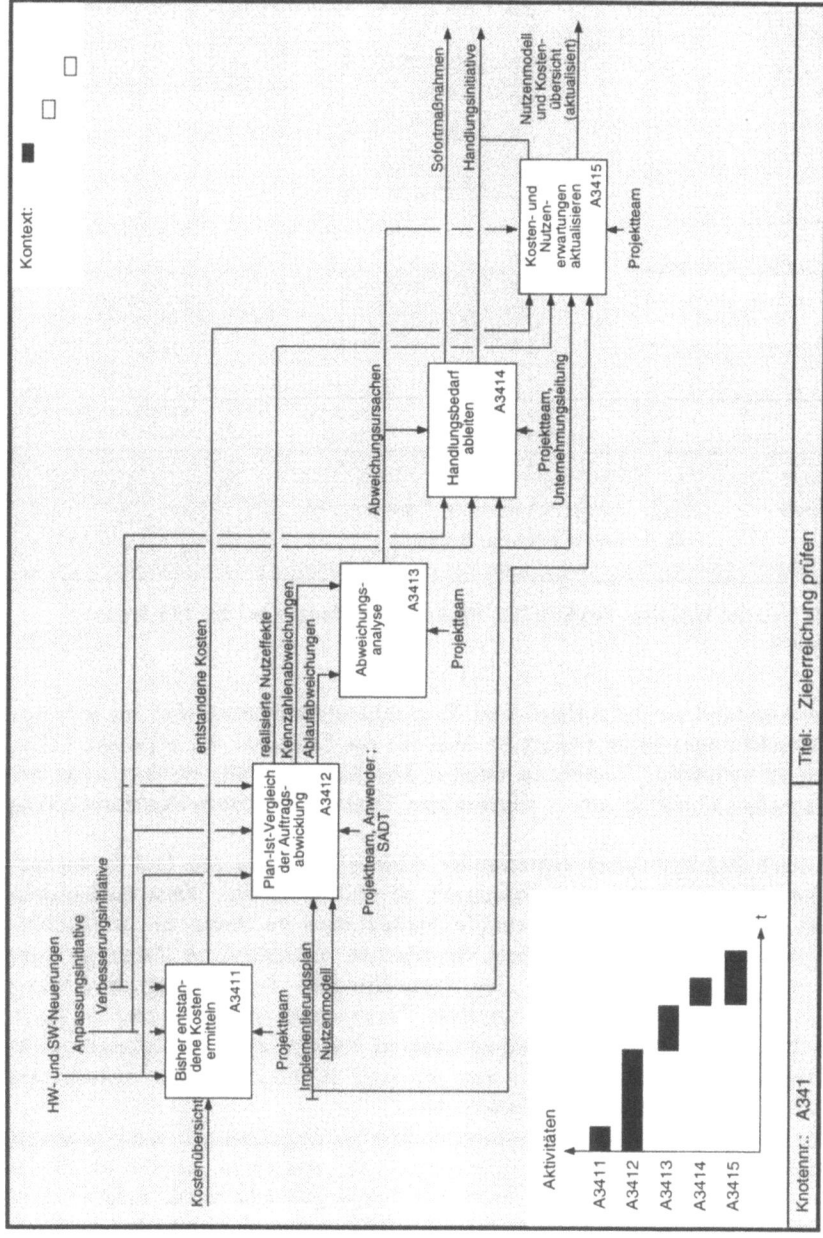

Abb. 48. *SADT*-Diagramm zur Kontrolle der Zielerreichung

210 6 Vorgehensmodell für Auswahl, Einführung und Anwendung von PPS-Systemen

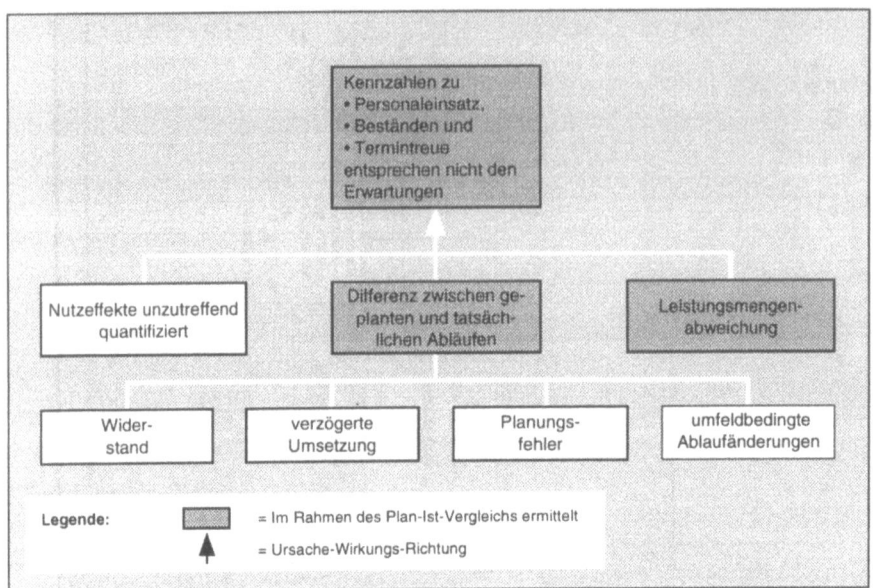

Abb. 49. Ursache-Wirkungs-Struktur für Ergebnisabweichungen bei der PPS-Systemeinführung

Im Anschluß an die Ablauf- und Kennzahlenbetrachtung sind im Rahmen der Abweichungsanalyse (A3413 in Abb. 48) die Ursachen für erkannte Differenzen zu ermitteln. In Abb. 49 werden Resultate des Plan-Ist-Vergleichs der Auftragsabwicklung in einen allgemeinen Ursache-Wirkungs-Zusammenhang gebracht.

Je nach den individuell zutreffenden Abweichungsursachen und deren spezifischen Hintergründen wird bestimmt, ob und in welcher Weise zu handeln ist (A3414 in Abb. 48). Korrigierende Maßnahmen im Sinne der Projektlenkung werden ad hoc entschieden. So machen offensichtliche Planungsfehler eine entsprechende Korrektur des Prozeßmodells der Auftragsabwicklung erforderlich. Dem Widerstand einzelner Personen kann beispielsweise durch einen Informationsbesuch bei einer anderen Unternehmung entgegengewirkt werden. Muster für andere Arbeitsweisen sind oft ein hilfreicher Anstoß, um Veränderungshemmungen zu überwinden.

Für vielschichtige oder folgenreiche Abweichungsursachen sind zunächst geeignete Lösungsansätze bzw. -alternativen zu entwickeln, so daß an dieser Stelle nur eine entsprechende Initiative hervorgebracht wird, sofern nicht bereits eine gleichlautende Veränderungs- oder Anpassungsinitiative vorliegt. Beispielsweise kann mit der Abweichungsanalyse ein Wandel im Abrufverhalten der Kunden festgestellt werden, woraufhin die bisher vorgesehene Bevorratungsweise zu überdenken ist.

Darüber hinaus werden die erkannten Abweichungsursachen gemeinsam mit den Erkenntnissen über die bisher entstandenen Kosten und Nutzeffekte zum Anlaß genommen, das Wirtschaftlichkeitspotential des Vorhabens neu zu

6.4 Konzeptionsrealisierung, PPS-Systemimplementierung und Systemanwendung

berechnen (A3415 in Abb. 48). Dabei ist das Abbild der bereits entstandenen Kosten zunächst durch die kalkulatorischen Kosten zu vervollständigen, die sich aus den periodenbezogenen Beträgen der tatsächlichen Kosten und realisierten Nutzeffekte ableiten lassen. Anschließend wird anhand der entstandenen Kosten und des aktuellen Implementierungsplans geprüft, ob die umfangs- und zeitbezogenen Erwartungen für den verbleibenden Betrachtungszeitraum noch zutreffen. Entsprechendes gilt für die in Aussicht gestellten Nutzeffekte. Hier kann es z. B. notwendig sein, die Einschätzungen zur Wirksamkeit der ablauforganisatorischen Verbesserungen im Hinblick auf die Termintreue zu korrigieren, wenn für das Pilotsegment eine (positive oder negative) Zielabweichung festgestellt wurde. Ebenso können Projektverzögerungen dazu führen, daß bestimmte Personaleinsatzverringerungen erst in einer nachfolgenden Periode stattfinden.

Weiterhin ist zu prüfen, ob die verschiedenen Bewertungssätze noch gültig sind. So wird der Wert pro Verzugstag über die Dauer des Vorhabens tendenziell steigen, da im Zuge des weiter zunehmenden Wettbewerbsdrucks von einer größeren Abnahmeverweigerungsbereitschaft der Kunden auszugehen ist[164]. Abschließend ist der Zinssatz für das bereitzustellende Kapital festzulegen, um die kalkulatorischen Kosten in den noch folgenden Perioden des Betrachtungszeitraums zu errechnen. Mit einer erneuten dynamischen Amortisationsrechnung wird dann ermittelt, ob sich das Wirtschaftlichkeitspotential des Vorhabens – zum Ausdruck gebracht durch die zu erwartende Rückflußdauer des eingesetzten Kapitals – aufgrund der Erkenntnisse im Rahmen der Fortschrittskontrolle verändert hat. Das Resultat kann wiederum Anlaß für eine Initiative sein, etwa zur Einschränkung des Vorhabens auf die bisher durch das neue PPS-System unterstützten Segmente der Unternehmung.

Jede der oben genannten Initiativen ist zunächst als Anregung aufzufassen, die im Anschluß an die Fortschrittskontrolle – also basierend auf den aktuellen Erkenntnissen zum Stand des Gesamtvorhabens – in einen konkreten Lösungsansatz bzw. mehrere Lösungsalternativen umzusetzen ist (A342 in Abb. 47). Dabei wird die Lücke zwischen dem angestrebten und dem erreichten Zustand die Tragweite der zu definierenden Lösungen beeinflussen[165]. Die Lösungsansätze müssen so weit detailliert werden, daß überprüft werden kann, ob die zugrunde liegende Initiative betriebswirtschaftlich sinnvoll ist. Jede Initiative muß für sich genommen ein hinreichendes Wirtschaftlichkeitspotential bieten[166]. Anderenfalls sollte auf die daraus resultierende organisatorische Veränderung und/oder Systemanpassung verzichtet werden. In Abb. 50 wird die Schrittfolge zur Wirtschaftlichkeitsbeurteilung von Initiativen graphisch dargestellt.

---

[164] Zur Zusammensetzung des Wertes pro Verzugstag vgl. die Ausführungen in Abschn. 4.3, S. 112.

[165] Analog hängt der Zeitbedarf zum Entwickeln der Lösungsansätze stark von der Art der Initiative ab, so daß der Balken für die Aktivität A342 in Abb. 47 keine gerade Abschlußkante hat.

[166] Vgl. auch die in Abschn. 4.1 „Aktionsraum der Wirtschaftlichkeitsanalyse", S. 93 zitierten Ausführungen von Droste zur Wirtschaftlichkeitsbetrachtung nach der Systemauswahl.

212 6 Vorgehensmodell für Auswahl, Einführung und Anwendung von PPS-Systemen

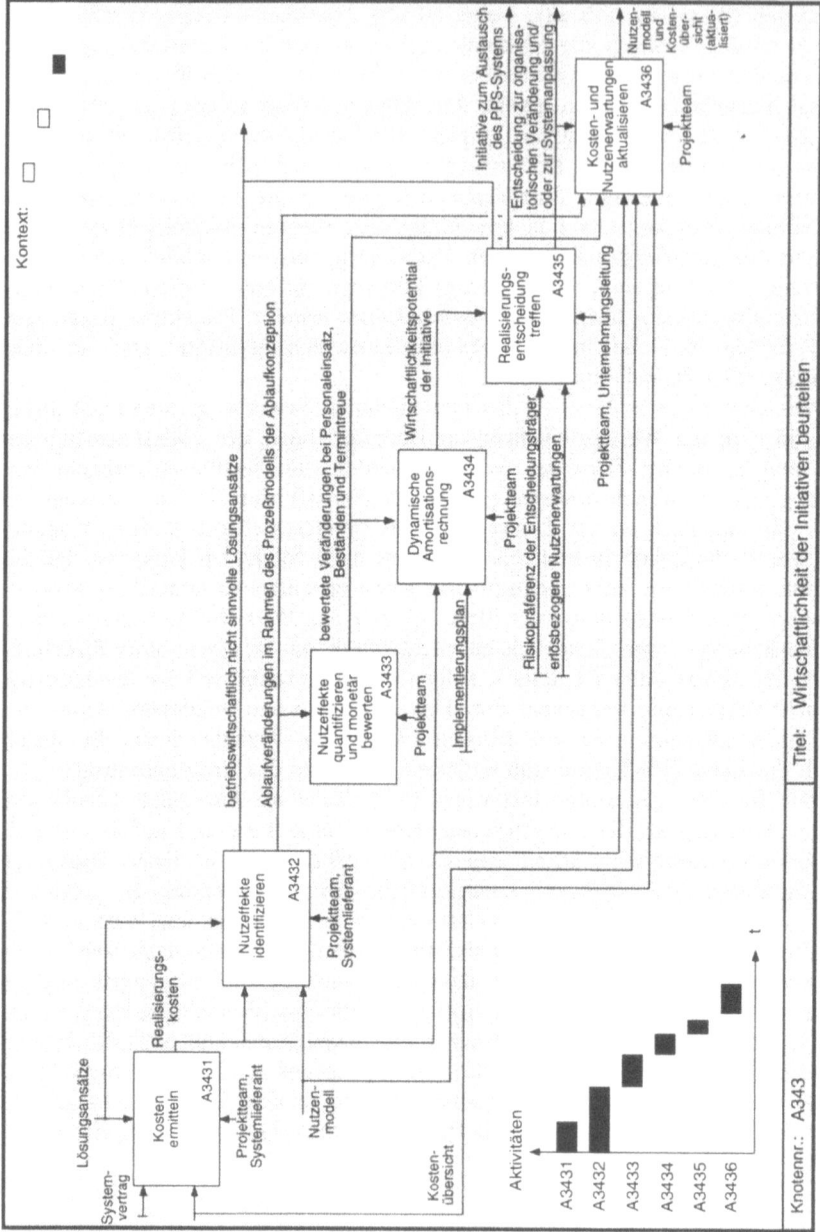

Abb. 50. *SADT*-Diagramm zur Wirtschaftlichkeitsbeurteilung von Initiativen

6.4 Konzeptionsrealisierung, PPS-Systemimplementierung und Systemanwendung

Es wird deutlich, daß die Aktivitäten weitgehend denen zur Wirtschaftlichkeitsbetrachtung des Gesamtvorhaben entsprechen, hier jedoch beschränkt auf spezifische Modifikationen. Für die mit der Initiative verbundenen Aktivitätskosten bietet die vorhandene Kostenübersicht oft geeignete Vergleichswerte (A3431 in Abb. 50). Mögliche Systemkosten sind vom Systemlieferanten in Form eines Angebotes fixiert und basieren auf den im Systemvertrag enthaltenen Konditionen. Die Nutzeffekte der Lösungsansätze werden anhand des Prozeßmodells der Auftragsabwicklung transparent gemacht (A3432 in Abb. 50). Dabei kann es erforderlich werden, einzelne Vorgänge des Modells weiter als bisher zu detaillieren. Es ist wahrscheinlich, daß einige Lösungsansätze bereits an dieser Stelle als betriebswirtschaftlich nicht sinnvoll erkannt werden, so daß die nachfolgende Quantifizierung und Bewertung der Nutzeffekte (A3433 in Abb. 50) entfällt.

Zu quantifizieren und zu bewerten sind die Auswirkungen der Initiative auf die in Abschn. 4.3 „Konsequenzen für das weitere Vorgehen" herausgearbeiteten, direkt kostenwirksamen Nutzengrößen. Anschließend werden die Realisierungskosten sowie die Nutzeffekte den jeweiligen Ein- und Auszahlungsperioden zugeordnet, um die Amortisationsdauer für das erforderliche Kapital zu berechnen (A3434 in Abb. 50). Das durch die Amortisationsdauer zum Ausdruck gebrachte Wirtschaftlichkeitspotential bestimmt gemeinsam mit der individuellen Risikobereitschaft der Entscheidungsträger das weitere Vorgehen (A3435 in Abb. 50)[167].

Organisatorische Lösungsansätze mit geringen Kosten haben bei dieser Vorgehensweise eine vergleichsweise große Chance, umgesetzt zu werden. Software-Anpassungen, Hardware-Erweiterungen oder ein Release-Wechsel werden dagegen nur dann akzeptiert, wenn die entstehenden Kosten der Systempflege mit deutlichen Vorteilen für den Prozeß der Auftragsabwicklung verbunden sind. Damit wird auch überzogenen Anforderungen der Benutzer an die EDV entgegengewirkt.

Betriebswirtschaftlich nicht sinnvolle bzw. risikoreiche Lösungsansätze sind noch einmal zu überdenken. Es kann z. B. gemeinsam mit dem Systemlieferanten geprüft werden, ob anstelle eines Release-Wechsels einzelne Verbesserungen der vorhandenen Programme möglich sind[168].

Nach der Entscheidung für eine organisatorische Veränderung und/oder eine Systemanpassung wird das Prozeßmodell der Ablaufkonzeption entsprechend aktualisiert. Die ermittelten Konsequenzen der Initiative sind in die Kostenübersicht sowie in das Nutzenmodell des Gesamtvorhabens einzubringen (A3436 in Abb. 50). Dabei wird auch die zu erwartende Amortisationsdauer für das insgesamt eingesetzte Kapital neu errechnet. Die derart fortgeschriebenen und ergänzten Ausarbeitungen dienen als Vorlage zur Realisierung und sind für weitere Anwendungszäsuren nutzbar.

Um die beschlossenen Maßnahmen umzusetzen, wird der in Abb. 45 dargestellte Vorgang zur organisatorischen und technischen Implementierung er-

---

[167] Vgl. die entsprechenden Ausführungen in Abschn. 6.3.3, insbesondere Abb. 43.
[168] Vgl. in Abb. 47 die Schleife von Aktivität A343 zurück zu A342.

neut ausgeführt. Bei rein organisatorischen Veränderungen genügen im allgemeinen entsprechende Qualifizierungs- bzw. Schulungsmaßnahmen (A311 in Abb. 45). In den übrigen Fällen werden auch die systembezogenen Aktivitäten einbezogen, wobei je nach Art der Anpassung einzelne Schritte nur einen kurzen Zeitraum in Anspruch nehmen oder ganz entfallen. Zum Abschluß des Vorgangs wird eine neue Programmversion zur Anwendung freigegeben[169].

Mit Blick auf die Häufigkeit der genannten Initiativen ist zu beachten, daß für die Zukunft eine wachsende Dynamik der organisatorischen Entwicklung zu erwarten ist. Während bisher galt, daß die EDV-Konzepte gegenüber den betriebswirtschaftlich-organisatorischen Lösungen schneller veralten[170], wird sich das Erneuerungsverhältnis künftig einander annähern. In Abschn. 1.1 „Problemstellung" wurde skizziert, daß die Unternehmungen in einen umfassenden Prozeß des strukturellen Wandels eingebunden sind, der die technischen, wirtschaftlichen und sozialen Einflußgrößen verändert. Es besteht eine allgemeine Tendenz zu differenzierteren Kundenbedürfnissen, einer kürzeren Lebensdauer der Erzeugnisse sowie einem erweiterten und lebhaften Wettbewerb auf internationalen Absatz- und Beschaffungsmärkten. Daher wird sich der Kreislauf aus neuen Anforderungen und organisatorischen Auswirkungen in zunehmend kürzeren Abständen wiederholen, wenn die Unternehmungen marktnah und konkurrenzfähig bleiben wollen. Hinzu kommen umfeldunabhängige Veränderungen aus unternehmungsinternen Überlegungen[171]. Folglich kann der von Kern zitierte, verständliche Wunsch nach Stabilität einer geschaffenen Struktur immer weniger berücksichtigt werden[172]. Allerdings bieten objektorientierte Organisationsstrukturen den Vorteil, daß etliche Veränderungen von vornherein auf ein bestimmtes Segment der Unternehmung begrenzt sind. Damit werden die Auswirkungen überschaubar und können leichter bewältigt werden. Den möglichen Reibungsverlusten in Form von Mißverständnissen und dem Befolgen überholter Regeln[173] muß beim Übergang zur jeweils nächsten Ordnung durch zeitlich gut plazierte Änderungsinformationen und koordinierte Schulungsaktivitäten begegnet werden.

Bedingt durch den vielfach wiederholten Zyklus für kontinuierliche organisatorisch-technische Verbesserungen hat der temporäre Zustand des Gesamtsystems eine kurze Lebenserwartung[174]. Die unternehmungsspezifische Nutzungsdauer des PPS-Systems endet allerdings erst mit dem Austausch gegen eine neue Software. Dazu kommt es, wenn innovative Lösungsansätze zu-

---

[169] Nach dem derzeitigen Stand der Programmtechnik ist davon auszugehen, daß Anpassungen von Standard-Software im Sinne der hier zugrunde gelegten Definition durch den Systemlieferanten durchgeführt werden. Zum Ideal einer selbständigen Adaption der Software durch entsprechend qualifizierte Benutzer vgl. Haaks (1992), S. 55 und S. 176 sowie die dort angegebene Literatur.
[170] Vgl. Scheer (1991a), S. 4f. ebenso wie Kaucky (1988), S. 134 und die dort genannte Literatur.
[171] Zu den Ausgangspunkten für ablaufrelevante Veränderungen vgl. auch Abb. 4 in Abschn. 2.1.3 „Betrachtungsrahmen und Vorgehensweise der eigenen Befragung".
[172] Vgl. Kern (1992), S. 254 und die dort angegebene Literatur.
[173] Vgl. Kern (1992), S. 254.
[174] Vgl. auch Kaucky (1988), S. 126.

nächst an den ökonomischen Grenzen der Ausbaufähigkeit für die Hardware und/oder Software scheitern, aber dennoch weiter zu verfolgen sind. Eine daraus resultierende Initiative zum Austausch des PPS-Systems durchläuft stets die Initialphase, um das Vorhaben sinnvoll in den strategisch orientierten Maßnahmenplan einzuordnen[175]. Der Handlungsauftrag zur Auswahl und Einführung eines neuen Systems ist erneut mit gravierenden organisatorischen Verbesserungen zu verbinden, damit dem notwendigen Kapitaleinsatz adäquate Nutzeffekte gegenüberstehen. Die endgültige Entscheidung zum wiederholten Systemaustausch fällt schließlich im Rahmen der Zäsur zum Abschluß der Konzeptions- und Auswahlphase.

---

[175] Vgl. die Ausführungen im Zusammenhang mit Abb. 28 in Abschn. 6.2.

7 Folgerungen aus der Vorgehenskonzeption für die Gestalt der Standard-Software zur PPS

7.1
Struktur- und Profildifferenzen

An einzelnen Stellen der in Kapitel 6 dargestellten Vorgehenskonzeption haben sich Dissonanzen zwischen den Anforderungen an PPS-Systeme und deren Eigenschaften gezeigt. Der segmentspezifischen, einfachen Ablaufkonzeption nach Abschn. 6.3.1 „Errichten der Konzeption für eine prozeß- und objektorientierte Organisationsstruktur" stehen meist umfangreiche PPS-Systeme gegenüber, die in Funktionsmodule unterteilt sind. Darüber hinaus wurden die hohen Ansprüche deutlich, die insbesondere nach der Inbetriebnahme an die Anpassungsfähigkeit der Software gestellt werden müssen. Für die Wirtschaftlichkeit des PPS-Systems und die Effizienz des Auftragsabwicklungsprozesses ist es unabdingbar, daß die dynamische Entwicklung der intern und extern begründeten Anforderungen an die Systemunterstützung das PPS-System nicht vorschnell veralten lassen. Der in Abschn. 6.4 „Konzeptionsrealisierung, PPS-Systemimplementierung und Systemanwendung" erläuterte gleitende Übergang von der organisatorischen Umstrukturierung zu kontinuierlichen Ablaufverbesserungen muß durch ein flexibles EDV-System mitgetragen werden. Dagegen setzt die PPS-Software im allgemeinen bestimmte Arbeitsabläufe voraus, womit die organisatorischen Gestaltungsspielräume für die Auftragsabwicklung eingeschränkt sind. In Abb. 51 wird der Strukturunterschied zwischen der funktional gegliederten PPS-Software und den prozeß- und objektorientierten Unternehmungssegmenten skizziert. Darüber hinaus werden die genannten Profilgegensätze verdichtet.

Vor diesem Hintergrund ist es die Zielsetzung dieses Kapitels, einen Ausblick hinsichtlich einer adäquaten Struktur der PPS-Software zu geben. Anschließend werden aus den Betrachtungen weiterführende Forschungsaufgaben abgeleitet.

Zunächst gilt es, die bereits in den vorausgegangenen Abschnitten punktuell skizzierten Auswirkungen der in Abb. 51 dargestellten Strukturunterschiede noch einmal zusammenhängend zu verdeutlichen: Die funktional orientierte Teilung der klassischen PPS-Systeme bewirkt, daß die in Industrieunternehmungen durchzuführenden Funktionen jeweils für alle Produkte in gleicher Weise vollzogen werden[1]. Für den Prozeß der Auftragsabwicklung folgt dar-

---

[1] Vgl. Scheer (1991a), S. 9 und derselbe (1991b), S. 15.

7.1 Struktur- und Profildifferenzen 217

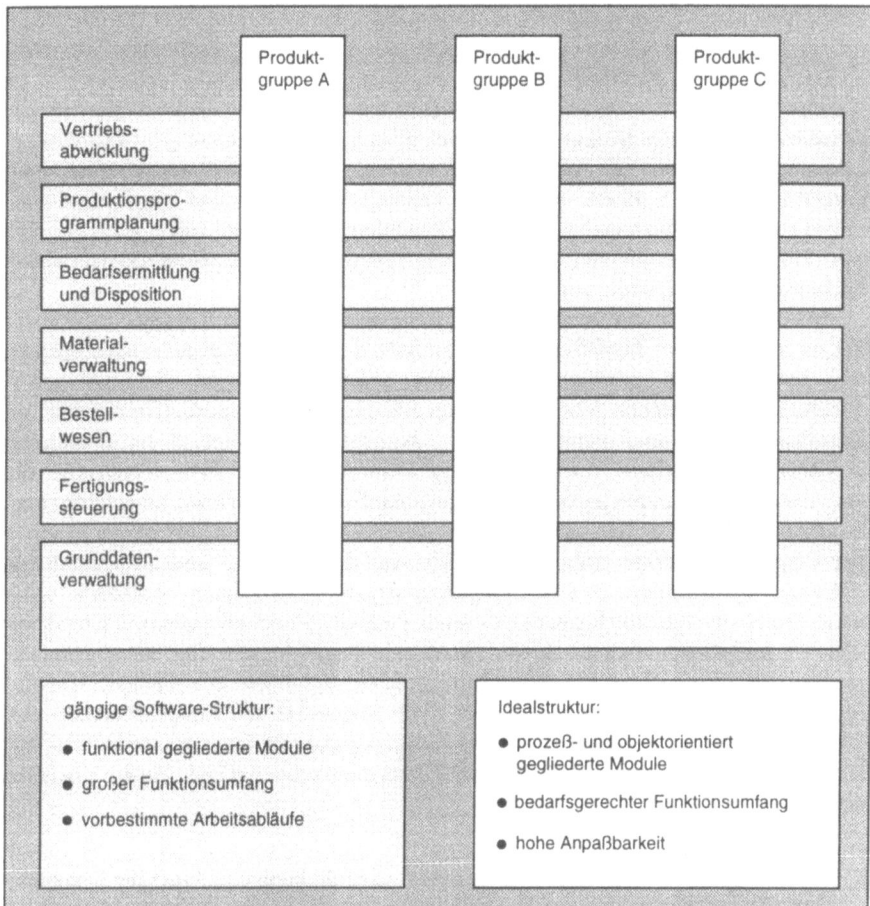

Abb. 51. Vergleich der Software-Struktur von PPS-Systemen mit den software-relevanten Strukturgrundsätzen aus der Vorgehenskonzeption[a]

aus, daß die Erzeugnisse mit den umfangreichsten funktionalen Anforderungen den Ablauf bestimmen. Wenn die im Programm vorgesehenen Arbeitsabläufe aufgrund der Tiefenexpansion noch komplizierter sind und geeignete Konfigurationsmöglichkeiten für vereinfachte Funktionsfolgen fehlen[2], wird die Auftragsabwicklung sogar unnötig erschwert. Ein verkürzter Ablauf – im

---

[a] Die Gliederung der Funktionsmodule entspricht der Anordnung im rechten Teil von Abb. 2 in Abschn. 2.1.1 „Begriffsbestimmungen". Zugunsten der Übersichtlichkeit sind hier weitgehend autonome Produktsparten skizziert. Daher werden keine EDV-gestützten Querschnittsfunktionen im Sinne der in Abschn. 5.4.2 „Objektorientierte Aufbauorganisation", S. 138 ausgeführten Optionen dargestellt.

[2] Eine Übersicht zu den Konfigurationsmöglichkeiten für Standard-Software gibt Tab. 25 in Abschn. 6.4.

Extremfall etwa für einzelne Produktionsleistungen im Zuge der Kooperation mit anderen Unternehmungen, die keine nennenswerten Aktivitäten zur Vertriebsabwicklung, Materialbestellung und Produktionsplanung erfordern – ist üblicherweise nicht vorgesehen[3]. Weiterhin sind die in der empirischen Studie ermittelten geringen Nutzungsgrade der eingekauften Software-Funktionen im Zusammenhang mit der auf den schwierigsten Sonderfall ausgelegten Programmstruktur zu sehen. Besonders kritisch wirkt sich das zumindest partielle Funktionsüberangebot auf die Datenbereitstellungs- und -pflegekosten aus. Für den Systembetrieb werden Daten benötigt, die anwenderseitig weder vorhanden noch gewollt sind[4].

Im Hinblick auf die Anpaßbarkeit der Software machen bereits die in der Praxis festgestellten Modifikationen deutlich, daß die verfügbaren Konfigurations- bzw. Anpassungshilfsmittel oft nicht ausreichen[5]. Durch die oben geforderten kontinuierlichen Verbesserungen während des Systembetriebs wird der Handlungsbedarf noch verstärkt. Hinzu kommt, daß die derzeit hauptsächlich in Form von Masken- und Formulargeneratoren sowie Parametern für die Feinabstimmung bereitgestellten Gestaltungsfreiräume primär oberflächenrelevant sind, also an den ‚Außenseiten' der Software liegen. Die Anpaßbarkeit der Programme sollte sich jedoch nicht auf die Auswahl und Ausgestaltung einzelner Funktionen bzw. Funktionsgruppen beschränken, sondern auch neue Funktionsverknüpfungen zu einem einfachen und effizienten Prozeß zulassen[6]. Außerdem wirken die Anpassungshilfsmittel nicht den oben genannten Konsequenzen des Funktionsüberangebotes entgegen. Die Vielzahl der Parameter unterdrückt zwar gegenüber dem Anwender die Kompliziertheit der Software, die programminternen Wirkungszusammenhänge unterschiedlicher Parameter-Einstellungen sind für den Systembetreuer jedoch kaum noch zu übersehen[7].

---

[3] Vgl. die primär auf den Produktionsbereich und die Fertigungssteuerung bezogenen Aussagen von Hamacher/Pape bzw. Fandel/François/Gubitz und Kurbel in Abschn. 6.3.2 „Vorauswahl des PPS-Systems", wonach ein einheitliches PPS-System nur einen Teilbereich der heterogenen Organisationsstrukturen befriedigend abdeckt. Weitere Beispiele für unterschiedliche Auftragsabwicklungsprozesse in ein und derselben Unternehmung werden von Schomburg (1994), o. S. in Form von Auftragsklassen skizziert, die jeweils andersartige Laufwege haben.

[4] Vgl. Stein (1993), S. 50 sowie die Ausführungen in Abschn. 2.5 „Verdichten der Erkenntnisse zu einem Anforderungsrahmen für die Auswahl und Einführung von PPS-Systemen", S. 65f.

[5] Zur Differenzierung zwischen Konfigurationsmaßnahmen im Rahmen der vorhandenen Anpassungshilfsmittel und Software-Anpassungen vgl. Abschn. 2.3.1 „Implementierungsaufgaben und -probleme", S. 41ff.

[6] Vgl. sinngemäß auch Haaks (1992), S. 63, demzufolge Anpassungen der Benutzeroberfläche nicht den Anpassungsbedarf bei der Arbeitsteilung zwischen Mensch und Maschine berücksichtigen.

[7] Vgl. sinngemäß auch Mertens/Helmer/Rose/Wedel (1989), S. 22 und die dort genannte Literatur. Darüber hinaus zeigen die Autoren am Beispiel eines bestimmten PPS-Systems einige Programmstellen „... mit quasi verstecktem parametrischen Einfluß, bei denen durch Variation logisch voneinander abhängiger Datenfelder beabsichtigte oder unbeabsichtigte Auswirkungen auf Planungsergebnisse entstehen", ebd. S. 23f.

7.2
Lösungsansätze im Rahmen der bestehenden Gestaltungsmöglichkeiten

Die Systemanbieter begegnen diesen Problemfeldern mit verschiedenen Ansätzen, die auch parallel verfolgt werden. An erster Stelle sind hier Bestrebungen zu nennen, die Standard-Software auf die erwarteten Anforderungen einer bestimmten Branche auszurichten[8]. Eine reduzierte oder zumindest gleichbleibende Vielschichtigkeit der Software ist bei dieser Maßnahme allerdings nur dann gegeben, wenn die branchenspezifischen Funktionen an die Stelle von anderen branchenunspezifischen Programmstrukturen treten. Dagegen wird die oben genannte Problematik des Funktionsüberhangs eher verstärkt, wenn die bisherige Standard-Software lediglich um einige Modul-Optionen ergänzt wird. Die funktionale Gliederungsweise der Module sowie ihre Anpaßbarkeit werden durch den Branchenbezug der Software nicht beeinflußt[9].

Zum Aspekt der produktgruppenspezifischen Ablaufkonzeption bieten einzelne ‚mandantenfähige' PPS-Systeme eine gewisse Unterstützung. Als Mandant wird nach Scheer eine Organisationseinheit auf der höchsten Unternehmungsebene bezeichnet. Dieser Organisationseinheit sind juristisch und organisatorisch eigenständige Teilnehmer am System mit jeweils eigenen Buchungskreisen untergeordnet[10]. Ursprünglich wurde diese Lösung für den Bereich der Finanzbuchhaltung formuliert. Der Ansatz läßt sich auf die PPS-Software übertragen, indem die verschiedenen Produktgruppen als Mandanten aufgefaßt werden. Damit können zumindest im Bereich der Stamm- und Strukturdaten segmentspezifische Unterschiede realisiert werden, ohne daß aus Sicht des Systems eine unvollständige Datenbasis vorliegt. Da die in Abb. 51 dargestellten Strukturmerkmale der gängigen Software lediglich überlagert werden und somit unverändert bleiben, stellt dieser Ansatz allenfalls eine Behelfslösung dar.

Ein naheliegender Lösungsweg besteht darin, für jedes Segment ein separates und individuell konfiguriertes PPS-System zu implementieren[11]. Soweit es sich dabei um die Programme ein und desselben Systemlieferanten handelt, kann durch geeignete Lizenzvereinbarungen erreicht werden, daß sich die zusätzlichen Anschaffungskosten weitgehend auf redundante Hardware-Komponenten beschränken. Als Nachteil dieser Lösung gilt die größere Anzahl

---

[8] Erste CIM-bezogene Erwartungen in diese Richtung bringen Köhl/Esser/Kemmner (1989), S. 15 zum Ausdruck. Konkret auf das jeweils angebotene PPS-System bezieht sich die entsprechende Aussage von Sengen (1993), S. 5 sowie die von Möckesch (1993), o. S. skizzierte Differenzierungsstrategie eines Software-Herstellers mit vergleichsweise großem Marktanteil.

[9] Somit kann der Auffassung von Mattheis (1993), S. 169 nicht gefolgt werden, wonach die mangelnde Anpaßbarkeit von Standard-Software durch den Branchenbezug und die Parametrisierung wettgemacht wird.

[10] Vgl. Scheer (1994), S. 632.

[11] Vgl. Schomburg (1991), S. 53ff. Kemmner (1991a), S. 17 bezeichnet diesen Ansatz als multiplikative Dezentralisierung.

Schnittstellen zu angrenzenden *CIM*-Komponenten[12]. Wenn rechnergestützte Querschnittsfunktionen zwischen den Segmenten zu verwirklichen sind, wird die Zahl der systemübergreifenden Verbindungen weiter erhöht. Im Hinblick auf die Strukturmerkmale in Abb. 51 ist festzuhalten, daß die segmentspezifische Systemausgestaltung jeweils aus dem vollständigen Funktionsumfang der Software heraus vorgenommen wird. Daraus folgt, daß sich der Nutzungsgrad der Funktionen insgesamt weiter verringert. Anstelle eines bedarfsgerechten Funktionsumfangs wird der Funktionsüberhang noch verstärkt. Außerdem bietet die Implementierung mehrerer PPS-Systeme keine Verbesserung in bezug auf die geforderte Anpaßbarkeit.

Eine weitere Alternative zur segmentspezifischen Systemausgestaltung besteht in Form einer Konfiguration, bei der die Programmbausteine für Basisfunktionen von allen Segmenten genutzt werden, während die übrigen Funktionen individuell für jede Produktsparte konfiguriert werden[13]. Entsprechend dieser Differenzierung sind die Funktionen auf ein Zentralsystem und mehrere Subsysteme verteilt[14]. Auf Seiten der Hardware korrespondiert dieses Verfahren mit dem Client-Server-Konzept. Der Vorteil des Verfahrens gegenüber der Implementierung separater PPS-Systeme ist insbesondere in der geringeren Anzahl systemübergreifender Schnittstellen zu sehen. Dies gilt umso mehr, wenn mögliche Querschnittsfunktionen als zentrale Basisfunktionen realisiert werden. Sofern es sich nicht um branchenspezifische Programme handelt, erfolgt die Konfiguration der segmentspezifischen Bausteine allerdings noch immer aus einem großen Funktionsangebot heraus, so daß dieses Strukturmerkmal bestehen bleibt. Ebensowenig werden weiterführende Optionen zur Anpaßbarkeit der Software mit diesem Dezentralisierungsansatz in Verbindung gebracht.

Deutlich verbesserte Modifikationsmöglichkeiten werden erst mit den sog. ‚offenen' PPS-Systemen erreicht. Prinzip dieses Ansatzes ist es, in einem PPS-Systemkern lediglich die grundlegenden Funktionen bereitzustellen, während alle weiteren Funktionen mit Hilfe geeigneter Werkzeuge anwendungsspezifisch generiert werden[15]. Damit werden die bisher primär zur Oberflächengestaltung eingesetzten Endbenutzersprachen und Programmgeneratoren nun auch zur Entwicklung von Programmfunktionen verwendet. Chen/Geitner haben ermittelt, daß im Winter 1992/93 bereits 15% der PPS-Systemanbieter sog.

---

[12] Vgl. Schomburg (1991), S. 58.
[13] Vgl. Scheer (1991b), S. 19. Eine typische Basisfunktion ist die Grunddatenverwaltung.
[14] Vgl. Kemmner (1991), S. 17 und S. 22, der in diesem Zusammenhang von einer segmentiven Dezentralisierung spricht. Allerdings zeigt das Fallbeispiel des Autors, daß dieser nicht von Segmenten mit unterschiedlichen Funktionen ausgeht. Stattdessen werden jeweils aufeinander aufbauende Funktionen aus dem zentralen System herausgenommen und auf verschiedene Subsysteme ausgelagert. Damit liegt nach wie vor eine funktionale Gliederung der Software-Struktur vor, ebd. S. 155f.
[15] Vgl. Grünewald/Schotten (1993), S. 1 ebenso wie Schotten/Vogeler (1994), S. 52f. Unter der Bezeichnung ‚Enabler' wurde von der Fa. IBM bereits Ende der 80er Jahre ein entsprechendes Konzept für Anwendungs-Software im Bereich der Fertigungssteuerung entwickelt, vgl. Scheer (1990), S. 142f.

CASE-Werkzeuge zur Anpassung ihrer Software vorweisen[16]. Durch die individuelle Programmgestaltung ist es nicht mehr erforderlich, im Rahmen der Standard-Software alle denkbaren Möglichkeiten zu berücksichtigen. In Verbindung mit der eben erläuterten Dezentralisierung besteht die Aussicht, für jedes Segment ein bedarfsgerechtes Subsystem zu realisieren. Die dafür notwendigen Entwicklungsvorgaben liegen in Form der Ablaufkonzeption vor. Den Ausführungen in Abschn. 6.3.1 folgend wird es sich um einfache Ablaufstrukturen handeln. Damit spiegelt sich bei offenen dezentralen PPS-Systemen die Vereinfachungen auch in der Software-Struktur wider. Zudem wirken sich die einfachen organisatorischen Lösungen positiv auf die Entwicklungskosten vor der ersten Inbetriebnahme sowie die Kosten für nachfolgende Anpassungen aus. Darüber hinaus können die zeitlichen Abstände zwischen den Release-Wechseln ausgedehnt werden. Da sich die Standard-Software auf den Systemkern beschränkt, erfolgt der Übergang auf eine neue Grundversion nur noch bei basiswirksamen Hardware- und/oder Software-Neuerungen.

7.3
Objektorientierter Ansatz zur PPS-Systemgestaltung

Um die dezentralen und individuell gestalteten PPS-Systeme vollständig – also auch im Bereich der Basisfunktionen und Grunddaten – auf unterschiedliche Segmente auszurichten, bietet sich eine objektorientierte Systemgestaltung an. Der objektorientierte Ansatz wurde ursprünglich als Programmierverfahren entwickelt und nachfolgend auf die Gestaltung von Informationssystemen übertragen[17]. Nach Schäfer hat man Programmsysteme bisher entwickelt, indem Funktionsgebilde in Prozeduren und Module aufgelöst wurden. Die Grundidee des objektorientierten Ansatzes ist es, das jeweilige System in Klassen zu gliedern, die jeweils ähnliche Objekte zusammenfassen. Jede Objektklasse umfaßt im allgemeinen mehrere Subklassen[18]. Ein tatsächlich existierendes Objekt wird als Instanz bezeichnet[19]. Dabei entsprechen die Objekte in der Software meist direkt den Objekten des Problembereiches[20]. Bezogen auf den Anwendungsbereich der PPS ist also eine Strukturierung der Software möglich, die den Gliederungskriterien für die objektorientierte Aufbauorganisation entspricht. Den Ausführungen in Abschn. 5.4.2 folgend wird im allgemeinen eine Einteilung in Produktgruppen vorgenommen.

Den Objekten sind sowohl Funktionen als auch Attribute, d.h. vorbereitete Felder für bestimmte Datenausprägungen zugeordnet, die nach dem Prinzip der Vererbung innerhalb der Objekthierarchie zunächst automatisch von der jeweiligen Oberklasse zu allen darunter liegenden Ebenen übertragen wer-

---

[16] Dabei wurden 129 Systemanbieter befragt, vgl. Chen/Geitner (1993), S. 52 und S. 58.
[17] Vgl. Doumeingts/Chen (1992), S. 37 ebenso wie Heß (1993), S. 28.
[18] Vgl. Meyer (1990), S. 65 und S. 249.
[19] Vgl. Schäfer (1994), S. 11.
[20] Vgl. Schäfer (1994), S. 5f. Meyer (1990), S. 54 skizziert den generellen Unterschied zur Funktionsmodellierung durch den Merksatz, daß bei der objektorientierten Software-Entwicklung erst ‚woran' und dann ‚was' gefragt wird.

den[21]. Der Vererbungsmechanismus vereinfacht die Software-Entwicklung, da Gemeinsamkeiten von Klassen nur einmal definiert werden[22]. Den Subklassen sind weitere spezifische Attribute und Funktionen zugeordnet, die entweder als Ergänzung hinzukommen oder die vererbten Eigenschaften überschreiben[23]. Dabei ist es für die Vererbung wichtig, daß auf jeder Abstraktionsebene nur solche Attribute und Funktionen beschrieben werden, die für alle Instanzen der nachfolgenden Ebene gültig sind[24]. In Abb. 52 werden die genannten Strukturierungsgrundsätze graphisch veranschaulicht. Deren Anwendung auf die Objektklasse ‚Produkte' wird im unteren Teil der Darstellung angedeutet.

Das Gesamtsystem zur PPS wird durch mehrere Objekthierarchien beschrieben. Eine weitere Klasse neben den Erzeugnissen der Unternehmung bilden z. B. Montagebaugruppen, die bis hin zu den Einzelteilen untergliedert werden. Die Klasse der Aufträge kann auf der ersten Detaillierungsebene die Subklassen Kundenauftrag, Fertigungsauftrag und Bestellung umfassen.

Die Objekte des jeweiligen Anwendungsbereiches kommunizieren miteinander über den Austausch von Nachrichten. Der gewünschte Funktionsablauf im System wird mit Hilfe dieses Nachrichtenaustauschs und der entsprechenden Reaktion des Empfängerobjektes abgebildet[25]. Dazu bildet das Prozeßmodell der Ablaufkonzeption die notwendige Vorlage.

Die genannten Gestaltungsgrundsätze zeigen, daß sich die objektorientierte Systemgestaltung den drei Merkmalen einer Software-Idealstruktur[26] weiter nähert als die in Abschn. 7.2 erörterten Ansätze. Funktionsanpassungen sind bereits im Entwurfsmuster des Systems berücksichtigt. Die Standard-Software beschränkt sich auf ein einfaches Grundgerüst aus Funktionsbausteinen und Datenstrukturen (Attributen)[27]. Bei der bedarfsgerechten individuellen Programmentwicklung und -ausgestaltung wird auf den vorhandenen Programmstrukturen aufgebaut, so daß nur die Unterschiede zu diesen Komponenten beschrieben werden[28]. Das Abbild der realen Objekte und seiner Beziehungen läßt sich effizient verfeinern und erweitern, da die Modifikationen im allgemeinen nicht an vielen im Programmcode verstreuten Stellen vorzunehmen sind, sondern lokal auf eine Objektklasse beschränkt bleiben[29]. Damit liegt

---

[21] Vgl. Meyer (1990), S. 56ff. ebenso wie Scheer (1994), S. 55 und die dort angegebene Literatur. Dabei wird im Rahmen des objektorientierten Ansatzes oft von Methoden anstelle von Funktionen gesprochen, vgl. Scheer (1994), S. 56.
[22] Vgl. Schäfer (1994), S. 13 ebenso wie Heß (1993), S. 27, der aus diesem Grund die objektorientierte Entwicklung als methodische Gestaltungs- und Vorgehensgrundlage für die Wiederverwendung von Software heranzieht.
[23] Vgl. Heß (1993), S. 33 ebenso wie Meyer (1990), S. 67.
[24] Vgl. Schäfer (1994), S. 13
[25] Vgl. Heß (1993), S. 30. Eine Nachricht enthält neben dem Parameter als eigentliche Information auch Angaben zum absendenden und empfangenden Objekt sowie zur auslösenden und angesteuerten Funktion, vgl. Scheer (1992a), S. 125.
[26] Vgl. Abb. 51 in Abschn. 7.1 „Struktur- und Profildifferenzen".
[27] Haaks (1992), S. 147 spricht von einem objektorientierten Anwendungs-Rahmensystem, das auch direkt, d. h. ohne spezifische Erweiterungen einsetzbar ist.
[28] Vgl. Haaks (1992), S. 105.
[29] Vgl. Heß (1993), S. 41 und die dort genannte Literatur.

7.3 Objektorientierter Ansatz zur PPS-Systemgestaltung   223

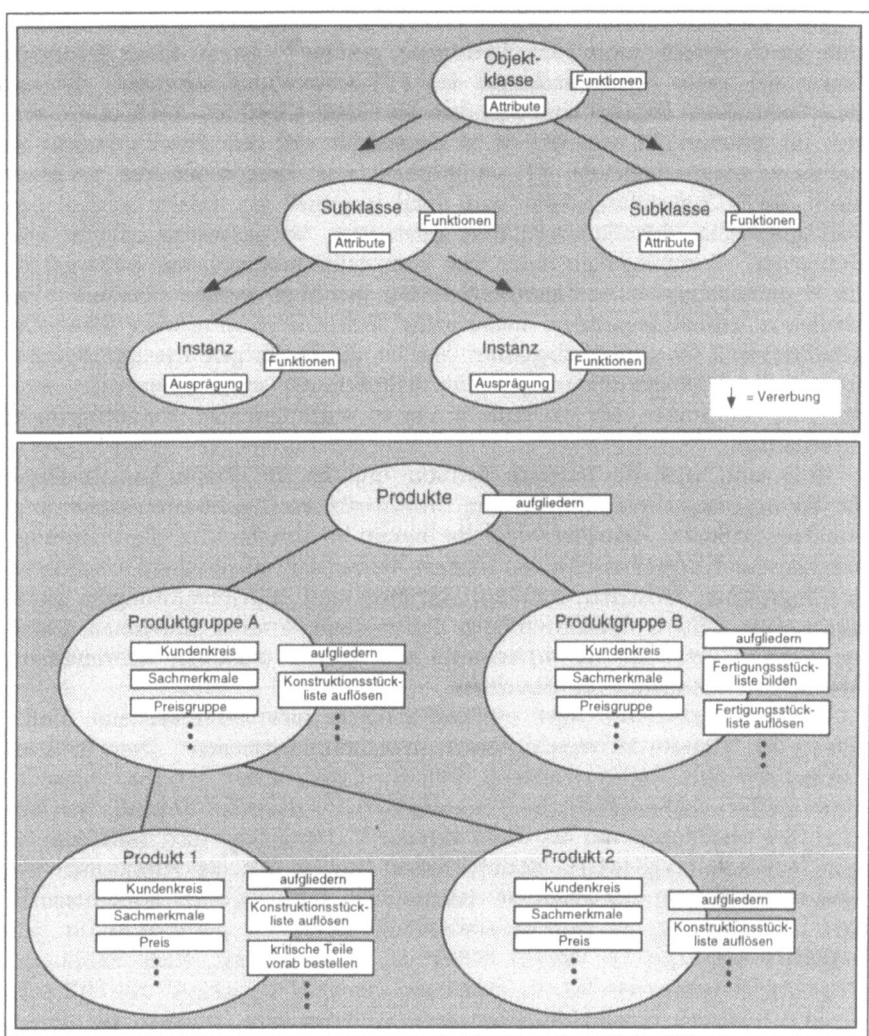

Abb. 52. Strukturierungsprinzip der objektorientierten Systemgestaltung und Klassenbeispiel aus dem Bereich der PPS[a]

eine hohe Anpaßbarkeit bei akzeptablen Kosten vor[30]. Bei einer geeigneten Programmierumgebung ist es denkbar, daß diese Ausgestaltungsaufgaben im wesentlichen durch Mitarbeiter der anwendenden Unternehmung übernommen werden[31].

---

[a] Die Konturen für ein Objekt lehnen sich an die Darstellungsweise von Heß (1993), S. 31 an.
[30] Vgl. Kurbel (1993), S. 274f. sowie sinngemäß auch Stopp (1993), o.S. und Haaks (1992), S. 141.
[31] Vgl. mit Bezug auf objektorientierte Kernsysteme Kurbel (1993), S. 331f.

Die Software-Bausteine werden anstelle der funktional gegliederten Module durch Objektklassen bzw. Subklassen gebildet[32]. Jedem dieser Bausteine lassen sich ganze Funktionsketten der PPS-Anwendung zuordnen, die von den Nachrichten initiiert und von den jeweiligen Objekten durchlaufen werden. Im unteren Teil von Abb. 52 ist dargestellt, daß jede Produktgruppe als Subklasse unterschiedliche PPS-Funktionen und Datenstrukturen umfassen kann, deren Anwendungsfeld dann lokal begrenzt ist. Damit werden segmentspezifische Ablaufkonzeptionen unterstützt. Beispielsweise arbeitet Produktgruppe A durchgängig nach den Konstruktionsstücklisten, während für die Produktgruppe B Fertigungsstücklisten benötigt werden. Produkt 1 der Gruppe A enthält besonders hochwertige Teile mit einer großen Wiederbeschaffungszeit, die anders disponiert werden als die übrigen Erzeugniskomponenten. Bei EDV-gestützten Querschnittsfunktionen sind aufeinander abgestimmte Funktionen und Attribute in den zu verknüpfenden Produktgruppen erforderlich.

Insgesamt wird die Software-Struktur mit der in Abschn. 5.4 „Leitlinien für die organisatorische Entwicklung" beschriebenen Organisationsstruktur in Einklang gebracht. Daneben wird die bereits in Abschn. 2.1.3 „Betrachtungsrahmen und Vorgehensweise der eigenen Befragung" als unscharf beschriebene Abgrenzung zwischen Standard-Software und Individuallösungen weiter aufgeweicht. Offene objektorientierte Basissysteme können individuell gestaltet werden, ohne auf die wirtschaftlichen Vorteile mehrfach verwendbarer Standard-Komponenten zu verzichten.

Realisierungsberichte über objektorientierte Informationssysteme finden sich in der Literatur zu verschiedenen Anwendungsbereichen[33]. Derzeit ist allerdings erst eine objektorientiertes PPS-Standard-Software bekannt. Diese definiert jedoch organisatorische Funktionsbereiche wie den Einkauf, den Vertrieb und die Produktion als Objektklassen[34]. Damit liegt hier nach wie vor eine funktional gegliederte Modulstruktur vor, so daß die Funktionen wie oben dargestellt für alle Produkte anzuwenden sind. Für eine segmentspezifische Unterstützung der Auftragsabwicklung wären hier Subklassen für jede Organisationseinheit zu bilden. Sofern es dabei gelingt, einen Funktionsüberhang beispielsweise für die Subklasse ‚Einkauf Segment A' mit Hilfe der objektorientierten Entwicklungsoptionen zu vermeiden, ist auch auf diesem Wege ein bedarfsgerechter Funktionsumfang denkbar.

---

[32] Beim Vergleich mit dem in Abschn. 2.3.2 „Implementierungsdauer", S. 47 zitierten Begriffsverständnis für Module zeigt sich, daß weder die funktionsorientierte Erklärung noch die Umschreibung aus der Informatik das Wesen dieser Bausteine treffen, so daß ein neuer Modulbegriff geboten ist. Mit Blick auf die Zielsetzung der vorliegenden Untersuchung bleibt diese Aufgabe weiterführenden Abhandlungen vorbehalten.

[33] Kurbel/Nietsch/Rautenstrauch (1992), S. 288ff. beschreiben ein Projekt zur Individualisierung von Fertigungsleitstandssystemen auf der Basis objektorientierter Software-Technologie. Haaks (1992), S. 157 weist auf Beispielsysteme zur Bildverarbeitung hin.

[34] Vgl. Bohlig (1994), o. S. Die Entwicklung dieses PPS-Systems wurde aufgrund des erheblichen Innovationsgehaltes vom Bundesminister für Forschung und Technologie (BMFT) gefördert, ebd. o. S.

7.3 Objektorientierter Ansatz zur PPS-Systemgestaltung

Für die Forschung stellen sich durch die Veränderungen im inneren Gefüge der PPS-Software weiterführende Fragen. So wurde in Abschn. 2.3.2 „Implementierungsdauer" auf den in der Literatur formulierten Zusammenhang zwischen der modularen Programmstruktur und dem Prinzip der Sukzessivplanung hingewiesen. Es wäre zu überprüfen, ob mit objektorientiert gestalteten Programmen neue Möglichkeiten für eine simultane Planung aller Teilprobleme geschaffen werden, sofern solche komplizierten Algorithmen im Zuge vereinfachter Ablaufkonzeptionen noch erforderlich sind.

Eine weitere Forschungsaufgabe resultiert daraus, daß PPS-Systeme als Basis der Informationstechnologie in der Unternehmung gelten. Demnach sollte untersucht werden, inwieweit es sinnvoll ist, dem Vorbild der segmentspezifischen EDV-Systeme über den Betrachtungsrahmen der Auftragsabwicklung hinaus zu folgen. Der oben beschriebene Strukturgegensatz zur Prozeß- und Objektorientierung trifft grundsätzlich auch für den *CIM*-Gesamtumfang zu, da die Konfigurationsweise bisher funktionalen Gesichtspunkten folgt[35]. Der Untersuchung müssen durchgängige betriebliche Abläufe im weitesten Sinne zugrundeliegen. Daher sind über den üblichen *CIM*-Rahmen hinaus insbesondere die betriebswirtschaftlichen Aufgaben und Systeme zur Finanzbuchhaltung und zur Kosten- und Erlösrechnung einzubeziehen[36].

---

[35] Vgl. die in Abschn. 1.1 „Problemstellung", Abb. 1 gezeigte Differenzierung der *CIM*-Bausteine sowie das Y-Modell von Scheer (1990), S. 2.

[36] Steffen (1990), S. 199f. schlägt im Zusammenhang mit der betriebswirtschaftlichen Erweiterung der *CIM*-Konzeption die Kennzeichnung als "computergestützte Bewältigung der Abwicklung zusammengehörender Unternehmensprozesse" vor.

8 Zusammenfassung

Zielsetzung der vorliegenden Untersuchung war es, ein Vorgehensmodell zu entwickeln, das zu einer verbesserten Wirtschaftlichkeit von PPS-Systemen führen kann. Dabei sollten die Ausführungen auf den Erfahrungen der Praxis aufbauen. Deshalb wurde zunächst empirisch ermittelt, welche Aktivitäten und Problemfelder bei der Auswahl und Einführung von PPS-Systemen in mittelständischen Unternehmungen festzustellen sind und welche Resultate erzielt wurden. Es zeigte sich, daß die Möglichkeiten für geplante organisatorische Verbesserungen in den befragten Unternehmungen häufig unterschätzt und vernachlässigt wurden. Anstelle einer aktiven Gestaltung kam die Erwartungshaltung zum Ausdruck, daß sich die Ablauforganisation durch das neue PPS-System quasi zwangsläufig zum Besseren entwickeln werde.

Diese Ansicht steht im Widerspruch zum Charakter der PPS-Software. Mit den zahlreichen, z.T. wahlweise anzuwendenden Funktionen soll den Programmen ein möglichst großer Kundenkreis geöffnet werden. Für die implementierenden Unternehmungen hat dies zur Folge, daß sie individuell bestimmen müssen, welche Funktionen wie genutzt werden. Aus der empirischen Studie ging hervor, daß die notwendigen Anwendungsvorgaben im allgemeinen erst in der Implementierungsphase entwickelt wurden. Zu diesem Zeitpunkt sind die Überlegungen nicht mehr für die Auswahlentscheidung relevant. Außerdem fehlt der notwendige Vorlauf für gravierende organisatorische Veränderungen, so daß sich die Anwendungsweise des Systems meist am organisatorischen Istzustand orientiert. Entsprechend wenige ablauforganisatorische Veränderungen waren bei den befragten Unternehmungen zu erkennen. Sofern die realisierten Nutzeffekte überhaupt transparent waren, blieben sie in der Mehrzahl hinter den Erwartungen zurück.

Die wichtigsten Erkenntnisse aus der empirischen Studie wurden in Grundsätze für die Auswahl und Einführung von PPS-Systemen umgesetzt, die gemeinsam mit weiteren Merkmalen einen Anforderungsrahmen für Vorgehensmodelle bilden. Eine Überprüfung von Ansätzen in der Literatur ergab, daß weder die PPS-bezogenen Phasenkonzepte noch die Vorgehensmodelle aus benachbarten Anwendungsbereichen den praktischen Erfordernissen ausreichend gerecht werden. Für die oft systemdominierten Konzepte ist charakteristisch, daß sie auf organisatorische Überlegungen im Vorfeld der PPS-Systemauswahl weitgehend verzichten und die Problematik von Software-Anpassungen übergehen.

Um die Wirtschaftlichkeitsanalyse zweckmäßig in das Vorgehensmodell einzubeziehen, wurden zunächst die Problemfelder der einzelnen Analyseschritte vertieft. Es zeigte sich, daß gewichtige Erfassungs- und Bewertungskonflikte nicht lösbar sind. Unter der Maßgabe, daß auch für Aktivitäten zur Wirtschaftlichkeitsanalyse ein ausgewogenes Kosten-Nutzen-Verhältnis vorliegen muß, wurde das Vorgehen bewußt einfach gehalten. Dabei konzentriert sich die Wirtschaftlichkeitsbetrachtung auf den eigentlichen Anwendungsbereich der PPS-Systeme. Die Erwartungen im Hinblick auf eine verbesserte Qualität der Auftragsabwicklung lassen sich mit wenigen Maßgrößen beschreiben. Zielgerichtete und nachvollziehbare Wirtschaftlichkeitsaussagen erfordern vor allem fundierte Einschätzungen der Nutzeffekte. Diese sind möglich, wenn aus einer Gegenüberstellung des Ausgangszustandes der Auftragsabwicklung mit dem Modell der zukünftigen Abläufe klare Verbesserungen hervorgehen.

Eine weitere Vorbereitung bestand darin, die notwendigen Beschreibungsbestandteile einer Ablaufkonzeption zu ermitteln. Anhand der graphischen Darstellungen muß deutlich werden, wie Mensch, Aufgabe, Organisationsstruktur und Informationstechnologie im Auftragsabwicklungsprozeß zusammenwirken. Mit Hilfe der Ergebnisse wurde eine geeignete Modellierungsmethode für die organisatorischen Überlegungen ausgewählt und beschrieben.

Da das in dieser Untersuchung entwickelte Vorgehensmodell darauf auszurichten war, den Istzustand der Organisation zu überwinden, wurde ein grundlegender inhaltlicher Orientierungsrahmen für die aufbau- und ablauforganisatorische Gestaltung vorangestellt. Entsprechend den vielfachen Empfehlungen aus der Literatur wurde der bereichsübergreifende Auftragsabwicklungsprozeß als tragendes ablauforganisatorisches Element verstanden und mit einer objektorientiert segmentierten Aufbauorganisation verknüpft. Dabei erfolgt die Objektgliederung primär nach Produkten. Im Zuge der Diskussion waren Lösungsmöglichkeiten für Querschnittsfunktionen zu entwickeln, um dem möglichen Koordinationsbedarf zwischen den Organisationseinheiten gerecht zu werden.

Das konzipierte Vorgehensmodell für den Prozeß der Auswahl, Einführung und Anwendung von PPS-Systemen umfaßt drei Phasen, die jeweils durch eine Zäsur voneinander abgegrenzt sind. Entscheidungen zum Übergang von einer Phase zur folgenden werden durch die fallspezifische Kombination von Wirtschaftlichkeitspotential und Risikobereitschaft bestimmt. Zudem bilden die Phasen einen geschlossenen Kreislauf, der keinen endgültigen Abschluß findet. Der Auswahl-, Einführungs- und Anwendungsprozeß geht mit dem Austausch des PPS-Systems in einen neuen Lebenszyklus über.

Im Prozeßverlauf macht es die dynamische Entwicklung der Unternehmung in ihrer Umwelt immer wieder erforderlich, daß bereits vorliegende Ergebnisse korrigiert werden. Die entwickelte Phasenkonzeption wird diesem Aspekt durch Zäsuren und Iterationen gerecht.

Für die strategisch-visionäre Ausrichtung des Vorhabens zur Organisationsgestaltung und PPS-Systemeinführung ist den Auswahlschritten eine Initialphase vorangestellt. Um die dort vorgenommene Zielorientierung beizubehalten, wird das strategische Zielsystem im Zuge des weiteren Auswahl- und Einführungsprozesses mehrfach kontrolliert und schrittweise spezifiziert. Durch weiterentwickelte Ziele erhalten die Aktivitäten des Vorhabens eine beständige Orientierung.

Weiterhin dient die Initialphase dazu, das Vorhaben in einen ganzheitlichen und zeitlich abgestimmten Maßnahmenplan zu integrieren. Es wurde herausgestellt, daß vorgeordnete Maßnahmen häufig Synergieeffekte bewirken, welche dazu geeignet sind, die Projektkosten zu reduzieren.

Im Zuge der Konzeptions- und Auswahlphase wird für jedes Produktsegment eine individuelle Ablaufkonzeption entwickelt, worin ein wichtiger Beitrag zur organisatorischen Entflechtung und Vereinfachung zu sehen ist. Infolge heterogener Produktions- und Dispositionsgrundsätze in den Segmenten unterscheiden sich auch die Bedürfnisse hinsichtlich der Systemunterstützung. Des weiteren streben die segmentspezifischen Ablaufkonzeptionen einen wesentlich vereinfachten und daher effizienten Auftragsabwicklungsprozeß an, der den Mitarbeitern Handlungs- und Entscheidungsfreiräume gibt. Im Vordergrund der Überlegungen steht dabei nicht die weitgehend automatische Leistungserstellung im Sinne der ursprünglichen *CIM*-Idee, sondern das Umdenken und die organisatorische Neuordnung über bisherige Abteilungsgrenzen hinweg. Somit führt die Vorgehenskonzeption in mehreren Schritten dazu, daß die Anforderungen an das PPS-System auf ein notwendiges Mindestmaß begrenzt werden.

Die Resultate der ablauforganisatorischen Überlegungen sind zugleich das Gerüst der Vorgehenskonzeption. In Abb. 53 wird gezeigt, welche verschiedenen Verwendungen das Prozeßmodell der Auftragsabwicklung im zeitlichen Ablauf des Vorhabens findet.

Für den systematischen Weg zum betriebswirtschaftlich sinnvollen Einsatz von PPS-Systemen ist entscheidend, daß richtungsweisende Auswahl- und Implementierungsaktivitäten durch die Organisationskonzeption gelenkt werden. Die System-‚Einführung' wird also im Sinne der zweiten Worthälfte ‚geführt'. Der Prämisse folgend, daß die Wirtschaftlichkeit von PPS-Systemen wesentlich von den organisatorischen Veränderungen bestimmt wird, ist die Ablaufkonzeption dabei auch für den Nutzen aus der Systemanwendung maßgebend. Gleichzeitig wird die Wirkungsweise des Systemeinsatzes gedanklich vorweggenommen, womit die Konsequenzen für eine Wirtschaftlichkeitsbetrachtung einschätzbar sind.

PPS-Systeme werden auch in Zukunft zur Unterstützung der Auftragsabwicklung unverzichtbar sein. Allerdings hat die Untersuchung deutlich gemacht, daß eine Abkehr von der bisher verfolgten Entwicklungsrichtung notwendig ist. Segmentspezifischen und einfach strukturierten Ablaufkonzeptionen stehen derzeit vorwiegend komplizierte und undifferenzierte PPS-Systeme gegenüber, deren Vielfalt an voneinander abhängigen Funktionen einen großen Datenbedarf zur Folge hat. Hinzu kommt, daß die Wirtschaftlichkeit eines PPS-Systems auch von seiner Nutzungsdauer bestimmt wird. Für eine hohe Lebenserwartung ist es unerläßlich, daß die Programme nach der Realisierung des innovativen Vorhabens zur prozeß- und objektorientierten Organisationsstruktur über die gesamte Betriebsdauer hinweg kontinuierliche organisatorische Verbesserungen unterstützen, die wiederum für den Erfolg der Unternehmung von großer Bedeutung sind. Daher enden die Ausführungen der vorliegenden Untersuchung mit einem Ausblick zur Struktur der PPS-Software und ihrer Anpaßbarkeit. Die derzeit angebotenen Gestaltungs-

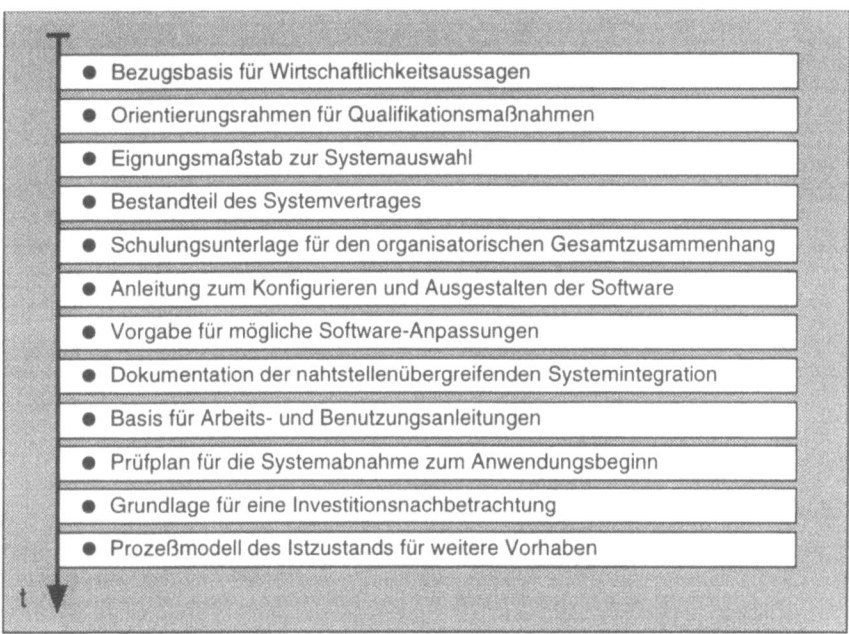

Abb. 53. Verwendung des Prozeßmodells der Ablaufkonzeption im Verlauf der Auswahl, Einführung und Anwendung von PPS-Systemen

optionen für die Software reichen nicht aus, um die Dissonanz zwischen komplizierten PPS-Systemen und einfachen segmentspezifischen Ablaufkonzeptionen zu überwinden. In Form der objektorientierten Systemgestaltung ist ein geeigneter Ansatz gegeben, der jedoch bisher nicht konsequent umgesetzt wird. Dabei gilt künftig für die Hersteller von PPS-Software, was für die Industriebranchen schon seit etlichen Jahren zutrifft: Die Anbieter können sich den Wünschen ihrer Kunden nach individuell abgestimmten Produkten mit einem hohen Dienstleistungsanteil nicht dauerhaft verschließen, wenn sie wettbewerbsfähig bleiben wollen. Der EDV-technische Fortschritt ist also in Bahnen zu lenken, die vom fachlich Notwendigen bestimmt werden und zu einer größeren Flexibilität führen. PPS-Systemanwender dürfen durch die Sichtweise der Entwickler nicht bevormundet werden. Stattdessen sind Gestaltungsfreiräume notwendig, die eine bedarfsgerechte Ausgestaltung zur ersten Inbetriebnahme ebenso zulassen wie sich allmählich entwickelnde Adaptionen aufgrund veränderter und nicht vorhersehbarer Anforderungen, denn: „Ein System, in dem kein Platz für das Unvorhersehbare ist, wird am Wandel seiner Umwelt scheitern und früher oder später zerbrechen"[1].

---

[1] Vgl. Kirsch/Kohlas (1993), S. 15.

Anhang

Teil 1: Fragebogen zur Auswahl und Einführung des PPS-Systems
Teil 2: Modellierung der Auftragsannahme als Vorgangskettendiagramm und als *SADT*-Diagramm
Teil 3: Übersicht zu Referenzmodellen mit Bezug auf den Prozeß der Auftragsabwicklung

Teil 1a:
Fragebogen zur Auswahl und Einführung des PPS-Systems (1)

I. Unternehmungsbeschreibung

1. Gründungsjahr
2. Branche
3. Produktspektrum
4. Jahresumsatz
5. Anzahl Mitarbeiter
6. Weitere Standorte
7. Wettbewerbsstellung und Konkurrenzsituation
8. Kundenstruktur und Kundenbeziehungen
9. Lieferantenstruktur und Lieferantenbeziehungen
10. Merkmale der Auftragsabwicklung nach *FIR* (s. Blatt 2 und 3)
11. Wesentliche Veränderungen der Punkte 1 bis 10 seit Beginn der PPS-Systemimplementierung

Teil 1b:
Fragebogen zur Auswahl und Einführung des PPS-Systems (2) [1]

AUFTRAGSABWICKLUNGSMERKMAL	MERKMALSPRÄGUNG			
1 Auftragsauslösungsart	Produktion auf Bestellung mit Einzelaufträgen	Produktion auf Bestellung mit Rahmenverträgen	kundenanonyme Vorproduktion / kundenauftragsbez. Endproduktion	Produktion auf Lager
2 Erzeugnisspektrum	Erzeugnisse nach Kundenspezifikation	typisierte Erzeugnisse mit kundenspez. Varianten	Standarterzeugnisse mit Varianten	Standarterzeugnisse ohne Varianten
3 Erzeugnisstruktur	mehrteilige Erzeugnisse mit komplexer Struktur	mehrteilige Erzeugnisse ohne komplexe Struktur	geringteilige Erzeugnisse	
4 Ermittlung des Erzeugnis- / Komp.-bedarfs	bedarfsorientiert auf Erzeugnisebene	teilweise erwartungs- /bedarfsorientiert auf Komp.-ebene	erwartungsorientiert auf Komponentenebene	erwartungsorientiert auf Erzeugnisebene	verbrauchsorientiert auf Erzeugnisebene
5 Auslösung des Sekundärbedarfs	auftragsorientiert	teilweise auftrags- / teilweise periodenorientiert	periodenorientiert	
6 Beschaffungsart	weitgehender Fremdbezug	Fremdbezug in größerem Umfang	Fremdbezug unbedeutend	
7 Bevorratung	keine Bevorratung von Bedarfspositionen	Bevorratung von Bedarfspositionen auf unteren Strukturebenen	Bevorratung von Bedarfspositionen auf oberen Strukturebenen	Bevorratung von Erzeugnissen
8 Fertigungsart	Einmalfertigung	Einzel- und Kleinserienfertigung	Serienfertigung	Massenfertigung
9 Ablaufart in der Teilefertigung	Werkstattfertigung	Inselfertigung	Reihenfertigung	Fließfertigung
10 Ablaufart in der Montage	Baustellenmontage	Gruppenmontage	Reihenmontage	Fließmontage
11 Fertigungsstruktur	Fertigung mit großer Tiefe	Fertigung mit mittlerer Tiefe	Fertigung mit geringer Tiefe	
12 Kundenänderungseinflüsse während der Fertigung	Änderungseinflüsse in größerem Umfang	Änderungseinflüsse gelegentlich	Änderungseinflüsse unbedeutend	

---

[1] Quelle: Sames/Büdenbender (1990a), S. 19.

Teil 1c:
Fragebogen zur Auswahl und Einführung des PPS-Systems (3) [2]

AUFTRAGSABWICK-LUNGSMERKMAL		MERKMALSPRÄGUNG		
1	Auftragsauslösungsart	Prototypen		Serienprodukte (ca. 80 %)	Ersatzteile (ca 20 %)
2	Erzeugnisspektrum		Varianten mit Anpassungskonstruktionen		
3	Erzeugnisstruktur		Bis zu 5 Stufen, ø = 4; 30 - 70 Positionen / Endprodukt		
4	Ermittlung des Erzeugnis- / Komp.-bedarfs	Bei Einzelaufträgen	sog. Planbedarfe		
5	Auslösung des Sekundärbedarfs		Bei Bedarf sofort	Tägliche rollierende Planung	
6	Beschaffungsart		ca. 70 % der Stücklisten-Positionen; ca. 45 % vom Umsatz		
7	Bevorratung	Prototypen		Baugruppen für Serienprodukte	Ersatzteile
8	Fertigungsart	Prototypen	Serienkleinaufträge, separate Ersatzteile	Seriengroßaufträge (= Schwerpunkt)	Bearbeitungszentren
9	Ablaufart in der Teilefertigung	Werkstätten		Bearbeitungszentren mit weitgehender Komplettbearbeitung	
10	Ablaufart in der Montage			Montageplätze	Montagezentrum
11	Fertigungsstruktur	ø 4 Stufen; ca. 8 Arbeitsgänge / Stufe			
12	Kundenänderungseinflüsse während der Fertigung	ca. 30 %			

---

[2] Beispiel für die Merkmalsausprägungen einer befragten Unternehmung.

Teil 1d:
Fragebogen zur Auswahl und Einführung des PPS-Systems (4)

II. PPS-Systemauswahl

1. Zeitpunkt und Auslöser für die Überlegung, ein PPS-System zu implementieren?
2. In welchen Schritten wurde die Auswahlentscheidung vorbereitet?
3. Gab es eine Kostenschätzung zur Auswahlentscheidung?
4. Welche quantifizierten Nutzenerwartungen existierten zum Zeitpunkt der Auswahlentscheidung?
5. Welche qualitativen Nutzenerwartungen existierten zum Zeitpunkt der Auswahlentscheidung?
6. Wann fiel die Entscheidung für das nun implementierte PPS-System?
7. Welches PPS-System wurde ausgewählt?
8. Welche Argumente waren entscheidend für die Auswahl gerade dieses PPS-Systems?

Teil 1e:
Fragebogen zur Auswahl und Einführung des PPS-Systems (5)

III. Systemimplementierung

1. In welchen Schritten wurde die PPS-Systemimplementierung vollzogen?
2. Ist die Implementierung abgeschlossen?
   Welche Implementierungsschritte stehen noch aus?
3. Welcher Zeitraum liegt zwischen Auswahlentscheidung und (geplantem) Implementierungsabschluß?
4. Welche Rolle spielten aufbau- und ablauforganisatorische Überlegungen bei der PPS-Systemimplementierung?
5. Welche Schwierigkeiten traten im Zuge der Implementierung auf?
6. Welche Ausgangskonfiguration (HW und SW) bestand zum Zeitpunkt des Implementierungsbeginns?
7. Welche Systemkonfiguration bestand (besteht) bei Implementierungsabschluß?
8. Welche Überlegungen zum zukünftigen Systemausbau in Richtung *CIM* bestehen?

Teil 1f:
Fragebogen zur Auswahl und Einführung des PPS-Systems (6)

IV. Auswirkungen der PPS-Systemimplementierung

1. Entsprechen die Kosten der PPS-Systemeinführung den Schätzungen vor Implementierungsbeginn?
2. Welche quantifizierten Nutzeffekte sind eingetreten?
3. Welche qualitativen Nutzeffekte sind eingetreten?
4. Welche ablauforganisatorischen Veränderungen sind im Rahmen der Auftragsabwicklung (von der Kundenauftragserfassung über die Produktionsplanung und -steuerung bis zum Versand) festzustellen?
5. Gab es aufbauorganisatorische Veränderungen im Zusammenhang mit der PPS-Systemeinführung?
6. Welche PPS-Anwendungen stellen die Kernfunktionen des neuen Systems für Ihren Betrieb dar?
7. Wie hoch schätzen Sie den Anteil der eingesetzten PPS-Funktionen gegenüber der insgesamt von der Software angebotenen Funktionalität?

Teil 1g:
Fragebogen zur Auswahl und Einführung des PPS-Systems (Ergänzung 1) [3]

Fragebogen zum Vergleich der Arbeitsweise bei wichtigen PPS-Funktionen
vor und nach der Implementierung, Seite 1

Produktionsprogrammplanung		vorher	nachher
Kundenauftragsverwaltung	im Batch (Verarbeitung über Nacht)		
	im Dialog (mit Echtzeitverarbeitung)		
Kapazitätsbelegungsrechnung und Lieferterminermittlung	separate Grobplanung mit eigenem Datenbestand (Planungshorizont ca. ... Monate)		
	Einplanung erst im Rahmen der Fertigungssteuerung		
	Simulationsmöglichkeit für probeweise Einplanung und Kapazitätsabgleich ja/nein		
Vorlaufsteuerung (soweit erforderlich): Steuerung der Vorlaufabteilungen	nein		
	ja, über Ecktermine		
	ja, mit eigenem Kapazitätsplanungssystem		

Mengenplanung		vorher	nachher
Führung der einzelnen Bedarfspositionen	mit Kundenauftragsbezug		
	ohne		
Verarbeitungsart der Bedarfsermittlung und Beschaffungsrechnung	im Batch (Verarbeitung ca. wöchentlich)		
	im Batch (Verarbeitung täglich)		
	im Dialog (nur für Eilaufträge)		
	im Dialog (für alle Aufträge)		
EDV-maschinelle Bestellbeschreibung und -überwachung	ja		
	nein		

---

[3] Modifizierte und erweiterte Fassung der Darstellungen von Schomburg (1987), S. 44.

Teil 1h:
Fragebogen zur Auswahl und Einführung des PPS-Systems (Ergänzung 2) [4]

Fragebogen zum Vergleich der Arbeitsweise bei wichtigen PPS-Funktionen vor und nach der Implementierung, Seite 2

Termin- und Kapazitätsplanung		vorher	nachher
Verarbeitungsart	im Batch (ca. wöchentlich)		
	im Batch (täglich)		
	im Dialog		
Planungsintensität	Ausweisung des Kapazitätsbedarfs ohne Abgleich der Belastungsspitzen		
	Einplanung mit automatischem Kapazitätsabgleich		

Auftragssteuerung		vorher	nachher
Schwerpunkte der Auftragssteuerung	termingerechte Fertigstellung der Aufträge		
	störungsfreier Einsatz der Fertigungsmittel		
Verfügbarkeitsprüfung über EDV	gar nicht		
	Material		
	Material- und Fertigungsmittel		
Arbeitszuteilung und -rückmeldung, Auftragsauskunft	ohne EDV, z. B. mit Leitstandstafel		
	mit Listen (Batch-Verarbeitung)		
	am Bildschirm im Dialog		

Datenverwaltung		vorher	nachher
Art der Stammdatenspeicherung	auftragsneutral (alle Stammdaten ?)		
	auftragsbezogen		
Stücklistenerstellung	Neuerstellung		
	Ableitung aus bereits gespeicherten Stücklisten		
	Generierung von Variantenstücklisten anhand gespeicherter Typstücklisten		

---

[4] Modifizierte und erweiterte Fassung der Darstellungen von Schomburg (1987), S. 43ff.

Teil 2a:
Auftragsannahme als Vorgangskettendiagramm [5]

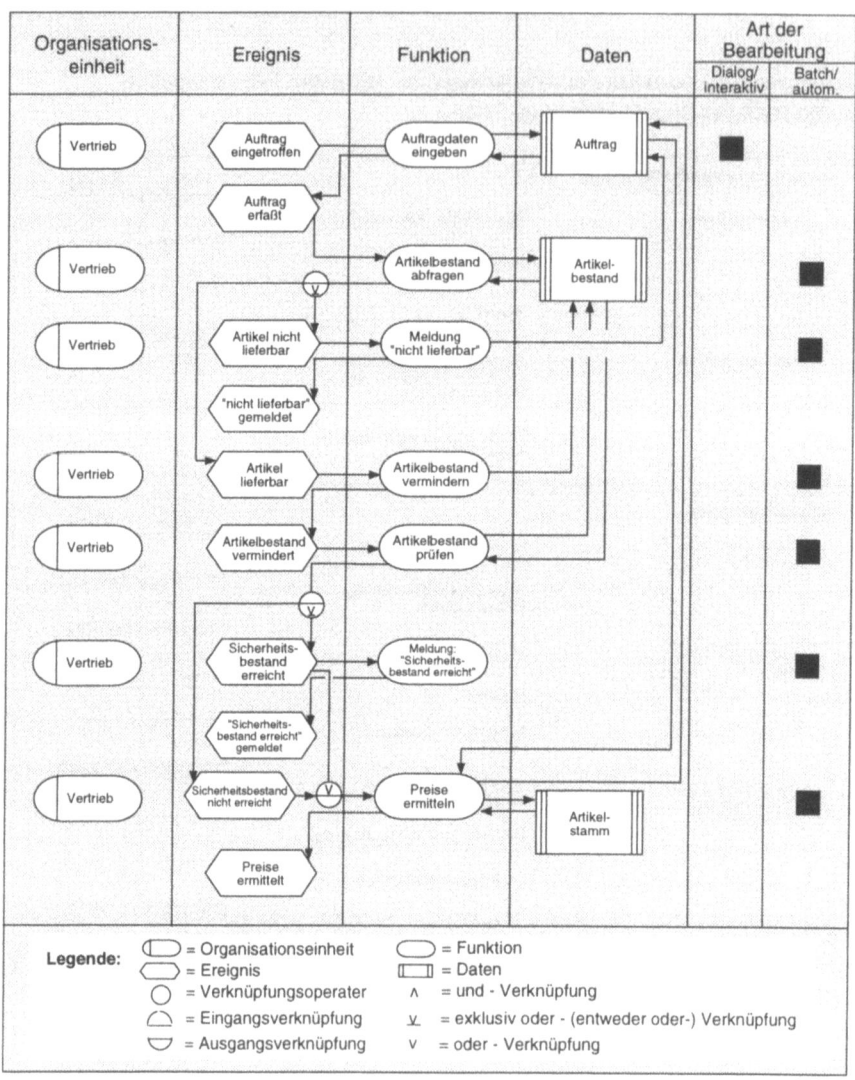

---

[5] Für diese Darstellung wurden die Vorgangsketten in der derzeit gültigen Diktion von Scheer (1994), S. 18f. zugrunde gelegt. Eine ältere Form der Vorgangskettendiagramme beruht auf einem anders strukturierten Formularrahmen und verwendet eine größere Anzahl verschiedener Symbole, die z.T. aus DIN 66 001 übernommen wurden, vgl. Scheer (1990), S. 5ff. Zur Anwendung der Verknüpfungsoperatoren vgl. Scheer (1994), S. 49ff. ebenso wie Hoffmann/Kirsch/Scheer (1993), S. 10ff.

Teil 2b:
Auftragsannahme als *SADT*-Diagramm [6]

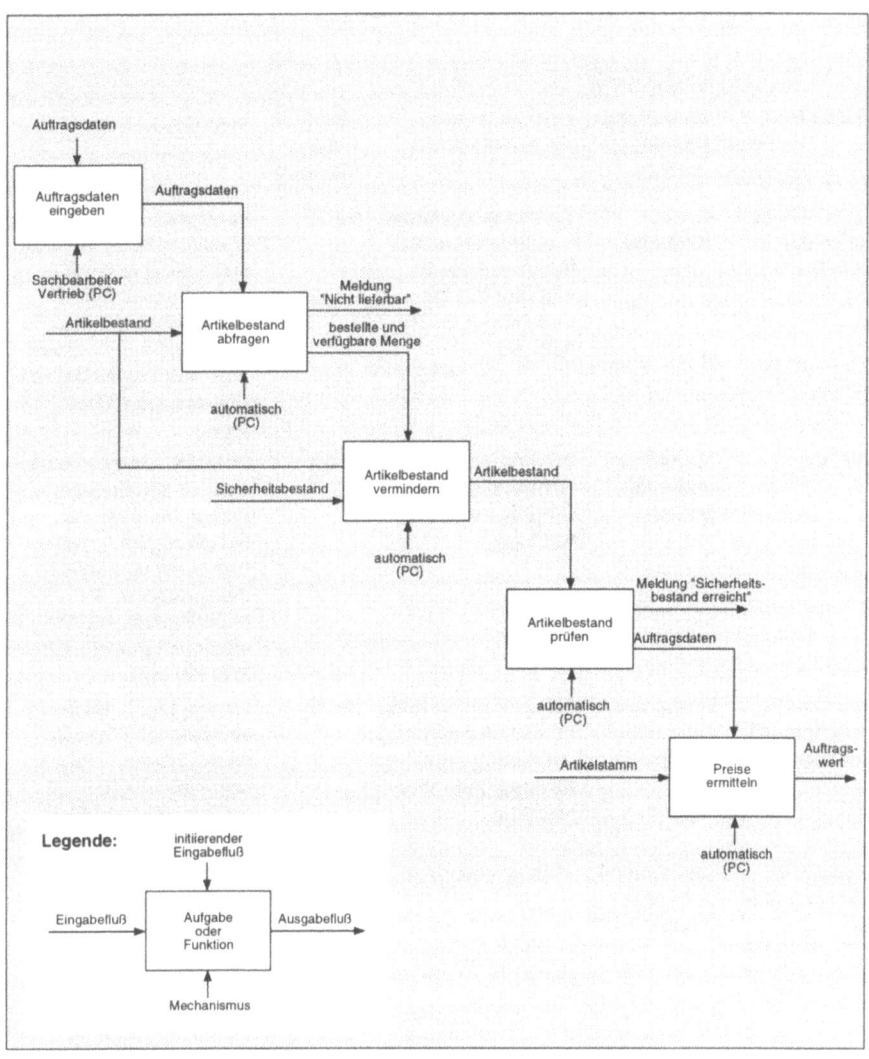

---

[6] Zur Systematik der funktionsbezogenen *SADT*-Diagramme vgl. Balzert (1982), S. 111ff. und umfassend Marca/McGowan (1988), S. 19ff. Abschn. 5.3 der vorliegenden Untersuchung behandelt die Modellierungsregeln der *SADT* ausführlich.

Teil 3a:
Übersicht zu Referenzmodellen mit Bezug auf den Prozeß der Auftragsabwicklung unter Verwendung von *SADT*

Modell	Beschreibung			Veröffentlichungen
	Anwendungs-bereich/-branche	Funktions- und Tätigkeitsrahmen	Modellie-rungs-methode	
ESPRIT-Projekt 2032 CIM ALIVE	Elektro-mechanik	Auftragsabwicklung und Produktentstehung am Beispiel von fünf Produktionsbetrieben der AEG AG	SADT	Enterprise Modelling ‚as is' and ‚to be' of electro-mechanical environment, Bremer Institut für Arbeitstechnik und angewandte Arbeitswissenschaft an der Universität Bremen (BIBA) 1989
PRISMA	Maschinen- und Anlagenbau	Produktionsplanung, -steuerung, -durchführung und -überwachung	SADT	PRISMA – Instrumentarien zur verfahrensorientierten Planung und Gestaltung integrierter Informationsverarbeitungsprozesse, Abschlußbericht des Forschungsprojektes PRISMA, FZI 1991
Produktionsprozeßmodell von Harrington	Produktionsunternehmungen	Produktentwicklung, Produktionsplanung, -steuerung, -durchführung und -überwachung	SADT	Harrington, J., Understanding the Manufacturing Process – Key to Successful CAD/CAM Implementation, New York-Basel 1984
Purdue CIM Reference Model	Produktionsunternehmungen	Auftragsabwicklung	Informationsfluß-diagramm, SADT	Williams, T.J., The Purdue Enterprise Reference Architecture – A Technical Guide for CIM Planning and Implementation, Research Triangle Park, North Carolina 1992
Referenzmodell des CIM-Centrums der Universität Kaiserslautern (CCK)	Kleine und mittlere Produktionsunternehmungen	Produktion, Absatz, Produktentwicklung und Verwaltung	SADT	Warnecke, G. et al., CIM-ALFA – Leitfaden zur Analyse und Gestaltung betrieblicher Produktionsstrukturen, in: CIM-Management, 9. Jg. (1993), Nr. 6, S. 21–27

Teil 3b:
Übersicht zu Referenzmodellen mit Bezug auf den Prozeß der Auftragsabwicklung unter Verwendung verschiedenartiger Darstellungsmethoden (1)

Modell	Beschreibung			Veröffentlichungen
	Anwendungsbereich/ -branche	Funktions- und Tätigkeitsrahmen	Modellierungsmethode	
ARIS-Referenzmodell von Scheer	Produktionsunternehmungen	Auftragsabwicklung, Produktentstehung, weitere Leistungsgestaltungsprozesse, Rechnungswesen	VKD, ERM, Funktionsbaum, EPK, Struktogramm und verbale Beschreibung	Scheer, A.-W., Wirtschaftsinformatik – Referenzmodelle für industrielle Geschäftsprozesse, 5. Aufl., Berlin-Heidelberg 1994
Atlas des Zentralverbandes der Elektrotechnischen Industrie (ZVEI)	Elektrotechnik	Auftragsabwicklung, Produktentstehung, Finanzmitteladministration	Informationsflußdiagramm	Arbeitskreis Produktionstechnik im ZVEI e.V. (Hrsg.), Atlas der innerbetrieblichen Informationsverarbeitung, Frankfurt 1985
Bereichsprozeßmodell von Roos	Produktionsunternehmungen	Produktionsplanung und -steuerung	Informationsflußdiagramm und Input-Output-Tabelle	Roos, E., Informationsmodellierung für PPS-Systeme – Ein Konzept zur aufgabenorientierten Systementwicklung, Berlin-Heidelberg 1992
CIM-Modell des Fraunhofer-Instituts für Produktionsanlagen und Konstruktionstechnik, Berlin (IPK)	Unternehmungen mit Stückgutproduktion	Auftragsabwicklung und Produktentstehung	Informationsflußdiagramm	Spur, G. et al., Wege zu einem unternehmensspezifischen Referenzmodell der rechnerintegrierten Fertigung, in: ZwF, 83. Jg.(1988), Nr. 10, S. 481–485
DIN-Fachberichte	Produktionsunternehmungen	Auftragsabwicklung und Produktentstehung	Tabelle und Wabendiagramm	Schnittstellen der rechnerintegrierten Produktion (CIM) – CAD und NC-Verfahrenskette, DIN-Fachbericht 20; Fertigungssteuerung und Auftragsabwicklung, DIN-Fachbericht 21, DIN e.V. (Hrsg.), Berlin-Köln 1989

Teil 3c:
Übersicht zu Referenzmodellen mit Bezug auf den Prozeß der Auftragsabwicklung unter Verwendung verschiedenartiger Darstellungsmethoden (2)

Modell	Beschreibung			Veröffentlichungen
	Anwendungsbereich/-branche	Funktions- und Tätigkeitsrahmen	Modellierungsmethode	
ESPRIT subsection 5.1, project 34	Maschinen- und Werkzeugbau	Auftragsabwicklung und Produktentstehung	Flowchart, verbale Beschreibung	Yeomans, R.W. et al. (eds.), Design Rules For A CIM System, Amsterdam-London 1985
Integrationsmodell von Becker	Produktionsunternehmungen	Auftragsabwicklung und Produktentstehung	Interdependenzlinien im Y-Modell	Becker, J., CIM-Integrationsmodell – Die EDV-gestützte Verbindung betrieblicher Bereiche, Berlin-Heidelberg 1991
Integrationsmodell von Mertens	Produktionsunternehmungen	Auftragsabwicklung, Forschung und Entwicklung, Rechnungswesen	Programmablaufplan	Mertens, P., Integrierte Informationsverarbeitung, Teil 1: Administrations- und Dispositionssysteme in der Industrie, 8. Aufl., Wiesbaden 1991
Kölner Integrationsmodell (KIM)	Produktionsunternehmungen	Produktionsplanung und -steuerung, Rechnungswesen	Liste und Informationsflußnetz	Grochla, E. et al., Integrierte Gesamtmodelle der Datenverarbeitung – Entwicklung und Anwendung des KIM, München-Wien 1974
Modell betrieblicher Informationssysteme des Betriebswissenschaftlichen Instituts der Eidgenössischen Technischen Hochschule Zürich (BWI)	Produktionsunternehmungen	Auftragsabwicklung und Personalwesen	Datenflußdiagramm, Object Oriented Analysis (OOA)	Schönsleben, P., Praktische Betriebsinformatik – Konzepte logistischer Abläufe, Berlin-Heidelberg 1994

Teil 3d:
Übersicht zu Referenzmodellen mit Bezug auf den Prozeß der Auftragsabwicklung unter Verwendung verschiedenartiger Darstellungsmethoden (3)

Modell	Beschreibung			Veröffentlichungen
	Anwendungsbereich/-branche	Funktions- und Tätigkeitsrahmen	Modellierungsmethode	
Prozeßmodell des CIM-Technologie-Transfer-Zentrums (TTZ) Saarbrücken	Produktionsunternehmungen	Auftragsabwicklung	EPK, verbale Beschreibung	Hoffmann, W. et al., Das Integrationskonzept am CIM-TTZ Saarbrücken (Teil 1 und 2), Veröffentlichungen des Instituts für Wirtschaftsinformatik, Heft 85 und 88, Saarbrücken 1991 und 1992
Prozeßmodell von Jost	Produktionsunternehmungen	Auftragsabwicklung, Produktentstehung	Prozeßkette und verbale Beschreibung	Jost, W., EDV-gestützte CIM-Rahmenplanung, Wiesbaden 1993
Sollkonzeptionen von Geiger	Mittelständische Maschinenbau- und Zulieferunternehmungen	Grunddatenverwaltung, Primärbedarfsplanung, Material- und Termindisposition	Verbale Beschreibung	Geiger, W., Computergestützte Produktionsplanung und -steuerung im Mittelstand, Wiesbaden 1991
Sollkonzeptionen von Glaser et al.	Sieben spezifische Betriebstypen von mittelständischen Produktionsunternehmungen	Grunddatenverwaltung, Primärbedarfsplanung, Material- und Termindisposition	Verbale Beschreibung	Glaser, H. et al., PPS – Produktionsplanung und -steuerung; Grundlagen – Konzepte – Anwendungen, 2. Aufl., Wiesbaden 1992

Literaturverzeichnis

Adam, D., Aufbau und Eignung klassischer PPS-Systeme, in: Fertigungssteuerung – Grundlagen und Systeme, Adam, D. (Hrsg.), Wiesbaden 1992, S. 9–25.

Agiplan AG (Hrsg.), PPS erfolgreich einführen und nutzen – Agiplan Praxis-Studie, Mülheim an der Ruhr 1993.

Anselstetter, R., Betriebswirtschaftliche Nutzeffekte der Datenverarbeitung – Anhaltspunkte für Nutzen-Kosten-Schätzungen, 2. Aufl., Berlin-Heidelberg-New York-Tokyo 1986.

Ausschuß für wirtschaftliche Fertigung e.V. (AWF) (Hrsg.), Integrierter EDV-Einsatz in der Produktion. CIM – Computer Integrated Manufacturing – Begriffe, Definitionen, Funktionszuordnung, Eschborn 1985.

Balzert, H., Die Entwicklung von Software-Systemen – Prinzipien, Methoden, Sprachen, Werkzeuge, Mannheim-Wien 1982.

Banerjee, N., Burgmeier, S., Dalluege, C.-A., Krauth, J., Mendoza, A., CIM-Einsatzanalyse und -planung mit CIMple, in: CIM-Management, 9. Jg. (1993), Nr. 3, S. 19–25.

Baum, A., Thomassen, V., Zielgerichtete und effiziente EDV-Einführung durch integriertes Vorgehen, in: io Management Zeitschrift, 62. Jg. (1993), Nr. 9, S. 55–58.

Becker, J., CIM-Integrationsmodell – Die EDV-gestützte Verbindung betrieblicher Bereiche, Berlin-Heidelberg-New York-London-Paris-Tokyo-Hong Kong-Barcelona-Budapest 1991.

Behrbohm, P., Picot, A., Reichwald, R., Menschengerechte Arbeitsplätze sind wirtschaftlich – Vier-Ebenen-Modell der Wirtschaftlichkeitsbeurteilung, Bonn-Eschborn 1985.

Beier, H., Analyse und Lösung von Bewertungsproblemen in der Produktionsplanung und -steuerung, Dissertation, Chemnitz 1991.

Berkau, C., Kraemer, W., Scheer, A.-W., Strategische CIM-Konzeption durch Eigenentwicklung von CIM-Modulen und Einsatz von Standardsoftware, Veröffentlichungen des Instituts für Wirtschaftsinformatik, Heft 64, Saarbrücken 1989.

Billotet, H., Integration von PPS und Leitstand im Rahmen des Auftragsabwicklungskonzepts, in: CIM im Mittelstand, Fachtagung Saarbrücken 20. und 21. Februar 1991, Scheer, A.-W. (Hrsg.), Berlin-Heidelberg-New York-London-Paris-Tokyo-Hong Kong-Barcelona-Budapest 1991, S. 155–171.

Binner, H.F., Zahlten, H., Planungsmethode zur Strukturierung von CIM-Systemen (Teil 4), in: CIM-Management, 6. Jg. (1990), Nr. 4, S. 74–78.

Blohm, H., Lüder, K., Investition – Schwachstellen im Investitionsbereich des Industriebetriebes und Wege zu ihrer Beseitigung, 7. Aufl., München 1991.

Bölzing, D., Liu, F., CIM – Wunsch und Realität integrierter Konzepte im Maschinenbau, in: Werkstatt und Betrieb, 120. Jg. (1987), Nr. 9, S. 673–683.

Bölzing, D., Schulz, H., CIM-Einführung bei mittelständischen Unternehmen, in: CIM-Management, 6. Jg. (1990), Nr. 5, S. 4–9.

Bohlig, R., Das erste objektorientierte PPS-System für die Prozeßindustrie auf NEXT-STEP, in: AWF (Hrsg.), 1. PPS-Anbieterforum im Rahmen des 16. AWF-PPS-Kongreß, Böblingen 1994, o. S.

Bürstner, H., Investitionsentscheidung in der rechnerintegrierten Produktion, Berlin-Heidelberg-New York-Tokyo 1988.

Budde, R., Kautz, K.-H., Kuhlenkamp, K., Züllighoven, H., Prototyping – An Approach to Evolutionary System Development, Berlin-Heidelberg-New York-London-Paris-Tokyo-Hong Kong-Barcelona-Budapest 1992.

Bullinger, H.-J., CIM bedeutet Integration von Mensch, Organisation und Technik, in: IAO (Hrsg.), CIM – Erst Organisation, dann Technik, Tagungsunterlagen Fachtagung Stuttgart 1990, o. S.

Bullinger, H.-J., Niemeier, J., Huber, H., Computer Integrated Business (CIB)-Systeme – Entwicklungspfade für eine Integration von CIM- und Büroautomations-Konzepten, in: CIM-Management, 3. Jg. (1987), Nr. 3, S. 12–19.

Bullinger, H.-J., Niemeier, J., Schäfer, M., Wege zu schlanken Informations- und Kommunikationssystemen – Erfahrungen aus japanischen Unternehmen und Möglichkeiten der Übertragung japanischer Managementansätze, in: Management & Computer, 1. Jg. (1993), Nr. 2, S. 121–128.

Der Bundesminister des Innern (Hrsg.), Hinweise zum methodischen Vorgehen beim Einsatz der Informationstechnik in der Bundesverwaltung – IT-Org-Hinweise, Schriftenreihe Verwaltungsorganisation, Band 14, Bonn 1990.

Der Bundesminister des Innern (Hrsg.), Empfehlung zur Durchführung von Wirtschaftlichkeitsbetrachtungen beim Einsatz der IT in der Bundesverwaltung, Schriftenreihe der Koordinierungs- und Beratungsstelle der Bundesregierung für Informationstechnik in der Bundesverwaltung (KBSt), Band 26, Bonn 1992a.

Der Bundesminister des Innern (Hrsg.), Planung und Durchführung von IT-Vorhaben in der Bundesverwaltung: Vorgehensmodell, Anlage 1 bis 3, Schriftenreihe der Koordinierungs- und Beratungsstelle der Bundesregierung für Informationstechnik in der Bundesverwaltung (KBSt), Band 27/2, Bonn 1992b.

Busse von Colbe, W., Laßmann, G., Betriebswirtschaftstheorie, Band 1: Grundlagen, Produktions- und Kostentheorie, 4. Aufl., Berlin-Heidelberg-New York-London-Paris-Tokyo 1988.

Calmes, M., Entscheidungskriterien bei der Auswahl eines PC-basierten PPS-Systems, in: CIM im Mittelstand, Tagungsunterlagen 19. und 20. Februar 1992, Scheer, A.-W. (Hrsg.), Saarbrücken 1992, o. S.

Chen, J., Geitner, U.W., PPS-Marktübersicht 1993, in: FB/IE, 42. Jg. (1993), Nr. 2, S. 52–65.

Davenport, T., Process Innovation – Reengineering Work through Information Technology, Boston 1993.

Daum, A., Erfolgs- und Mißerfolgsfaktoren im Büro-Projektmanagement, München-Mering 1993.

Daum, M., Piepel, U., Lean Production – Philosophie und Realität, in: io Management Zeitschrift, 61. Jg. (1992), Nr. 1, S. 40–47.

Dichtl, E., Kaiser, A., Zur Verläßlichkeit der Ergebnisse empirischer Untersuchungen, in: WiSt, 7. Jg. (1978), Nr. 10, S. 490–492.

Domschke, W., Scholl, A., Voß, S., Produktionsplanung – Ablauforganisatorische Aspekte, Berlin-Heidelberg-New York-London-Paris-Tokyo-Hong Kong-Barcelona-Budapest 1993.

Dorninger, C., Janschek. O., Olearzick, E., Röhrenbacher, H., PPS – Produktionsplanung und -steuerung: Konzepte, Methoden und Kritik, Wien 1990.

Doumeingts, G., Chen, D., State-of-the-Art on models, architectures and methods for CIM systems design, in: Human Aspects in Computer Integrated Manufacturing, Proceedings of the IFIP TC5/WG 5.3 Eight International PROLAMAT Conference, Man in CIM, Tokyo, Japan, June 24–26, 1992, Olling, G.J., Kimura, F. (eds.), Amsterdam-London-New York-Tokyo 1992, S. 27–40.

Droste, F.O.W., Die Kosten-Nutzen-Analyse von EDV-Projekten im Phasenkonzept – Problemlösungsansätze in Form von Modellen und standardisierten Verfahren, Dissertation, Würzburg 1986.

Eberle, M., Schäffner, G.J., Analyse und Bewertung von CIM-Investitionen, in: ZwF, 83. Jg. (1988), Nr. 3, S. 118–122.

Ecelectic Solutions Corporation (ed.), Coins Operations Guide, La Jolla, California 1989.
Eidenmüller, B., Auswirkungen von CIM auf Ablauf- und Aufbauorganisation im Produktionsbereich, in: Rechnerintegrierte Konstruktion und Produktion – Entwicklungsstand und Einsatzbeispiele verfügbarer CIM-Bausteine, VDI-Gesellschaft Produktionstechnik (Hrsg.), VDI-Berichte Nr. 611, München 1986, S. 63–90.
Eisele, R., Konzeption und Wirtschaftlichkeit rechnerintegrierter Planungssysteme, München-Wien 1990.
Eisfelder, H., Strategisches Nutzenpotential neuer Technologien, in: CIM-Management, 4. Jg. (1988), Nr. 4, S. 56–64.
Elgass, P., Krcmar, H., Computergestützte Geschäftsprozeßplanung, in: Information Management, 5. Jg. (1993), Nr. 1, S. 42–49.
Emonts'bots, M., Systematische Vorauswahl von PPS-Systemen mit BAPSY, in: Auswahl, Einführung und Überprüfung von PPS-Systemen, Hackstein, R. (Hrsg.), Köln 1990, S. 25–42.
ESPRIT Consortium AMICE (ed.), CIMOSA: Open System Architecture for CIM, – Project 688/5288 AMICE Vol. 1, 2nd edition, Berlin-Heidelberg-New York-London-Paris-Tokyo-Hong Kong-Barcelona-Budapest 1993.
Esser, U., Qualifikation tut not – Ein Konzept für die PPS-Schulung, in: Auswahl, Einführung und Überprüfung von PPS-Systemen, Hackstein, R. (Hrsg.), Köln 1990, S. 94–111.
Eversheim, W., Baumann, M., Humberger, R., Linnhoff, M., Hedrich, P., Löcht, G. van de, Mit Outsourcing die Kosten auch in der Produktion reduzieren, in: io Management Zeitschrift 62. Jg. (1994), Nr. 10, S. 82–86.
Eversheim, W., Krumm, S., Heuser, T., Ablauf- und Kostentransparenz, in: CIM-Management, 10. Jg. (1994), Nr. 1, S. 57–59.
Fandel, G., François, P., Gubitz, K.-M., PPS-Systeme – Grundlagen, Methoden, Software, Marktanalyse, Berlin-Heidelberg-New York-London-Paris-Tokyo-Hong Kong-Barcelona-Budapest 1994.
Feiten, L., Hoyer, R., Kölzer, G., Die KSA zur Analyse von Kommunikationsstrukturen im Büro, in: Neue Methoden zur Gestaltung der Büroarbeit, Schönecker, H.G., Nippa, M. (Hrsg.), Baden-Baden 1987, S. 143–164.
Floyd, C., A Systematic Look at Prototyping, in: Approaches to Prototyping, Budde, R., Kuhlenkamp, K., Mathiassen, L., Züllighoven, H. (eds.), Berlin-Heidelberg-New York-Tokyo 1984, S. 1–18.
Floyd, C., Keil, R., Softwaretechnik und Betroffenenbeteiligung, in: Beteiligung von Betroffenen bei der Entwicklung von Informationssystemen, Mambrey, P., Oppermann, R. (Hrsg.), Frankfurt-New York 1983, S. 137–164.
Floyd, C., Reisin, F.-M., Schmidt, G., STEPS to Software Development with Users, in: ESEC '89 – Proceedings of the 2nd European Software Engineering Conference, Coventry, UK, September 11–15, 1989, Ghezzi, C., McDermid, J.A. (eds.), Berlin-Heidelberg-New York-London-Paris-Tokyo-Hong Kong 1989, S. 48–64.
Förster, H.-U., Miessen, E., Roos, E., Das 3-Phasen-Konzept für die PPS-Einführung, FIR-Sonderdruck 4/87, Aachen 1987.
Frank, J., Standard-Software – Kriterien und Methoden zur Beurteilung und Auswahl von Software-Produkten, 2. Aufl., Köln 1980.
Frese, E., Grundlagen der Organisation – Konzept – Prinzipien – Strukturen, 5. Aufl., Wiesbaden 1993.
Frese, E., Noetel, W., Kundenorientierung in der Auftragsabwicklung – Strategie, Organisation und Informationstechnologie, Düsseldorf und Stuttgart 1992.
Gaitanides, M., Prozeßorganisation – Entwicklung, Ansätze und Programme prozeßorientierter Organisationsgestaltung, München 1983.
Gattermeyer, W., Lean Production – Schlankheitskur für die Industrie, Zürich 1992.
Gausemeier, J., Fahrwinkel, U., Strategiekonforme Geschäftsprozesse und CIM-Maßnahmen, in: CIM-Management, 10. Jg. (1994), Nr. 2, S. 58–61.

Geiger, W., Computergestützte Produktionsplanung und -steuerung im Mittelstand, Wiesbaden 1991.
Geitner, U.W., Auswahl von PPS-Standardsoftware, in: CIM-Handbuch, Geitner, U.W. (Hrsg.), 2. Aufl., Braunschweig 1991, S. 125–149.
Gerdes, H.-J., Wirtschaftlichkeit von PPS-Systemen, in: CIM-Management, 8. Jg. (1992), Nr. 4, S. 49–52.
Glaser, H., Verfahren zur Fertigungssteuerung in alternativen PPS-Systemen – Eine kritische Analyse, in: Fertigungssteuerung – Expertenwissen für die Praxis, Scheer, A.-W. (Hrsg.), München 1991, S. 21–37.
Glaser, H., Geiger, W., Rohde, V., PPS – Produktionsplanung und -steuerung; Grundlagen – Konzepte – Anwendungen, 2. Aufl., Wiesbaden 1992.
Goold, M., Strategic Control in the Decentralized Firm, in: Sloan Management Review, Winter 1991, S. 69–81.
Grob, R., Von Taylor zu „lean" – und wieder zurück?, in: FB/IE, 43. Jg. (1994), Nr. 3, S. 122–127.
Grobel, T., Simulation der Organisation rechnerintegrierter Produktionssysteme, Forschungsberichte aus dem Institut für Arbeitswissenschaft und Betriebsorganisation der Universität Karlsruhe, Band 3, Karlsruhe 1992.
Groditzki, G., Entwicklung und Einführung von CIM-Systemen (Teil 2), in: CIM-Management, 5. Jg. (1989), Nr. 3, S. 60–65.
Groth, U., Kammel, A., Lean Management – Konzept – Kritische Analyse – Lösungsansätze, Wiesbaden 1994.
Grün, O., Projektorganisation, in: Handwörterbuch der Organisation, Frese, E. (Hrsg.), 3. Aufl., Stuttgart 1992, Sp. 2102–2116.
Grünewald, C., Schotten, M., Entwicklungstrends bei Standard-PPS-Systemen, in: FIR + IAW – Mitteilungen, 25. Jg. (1993), Nr. 2, S. 1–3.
Grünewald, C., Schotten, M., Marktspiegel PPS-Systeme auf dem Prüfstand – Überprüfte Leistungsprofile von Standard-EDV-Systemen für die Produktionsplanung und -steuerung (PPS), 5. Aufl., Köln 1994.
Grupp, B., Methoden der Istaufnahme und Problemanalyse – Arbeitstechniken für Mitarbeiter in EDV- und Büroprojekten, Wiesbaden 1987.
Grupp, B., EDV-Projekte in den Griff bekommen – Arbeitstechniken des Projektleiters, Planungs- und Überwachungsmethoden, Zusammenarbeit mit der Fachabteilung, Köln 1989.
Grupp, B., EDV-Pflichtenheft zur Hardware- und Softwareauswahl – Praktische Anleitung für auch für Mittel- und Kleinbetriebe mit 4 ausführlichen Praxisbeispielen, 2. Aufl., Köln 1991.
Günther, H.-O., Tempelmeier, H., Produktion und Logistik, Berlin-Heidelberg-New York-London-Paris-Tokyo-Hong Kong-Barcelona-Budapest 1994.
Gutenberg, E., Grundlagen der Betriebswirtschaftslehre, Band I: Die Produktion, 24. Aufl., Berlin-Heidelberg-New York 1983.
Haaks, D., Anpaßbare Informationssysteme – Auf dem Weg zu aufgaben- und benutzerorientierter Systemgestaltung und Funktionalität, Göttingen-Stuttgart 1992.
Haberfellner, R., Nagel, P., Becker, M., Büchel, A., Massow, H. v., Systems Engineering – Methodik und Praxis, Daenzer, W.F., Huber, F. (Hrsg.), 8. Aufl., Zürich 1994.
Hackstein, R., Produktionsplanung und -steuerung (PPS) – Ein Handbuch für die Betriebspraxis, 2. Aufl., Düsseldorf 1989.
Hackstein, R., Speith, G., BAPSY – Ein Verfahren zur Beurteilung und Auswahl von PPS-Systemen, in: ZWF, 78. Jg. (1983), Nr. 3, S. 137–143.
Härtner, R., Was leisten PPS-Systeme heute, morgen? Neueste Erhebungen der Leistungsprofile namhafter Anbieter, in: CIM im Mittelstand, Fachtagung Saarbrücken 20. und 21. Februar 1991, Scheer, A.-W. (Hrsg.), Berlin-Heidelberg-New York-London-Paris-Tokyo-Hong Kong-Barcelona-Budapest 1991, S. 187–213.

Hamacher, W., Pape, D.F., Effiziente PPS-Einführung – Voraussetzung für zukunftssichere Mittelbetriebe, Anforderungen – Praxisbeispiele – Checklisten, Köln 1991.
Hamel, W., Zielsysteme, in: Handwörterbuch der Organisation, Frese, E. (Hrsg.), 3. Aufl., Stuttgart 1992, Sp. 2634–2652.
Hammer, M., Champy, J., Reengineering the corporation – a manifesto for business revolution, New York 1993.
Hannen, C., Nicolai, H., PPS-Systeme ablösen oder überarbeiten?, in: FIR + IAW – Mitteilungen, 25. Jg. (1993), Nr. 3, S. 10f.
Hansen, H.R., Amsüss, W.L., Frömmer, N.S., Standardsoftware – Beschaffungspolitik, organisatorische Einsatzbedingungen und Marketing, Berlin-Heidelberg-New York 1983.
Harhen, J., MRP/MRP II, in: Computer-Aided Production Management, Rolstadås, A. (ed.), Berlin-Heidelberg-New York-London-Paris-Tokyo 1988, S. 23–35.
Harrington, J., Computer Integrated Manufacturing, New York 1973.
Hars, A., Zimmermann, V., Scheer, A.-W., Entwicklungslinien für die computergestützte Modellierung von Aufbau- und Ablauforganisation, Veröffentlichungen des Instituts für Wirtschaftsinformatik, Heft 105, Saarbrücken 1993.
Heil, M., Entstörung betrieblicher Abläufe, Wiesbaden 1995.
Heinen, E., Grundlagen betriebswirtschaftlicher Entscheidungen – Das Zielsystem der Unternehmung, 2. Aufl., Wiesbaden 1971.
Heinrich, C.E., Neue Generation von PPS-Systemen, in: CIM-Management, 9. Jg. (1993), Nr. 1, S. 31f.
Heß, H., Wiederverwendung von Software – Framework für betriebliche Informationssysteme, Wiesbaden 1993.
Hill, W., Fehlbaum, R., Ulrich, P., Organisationslehre – Ziele, Instrumente und Bedingungen der Organisation sozialer Systeme, Band 1, 4. Aufl., Bern-Stuttgart 1989.
Hinterhuber, H.H., Vom Denken in Funktionen zum Denken in Prozessen, in: Blick durch die Wirtschaft, Beilage der FAZ vom 01. Juli 1992, S. 7.
Hirschberger-Vogel, M., Die Akzeptanz und die Effektivität von Standardsoftwaresystemen, Berlin 1990.
Hirt, K., Das 3-Phasen-Konzept für die PPS-Einführung, in: Auswahl, Einführung und Überprüfung von PPS-Systemen, Hackstein, R. (Hrsg.), Köln 1990, S. 5–24.
Hoffmann, F., Aufbauorganisation, in: Handwörterbuch der Organisation, Frese, E. (Hrsg.), 3. Aufl., Stuttgart 1992, Sp. 208–221.
Hoitsch, H.-J., Produktionswirtschaft – Grundlagen einer industriellen Betriebswirtschaftslehre, 2. Aufl., München 1993.
Horváth, P., Grundprobleme der Wirtschaftlichkeitsanalyse beim Einsatz neuer Informations- und Produktionstechnologien, in: Horváth, P. (Hrsg.), Wirtschaftlichkeit neuer Produktions- und Informationstechnologien, Tagungsband Stuttgarter Controller-Forum, 14.-15. September 1988, Stuttgart 1988, S. 1–14.
Horváth, P., Controlling, 5. Aufl., München 1994.
Horváth, P., Herter, R.N., Benchmarking – Vergleich mit den Besten der Besten, in: Controlling, 4. Jg. (1992), Nr. 1, S. 4–11.
Horváth, P., Mayer, R., CIM-Wirtschaftlichkeit aus Controller-Sicht, in: CIM-Management, 4. Jg. (1988), Nr. 4, S. 48–53.
Hoyer, R., Organisatorische Voraussetzungen der Büroautomation – Rechnergestützte, prozeßorientierte Planung von Büroinformations- und -kommunikationssystemen, Berlin 1988.
Jacob, H., Unternehmensorganisation – Gestaltung und Entwicklung sozio-technischer Systeme, Stuttgart 1980.
Jordt, A., Über die Untersuchung und Darstellung von Arbeitsabläufen, in: ZfO, 27. Jg. (1958), Nr. 2, S. 52–55.
Jost, W., EDV-gestützte CIM-Rahmenplanung, Wiesbaden 1993.

Jost, W., Das ARIS-Toolset – Eine neue Generation von Reengineering-Werkzeugen, in: Prozeßorientierte Unternehmensmodellierung – Grundlagen, Werkzeuge, Anwendungen, Scheer, A.-W. (Hrsg.), Wiesbaden 1994, S. 77–99.
Kaplan, R.S., CIM-Investitionen sind keine Glaubensfrage, in: Harvard Manager, 8. Jg. (1986), Nr. 3, S. 78–85.
Kaucky, G., Informationstechnologie und organisatorische Änderungen, Wiesbaden 1988.
Kaufmann, H., Pape, H., Clusteranalyse, in: Fahrmeir, L., Hamerle, A., Multivariate statistische Verfahren, Berlin-New York 1984, S. 371–471.
Keller, G., Informationsmanagement in objektorientierten Organisationsstrukturen, Wiesbaden 1993.
Keller, G., Nüttgens, M., Scheer, A.-W., Semantische Prozeßmodellierung auf der Grundlage „Ereignisgesteuerter Prozeßketten (EPK)", Veröffentlichungen des Instituts für Wirtschaftsinformatik, Heft 89, Saarbrücken 1992.
Kemmner, A., Investitions- und Wirtschaftlichkeitsaspekte bei CIM, in: CIM-Management, 4. Jg. (1988), Nr. 4, S. 22–29.
Kemmner, A., Wie überprüfe ich mein PPS-System?, in: Auswahl, Einführung und Überprüfung von PPS-Systemen, Hackstein, R. (Hrsg.), Köln 1990, S. 150–167.
Kemmner, G.-A., Anwenderorientierte Dezentralisierung von PPS-Systemen, Berlin-Heidelberg-New York-London-Paris-Tokyo-Hong Kong-Barcelona-Budapest 1991a.
Kemmner, G.-A., Effizienzorientierte Wirtschaftlichkeitsbetrachtung, in: CIM-Management, 7. Jg. (1991b), Nr. 3, S. 18–24.
Kern, W., Industrielle Produktionswirtschaft, 5. Aufl., Stuttgart 1992.
Kilger, W., Industriebetriebslehre, Band 1, Wiesbaden 1986.
Kimm, R., Koch, W., Simonsmeier, W., Tontsch, F., Einführung in Software Engineering, Berlin-New York 1979.
Kirchmer, M., Prozeßorientierte Planung und Realisierung des Einsatzes von Standardsoftware – Vorgehensweise zur strategiegesteuerten Einführung integrierter Informationssysteme, in: Management & Computer, 1. Jg. (1993), Nr. 2, S. 135–144.
Kirsch, G., Kohlas, J., Der Wert des Unvorhersehbaren, in: Frankfurter Allgemeine Zeitung (FAZ) vom 08. Mai 1993, Nr. 106, S. 15.
Kirsch, W., Planung – Kapitel einer Einführung, München 1975.
Kirsch, W., Börsig, C., Englert, G., Standardisierte Anwendungssoftware in der Praxis – Empirische Grundlagen für Gestaltung und Vertrieb, Beschaffung und Einsatz, Berlin 1979.
Kittel, T., Produktionsplanung und -steuerung im Klein- und Mittelbetrieb – Chancen und Risiken des EDV-Einsatzes, Grafenau 1982.
Klimmer, M., Effizienz der computergestützten Fertigung – Ökonomische Bewertung von Gestaltungsoptionen am Beispiel der CAD/NC-Prozeßkette, Heidelberg 1995.
Klotz, M., Integrierte Anwendungssoftware und Unternehmensorganisation – Ein neues aufbauorganisatorisches Konzept zum Abbau von Hierarchieebenen, Berlin 1993.
Knof, H.-L., CIM und organisatorische Flexibilität, München 1992
Köhl, E., Esser, U., Kemmner, A., Die CIM-gerechte Organisation läßt auf sich warten – CIM in der Bundesrepublik (Teil 2), in: Technische Rundschau, 81. Jg. (1989), Nr. 10, S. 14–22.
Köhl, E., Esser, U., Kemmner, A., Wendering, A., Auswertung der CIM-Expertenbefragung, FIR (Hrsg.), Aachen 1988.
Köhler-Frost, W., Outsourcing – sich besinnen auf das Kerngeschäft, in: Outsourcing – eine strategische Allianz besonderen Typs, Köhler-Frost, W. (Hrsg.), Berlin 1993, S. 13–30.
Kölle, J., Friedrich, R., Kirchhoff, H., Kürsten, U., Schmid, B., CAD/PPS-Integration – Konzepte und Erfahrungen, IFAO Industrie-Consulting GmbH (Hrsg.), München-Wien 1990.
König, S., Strukturierung von Organisation und Produktion bei Typen- und Variantenvielfalt, in: io Management Zeitschrift, 63. Jg. (1994), Nr. 3, S. 64–68.

Koffler, J.R., Neue Systeme zur Produktionsplanung und -steuerung – Belastungsorientierte Auftragsfreigabe, Fortschrittszahlenkonzept, Kanban-Prinzipien, München 1987.
Kommission Computer Integrated Manufacturing (KCIM), Normung von Schnittstellen für die rechnerintegrierte Produktion (CIM) – Standortbestimmung und Handlungsbedarf, DIN Deutsches Institut für Normung e.V. (Hrsg.), DIN-Fachbericht 15, Berlin-Köln 1987.
Kommission Computer Integrated Manufacturing (KCIM), Normung von Schnittstellen für die rechnerintegrierte Produktion (CIM) – Fertigungssteuerung und Auftragsabwicklung, DIN Deutsches Institut für Normung e.V. (Hrsg.), DIN-Fachbericht 21, Berlin-Köln 1989.
Kornwachs, K., Weiterlernen für und mit CIM, in: IAO (Hrsg.), CIM – Erst Organisation, dann Technik, Tagungsunterlagen Fachtagung Stuttgart 1990, o. S.
Kosanke, K., Vernadat, F., CIM-OSA: A Reference Architecture for CIM, in: Human Aspects in Computer Integrated Manufacturing, Proceedings of the IFIP TC5/WG 5.3 Eighth International PROLAMAT Conference, Tokyo, Japan, June 24–26, 1992, Olling, G.J., Kimura, F. (eds.), Amsterdam-London-New York-Tokyo 1992, S. 41–48.
Kosiol, E., Organisation der Unternehmung, 2. Aufl., Wiesbaden 1976 (1. Auflage 1962).
Kosiol, E., Szyperski, N., Chmielewicz, K., Zum Standort der Systemforschung im Rahmen der Wissenschaften, in: ZfbF, 17. Jg. (1965), S.337–378.
Krallmann, H., Methoden und Ansätze zur Modellierung einer CIM-Architektur, in: Produktionsforum '88: Die CIM-fähige Fabrik – Zukunftssichernde Planung und erfolgreiche Praxisbeispiele, 8. IAO-Arbeitstagung, 4./5. Mai 1988 in Stuttgart, Bullinger, H.-J. (Hrsg.), Berlin-Heidelberg-New York-London-Paris-Tokyo 1988, S. 149–173.
Krallmann, H., Feiten, L., Hoyer, R., Kölzer, G., Die Kommunikationsstrukturanalyse (KSA) zur Konzeption einer betrieblichen Kommunikationsarchitektur, in: Interaktive betriebswirtschaftliche Informations- und Steuerungssysteme, Kurbel, K., Mertens, P., Scheer, A.-W. (Hrsg.), Berlin-New York 1989, S. 289–314.
Krallmann, H., Scholz. B., Analyse und Modellierung von Kommunikationsarchitekturen in der rechnerintegrierten Produktion, in: Interaktive betriebswirtschaftliche Informations- und Steuerungssysteme, Kurbel, K., Mertens, P., Scheer, A.-W. (Hrsg.), Berlin-New York 1989, S. 329–347.
Krüger, W., Aufgabenanalyse und -synthese, in: Handwörterbuch der Organisation, Frese, E. (Hrsg.), 3. Aufl., Stuttgart 1992, Sp. 221–236.
Krüger, W., Organisation der Unternehmung, 3. Aufl., Stuttgart-Berlin-Köln 1994.
Krupezki, R.-G., PPS-Anwender enttäuscht von Softwarehäusern und -Beratern, in: TEC-Magazin, Beilage zur Computerwoche, 19. Jg. (1992), Nr. 10, S. 10f.
Kuhn, A., Unternehmensführung, 2. Aufl., München 1990.
Kurbel, K., Produktionsplanung und -steuerung – Methodische Grundlagen von PPS-Systemen und Erweiterungen, München-Wien 1993.
Kurbel, K., Meynert, J., Engpaßorientierte Auftragsterminierung und Kapazitätsdisposition, in: Interaktive betriebswirtschaftliche Informations- und Steuerungssysteme, Kurbel, K., Mertens, P., Scheer, A.-W. (Hrsg.), Berlin-New York 1989, S. 69–87.
Kurbel, K., Nietsch, M., Rautenstrauch, C., Objektorientierter Leitstand, in: FB/IE, 41. Jg. (1992), Nr. 6, S. 288–293.
Kurbel, K., Pietsch, W., Projektmanagement bei evolutionärer Softwareentwicklung, in: Interaktive betriebswirtschaftliche Informations- und Steuerungssysteme, Kurbel, K., Mertens, P., Scheer, A.-W. (Hrsg.), Berlin-New York 1989, S. 261–285.
Kurpicz, R., Einsatzwirkungen integrierter Standardsoftware zur Produktionsplanung und -steuerung in kleinen und mittleren Unternehmen – Eine empirische Untersuchung, Frankfurt/Main-Bern-New York-Paris 1987.
Laakmann, J., Das 3-Phasen-Konzept für die Einführung von Standard-PPS-Systemen, FIR-Sonderdruck 2/93, 2. Aufl., Aachen 1993.

Lambert, V., PPS-Integration für den Mittelstand – Realisierbar oder Utopie? Rechnergestützte Produktion bei Zwick, in: Produktionsforum '88: Die CIM-fähige Fabrik – Zukunftssichernde Planung und erfolgreiche Praxisbeispiele, 8. IAO-Arbeitstagung, 4./5. Mai 1988 in Stuttgart, Bullinger, H.-J. (Hrsg.), Berlin-Heidelberg-New York-London-Paris-Tokyo 1988, S. 469–485.

Lang, G., Auswahl von Standard-Applikations-Software (Teil 1), in: CIM-Management, 4 Jg. (1988), Nr. 5, S. 55–60.

Lang, G., Auswahl von Standard-Applikations-Software – Organsiation und Instrumentarien, Berlin-Heidelberg-New York-London-Paris-Tokyo-Hong Kong 1989.

Laux, H., Entscheidungstheorie I – Grundlagen, 2. Aufl., Berlin-Heidelberg-New York-London-Paris-Tokyo-Hong Kong-Barcelona-Budapest 1991.

Liebelt, W., Sulzberger, M., Grundlagen der Ablauforganisation, Gießen 1989.

Liebetrau, G., Becker, M., Die Auswahl von Standardsoftware, in: io Management Zeitschrift, 61. Jg. (1992), Nr. 3, S. 59–61.

Loeffelholz, F. Frhr. v., Test von PPS-Systemen, in: Auswahl, Einführung und Überprüfung von PPS-Systemen, Hackstein, R. (Hrsg.), Köln 1990, S. 43–63.

Marca, D.A., McGowan, C.L., SADT – Structured Analysis and Design Technique, New York-St. Louis-San Francisco-Auckland-Bogotá-Hamburg-London-Madrid-Milan-Mexico-Montreal-New Delhi-Panama-Paris-São Paulo-Singapore-Sydney-Tokyo-Toronto 1988.

Marr, R., Kötting, M., Implementierung, organisatorische, in: Handwörterbuch der Organisation, Frese, E. (Hrsg.), 3. Aufl., Stuttgart 1992, Sp. 827–841.

Martin, R., Einflußfaktoren auf Akzeptanz und Einführungsumfang von Produktionsplanung und -steuerung (PPS) – Eine Untersuchung in der mittelständischen Industrie, Frankfurt/Main-Berlin-Bern-New York-Paris-Wien 1993.

Matarazzo, J., Prusak, L., Information Management and Japanese Success – A Special Report, Washington, D.C. 1992.

Mattheis, P., Prozeßorientierte Informations- und Organisationsstrategie – Analyse, Konzeption, Realisierung, Wiesbaden 1993.

Mertens, P., Anselstetter, R., Eckardt, T., Nickel, R., Betriebswirtschaftliche Nutzeffekte und Schäden der EDV – Ergebnisse des NSI-Projektes, in: ZfB, 52. Jg. (1982), Nr. 2, S. 135–154.

Mertens, P., Helmer, J., Rose, H., Wedel, T., Ein Ansatz zu kooperierenden Expertensystemen bei der Produktionsplanung und -steuerung, in: Interaktive betriebswirtschaftliche Informations- und Steuerungssysteme, Kurbel, K., Mertens, P., Scheer, A.-W. (Hrsg.), Berlin-New York 1989, S. 13–40.

Mertens, P., Wedel, T., Hartinger, M., Management by Parameters?, in: ZfB, 61. Jg. (1991), Nr. 5/6, S. 569–588.

Messer, B., Client-Server-Konzept, in: Lexikon der Wirtschaftsinformatik, Mertens, P., König, W., Krallmann, H., Scheer, A.-W., Seibt, D., Stahlknecht, P., Strunz, H., Thome, R., Wedekind, H. (Hrsg.), 2. Aufl., Berlin-Heidelberg-New York-London-Paris-Tokyo-Hong Kong 1990, S. 92.

Meta Software Corporation (ed.), Design/IDEF User's Manual, Cambridge 1990.

Meyer, B., Objektorientierte Softwareentwicklung, München-Wien 1990.

Miessen, E., Rechnergestützte Produktionsplanung und -steuerung – Effizienzorientierte Auswahl anpaßbarer Standardsoftware, Berlin-Heidelberg-New York-London-Paris-Tokyo 1989.

Möckesch, G., Grundstrukturen neuer PPS-Generationen, in: AWF (Hrsg.), PPS'93 – Chancen im Umbruch, Tagungsband 15. AWF-PPS-Kongreß, Böblingen 1993, Eingriff 5, o. S.

Molz, R., Voraussetzungen für einen erfolgreichen PPS-Einsatz schaffen – aber wie?, in: 1. Aacherner PPS-Tage, Tagungsunterlagen 18. und 19. Mai 1994, FIR und CIM GmbH (Hrsg.), Aachen 1994, o. S.

Nath, D., Schlanke Prozesse, schlankes Unternehmen. Schlanke PPS? Umfassende Unternehmenserneuerung eines Zulieferers und die Auswirkungen auf PPS, in: AWF (Hrsg.), PPS'93 - Chancen im Umbruch, Tagungsband 15. AWF-PPS-Kongreß, Böblingen 1993, Eingriff 2, o. S.

Nedeß, C., Friedewald, A., Maack, R., PPS-Systeme im Spannungsfeld technischer und betriebsorganisatorischer Veränderungen, in: CIM-Management, 9. Jg. (1993), Nr. 1, S. 4-10.

Niemeier, J., Konzepte der Wirtschaftlichkeitsberechnung bei integrierten Informationssystemen, in: Horváth, P. (Hrsg.), Wirtschaftlichkeit neuer Produktions- und Informationstechnologien, Tagungsband Stuttgarter Controller-Forum, 14.-15. September 1988, Stuttgart 1988, S. 15-34.

Nippa, M., Gestaltungsgrundsätze für die Büroorganisation, Berlin 1988.

Nüttgens, M., Keller, G., Scheer, A.-W., Informationsmodelle als Grundlage integrierter Fertigungsarchitekturen, in: CIM-Management, 8. Jg. (1992), Nr. 4, S. 12-20.

Peschke, H., Betroffenenorientierte Systementwicklung - Prozeß und Methoden der Entwicklung menschengerechter Informationssysteme, Frankfurt/Main-Bern-New York 1986.

Picot, A., Reichwald, R., Bürokommunikation - Leitsätze für den Anwender, 3. Aufl., München 1987.

Plapp, C., Typische Fehler in CIM-Projekten, in: CIM-Management, 9. Jg. (1993), Nr. 6, S. 17-20.

Quint, W., Methoden und Werkzeuge zur Integration von CIM-Komponenten in bestehende Produktionsorganisationen sowie zur Organisationsentwicklung und Wirtschaftlichkeitsrechnung im jeweiligen Produktionsunternehmen, Dissertation, Bremen 1993.

Rall, K., Berechnung der Wirtschaftlichkeit von CIM-Komponenten, in: CIM-Management 7. Jg. (1991), Nr. 3, S. 12-17.

REFA - Verband für Arbeitsstudien und Betriebsorganisation e.V., Planung und Gestaltung komplexer Produktionssysteme, München 1987.

REFA - Verband für Arbeitsstudien und Betriebsorganisation e.V., Methodenlehre der Betriebsorganisation: Aufbauorganisation, München 1992.

Rehkugler, H., Schindel, V., Entscheidungstheorie: Erklärung und Gestaltung betrieblicher Entscheidungen, 5. Aufl., München 1990.

Reichmamm, T., Controlling mit Kennzahlen und Managementberichten - Grundlagen einer systemgestützten Controlling-Konzeption, 4. Aufl., München 1995.

Reichwald, R., Einsatz moderner Informations- und Kommunikationstechnik, in: CIM-Management, 3. Jg. (1987), Nr. 3, S. 6-11.

Reichwald, R., Dietel, B., Produktionswirtschaft, in: Industriebetriebslehre, Heinen, E. (Hrsg.), 9. Aufl., Wiesbaden 1991, S. 395-622.

Reichwald, R., Nippa, M., Informations- und Kommunikationsanalyse, in: Handwörterbuch der Organisation, Frese, E. (Hrsg.), 3. Aufl., Stuttgart 1992, Sp. 855-872.

Reichwald, R., Weichselbaumer, J., Rechnerintegrierte Produktion muß sich „rechnen", in: VDI-Z, 133. Jg. (1991), Nr. 3, S. 97-100.

Reineke, B., Mit dem Team auf Brautschau... - Die systematische Endauswahl von PPS-Systemen durch anwenderorientierte Tests, FIR-Sonderdruck 4/92, 3. Aufl., Aachen 1993.

Remme, M., Scheer, A.-W., Konzeption eines leistungsketteninduzierten Informationssystemmanagements, Veröffentlichungen des Instituts für Wirtschaftsinformatik, Heft 110, Saarbrücken 1994.

Renner, A., Leistungsmerkmale moderner PPS-Systeme aus betriebswirtschaftlicher Sicht, in: Controlling, 3. Jg. (1991), Nr. 1, S. 32-37.

Reschke, H., Svobada, M., Projektmanagement - Konzeptionelle Grundlagen, 2. Aufl., München 1984.

Rieder, B., Die Gestaltung des Implementierungsprozesses bei der Einführung von integrierter Standardsoftware, Dissertation, Regensburg 1988.

Rinza, P., Schmitz, H., Nutzwert-Kosten-Analyse, Düsseldorf 1977.

Rödiger, K.-H., Das Arbeitsanalyseverfahren VERA/B in der Softwareentwicklung, in: Dialogsysteme in der Arbeitswelt, Nullmeier, E., Rödiger, K.-H. (Hrsg.), Mannheim 1988, S. 185–204.

Rolstadås, A., Architecture for integrating PPC in CIM, in: Human Aspects in Computer Integrated Manufacturing, Proceedings of the IFIP TC5/WG 5.3 Eight International PROLAMAT Conference, Man in CIM, Tokyo, Japan, June 24–26, 1992, Olling, G.J., Kimura, F. (eds.), Amsterdam-London-New York-Tokyo 1992, S. 187–195.

Rommel, G., Brück, F., Diederichs, R., Kempis, R.-D., Kluge, J., Einfach überlegen – Das Unternehmenskonzept, das die Schlanken schlank und die Schnellen schnell macht, Stuttgart 1993.

Roos, E., Informationsmodellierung für PPS-Systeme – Ein Konzept zur aufgabenorientierten Systementwicklung, Berlin-Heidelberg-New York-London-Paris-Tokyo-Hong Kong-Barcelona-Budapest 1992.

Roos, E., Benutzerbeteiligung bei der PPS-Einführung – Konzept einer teamorientierten Vorgehensweise, in: CIM-Management, 9. Jg. (1993), Nr. 1, S. 23–30.

Roschmann, K., Betriebsdatenerfassung, in: CIM-Handbuch, Geitner, U.W. (Hrsg.), 2. Aufl., Braunschweig 1991, S. 95–109.

Ross, D.T., Reflections on Requirements, Guest Editorial, in: IEEE Transactions on Software Engineering, Vol. SE-3 (1977a), Nr. 1, S. 2–5.

Ross, D.T., Structured Analysis (SA): A Language for Communicating Ideas, in: IEEE Transactions on Software Engineering, Vol. SE-3 (1977b), Nr. 1, S. 16–34.

Ross, D.T., Schoman, K.E., Structured Analysis for Requirements Definition, in: IEEE Transactions on Software Engineering, Vol. SE-3 (1977), Nr. 1, S. 6–15.

Sames, G., Büdenbender, W., Das morphologische Merkmalsschema – Ein praktisches Hilfsmittel zur Beschreibung der technischen Auftragsabwicklung, FIR-Sonderdruck 1/90, 3. Aufl., Aachen 1990a.

Sames, G., Büdenbender, W., Analyse und Interpretation von Auftragsabwicklungstypen – Auswertung der Fragebogenaktion „PPS für inhomogene Auftragsabwicklungsstrukturen", FIR (Hrsg.), Aachen 1990b.

Sauerbrey, G., Neue Aufbau- und Ablauforganisation – eine Voraussetzung für CIM, in: CIM-Management, 4. Jg. (1988a), Nr. 6, S. 22–24.

Sauerbrey, G., Planung organisatorischer Veränderungen im Rahmen von Integrationsansätzen, in: Produktionsforum '88: Die CIM-fähige Fabrik – Zukunftssichernde Planung und erfolgreiche Praxisbeispiele, 8. IAO-Arbeitstagung, 4./5. Mai 1988 in Stuttgart, Bullinger, H.-J. (Hrsg.), Berlin-Heidelberg-New York-London-Paris-Tokyo 1988b, S. 239–260.

Sauerbrey, G., PPS: Ein typisch deutscher Fluch für einen Fertigungsbetrieb, in: Computerwoche, 19. Jg. (1992), Nr. 14, S. 8.

Saynisch, M., Grundlagen des phasenweisen Projektablaufes, in: Projektmanagement – Konzepte, Verfahren, Anwendungen, Saynisch, M., Schelle, H., Schub, A. (Hrsg.), München-Wien 1979, S. 33–58.

Saynisch, M., Phasenweiser Projektablauf und Phasenorganisation – Lebensphasenkonzept und ablaufstrategische Grundlagen von Projekten, in: Handbuch Projektmanagement, Band 2, Reschke, H., Schelle, H., Schnopp, R. (Hrsg.), Köln 1989, S. 705–743.

Schäfer, S., Objektorientierte Entwurfsmethoden – Verfahren zum objektorientierten Softwareentwurf im Überblick, Bonn-Paris-Reading, Massachusetts-Menlo Park, California-New York-Don Mills, Ontario-Wokingham-Amsterdam-Milan-Sydney-Tokyo-Singapore-Madrid-San Juan-Seoul-Mexico City-Taipei 1994.

Schanz, G., Organisation, in: Handwörterbuch der Organisation, Frese, E. (Hrsg.), 3. Aufl., Stuttgart 1992, Sp. 1459–1471.

Scheer, A.-W., Stand und Trends der computergestützten Produktionsplanung und -steuerung (PPS) in der Bundesrepublik Deutschland, in: ZfB, 53. Jg. (1983), Nr. 2, S. 138–155.
Scheer, A.-W., Strategien zur Entwicklung eines CIM-Konzeptes – Organisatorische Entscheidungen bei der CIM-Implementatierung, Veröffentlichungen des Instituts für Wirtschaftsinformatik, Heft 51, Saarbrücken 1986.
Scheer, A.-W., Unternehmensdatenmodell (UDM) als Grundlage integrierter Informationssysteme, in: ZfB, 58. Jg. (1988), Nr. 10, S. 1091–1114.
Scheer, A.-W., CIM – Computer Integrated Manufacturing, Der computergesteuerte Industriebetrieb, 4. Aufl., Berlin-Heidelberg-New York-London-Paris-Tokyo-Hong Kong 1990.
Scheer, A.-W., Konsequenzen für die Betriebswirtschaftslehre aus der Entwicklung der Informations- und Kommunikationstechnologien, Veröffentlichungen des Instituts für Wirtschaftsinformatik, Heft 79, Saarbrücken 1991a.
Scheer, A.-W., Neue Architekturen für PPS-Systeme, in: Fertigungssteuerung – Expertenwissen für die Praxis, Scheer, A.-W. (Hrsg.), München-Wien 1991b, S. 13–19.
Scheer, A.-W., Architektur integrierter Informationssysteme – Grundlagen der Unternehmensmodellierung, 2. Aufl., Berlin-Heidelberg-New York-London-Paris-Tokyo-Hong Kong-Barcelona-Budapest 1992a.
Scheer, A.-W., Koordinierte Planungsinseln: Ein neuer Lösungsansatz für die Produktionsplanung, in: Praxis und Theorie der Unternehmung, Produktion – Information – Planung, Herbert Jacob zum 65. Geburtstag, Hansmann, K.-W., Scheer, A.-W. (Hrsg.), Wiesbaden 1992b, S. 291–304.
Scheer, A.-W., Integration, computergestützte, in: Handwörterbuch der Organisation, Frese, E. (Hrsg.), 3. Aufl., Stuttgart 1992c, Sp. 1041–1051.
Scheer, A.-W., Neugestaltung der Abläufe als erster Schritt auf dem Weg zur schlanken Produktion, in: Scheer, A.-W. (Hrsg.), CIM im Mittelstand, Tagungsunterlagen, Saarbrücken 1993, o. S.
Scheer, A.-W., Wirtschaftsinformatik – Referenzmodelle für industrielle Geschäftsprozesse, 5. Aufl., Berlin-Heidelberg-New York-London-Paris-Tokyo-Hong Kong-Barcelona-Budapest 1994.
Schimank, C., Wirtschaftlichkeitsanalyse im Rahmen der Auswahl von Standard-Software für die Budgetierung, in: Wirtschaftlichkeit neuer Produktions- und Informationstechnologien, Horváth, P. (Hrsg.), Tagungsband Stuttgarter Controller-Forum, 14.-15. September 1988, Stuttgart 1988, S. 297–312.
Schluh, K.-M., Wissensbasiertes PPS-System, in: CIM-Management, 7. Jg. (1991), Nr. 4, S. 57–63.
Schmidt, G., Methode und Techniken der Organisation, 9. Aufl., Gießen 1991.
Schneeweiß, C., Einführung in die Produktionswirtschaft, 4. Aufl., Berlin-Heidelberg-New York-London-Paris-Tokyo-Hong Kong-Barcelona-Budapest 1992.
Schneider, S., Lean Production zwingt die Datenverarbeitung zur Diät, in: Computerwoche, 19. Jg. (1992), Nr. 33, S. 7 und 10.
Scholz, B., Hoyer, R., Methoden zur Gestaltung von CIM-Strukturen, Teil 1, in: FB/IE, 37. Jg. (1988), Nr. 4, S. 172–178.
Schomburg, E., Entwicklung eines betriebstypologischen Instrumentariums zur systematischen Ermittlung der Anforderungen an EDV-gestützte Produktionsplanungs- und -steuerungssysteme im Maschinenbau, Dissertation Aachen 1980.
Schomburg, E., Betriebsindividuelle Einflußgrößen für Gestaltung und Bewertung von PPS-Systemen, in: RKW (Hrsg.), PPS-Fachmann, Band 4: Steuerung, Baustein S. 1.2, Köln 1987.
Schomburg, E., Verschiedene Betriebstypen unter einem Dach – Gestaltungsansätze zur Planung und Steuerung bei heterogenen Produktionsstrukturen, in: AWF (Hrsg.), PPS-Kongreß 1991, Tagungsband 13. AWF-PPS-Kongreß, Bad Soden 1991, Eingriff 3, S. 31–61.

Schomburg, E., Dezentraler PPS-Einsatz am Beispiel eines Getriebewerkes, in: AWF (Hrsg.), PPS'94 - Heute.Morgen.Übermorgen, Tagungsband 16. AWF-PPS-Kongreß, Böblingen 1994, Eingriff 4, o. S.

Schotten, M., BAPSY₃ _ Bewertung und Auswahl von PPS-Systemen, FIR-Sonderdruck Nr. 11/93, 4. Aufl., Aachen 1993.

Schotten, M., Erfolgsfaktoren bei der Ablösung von PPS-Systemen, in: 1. Aacherner PPS-Tage, Tagungsunterlagen 18. und 19. Mai 1994, FIR und CIM GmbH (Hrsg.), Aachen 1994, o. S.

Schotten, M., Vogeler, C., Produktionsplanung und -steuerung 1994, in: FB/IE, 43. Jg. (1994), Nr. 2, S. 52-62.

Schreuder, S., Upmann, R., CIM-Wirtschaftlichkeit - Vorgehensweise zur Ermittlung des Nutzens einer Integration von CAD, CAP, CAM, PPS und CAQ, Köln 1988.

Schüle, H., Schumann, M., DV-gestützte CIM-Planung, in: CIM-Management, 8. Jg. (1992), Nr. 2, S. 56-63.

Schuh, G., Grundkonzept zur CIM-Bewertung - CIM läßt sich rechnen, in: CIM-Wirtschaftlichkeit - Strategische und operative Bewertung von CIM-Projekten, Tagung 2. und 3.Juli 1992 in Zürich, Technische Rundschau (Hrsg.), Berlin 1992, S. 4-9.

Schuler, J., Konzept für ein rechnerunterstütztes Simulationsmodell zur Bewertung der Wirtschaftlichkeit von Lösungsalternativen bei der Planung einer integrierten Informationsverarbeitung, Fortschrittsberichte VDI, Reihe 20, Nr. 58, Düsseldorf 1992.

Schultz-Wild, R., Nuber, C., Rehberg, F., Schmierl, K., An der Schwelle zu CIM - Strategien, Verbreitung, Auswirkungen, Köln 1989.

Schulz, A., Software-Entwurf - Methoden und Werkzeuge, 2. Auflage, München-Wien 1990.

Schulz, H., Bölzing, D., Lenkung von CIM-Investitionen, in: CIM-Management, 4. Jg. (1988), Nr. 6, S. 54-60.

Schumann, M., Wirtschaftlichkeitsrechnung für DV-Systeme, in: EDV-gestützte Controlling-Praxis - Anwendungen in der Wirtschaft, Huch, B., Behme, W., Schimmelpfeng, K. (Hrsg.), Frankfurt 1992, S. 161-178.

Schumann, M., Mertens, P., Nutzeffekte von CIM-Komponenten und Integrationskonzepten (Teil 1), in: CIM-Management, 6. Jg. (1990a), Nr. 3, S. 45-51.

Schumann, M., Mertens, P., Nutzeffekte von CIM-Komponenten und Integrationskonzepten - Systematisierung von Bewertungsansätzen (Teil 2), in: CIM-Management, 6. Jg. (1990b), Nr. 4, S. 63-68.

Schumann, M., Mertens, P., Nutzeffekte von CIM-Komponenten und Integrationskonzepten - Darstellung ausgewählter Ansätze (Teil 3), in: CIM-Management, 6. Jg. (1990c), Nr. 5, S. 59-64.

Schwarze, J., Informations-Facility-Management (IFM), in: Controlling und EDV - Konzepte und Methoden für die Unternehmenspraxis, Huch, B., Behme, W., Schimmelpfeng, K. (Hrsg.), Frankfurt 1992, S. 160-177.

Schwarze, J., Einführung in die Wirtschaftsinformatik, 3. Aufl., Herne-Berlin 1994a.

Schwarze, J., Netzplantechnik - Eine Einführung in das Projektmanagement, 7. Aufl., Herne-Berlin 1994b.

Schwarze, J., Strategien und Vorgehensmodelle zum Lösen von Problemen, Arbeitspapier 95-03-01 des Instituts für Wirtschaftsinformatik an der Universität Hannover, 1995.

Schweitzer, M., Methodologische und entscheidungstheoretische Grundfragen der betriebswirtschaftlichen Prozeßstrukturierung, in: ZfbF, 19. Jg. (1967), S.279-296.

Seibt, D., Phasenkonzept, in: Lexikon der Wirtschaftsinformatik, Mertens, P., König, W., Krallmann, H., Scheer, A.-W., Seibt, D., Stahlknecht, P., Strunz, H., Thome, R., Wedekind, H. (Hrsg.), 2. Aufl., Berlin-Heidelberg-New York-London-Paris-Tokyo-Hong Kong 1990, S. 326-328.

Sengen, R., Tendenzen in der Entwicklung von PPS-Systemen und deren Auswirkungen auf die Funktionalität, in: Tendenzen in der Entwicklung von PPS-Softwarepaketen,

Tagungsunterlagen, Betriebswissenschaftliches Institut (BWI) der Eidgenössischen Technischen Hochschule Zürich (Hrsg.), Zürich 1993, o. S.

Shimizu, T., Organisationslehre, japanische, in: Handwörterbuch der Organisation, Frese, E. (Hrsg.), 3. Aufl., Stuttgart 1992, Sp. 1554-1571.

SofTech, Inc. (ed.), An Introduction to SADT - Structured Analysis and Design Technique, Waltham, Massachusetts 1976.

Speith, G., Vorgehensweise zur Beurteilung und Auswahl von Produktionsplanungs- und -steuerungssystemen für Betriebe des Maschinenbaus, Dissertation, Aachen 1982.

Spendolini, M.J., The Benchmarking Book, New York-Atlanta-Boston-Chicago-Kansas City-San Francisco-Washington, D.C.-Brussels-Toronto-Mexico City 1992.

Stadler, H., Wilhelm, S., Einsatz von Fertigungsleitständen in der Industrie, in: CIM-Management, 9. Jg. (1993), Nr. 1, S. 39-44.

Steffen, R., „Computer Integrated Manufacturing" (CIM) - Bausteine und (noch) fehlende Elemente der Kostenrechnung, in: KRP, o. Jg. (1987), Nr. 1, S. 8-12.

Steffen, R., Nutzung der Kosten- und Erlösrechnung zur konstruktionsbegleitenden Erfolgsfrüherkennung in Verbindung mit computergesteuerten Technologien, in: Kosten und Erlöse - Orientierungsgrößen der Unternehmenspolitik, Festschrift für Gert Laßmann zum 60. Geburtstag, Steffen, R., Wartmann, R. (Hrsg.), Stuttgart 1990, S. 195-216.

Steffen, R., Produktions- und Kostentheorie, 2. Aufl., Stuttgart-Berlin-Köln 1993.

Stein, T., Die Wahl eines PPS-Systems für gestraffte Organisationsstrukturen, in: io Management Zeitschrift, 62. Jg. (1993), Nr. 11, S. 49-51.

Steinle, C., Kuhnert, B., Gefeke, I., ISPE: ein integriertes Konzept zur Kopplung von strategischer Analyse und Projektentwicklung, in: io Management Zeitschrift, 63. Jg. (1994), Nr. 2, S. 59-63.

Steinle, C., Thewes, M., Gestaltung der Büroarbeit durch computergestützte Kommunikationsanalysen - Merkmale, Vergleich und Praxiseignung, Köln 1989.

Stopp, J., Anwendungsorientierte Funktionsbausteine eines PPS-Systemes, in: Tendenzen in der Entwicklung von PPS-Softwarepaketen, Tagungsunterlagen, Betriebswissenschaftliches Institut (BWI) der Eidgenössischen Technischen Hochschule Zürich (Hrsg.), Zürich 1993, o. S.

Stucky, W., Németh, T., Schönthaler, F., INCOME - Methoden und Werkzeuge zur betrieblichen Anwendungsentwicklung, in: Interaktive betriebswirtschaftliche Informations- und Steuerungssysteme, Kurbel, K., Mertens, P., Scheer, A.-W. (Hrsg.), Berlin-New York 1989, S. 187-211.

Szyperski, N., Tilemann, T., Ziele, produktionswirtschaftliche, in: Handwörterbuch der Produktionswirtschaft, Kern, W. (Hrsg.), Stuttgart 1979, Sp. 2301-2318.

Tönshoff, H.K., Hamelmann, S., Strategische Ausrichtung der Arbeitsplanung, in: CIM-Management, 9. Jg. (1993), Nr. 2, S. 47-51.

Tönshoff, H.K., Jürging, C.P., CIMOSA - Geschäftsprozeßmodellierung zur Anforderungsbeschreibung für unternehmensspezifische CIM-Anwendungen, in: CIM-Management, 8. Jg. (1992), Nr. 6, S. 62-67.

Unternehmensberatung für integrierte Systeme (UBIS) GmbH (Hrsg.), Objektorientierte Unternehmensmodellierung mit BONAPART, Berlin 1992.

Upmann, R., Zur wirtschaftlichen Beurteilung von CIM, in: VDI-Z, 131. Jg. (1989), Nr. 8, S. 59-66.

Upmann, R., Zur wirtschaftlichen Bewertung von CIM-Investitionen - Von der Wettbewerbsstrategie zur Produktauswahl, in: CIM im Mittelstand, Fachtagung Saarbrücken 20. und 21. Februar 1991, Scheer, A.-W. (Hrsg.), Berlin-Heidelberg-New York-London-Paris-Tokyo-Hong Kong-Barcelona-Budapest 1991, S. 227-242.

Verein deutscher Ingenieure (VDI) (Hrsg.), Anwendung der Simulationstechnik zur Materialflußplanung, VDI-Richtlinie 3633, Berlin-Köln 1983.

Vorspel-Rüter, F., Datenqualität - Achillesferse der PPS, in: Auswahl, Einführung und Überprüfung von PPS-Systemen, Hackstein, R. (Hrsg.), Köln 1990, S. 79-93.

Waeber, D., Aufgabenanalyse und Anforderungsermittlung in der Softwareentwicklung: Zur Konzeption einer integrierten Entwurfsstrategie, in: Software für die Arbeit von morgen – Ergänzung zum Tagungsband, Frese, M., Kasten, C., Skarpelis, C., Zang-Scheucher, B. (Hrsg.), Berlin-Heidelberg-New York 1991, S. 35–45.

Warnecke, H.-J., Der Produktionsbetrieb, Band 2: Produktion und Produktionssicherung, 2. Aufl., Berlin-Heidelberg-New York 1993.

Weber, M., Nutzwertanalyse, in: Handwörterbuch der Organisation, Frese, E. (Hrsg.), 3. Aufl., Stuttgart 1992, Sp. 1435–1448.

Wedel, T., Die Bedeutung moderner Softwarearchitekturen für die Flexibilität der PPS, in: AWF (Hrsg.), PPS'92 – Steht PPS vor einem Generationswechsel?, Tagungsband 14. AWF-PPS-Kongreß, Böblingen 1992, Eingriff 2, o. S.

Wedemeyer, H.-G. v., Entscheidungsunterstützung in der Fertigungssteuerung mit Hilfe der Simulation, Fortschrittsberichte VDI, Reihe 2, Nr. 176, Düsseldorf 1989.

Weide, E., Produktionsplanung und -steuerung mit Datenverarbeitungsanlagen, in: Industrielle Produktion, Agthe, K., Blohm, H., Schnaufer, E. (Hrsg.), Baden-Baden, Bad Homburg v.d.H. 1967, S. 735–745.

Wiendahl, H.-P., Belastungsorientierte Fertigungssteuerung – Grundlagen, Verfahrensaufbau, Realisierung, München-Wien 1987.

Womack, J.P., Jones, D.T., Roos, D., Die zweite Revolution in der Autoindustrie – Konsequenzen aus der weltweiten Studie aus dem Massachusetts Institute of Technology, 5. Aufl., Frankfurt/Main-New York 1992.

Xu, X., Wissensbasiertes Kennzahlen-orientiertes Diagnose-System im Produktionsbereich, in: CIM-Management, 9. Jg. (1993), Nr. 4, S. 46–50.

Yeomans, P.H., Requirements Analysis using SADT, in: Software Engineering – Entwurf und Spezifikation, Floyd, C., Kopetz, H. (Hrsg.), Stuttgart 1981, S. 202–219.

Zäpfel, G., Produktionswirtschaft – Operatives Produktions-Management, Berlin-New York 1982.

Zäpfel, G., Taktisches Produktions-Management, Berlin-New York 1989a.

Zäpfel, G., Strategisches Produktions-Management, Berlin-New York 1989b.

Zäpfel, G., Wirtschaftliche Rechtfertigung einer computerintegrierten Produktion (CIM) – Probleme und Anforderungen an die Investitionsrechnung, in: ZfB, 59. Jg. (1989c), Nr. 10, S. 1058–1073.

Zahn, E., CIM – eine Waffe im Wettbewerb?, in: CIM-Management, 4. Jg. (1988), Nr. 4, S. 17–21.

Zahn, E., Dogan, D., Strategische Aspekte der Beurteilung von CIM-Installationen, in: CIM-Management, 7. Jg. (1991), Nr. 3, S. 4–11.

Zangemeister, C., Nutzwertanalyse in der Systemtechnik – Eine Methode zur multidimensionalen Bewertung und Auswahl von Projektalternativen, 4. Aufl., München 1976.

Zangemeister, C., Erweiterte Wirtschaftlichkeitsanalyse (EWA) – Grundlagen und Leitfaden für ein „3-Stufen-Verfahren" zur Arbeitssystembewertung, Dortmund 1993.

Zangemeister, C., Erweiterte Wirtschaftlichkeitsanalyse (EWA) – Verfahrenstypologie und Drei-Stufen-Ansatz zur Arbeitssystembewertung, in: FB/IE, 43. Jg. (1994), Nr. 3, S. 63–71.

Zanner, B., Computergesteuerte Fertigung und ihr Einfluß auf Organisationsstrukturen, Diplomarbeit, Universität Insbruck, Institut für Unternehmensführung, 1990.

Zanner, B., Wie sieht die CIM-gerechte Organisation aus?, in: io Management Zeitschrift, 61. Jg. (1992), Nr. 5, S. 27–30.

Zimmermann, G., Customizing von Anwendersoftware, in: Angewandte Informatik, 25. Jg. (1983), Nr. 3, S. 114–119.

Zimmermann, H.H., Katzy, B.R., Plötz, A.J., Tanner, H.-R., Integrierte Unternehmensmodellierung, in: io Management Zeitschrift, 62. Jg. (1993), Nr. 11, S. 67–72.

Zülch, G., Grobel, T., Leistungsratenvereinbarung zur Steuerung dezentraler Organisationsformen, in: CIM-Management, 9. Jg. (1993), Nr. 4, S. 4–8.

Sachverzeichnis

Ablauforganisation
- Begriff 116
- Darstellungsmethoden, Anforderungen an die 119–121
- funktionale 129
- Nahtstellen 130, 170, 176
- prozeßorientierte 129–131, 139–140
- Spezialisierung 131

Amortisationsrechnung, dynamische 112–114, 191–192, 211

Änderungsdienst, zentraler 61

Arbeitsteilung, Dilemma der 136

Arbeitsvorbereitung 131

ARIS 75–76, 117, 120

Aufbauorganisation
- Begriff 115–116

Aufbauorganisation, objektorientierte
- Ausprägungen 132–134
- Gliederungskriterien 132–133, 221, 227
- Koordinierungsbedarf 133–134, 136–139
- Nachteile 135–137, 140
- Nahtstellen 134, 176, 200
- Spartenegoismus 136
- Voraussetzungen 132–133, 136–137, 146
- Vorteile 134–135, 140, 214
- Zielsetzung 134

Aufgaben
- Basiselemente, als organisatorische 117–118
- Begriff 11

Aufgabenanalyse und -synthese 117–118

Aufgabenintegration
- Begriff 129–130
- Nachteile 131, 140
- Vorteile 129–130, 140

Aufgabenteilung 130, 176

Aufgabenverlagerung 61

Auftragsabwicklung
- Begriffsabgrenzung 104
- Koordinationsbedarf 130
- Leistungsvolumen der 105–106
- Prozeß der 116–117, 130, 164, 216–217, 227
- Prozeßmodell der 157–159, 162–163, 170, 173, 181–183, 207, 212–213
- Qualitätsindikatoren der 105, 227
- Referenzmodelle für die 171–172, 242–245
- segmentspezifische 135, 140, 224
- Zielsystem der 166

Auftragsfreigabe,
- belastungsorientierte 3
- Bindeglied, als 10

Auftragszentrum 61

Ausgangsmotivation
- nichtwirtschaftliche 24–26
- wirtschaftliche 24–26

Ausgangszustand, DV-technischer 25–26, 34, 48, 52, 179

Bedarfsermittlung
- mehrstufige 60
- Primärbedarf 10
- Sekundärbedarf 10
- verkürzter Rhythmus 59

Befragung
- Ansprechpartner 21
- Auswahl der Teilnehmer 16–20
- Form 13–16, 20
- Fragebogen 232–239
- Nachfragen, wiederholte 21, 48, 54, 58
- Stichprobenumfang 17
- Zeitraum 21

Benchmarking 152

Betriebsdatenerfassung 12

Betroffenenbeteiligung 74–75, 76–77, 152, 164, 167, 205

Bewegungsdaten 40

Bürotätigkeiten 78–79

CIM
- Bedeutung, strategische 5
- Definition 2
- Forschungsaufgaben, weiterführende 225
- Komponenten 2–3, 53–54

CIMOSA 75-76, 172
Client-Server-Konzept 4, 179, 220
Clusteranalyse 132
Customizing 38

Datenintegration 129
Divisionen 134
Durchführbarkeit 153, 156

Entscheidungstabelle 127
Ereignisse 122, 127

Fertigungsinseln 133, 138
Funktionsbegriff 11, 116
Funktionsintegration 129

Geschäftsbereiche 134
Geschäftsprozeß 116-117
Grunddaten
- Begriff 39, 40
- Bereitstellung 39-40, 46, 51, 66, 155, 166-167, 176, 203
- Qualitätsmängel 39, 40

Implementierung
- Begriff 37-38
- organisatorische 37-38, 196
- technische 37-39, 196
Implementierungsplan 189-191, 196, 207, 211
Individual-Software 18, 24, 38, 224
Informationsbeschaffung, Methoden der 16
Informationstechnologie als Hebel 156-157
Initialphase 148-157, 194, 215, 227
Innovationswettbewerb 5
Investitionsnachbetrachtung 62, 93-94, 106, 111, 229
Investitionsrechenverfahren 92, 98-99, 112
Istzustand
- Erfassung des 79-80, 167-168
- Analyse des 168-169, 172
Iterationen 70, 82-83, 85, 88, 104, 148, 149, 169, 174-175, 227

Kamin-Effekt 134
Kanban-Verfahren 173
Kapazitätsplanung 10, 62, 138
Kommunikationsanalyse 79
Koordinationseinheiten 61
Koordinationsteams, aufgabenbezogene 138-139, 176

Kosten des Projektes
- Aktivitätskosten 26-27, 29
- kalkulatorische Zinsen 27
- periodenübergreifende 26
- realisierte 55-56, 62
- Systemkosten 27, 55-56
Kundenprofile 152

Lean Management 5, 129
Logistik 61, 117
Losgrößenplanung 10, 22, 108, 205-206

Maßnahmen, vorgeordnete organisatorische 87-88, 155-156, 228
Materialwirtschaft 11
MRP 3
MRP II 3
Multiplikatoren 164, 200

Nutzeffekte
- funktionsbezogene 28
- Integrationsnutzen 97, 106
- kenngrößenbezogene 28-29
- pauschale 27-28
- Periodisierung 26, 107, 191
- quantifizierte 28-29
- realisierte 56-57, 62
- Wirkungsebenen 90-92, 94, 104
Nutzeffektketten 13, 91, 96-99, 101, 105
Nutzwertanalyse 30, 99-100, 107-108

Objekt 125, 132-133
Organigramme 128
Organisations-
- begriff 115
- einheiten 116, 117, 118, 132, 134
- struktur 115
Organisationskonzeption
- Betrachtungsrahmen 164
- Datenverzeichnis 175-176
- Detaillierungsgrad 173
- Durchlauf, quasi-experimenteller 175
- Entwickeln der 169-176
- Outsourcing von Teilleistungen 174
- Prozeßmodell der Ablaufkonzeption 157, 173, 175, 181-184, 191, 195-196, 200-204, 213, 223, 228-229
- segmentspezifische 172, 176, 177, 228
- Simulationsunterstützung 175
- Sonderfälle 172, 174
- Strukturunterschiede zum PPS-System 216-217, 228-229
- Vereinfachungen 172-173, 175

Sachverzeichnis

Personalabbau 57, 111
Pflichtenheft 30, 44, 181
Planungsinseln 133, 179
PPS-Systeme
- Anforderungen, Dynamik der 22–23, 214
- Anforderungen, heterogene 21–22, 66, 135
- Branchenausrichtung 219–220
- Breitenexpansion 4, 11
- Definition 1
- Erwartungshaltung, organisationsbezogene 27–28, 36, 42–43, 54, 64–66, 226
- Funktionsangebot 11–12, 24, 62, 66, 218, 228
- Hardware-Konfiguration 177–180, 181, 190
- integrierte 11–12
- Kritik 3–4, 64
- mandantenfähige 219
- Nutzeffekte 4, 90, 106
- objektorientiert gestaltete 221–224, 229
- offene 220–221
- Planungs- und Steuerungsmethoden, unterschiedliche 180
- Prägung, individuelle 6
- Reifegrad 4
- Schnittstellen 52–54
- segmentspezifische 219–221
- Struktur 216–218, 228–229
- Tiefenexpansion 4, 42, 217
- Transaktionsmodell der Software 183–184, 189, 195, 202
- Verbreitung 3, 25–26
PPS-Systemauswahl
- Anbietervorauswahl 179–180
- Anforderungsprofil 30, 32–33
- Anfrageunterlage 181–183
- Angebotsübersicht 184–185,
- Auswahlmethodik von Lang 73, 82, 84–85, 87
- Auswertung der Angebote 183–185
- BAPSY-Verfahren 81–84
- Dauer 30, 32–33, 164–165
- Entscheidungsfindung 30–36, 93, 189–194
- hardware-orientierte 33–34, 179
- Kostenbetrachtung 26–27, 29, 90, 94–95
- Nutzenerwartungen 27–29
- parallele Aktivitäten 32, 37
- Problemfeldanalyse 30, 32–33
- Projektabbruch, Entscheidung zum 194, 195
- Rahmenbedingungen 22–23, 65
- Systemvertrag 195–196, 213
- Unsicherheit 36, 189, 191–193
- Untersuchungen, vorhandene 13–16
- Vorauswahl 30, 33, 177–185
PPS-Systemanwendung
- Abweichungsanalyse 210
- Anforderungen der Benutzer 213
- Anwendungszäsuren 207, 213
- Feinabstimmungen 205–206
- Nutzungsdauer 196, 214–215
- Wartung 205–206
PPS-Systemeinführung
- Abnahme zu Anwendungsbeginn 204
- Abschluß 47, 65, 146, 204–205
- Ansatz von Hamacher/Pape 74–75, 82, 85–86
- Aufgabenbereiche 38
- Beginn 46–47
- Bestimmungsfaktoren, kritische 64–66
- Datenübergabe 203–204
- Dauer 47–48, 65–66, 98, 155, 164–165, 204–205
- Fortschrittskontrollen 207
- Inbetriebnahme, funktionsbereichsweise 47, 49–51, 66
- Inbetriebnahme, ganzheitliche 50–51, 189
- Inbetriebnahme, produktgruppenweise 47, 51–52, 86, 145, 189–190
- Nutzungsgrad der Funktionen 61–62, 65–66, 218
- Parametrisierung 42, 62, 202
- Probleme, verrichtungsneutrale 38–41
- Probleme, verrichtungsspezifische 38–46
- Software-Anpassungen 38, 44–46, 48, 119, 195–196, 202, 214, 226
- Systemausgestaltung 38, 41–43, 48, 202, 205–206
- Systemintegration 52–54
- Teillösungen, vorgezogene 114
- Untersuchungen, vorhandene 13–16
- Verzögerungen 46, 48, 54
Problembewußtsein 152
Problemlösungsprozeß, allgemeiner 71
Produktbereinigung 155
Produktionsplanung
- Aufgaben 8–10
- Ebenen 8–9
- Ergebnis 10
- Gegenstände 9–10
- Systemzuordnung 11
- Zeiträume 8–10
Produktionsprogrammplanung 9–10, 139, 205

Produktionssteuerung
- Aufgaben 10-11
- Systemzuordnung 11
Produktionswirtschaft
- Aufgaben 1
- Ziele 1
Produktspaten 133-134, 170
Profit-Center 174
Programm
- Module 47
- Parameter 42, 45, 62, 119, 218
Projektablauf, allgemeiner 70-71, 81, 83, 87-88, 144
Projektplan 69, 145, 165
Projektteam 164
Prototyping 77-78, 205
Prozeß
- Begriff 116-117
- Beschreibungskomponenten 117-119
- Organisation 116, 140-141

Qualifizierungsplan 177, 200
Qualifikationsprofil 169, 176-177
Querschnittsaufgaben 137-139, 145, 172, 200
Querschnittsbereiche 137-139
Querschnittsfunktionen 137-138, 145, 177, 224, 227

Referenzkunden 16, 30, 34-35, 180, 184
Referenzmodelle 171-172, 242-245
Release-Wechsel 44-46, 65, 88, 98, 195, 202, 207, 213, 221

Sachmittel 118-119
SADT
- Aktivitätsmodelle 120
- Anwendung 60, 120, 165, 183, 241
- Anwendungsgrenzen 126-127, 184
- Begriff 120
- Beurteilung 121-123
- Datenmodelle 120, 125
- Detaillierungsgrad 126-127, 184
- Eingabefluß, initiierender 125
- Erweiterungen zur Simulation 127, 175
- Formblatt 142-144
- Mechanismen 121, 127
- Modifizierungen 142-144
- Modellierungswerkzeuge, rechnergestützte 122
- Modellstruktur 123-124, 144
- Referenzmodelle 242
Schulung
- Anwenderschulung 40-41, 200-201

- Hintergrundwissen 40
- organisatinsbezogene 200
- Projektmitarbeiter, der 165
- Systembetreuer, der 201
- Umfang 177, 200
Schwachstellenanalyse 28-29, 168-169
Segment 133, 138
Selbstaufschreibung 81
Single Sourcing 152
Situationsanalyse 149-153, 156
Software
- Engineering 38, 75, 85, 119-120, 145
- Lebenszyklus 76
- Lizenzen 39, 196, 219
- objektorientierte 221-223
- Pflege 76
- Wartung 76, 94-95, 185
Substitutionsprinzip der Organisation 78, 174
Sukzessivplanung 47, 225
Stärken-Schwächen-Profil 153, 156
Stammdaten 39
Standard-Software
- Abgrenzung 18, 224
- Anpassung 38, 218
- Merkmale 18
Strukturdaten 39-40
Strukturwandel 1-2, 214

Terminal-Emulation 53
Terminplanung 10, 41, 91
Testinstallation 34
Transaktion 116
Typisierung der Unternehmungen
- Merkmale 20, 152, 233-234
- Zweck 20, 84

Unternehmungsprofil 152, 156
Unternehmungsstrategie 152-153

Veränderungen, organisatorische
- Ablauforganisation 58-60, 65, 103, 108-110
- Aufbauorganisation 60-61
- Einflüsse, situative 128
- Erfolgsfaktor, als kritischer 6, 63
- kontinuierliche 205, 214, 228
- Quantifizierung der Auswirkungen 108-111
- systembedingte 59-60
Vertriebsabwicklung 11, 40-41
Visionen 149, 152, 156
Vorgang 116

Vorgangskettendiagramme
- Anwendung 120, 240
- Begriff 120
- Beurteilung 121-123
- Modellierungswerkzeuge, rechnergestützte 122

Vorgehensmodell
- Anforderungen 142
- Anwendungsbezug 69, 125, 128, 144-145
- Aufbereitung, individuelle 145
- Begriff 68, 69
- Darstellungsweise 142
- Detaillierungsgrad 70
- Drei-Phasen-Konzept des *FIR* 72-73, 81-82, 86-87, 184
- Grundsätze, konzeptionelle 66
- *KSA*, der 79-81, 83
- Lebenszyklus-Modell 88, 146-148, 214-215, 227
- Ordnung, hierarchische 69-70, 87, 144-145
- Phasen 69, 146
- Phasenzyklus, evolutionärer partizipativer 76-78, 83, 85, 88
- Software-Entwicklung, zur 75-76
- Überprüfungsergebnisse 81-88
- Überprüfungskriterien 69-70
- Zäsuren 69, 87-88, 107, 146, 155, 156, 185, 188-189, 207, 215, 227

Wartungsvereinbarungen 46
Widerstand 190, 210
Wirtschaftlichkeitsbetrachtung
- Aktionsraum 89, 95
- Anforderungen 6
- Anpassungs- und Verbesserungsinitiativen, von 211-213
- Bedeutungskontroverse 4-5, 25, 29, 89
- Berechnungsmethode 112-114
- Bewertung, monetäre 111-112, 211
- Informationsbasis 29, 91-92, 97, 102-103
- Kostenermittlung 112
- Kostenübersicht 191, 207, 213
- Leistungsmengenveränderungen 111, 207
- Lösungsansätze 95-102
- Nutzenmodell 185-188, 213
- Obergrenze für die Systemkosten 179, 188
- Phasenbezug 92-95, 103-104
- Problematik 4, 95-102, 103-113
- Quantifizierung der Nutzeffekte 108-111, 185-188
- Risikoanalyse 96, 100-101, 114, 194
- Schritte 95
- Sensitivitätsanalyse 96, 101, 114, 194
- Simulation 101-102
- Vier-Ebenen-Modell 90-92, 97
- Wirtschaftlichkeit der 103

Zielsystem der PPS
- Entwicklung des 152-153, 156, 165-166, 191, 227
- Notwendigkeit 29, 36
- Meßbarkeit 166
- segmentspezifisches 170
- unternehmungsspezifisches 29
- Verwendung 166, 171
- Zielbeziehungen 12-13, 101, 105, 166
- Zielfolge, hierarchische 12-13, 57-58, 90-91
- Zielgewichtung 13
- Zielkonfliktanalyse 166

Zusatzprogramme 45

Springer-Verlag und Umwelt

Als internationaler wissenschaftlicher Verlag sind wir uns unserer besonderen Verpflichtung der Umwelt gegenüber bewußt und beziehen umweltorientierte Grundsätze in Unternehmensentscheidungen mit ein.

Von unseren Geschäftspartnern (Druckereien, Papierfabriken, Verpackungsherstellern usw.) verlangen wir, daß sie sowohl beim Herstellungsprozeß selbst als auch beim Einsatz der zur Verwendung kommenden Materialien ökologische Gesichtspunkte berücksichtigen.

Das für dieses Buch verwendete Papier ist aus chlorfrei bzw. chlorarm hergestelltem Zellstoff gefertigt und im pH-Wert neutral.

If you have any concerns about our products,
you can contact us on
ProductSafety@springernature.com

In case Publisher is established outside the EU,
the EU authorized representative is:
Springer Nature Customer Service Center GmbH
Europaplatz 3, 69115 Heidelberg, Germany

Printed by Libri Plureos GmbH
in Hamburg, Germany